华信经管创新系列

财务管理信息化
（第3版）

杨周南　丛书主编

王海林　续慧泓　主　编

电子工业出版社
Publishing House of Electronics Industry
北京·BEIJING

内 容 简 介

本书力求全面、系统地构建财务管理信息化的理论和实践体系。书中不仅清晰地阐述了财务管理信息化、财务管理信息系统、财务共享等基本概念，给出了财务管理信息化的理论体系，分析了财务管理信息系统的建设，财务管理信息化制度的建设，企业级、集团级及供应链级的财务管理信息化应用，还重点分析了如何利用工具软件——Excel建立财务管理模型、解决财务管理问题，如何使用财务管理信息系统，并且给出了企业应用案例。

本书可作为高等院校的财务管理专业、会计专业或相关管理专业的管理信息化类教材。

未经许可，不得以任何方式复制或抄袭本书之部分或全部内容。
版权所有，侵权必究。

图书在版编目（CIP）数据

财务管理信息化 / 王海林，续慧泓主编．— 3 版．— 北京：电子工业出版社，2021.11
ISBN 978-7-121-42137-2

Ⅰ．①财⋯ Ⅱ．①王⋯ ②续⋯ Ⅲ．①财务管理－管理信息系统－高等学校－教材 Ⅳ．①F275-39

中国版本图书馆 CIP 数据核字(2021)第 198930 号

责任编辑：石会敏
印　　刷：三河市兴达印务有限公司
装　　订：三河市兴达印务有限公司
出版发行：电子工业出版社
　　　　　北京市海淀区万寿路 173 信箱　　邮编：100036
开　　本：787×1092　1/16　印张：20.25　字数：516.8 千字
版　　次：2009 年 2 月第 1 版
　　　　　2021 年 11 月第 3 版
印　　次：2021 年 11 月第 1 次印刷
定　　价：59.00 元

凡所购买电子工业出版社图书有缺损问题，请向购买书店调换。若书店售缺，请与本社发行部联系，联系及邮购电话：(010)88254888，88258888。

质量投诉请发邮件至 zlts@phei.com.cn，盗版侵权举报请发邮件至 dbqq@phei.com.cn。
本书咨询联系方式：shhm@phei.com.cn。

前　言

信息技术的高速发展带来了财务管理环境的巨大变化，这种变化必然导致财务管理理论和实务呈现新的特征。由于历史原因，我国长期以来将"财务管理信息化"和"会计信息化"混为一谈，这在一定程度上阻碍了财务信息化的发展步伐。随着现代信息技术的广泛应用，财务管理正在从传统的手工处理方式向计算机处理方式转变，从依赖管理者个人能力的决策与控制向依赖事实及数据的科学决策与控制转变。为了响应这些转变，积极推动财务管理信息化必将成为我国财务管理发展不可或缺的内容。

本书主要内容

本书作为财经信息化系列教材中的一本，力求全面、系统地构建财务管理信息化的理论和实践体系。

本修订版在保持前两版特色的基础上，主要有两方面变化：首先，为了更好地满足广大财会人员的现实需要，本次修订将信息化工具部分从第 2 版的 Excel 2007 改为 Excel 2016，书中涉及 Excel 的部分全部做了修改；其次，第 3 版增加了财务共享服务的内容。

本修订版共分为 13 章。第 1 章"财务管理信息化概论"阐述了财务管理信息化、财务管理信息系统的概念和信息技术对企业财务管理理论与实务的影响，并对财务管理信息化与会计信息化进行了辨析。第 2 章"财务共享服务"阐述了财务共享服务的相关概念、内容和集团财务共享服务中心建设方案。第 3 章"财务管理信息系统的建设"分析了企业业务活动与财务活动之间、财务管理过程与财务管理系统之间的关系，论述了财务管理信息化的技术平台、财务管理信息系统的开发方法及财务管理信息系统的实现工具。第 4 章"财务管理信息化的应用"分别阐述了企业级、集团级及供应链级财务管理信息化的应用。第 5 章"企业财务管理信息化制度建设"阐述了财务管理信息化制度建立的意义、原则、方式和程序，分析了财务管理信息化制度框架，并介绍了财务管理信息化制度如何执行与完善。第 6 章"企业财务分析与评价"分析了如何利用计算机工具建立财务分析模型。第 7 章"投资决策分析"分析了如何利用计算机工具建立投资决策分析模型。第 8 章"筹资决策分析"分析了如何利用计算机工具建立筹资决策分析模型。第 9 章"利润规划分析"分析了如何利用计算机工具进行利润规划分析，并给出了模型的应用实例。第 10 章"成本管理"对成本管理系统进行了分析，并以金蝶 K/3 成本管理系统为例讲解了成本管理系统的应用。第 11 章"资产管理"对应收账款管理、存货管理、固定资产管理系统进行了分析。第 12 章"全面预算管理"对全面预算管理系统进行了分析，以金蝶 K/3 全面预算管理系统为例讲解了该子系统的应用，并讲解了如何利用 Excel 编制全面预算。第 13 章"集团企业财务管理信息化应用"对集团企业财务管理信息化进行了分析，并详细分析了集团企业财务战略、集团企业资金管理、集团企业财务报表合并、集团企业全面预算管理几个子系统。

本书作者群

本书编写人员如下：

第 1 章由财政部财政科学研究所博士生导师杨周南教授和山西财经大学续慧泓副教授编写。

第 3（除 3.4.2 部分）、6、7、11、12 章由首都经济贸易大学博士生导师王海林教授编写。

第 4、8、9、10 章及第 3 章的 3.4.2 部分由山西财经大学副教授续慧泓博士编写。

第 2、5 章由北方工业大学副教授毕瑞祥博士编写。

第 13 章由北京工商大学博士生导师张继德教授编写。

本书特色

本书遵循理论与实务相结合的原则，从理论和实务两个方面，全面、系统地构建财务管理信息化理论和实践体系，既注重知识的传授，同时也注重学生技能及操作能力的培养。在写作上，我们力求体系完整，逻辑结构合理，重点突出。在内容选择上，体现了我们对财务管理信息化学科的最新研究成果，并将财务管理信息化与会计信息化进行了准确区分和定位。在体系安排上，每章除提供学习目的、关键词、本章内容和习题外，各财务管理信息化应用的相关章节都提供实习案例。

由于编者的经验和水平有限，加之本书的修订时间比较紧，书中疏漏之处在所难免。

本书再版之际，我们特别感谢电子工业出版社石会敏主任为本书出版付出的努力！也诚恳希望广大读者对不足之处提出宝贵意见，以备来日修改。有关本书的意见，请与以下邮件地址联系。

E-mail：roger-zyx@sohu.com

编 者
2021 年 5 月 1 日

目　　录

第 1 章　财务管理信息化概论 ……………… 1
1.1　信息技术对企业财务管理的
　　　影响 ……………………………………… 1
　　1.1.1　信息技术对企业财务管理
　　　　　基础理论的影响 ………………… 1
　　1.1.2　信息技术对企业财务管理
　　　　　方法学的影响 …………………… 2
　　1.1.3　信息技术对企业财务管理
　　　　　实务的影响 ……………………… 3
　　1.1.4　信息技术对企业财务管理
　　　　　工具的影响 ……………………… 4
　　1.1.5　新兴技术对财务管理的影响 …… 5
1.2　财务管理信息化 ……………………… 6
　　1.2.1　信息化 …………………………… 6
　　1.2.2　企业管理信息化 ………………… 6
　　1.2.3　财务管理信息化的定义、特点
　　　　　和作用 …………………………… 7
　　1.2.4　财务管理信息化的发展历程 …… 8
　　1.2.5　财务管理信息化与会计
　　　　　信息化 …………………………… 10
1.3　财务管理信息系统 …………………… 12
　　1.3.1　管理信息系统 …………………… 12
　　1.3.2　财务管理信息系统的定义、
　　　　　特点、基本运行模式和功能
　　　　　结构 ……………………………… 13
　　1.3.3　财务管理信息系统与会计
　　　　　信息系统 ………………………… 16
　习题 …………………………………………… 17

第 2 章　财务共享服务 ………………………… 18
2.1　财务共享服务概述 …………………… 18

　　2.1.1　财务共享服务的概念 …………… 18
　　2.1.2　财务共享服务的发展 …………… 19
　　2.1.3　财务共享服务的适用范围 …… 19
　　2.1.4　财务共享服务对企业的价值 … 20
　　2.1.5　构建财务共享服务模式的
　　　　　策略 ……………………………… 21
　　2.1.6　财务共享服务的未来发展
　　　　　趋势 ……………………………… 23
2.2　集团财务共享服务中心建设
　　　方案 …………………………………… 25
　　2.2.1　总体建设目标 …………………… 25
　　2.2.2　建设原则 ………………………… 26
　　2.2.3　组织机构及岗位设置 ………… 27
　　2.2.4　财务共享服务中心职能梳理 … 28
　　2.2.5　财务共享服务中心关键核算
　　　　　业务流程梳理 …………………… 29
　　2.2.6　建设难点及应对方案 ………… 34
　　2.2.7　集团财务共享服务中心运营
　　　　　管理 ……………………………… 35
　　2.2.8　集团财务共享服务中心信息
　　　　　化建设 …………………………… 38
　习题 …………………………………………… 40

第 3 章　财务管理信息系统的建设 ……… 41
3.1　业务活动识别与财务活动
　　　分析 …………………………………… 41
　　3.1.1　企业基本业务过程 ……………… 41
　　3.1.2　业务处理过程 …………………… 42
3.2　企业财务管理过程和财务管理
　　　系统 …………………………………… 44
　　3.2.1　企业财务管理过程 ……………… 44

3.2.2 财务管理过程与其他业务
　　　　　过程之间的关系 ………… 45
　　3.2.3 财务管理信息系统与财务
　　　　　管理过程的关系 ………… 45
3.3 信息化环境下的业务流程整合
　　和再造 …………………………… 46
　　3.3.1 业务流程整合的思想 ……… 46
　　3.3.2 基于事件驱动的财务管理
　　　　　信息系统 ………………… 47
3.4 财务管理信息化的技术平台 …… 49
　　3.4.1 财务管理信息化中的主要
　　　　　信息技术 ………………… 49
　　3.4.2 财务管理信息化中的新兴
　　　　　技术 ……………………… 52
　　3.4.3 财务管理信息系统的技术
　　　　　平台 ……………………… 53
3.5 财务管理信息系统开发 ………… 54
　　3.5.1 财务管理信息系统开发
　　　　　方法 ……………………… 54
　　3.5.2 财务管理信息系统需求
　　　　　分析 ……………………… 56
3.6 财务管理信息系统实现工具 …… 59
　　3.6.1 数据表分析方式 …………… 59
　　3.6.2 图表分析方式 ……………… 70
　　3.6.3 Excel 的函数应用 ………… 77
　　3.6.4 Excel 的宏 ………………… 79
习题 …………………………………… 84

第 4 章 财务管理信息化的应用 ……… 85
4.1 企业级财务管理信息化应用 …… 85
　　4.1.1 局部财务管理信息化应用 … 85
　　4.1.2 整体财务管理信息化应用 … 90
4.2 集团及供应链级财务管理
　　信息化应用 ……………………… 95
　　4.2.1 集团企业财务管理信息化
　　　　　应用 ……………………… 95
　　4.2.2 价值链级财务管理信息化
　　　　　应用 ……………………… 97
习题 …………………………………… 99

第 5 章 企业财务管理信息化制度
　　　 建设 ……………………………… 100
5.1 财务管理信息化制度概述 …… 100
　　5.1.1 建立财务管理信息化制度的
　　　　　意义 …………………… 100
　　5.1.2 财务管理信息化制度的建立
　　　　　原则 …………………… 102
　　5.1.3 财务管理信息化制度的建立
　　　　　方式 …………………… 103
　　5.1.4 财务管理信息化制度的建立
　　　　　程序 …………………… 104
5.2 财务管理信息化制度框架和
　　有关设计 ……………………… 105
　　5.2.1 财务管理信息化系统的开发
　　　　　设计制度 ……………… 105
　　5.2.2 财务管理信息化系统的组织
　　　　　管理制度 ……………… 109
　　5.2.3 财务管理信息化系统的安全
　　　　　控制制度 ……………… 112
5.3 财务管理信息化制度的执行与
　　完善 …………………………… 115
习题 ………………………………… 116

第 6 章 企业财务分析与评价 ……… 117
6.1 财务分析业务概述 …………… 117
　　6.1.1 财务分析概述 …………… 117
　　6.1.2 利用 Excel 进行财务分析的
　　　　　步骤 …………………… 118
6.2 Excel 财务分析模型 …………… 119
　　6.2.1 财务指标分析 …………… 119
　　6.2.2 杜邦分析 ………………… 129
6.3 财务分析模型应用 …………… 131
　　6.3.1 财务指标分析模型 ……… 131
　　6.3.2 杜邦分析模型 …………… 135
习题 ………………………………… 136

第 7 章 投资决策分析 ……………… 139
7.1 投资决策业务概述 …………… 139
　　7.1.1 投资决策指标函数 ……… 139

	7.1.2	折旧函数 …………………… 148
7.2	Excel 投资决策模型 ……………… 152
	7.2.1	投资指标决策分析 …………… 152
	7.2.2	折旧函数对比分析 …………… 152
	7.2.3	投资风险分析 ………………… 154
7.3	投资决策模型应用 ………………… 159
	7.3.1	投资指标决策分析模型 ……… 159
	7.3.2	投资风险分析模型 …………… 160
习题	……………………………………… 162

第 8 章 筹资决策分析 ……………… 163
- 8.1 筹资决策概述 ……………………… 163
  - 8.1.1 资金成本计量模型 …………… 163
  - 8.1.2 Excel 中现金流量时间价值函数的应用 ………………… 165
- 8.2 Excel 筹资决策模型 ……………… 171
  - 8.2.1 企业加权平均资本成本分析模型的建立 …………… 171
  - 8.2.2 长期借款基本模型的建立 …… 172
  - 8.2.3 利用模拟运算表建立筹资分析模型 …………………… 173
- 8.3 筹资决策模型应用 ………………… 175
  - 8.3.1 借款筹资决策模型 …………… 175
  - 8.3.2 租赁筹资模型 ………………… 178
- 习题 ……………………………………… 180

第 9 章 利润规划分析 ……………… 181
- 9.1 利润规划业务概述 ………………… 181
  - 9.1.1 预测及预测方法 ……………… 181
  - 9.1.2 利用 Excel 实现趋势预测 …… 182
  - 9.1.3 利用 Excel 进行因果分析 …… 190
- 9.2 利润规划模型应用 ………………… 199
  - 9.2.1 销售额预测应用案例 ………… 199
  - 9.2.2 利润规划应用案例 …………… 201
- 习题 ……………………………………… 203

第 10 章 成本管理 …………………… 204
- 10.1 成本管理概述 …………………… 204
  - 10.1.1 成本管理的目标及主要内容 ………………………… 204
  - 10.1.2 与其他业务之间的关系 … 206
  - 10.1.3 成本管理典型流程 ……… 207
- 10.2 成本管理系统分析 ……………… 209
  - 10.2.1 成本管理系统的主要功能模块 ………………………… 210
  - 10.2.2 成本管理系统的应用流程 ………………………… 211
- 10.3 金蝶 K/3 成本管理系统 ………… 211
  - 10.3.1 总体功能介绍 …………… 211
  - 10.3.2 系统特点介绍 …………… 213
  - 10.3.3 金蝶 K/3 成本管理系统应用 ………………………… 213
- 习题 ……………………………………… 219

第 11 章 资产管理 …………………… 220
- 11.1 应收账款管理系统 ……………… 220
  - 11.1.1 应收账款管理概述 ……… 220
  - 11.1.2 应收账款管理系统分析 … 221
- 11.2 存货管理系统 …………………… 227
  - 11.2.1 存货管理概述 …………… 227
  - 11.2.2 存货管理系统分析 ……… 230
- 11.3 固定资产管理系统 ……………… 237
  - 11.3.1 固定资产管理概述 ……… 237
  - 11.3.2 固定资产管理系统分析 … 238
- 习题 ……………………………………… 244

第 12 章 全面预算管理 ……………… 245
- 12.1 全面预算管理概述 ……………… 245
  - 12.1.1 预算管理的目的和内容 … 245
  - 12.1.2 与其他业务之间的关系 … 248
  - 12.1.3 几种典型业务流程场景 … 248
- 12.2 预算管理系统分析 ……………… 250
  - 12.2.1 预算管理系统主要功能模块 ………………………… 250
  - 12.2.2 预算管理系统应用流程 … 252
- 12.3 金蝶 K/3 预算管理系统应用 ……………………………… 252
  - 12.3.1 预算管理系统初始化 …… 252
  - 12.3.2 预算管理系统日常处理 … 258

VII

12.3.3　输出证、账、表……………262
12.4　利用 Excel 编制全面预算……265
　　　12.4.1　销售预算编制……………265
　　　12.4.2　生产预算编制……………267
习题……………………………………269

第 13 章　集团企业财务管理信息化应用…………………………271

13.1　集团企业财务管理信息化概述……………………………271
　　　13.1.1　集团企业概述………………271
　　　13.1.2　集团企业财务管理…………273
　　　13.1.3　集团企业财务管理信息化……………………275
13.2　集团企业财务战略……………280
　　　13.2.1　集团企业财务战略概述……280
　　　13.2.2　集团企业财务战略系统分析……………………282
13.3　集团企业资金管理……………287
　　　13.3.1　集团企业资金管理概述…287
　　　13.3.2　集团企业资金管理系统分析……………………288
　　　13.3.3　金蝶 K/3 集团企业资金管理系统应用……………………293
13.4　集团企业合并报表……………294
　　　13.4.1　合并报表概述………………294
　　　13.4.2　合并报表系统分析…………296
　　　13.4.3　金蝶 K/3 集团企业合并报表系统应用……………………301
13.5　集团企业全面预算管理………305
　　　13.5.1　集团企业全面预算管理概述……………………305
　　　13.5.2　集团企业全面预算管理系统分析……………………307
　　　13.5.3　金蝶 K/3 集团企业全面预算管理系统应用……………312
习题……………………………………315

第 1 章

财务管理信息化概论

本章学习目的：
- 了解信息技术对财务管理基础理论、方法学、实务和工具的影响
- 了解财务管理信息化的基本概念和发展历程
- 掌握财务管理信息系统的基本概念和运行框架

本章关键词：

信息化、财务管理信息化、财务管理信息系统

1.1 信息技术对企业财务管理的影响

毋庸置疑，信息技术的影响力已经渗透到企业管理的各个环节，作为企业管理核心内容之一的财务管理也不例外。信息技术带给财务管理的变化集中表现在以下两个方面。一方面，信息化背景下，企业财务管理面临的环境发生了深刻的变革，市场竞争日趋激烈，知识经济初见端倪，企业管理面临的需求、需要解决的问题、解决问题的条件和方法都随之发生变化，从而激发了新的企业财务管理模式的产生。与之相适应，企业财务管理的内容、范围、方法也必须做出相应的调整。另一方面，信息技术的广泛应用为财务管理职能的发挥提供了理想化的平台，特别是信息技术的日趋成熟，为财务管理提供了更多解决问题的途径，扩展了财务管理的手段。两者相辅相成，共同推进财务管理理论和实践的发展。

具体来讲，信息技术对企业财务管理的影响体现在四个方面，即财务管理基础理论、财务管理方法学、财务管理实务和财务管理工具。

1.1.1 信息技术对企业财务管理基础理论的影响

西方财务管理的发展先后经历了筹资管理阶段、资金管理阶段、投资管理阶段和多元管理阶段。与之相应，财务管理理论研究的核心内容也在不断地发展变化。现代财务管理学诞生于 20 世纪 50 年代，相对于传统的会计理论，企业财务管理并没有形成稳定的、公认的财务管理理论框架体系，对一些问题的认知还存在较大争议。一般来说，财务管理基础理论主要包括财务假设、财务目标、财务本质、财务对象和财务职能等。随着信息化进

程的加快，财务管理基础理论受到一定程度的影响，但并没有从根本上动摇财务管理的理论基石。这些影响主要表现在以下三个方面。

1. 信息技术对企业财务管理目标的影响

具有代表性的财务管理目标的阐述主要有四种：利润最大化、每股盈余最大化、股东权益最大化和企业价值最大化。在信息化环境下，以企业价值最大化作为企业财务管理的目标是必然的选择。这是因为，企业是各方面利益相关者契约关系的总和。企业的目标是生存、发展和获利。信息技术环境使各方的联系日益紧密。在信息技术的推动下，电子商务开始普及，企业实际上是多个价值链上的节点，单纯追求个体企业的利润最大化或股东权益最大化并不能提升整个价值链的价值，反而会影响企业的长期发展和获利。只有确定企业价值最大化的财务管理目标，才可能实现企业利益相关者整体利益的共赢。

2. 信息技术对财务管理对象的影响

财务管理的对象是资金及其流转。资金流转的起点和终点都是现金，其他的资产都是现金在流转中的转化形式，因此，财务管理的对象也可以说是现金及其流转。

信息技术环境下，财务管理的对象并没有发生本质变化，其影响主要表现在：第一，现金概念的扩展。信息技术环境下，网上银行，特别是电子货币的出现极大地扩展了现金的概念。此外，网络无形资产、虚拟资产的出现，也扩展了现金的转化形式。第二，现金流转高速运行。网络环境下，现金及相关资产的流转速度加快，面临的风险加剧，必须要有合理的控制系统保证企业现金资产的安全和合理配置。

3. 信息技术对财务管理职能的影响

信息技术强化了财务管理的基本职能，即财务决策职能和财务控制职能。其中，财务决策是指根据企业的环境和应达到的目标，运用科学的方法，选择和确定实现财务目标的最优方案。财务决策包含三个基本的方面：筹资、投资和收益分配。在信息技术环境下，决策面临的环境发生了巨大的变化，决策将面临更大的风险。企业战术层面、战略层面的各项决策活动都需要信息技术的支持，实现由感性决策向科学化决策的转变。财务控制是指在决策执行过程中，通过比较、判断和分析，监督执行过程，并及时做出修正的过程。财务控制职能将在信息化环境下得到进一步强化，表现在控制范围扩展到企业的各个层面；控制手段借助信息化平台进行；控制实现从事后向事前、事中的转移。

同时，信息技术的广泛应用衍生出财务管理的派生职能。其主要包括财务协调职能和财务沟通职能。信息化环境下，任何一个决策过程都可能涉及多个部门、多个领域，单纯的财务决策或生产决策都无法满足企业整体决策的要求。例如，在制订生产计划时，必须同时考虑财务计划的配合。这也就是说，随着部门间横向联系的加强，必须有适当的手段实现部门间、各业务流程间的相互协调和沟通，而财务管理将更多地承担起这方面的职能。

1.1.2　信息技术对企业财务管理方法学的影响

1. 偶然性决策向财务管理系统化转变

系统论、控制论和信息论是第二次世界大战后崛起的具有综合特性的横向学科之一。

系统及系统工程的思想、方法论和技术在20世纪70年代末传入我国，并于20世纪80年代达到了鼎盛状态。目前流行的新三论，即耗散结构论、协同论和突变论都是系统论的进一步发展。系统论是研究客观现实系统共同的本质特征、原理和规律的科学。系统论的核心思想是从整体出发，研究系统与系统、系统与组成部分及系统与环境之间的普遍联系。系统是系统论中一个最基本的概念。

财务管理也是一种支持和辅助决策的系统。企业财务管理方法是指企业在财务管理中所使用的各种业务手段，目前主要有财务预测方法、财务决策方法、财务分析方法、财务控制方法等。在很长一段时间里，财务管理缺乏系统的观点进行分析和设计，往往只侧重于某一指标的获得或独立决策模型的应用。传统的财务管理方法面向独立的财务管理过程，缺乏系统性。需要解决的主要问题是临时性、偶然性的决策问题。信息化环境下，要求按照系统的观点认识和对待财务决策及财务控制，即做出任何一项决策时，不能仅考虑单项决策最优，而应该更多地考虑系统最优；财务控制不仅考虑对某个业务处理环节的控制，而且要按照系统控制的要求，从系统整体目标出发，自顶向下，层层分解，考虑控制的影响深度和宽度。

2．定性分析向定量分析和定性分析相结合转变

传统的财务管理虽然使用过定量分析，但并没有广泛应用定量分析。其主要原因有二：一是计算工具的落后，无法满足复杂的数学计算或统计分析，同时缺乏工具软件的支持，使得计算过程难以掌握。二是缺乏数据库管理系统的支持，定量分析所需的基础数据缺乏必要的来源；或者是选择的样本过小，致使得出的结论容易产生误差。信息化环境下，数据库管理系统的广泛建立，特别是相关业务处理信息系统的成熟，为财务管理定量分析提供了大量的基础数据。同时，利用工具软件可以轻松地完成各项统计、计算工作，定量分析不再是专业人员才能完成的任务。

3．简单决策模型向复杂决策模型转变

传统的财务预测、决策、控制和分析方法受手工计算的限制，只能采用简单的数学计算方法。在信息化环境下，更多更先进的方法被引入财务管理活动中，如运筹学方法、多元统计学方法、计量经济学方法，甚至包括图论、人工智能的一些方法也被广泛使用。

1.1.3　信息技术对企业财务管理实务的影响

财务管理实务指的是应用财务管理理论，实现财务决策与财务控制的全过程。信息技术对财务管理实务的影响体现在对传统财务管理内容的扩展的影响、对财务决策过程的影响及实时控制成为财务控制的主要手段三个方面。

1．对传统财务管理内容的扩展的影响

对企业个体而言，其主要的理财活动主要体现在三个方面，即筹资活动、投资活动和收益活动，相应形成了企业财务管理的主要内容。信息技术环境下，它们仍然是财务管理的主要内容，但信息技术同时也扩展了财务管理的内容，主要表现在：第一，现代企业在信息技术的支持下，形成了连接多个企业的价值链。在完成筹资、投资和收益决策时，企

业不再是一个孤立的决策单元,而是价值链上整体决策的一个环节。因此,相关决策将更多地面向价值链整体最优。第二,信息技术的发展,促进了新的管理内容的产生,如集团企业全面预算管理、资金集中管理、价值链企业物流管理等。第三,信息技术促进了企业与银行、税务部门、金融市场和其他利益相关者之间的信息沟通,财务管理的范围也从企业扩展到相关的利益群体,诸如税收管理、银行结算管理等成为财务管理活动中重要的一环。

2. 对财务决策过程的影响

财务决策的过程一般可以分为四个阶段:情报活动、设计活动、抉择活动和审查活动。信息化环境下,上述四个阶段均发生了根本性变革。

第一,情报活动不再是单纯的搜集决策所需的数据,而是经历"风险评估—约束条件评估—数据获取"三个阶段。风险评估首先对决策目标及实现决策目标的风险进行合理的估计。约束条件评估则是确定实现该决策目标所受到的各种外部环境的制约,明确为了实现该目标,可以使用的资源有哪些。数据获取则避免了整理手工数据的过程,借助信息化平台,可以大量获取所需的数据,并依靠数据仓库技术,直接获取有价值的支持决策的数据。

第二,传统的设计活动是指创造、制定和分析可能采取的方案。而在信息化环境下,这一过程实际上转变为依靠工具软件或财务管理信息系统建立决策模型的过程。

第三,抉择活动是指从众多的备选方案中,按照一定标准选择最优的方案并予以实施。这一过程在计算机环境下可以得到最大限度的优化,利用计算机强大的计算能力,可以模拟方案的执行情况,从而实现最优化决策,使决策的科学性大大提高。

第四,审查活动是指要对决策进行评价,不断发现问题并修正决策。在信息化环境下,这一过程的执行提前到决策执行环节,也就是在决策执行过程中,同时完成对执行情况的跟踪、记录和反馈。

3. 实时控制成为财务控制的主要手段

传统的财务过程,要经历"记录—汇总—分析—评价—反馈—修正"这样一个较长的过程。在科层制组织中,控制过程远远滞后于业务过程,使控制难以发挥真正的作用。在信息化环境下,控制程序实现了与业务处理程序的集成,实时控制成为财务控制的主要手段。

1.1.4 信息技术对企业财务管理工具的影响

传统的财务管理主要依靠手工完成各项财务管理工作,财务管理处于较低水平。信息技术极大地丰富了财务管理手段,正是信息技术的大量应用,实际上促进了财务管理在企业中的应用。这一影响主要体现在以下三个方面。

1. 计算机性能的提高

计算机的普遍应用提高了财务管理活动中的数据处理能力。利用计算机可以帮助用户完成较为复杂的计算过程,处理海量数据。大量工具软件的出现,可以帮助用户轻松完成数据计算、统计、数据分析、辅助决策等任务。

2. 数据仓库技术的应用

数据仓库的广泛应用改变了传统的决策模式。数据仓库是一种面向决策主题、由多数据源集成、拥有当前及历史终结数据的数据库系统。利用数据仓库技术可以有效地支持财务决策行为,提高决策效率和决策的准确度。

3. 网络环境支持

网络技术不仅扩展了财务管理的内容,而且为财务管理提供了新的手段。传统方式无法实现的集中控制、实时控制都可以依托网络实现。分布式计算技术的应用,为财务决策提供了新的解决方案。

1.1.5 新兴技术对财务管理的影响

近年来,以云计算、大数据、移动互联为代表的一批新技术的出现,为企业财务管理信息化的进程提供了新的模式和方法。

1. 基于云计算的财务管理应用扩展

云计算可以帮助企业以较低的成本构建财务管理信息化平台,并通过 PaaS 或 SaaS 方式灵活、便捷地获取支持企业财务管理活动的各项资源。财务管理信息化的进程本身就有较强烈的个性化需求和灵活性。云计算模式的出现,为财务管理信息化资源整合和集约化应用提供了新的选择。

2. 基于大数据的财务管理应用扩展

大数据对企业财务管理的影响不言而喻。首先,大数据一定是面向领域的。大数据面向某一领域提供决策所需的海量数据,并通过数据的搜集、整理、清洗和挖掘等技术,提供更为全面、准确的面向决策的数据和信息,从而可以有效提升财务管理决策和控制的能力和有效性,提升企业财务管理能力。其次,大数据的应用一定是基于云计算进行的,因此,企业财务管理信息化可以充分借助于这一平台,实现资源的高度共享和充分利用,财务决策和分析过程将不再是孤立的决策行为,而是借助于开发平台,通过科学分析获得有助于企业财务管理能力提升的系统决策。最后,随着大数据的应用,企业决策过程也逐渐从领导者决策向决策和控制协同过渡,而 Web 3.0 等技术的应用,将进一步增强企业各个层级参与财务管理活动的可行性,决策和控制过程也将从管理层决策过渡到企业内部和外部的协同决策。

3. 移动互联对财务管理应用扩展

移动互联对财务管理应用的扩展主要体现在以下三个方面。

第一,移动互联技术可以帮助企业构建决策和控制一体化的财务管理流程,实现决策过程向控制过程的嵌入,并借助物联网技术实现智能化的过程控制。

第二,移动互联技术的应用将进一步打破财务管理活动的边界,决策的复杂度将进一步得到提高,对决策的时效性要求显著提升。实时控制将成为可能。

第三,移动互联技术将进一步改变企业财务管理的组织结构和流程,企业组织将进一步扁平化,控制层级减少,控制宽度加大。

1.2 财务管理信息化

1.2.1 信息化

信息化目前并无严格的定义，1963 年，日本学者在文章"论信息产业"中首次提及"信息化"的含义。

信息化是以信息资源开发利用为核心，以网络技术、通信技术、信息管理技术、软件开发技术、开发工具技术、集成技术等技术为依托的一种新技术扩展。

信息化是一个集成的概念，它具有明显的层次性。从总体上看，信息化可以划分为社会、国民经济信息化，行业、领域信息化，以及组织、企业信息化三个层次。三个层次之间相互联系，共同构成信息化的背景。本书以第三个层次为背景，探讨财务管理信息化。组织、企业信息化是社会信息化的基本构成单位，信息化的进程往往是从某个组织开始的。

1.2.2 企业管理信息化

1．企业管理信息化的定义

企业管理信息化是指在信息化的背景下，以企业现代管理理论为依托，以信息技术为平台，整合企业战略管理、市场营销、生产管理、财务管理、企业文化管理流程，以提高企业核心竞争力，最终实现企业生存、发展和不断扩大的过程。企业信息化的目标是追求企业核心竞争力的提升和最终效益的显著增值。

企业管理信息化也是重新构建企业管理模式的过程。这一模式的构建过程既包括手段、方法的改变，也包括管理流程、理论的变革，并且这一变革过程正随着信息技术的突飞猛进和管理理论的不断创新而变得更加剧烈。

2．企业管理信息化的意义

(1) 促进企业管理模式的变革。不同的市场竞争环境和管理手段的更新，催生了不同的企业管理模式。传统的大批量、大规模生产模式产生了以企业"成本控制"为核心的管理模式。通过层级划分和专业化分工提高工作效率，降低生产成本，已获得企业产品价格上的优势。信息技术的发展不仅改变了信息传递和处理的方式，而且造就了新的管理模式和方法。随着市场竞争的加剧，大众化市场早已烟消云散，需求日趋个性化、多样化，使产品生产呈现出多品种、小批量的趋势；传统的生产主导的管理模式转变为市场主导的管理模式。在信息化环境下，企业信息能全面实现共享，使企业的集成管理模式成为可能。这种集成管理模式可提高企业管理层的洞察力，使管理结构扁平化，减少审核和监督程序，减少内部冲突，让员工拥有更大的自主权，大大调动员工的积极性，提高对外界变化的快速反应能力。

(2) 形成企业核心竞争力。企业核心竞争力是指在企业内形成的区别于其他企业的特质，该特质能够为企业带来超额的价值。信息化的发展有助于企业核心竞争力的形成。信息化的过程实际上就是企业管理模式、管理流程重新构建的过程。在网络环境下，企业应以市场需求为导向，以信息化管理为手段，提高工作效率，最大限度地创造企业价值。

(3) 提高企业经济效益。信息化的推行，有助于企业提高工作效率，降低成本，拓展市场，争夺稳定客户，促进企业经济效益的提高。

3．企业管理信息化的内容

从企业角度出发，企业管理信息化包括以下三项主要内容。

(1) 信息化平台的构建。构建信息化软件、硬件平台，并进行信息系统的建设、管理和维护等工作，实现信息化软件、硬件系统的集成。

(2) 业务流程重组。基于信息化环境下的业务流程重组是企业管理信息化的重要内容，旨在摒除手工模式下效率低下、重复工作的环节，提高企业生产水平，建立适合信息化社会的工作模式和工作流程。

(3) 信息化企业管理模式的建立。企业管理信息化的最高层次是建立与信息技术相融合的企业管理模式，包括信息化人才培养、信息化环境下企业管理制度的建立、自适应的企业管理信息系统的建立等。

1.2.3 财务管理信息化的定义、特点和作用

1．财务管理信息化的定义

财务管理信息化是一个新兴的概念，也是信息技术发展到一定阶段的必然产物。它并不是计算机在财务管理工作中的简单应用，也不是单纯利用计算机完成辅助决策，而是按照系统论的观点，建立完整的财务管理信息化概念和应用框架的过程。

财务管理信息化是指基于信息技术和企业宏观、微观管理环境，以支持实现企业价值最大化的财务决策活动为目标，通过整合企业管理流程，改进财务管理方式，形成科学的财务决策和财务控制的过程。

2．财务管理信息化的特点

与其他信息化过程相比较，财务管理信息化呈现出以下特点。

(1) 弹性边界。财务管理活动贯穿于企业管理活动的始终，财务管理信息化也随之渗透到企业的各个环节。"支付/获取—转换/生产—销售/收入"的基本企业业务流程，伴随着财务管理和财务决策过程。财务管理信息化将随着企业信息化的进程扩展到企业，甚至整个价值链上，财务管理信息化的边界将变得模糊。特别是新技术的应用，将使财务管理活动成为一个不断整合资源的过程，财务管理活动将逐渐和企业各项管理活动融为一体。

(2) 自适应性。财务管理的核心内容是决策，而决策面临的环境千变万化，缺乏统一的模式和流程。参与决策的各种信息、数据来源广泛，因此，财务管理信息化不可能借助统一的流程和模式来实现。满足客户决策需求成为财务管理信息化成功的关键。理想的财务管理信息化绝不是一个简单、僵化的系统，而是提供了一个决策和管理的平台。在这个平台上，用户可以根据企业自身的管理环境、管理水平构建所需的信息化环境，实现系统的自适应性。

(3) 决策与控制相集成。与传统的信息化过程不同的是，财务管理信息化并不是数据采集、加工、输出的开环控制过程，而应该是实现信息处理与控制过程的集成，这是财务管理信息化与其他信息化过程本质性的区别之一。其变化过程如图 1-1 所示。

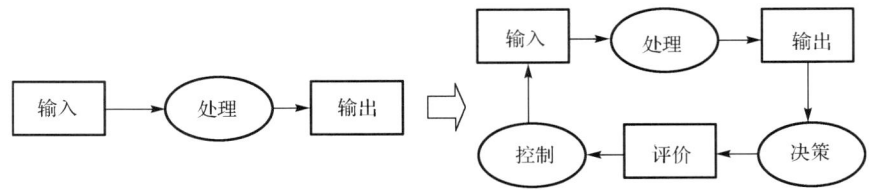

图 1-1 决策与控制集成过程

从图 1-1 中可以看出，财务管理信息化是一个闭环控制的过程，它并不满足于提供辅助决策的信息，而是尽可能地将决策结果转化为控制过程，并加以实施。

3．财务管理信息化的作用

财务管理信息化的作用表现在以下几个方面。

(1)提高企业财务决策水平。在符合企业整体战略的前提下，财务管理信息化可以提高财务决策水平，提高风险防范能力。

(2)提高企业财务控制能力。财务管理信息化可以帮助企业扩展财务控制范围，减少控制层级，强化控制过程。

(3)提高财务管理效率。财务管理信息化可以提升企业管理和决策的应变能力，将企业宏观战略转化为可以实施的管理策略，提高企业风险防范和风险控制的能力，促进企业价值增长。

1.2.4 财务管理信息化的发展历程

按照财务管理信息化的影响范围和深度，可以将财务管理信息化的进程划分为三个阶段，即面向部门局部应用、面向企业整体应用和面向集团应用。

1．面向部门局部应用

在面向部门局部应用阶段，财务管理信息化的影响范围局限在财务管理部门内部。其主要特征如下。

(1)财务管理应用局限在独立的决策环节。财务管理信息化并没有形成有机的系统，只是由若干个孤立的决策模型构成。计算机技术的作用仅限于数据的计算和分析，但数据处理的速度和精度有了很大提高。应用的目的主要是解决大量数据计算或复杂计算，如投资组合理论中常用到的数据计算和统计学计算等问题。

(2)决策数据主要通过手工方式获取。在局部应用结算中，决策所需要的数据主要通过手工方式获得，或通过对数据库数据的访问获得。决策模型的运行基本上处于手工运行状态，缺乏数据仓库的支持。

(3)缺失财务控制职能。财务管理的基本职能包括决策和控制，但在局部应用环境下，企业缺乏有效的财务控制手段，也缺乏实施控制的信息化平台，财务控制滞后。

(4)财务管理工具单一。这一阶段主要应用电子表格软件(如 Excel)、统计软件(如 SPSS)等，完成简单的财务分析、决策模型建立等工作。决策所需数据无法与会计或其他信息系统共享，决策过程依靠用户建立的财务管理模型实现，无法确定决策过程的科学性和决策结果的有效性。硬件平台以单机或小型的局域网为主。

2. 面向企业整体应用

随着企业信息化的深入，特别是系统集成阶段的完成，财务管理信息化也将步入面向企业整体应用阶段。相对于面向部门局部应用，面向企业整体应用呈现出如下特点。

(1) 财务管理信息化应用的目的是面向系统决策。企业财务管理的基本活动包括筹资、投资和利益分配，三者是相互影响、相互制约、相互联系的整体。面向企业整体应用阶段不再是面向某一个具体的决策环节，而是面向企业战略，也就是说，决策过程从一个单独的、个体的决策转化为企业理财目标服务的一系列决策。信息化的作用不再局限于数据处理本身，而向决策支持、人工智能过渡。

(2) 通过数据库管理系统自动获得决策所需的数据。决策的关键是模型的构建，而正确决策的依据是大量准确的基础数据。在面向部门局部应用阶段，正是决策所需数据的缺失，限制了财务管理决策的应用价值。在面向企业整体应用阶段，财务管理信息系统既可以访问会计数据，也可以访问集成化信息系统提供的业务数据；既可以访问当前数据，也可以访问历史数据，还可以访问支持决策的数据仓库，从而提高决策的可靠性。

(3) 强化了财务控制职能。在面向企业整体应用阶段，借助于企业信息化的平台，财务控制的各项措施和方法不再停留在手工层面，而是嵌入信息系统本身，在进行业务处理的同时完成各项控制活动。财务控制实现了真正意义上的事前控制、事中控制和事后控制的统一。具体而言，事前控制可以实现对决策目标的分解，将其转化为可以执行的指标或预算，并将预算或指标层层分解，落实到基本的业务处理层面。在手动环境下无法实现的事前控制可以在信息化环境下迅速、高效地形成实际的控制力。事中控制在执行过程中实时监控执行过程，并和财务指标或预算进行比较，随时调整偏差或矫正。事后控制则对执行的结果进行分析和评价，确定其与决策目标之间的差异，分析决策的正确性和目标的满足程度，为未来的财务管理活动提供依据。

(4) 形成财务管理信息化平台。与面向部门局部应用阶段相比，面向企业整体应用阶段形成了系统化的、开放式的财务管理信息化平台，包括较为完善的局域网或企业内联网及财务管理信息系统。财务管理信息化的实现不再单纯依靠非专用的工具软件，而是建立了完整的财务管理信息系统。在实现财务管理信息系统和其他信息系统的集成，以及和工具软件的集成后，可实现决策模型构建、维护的功能。

3. 面向集团应用

信息化技术的发展在扩展了集团财务管理内容的同时，也极大地丰富了集团财务管理的手段。从内容上看，全面预算管理、网上资金结算中心、集团物流管理等均是依托信息化环境而产生的新的集团财务管理模式。从手段上看，信息化技术也带给集团财务管理新的决策和控制手段。敏捷生产、流程再造、零库存管理、虚拟仓库等均是集团财务管理在信息化环境下的新管理手段。

(1) 财务管理信息化的目标是支持集团战略决策和集团控制，提升集团价值。在面向集团应用阶段，财务管理信息化的目标是支持集团决策和集团控制。在信息技术的支持下，集团企业可以较好地处理分权与集权之间的关系；可以在集团内部实现数据的集成和共享；高层的预算指标和控制措施可以通过信息系统下达到集团企业的各个层面，并对执行情况进行跟踪和监控。

(2) 决策所需数据通过分布式数据库提供，并构建面向决策的数据仓库。通过集团各企业间协同工作的网络和数据处理平台，在分布式存储和分布式处理能力的支持下，协同集团内部各企业的财务管理工作，共同支持集团战略决策。通过数据仓库的构建，提供面向集团决策的数据和信息。

(3) 集团战略决策、集团预算管理、资金集中控制、集团物流管理将成为该阶段财务管理信息化应用的重点。

(4) 信息化技术平台实现由 C/S 结构向 B/S 结构的迁移，并通过企业外联网或因特网实现集团企业间信息的沟通和协作。

4．面向价值链的应用

价值链是波特在《竞争优势》一书中首先提出的，它作为企业在竞争中获取竞争优势的基本分析工具贯穿该书。波特并没有直接给价值链下定义，但其含义是清楚的。他将供应商价值链、企业价值链、渠道价值链和买方价值链等称作价值系统。企业价值链是企业在设计、生产、营销、交货等过程及辅助过程中所进行的许多相互分离的活动，这些活动中的每一种都是企业竞争优势的来源。狭义价值链和广义价值链的概念不同。狭义价值链泛指单体企业和企业集团内部价值链。而广义价值链包含两个内容：其一是指以某一核心企业为主体的外部价值链；其二是指以多个核心企业为主体的有限闭环价值链或被称为社会价值链。

价值链管理实质是一种集成的管理思想和方法，它注重价值链上企业间的合作，把不同企业的人、财、物和市场等要素集成起来，使整个价值链的价值得到提升。价值链管理把企业资源的范畴从过去的单个企业扩大到整个价值链的企业群。企业关心的将不仅仅是企业自身，而是它所置身其中的整个价值链的集成利益和发展能力。与此相适应，价值链会计管理将突破传统会计管理的范围，而价值链会计管理信息化作为实现价值链会计管理必备的环境和技术基础也将发生重大变革。

由于企业面临全球市场经济和网络时代，以及价值链管理和价值链会计管理模式的产生，为了提升整个价值链企业联盟的全球竞争能力，价值链会计管理信息化的出发点一定要打破企业分割的局面，应从整个价值链企业联盟整体和长远战略及策略发展的需求出发，实现企业间信息和过程的集成。因此，财务管理信息化的目标应具有双重性：一方面要提高所有联盟企业内部会计管理、控制和决策能力；另一方面要从价值链企业联盟的整体价值管理活动(如价值链的成本控制活动、物流控制活动等)出发，提升整个价值链财务管理工作的监管、分析和决策能力，并按照事先规定的法则，在联盟企业有关业务发生时，提取相应的价值链管理的会计、财务、业务、市场、客户和竞争对手等综合信息，以支持价值链企业联盟的综合管理、监控和高层决策管理，从而提升价值链企业联盟整体管理工作的水平和价值。

1.2.5 财务管理信息化与会计信息化

财务与会计的关系，学术界历来有三种代表性的观点，即"大会计观""大财务观""财务与会计并列观"。"大会计观"认为会计具有直接的管理职能，会计应当包含财务，并认为财务管理是从管理的客体出发,来回答管理是什么的问题;而会计管理是从会计管理的主体出发,是回答怎样管的问题。因此,财务管理的对象,必须对财务实施会计管理。"大财务观"与"大会计观"相反,认为财务包含会计,会计工作是财务管理工作的组成部分。"财务与会计并列观"认为财务与会计是两个相对独立的系统,其工作性质、内容都是不一样的。

在目前的信息化前提下,为了便于说明财务管理信息化与会计信息化之间的异同,下面以"财务与会计并列观"作为分析的出发点。

1. 财务管理信息化与会计信息化的联系

(1)财务管理信息化与会计信息化共同构成企业财会工作的主体。会计信息化和财务管理信息化分别是财会工作的不同阶段,会计信息化整合会计部门的会计处理流程,及时准确地向企业内部和外部信息使用者提供与决策相关的信息;财务管理信息化则通过对企业财务管理流程的再造,执行决策和控制的职能。财务管理信息化与会计信息化均属于企业信息化的重要组成部分,共同构成了信息化环境下企业财会工作的主体。

(2)会计信息化是财务管理信息化的前提。财务管理所需的大量数据来自会计系统,信息化环境下,依靠会计系统提供的数据来完成决策任务;同时,财务管理的预算、计划、指标等控制行为必须通过会计系统进行实时监控,并对决策进行评价和修正。因此,缺乏会计信息化进程,财务管理信息化将失去存在的基石。

(3)财务管理信息化是会计信息化的必然延续。在完成企业会计信息化进程后,企业财务管理的相关需求得到发展,需求者不再满足简单的数据提供,而是希望获得更有价值的信息,能够有效支持决策或对执行过程进行评估。这必将推进管理信息化的进程。

2. 财务管理信息化与会计信息化的区别

(1)目标差异。在服从企业信息化目标的前提下,两者之间存在一定的差异。会计信息化的目的是提供高质量的对决策有用的信息并进行相应的会计控制和管理。财务管理信息化的目的在于通过财务决策和财务控制,实现企业价值最大化。

(2)职能不同。会计信息化的职能是反映和监督,财务管理信息化的职能是决策和控制,实际上是一个完整管理活动的不同环节。反映的目的是加强决策,监督的作用是保证控制措施的有效性;财务决策的结果必须通过会计信息加以反映,财务控制的过程应置于会计监督之下。

(3)信息化的实现策略不同。相对而言,由于受到外部统一的会计法规和会计准则的约束,不同企业的会计信息化过程具有一定的共性,可以建立标准的模式以供借鉴。而财务管理信息化过程对理财环境有较强的依赖性,不同的企业发展战略,财务管理信息化的过程也不尽相同,缺乏一定的标准化模式。

3. 财务管理信息化与会计信息化的融合

现阶段看来,财务管理信息化与会计信息化是不同的两个信息化过程,但从未来信息化发展的趋势分析,两者将逐渐融合,主要原因如下。

(1)会计本质上是一种管理活动。会计对象以会计作为一项管理活动为前提,其核算与监督的对象是企业单位中的价值运动，即资金运动；而财务管理的对象本质上也是资金运动，两者在本质上是趋同的。

(2) 传统的观点认为，会计管"账"，财务管"钱"，所以会计以提供信息为主，而财务是一种管理活动。实际上，账务处理过程本身也是一种管理行为。管理活动是由决策、执行、评估、反馈、修正等环节组成的，传统的会计账务处理实际上是执行、评估、反馈环节的信息记录和处理过程，本质上仍属于管理活动。

(3) 信息化程度的提高加速了两者的融合。在信息化环境下，传统的会计账簿处理已经退居次要位置；维系日常的会计交易活动，采集、存储、处理、传递和分析利用会计信息，支持会计管理的控制功能成为目前会计信息化的主要任务；提供对决策有用的信息，并不代表提供简单的报表，而是要揭示报表背后企业资金运动的实际状态，并让管理者易于理解。近年来，对报表改革的呼声大多源于此，这在本质上也是一种管理行为。在信息化水平较低的情况下，人们满足于数据处理的加速和信息查询的便捷，但当信息系统承载了更多的控制和管理职能后，人们发现，信息技术不仅能够帮助加工信息，更能够按照需求完成控制和管理的职能。无论是传统的簿记还是辅助决策都成为信息系统中的一个管理环节，财务管理信息化和会计信息化将实现在企业信息化与社会信息化背景下的融合。

1.3 财务管理信息系统

1.3.1 管理信息系统

管理信息系统(Management Information System，MIS)是20世纪中后期才逐渐形成的一门新学科。1985年，管理信息系统的创始人高登·戴维斯给管理信息系统下了一个较为完整的定义："管理信息系统是一个利用计算机硬件和软件，手工作业，分析、计划、控制和决策的模型，以及数据库的用户——机器系统。它能提供信息，支持企业或组织的运行、管理和决策功能。"

随着信息技术的发展，管理信息系统也在不断发展变化，对管理信息系统的理解也不断深化。管理信息系统，是指以信息基础设施为基本运行环境，由人、信息处理设备和运行规程组成的，通过信息的采集、传输、存储、加工处理，并以企业战略竞优、提高效率为目标，支持企业高层决策、中层控制和基层运作的集成化的人机系统。在这一定义中，明确了管理信息系统构成的三个要素，即人、信息基础设施和运行规程。在任何一个系统中，"人"始终是第一要素，它不仅是管理信息系统的使用者，同时也是管理信息系统的规划、控制和运行管理者。越是面向高层的系统，人的参与程度就越高。信息基础设施提供了管理信息系统运行的物理环境，同时信息基础设施的建设必须服从管理信息系统的目标。运行规程体现了管理信息系统的运行规则，运行规则是应用规则、控制措施、知识智能的集合体，它是提供数据、控制指令、执行动作、按照科学合理的原则运行的基本保证。

1.3.2 财务管理信息系统的定义、特点、基本运行模式和功能结构

1. 财务管理信息系统的定义

从管理信息系统的角度分析，信息系统可以划分为四个层次，即 TPS（事务处理系统）、MIS（管理信息系统）、DSS（决策支持系统）和 AI/ES（人工智能/专家系统），如图 1-2 所示。

TPS 完成企业活动基本事件的信息记录和存储，MIS 完成信息的整理、合并和简单的分析，DSS 负责面向企业高层提供辅助决策的相关信息，而 AI/ES 则根据所掌握的信息及时做出反馈并进行管理和控制。完整的财务管理信息化实际上实现了 DSS 和 AI/ES 在财务管理方面的有机集成。它不仅要求根据 MIS 提供的数据生成辅助决策的信息，更要求通过系统控制实现对财务的管理和控制过程的集成。

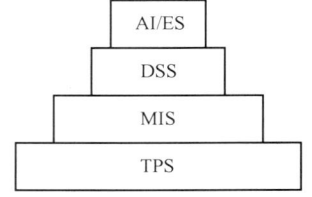

图 1-2　信息系统的四个层次

关于财务管理信息系统的定义，目前尚未形成统一的认识。从系统论的角度出发，财务管理信息系统的定义应该包括：财务管理信息系统的目标、财务管理信息系统的构成要素和财务管理信息系统的功能。

(1) 财务管理信息系统的目标服从于企业财务管理的目标，即企业价值最大化。但财务管理信息系统对企业价值最大化目标的支持是通过决策支持来体现的，因此，可以将财务管理信息系统的目标定位于支持实现企业价值最大化的决策活动。与传统的信息系统不同的是，财务管理信息系统的终极目标不是单纯地提供信息，而是支持决策活动和控制过程。

(2) 财务管理信息系统的构成要素包括信息技术、数据、模型、方法、决策者和决策环境。

(3) 财务管理信息系统的功能可以概括为财务决策和财务控制两个方面，这也是现代财务管理活动最基本的职能，其他的职能都可以理解为上述两个职能的派生。

因此，可以将财务管理信息系统定义为，基于信息技术和管理控制环境，以支持实现企业价值最大化的财务决策活动为目标，由决策者主导，获取决策所需数据，应用数学方法构建决策模型，完成财务决策过程，并将决策转化为财务控制，对业务活动加以控制的管理信息系统。

长期以来，财务管理信息系统并没有得到明确的认识，提出"理财电算化"概念的实质就是利用工具软件建立财务管理分析模型。"理财电算化"概念还容易让人误解，让人以为财务管理的信息化过程仅仅代表计算机在财务管理中的应用。财务管理信息系统概念的提出有助于澄清上述较为偏颇的概念，从而按照系统论的思想构建财务管理信息系统。而且，随着信息化水平的逐渐提高，建立系统化的财务管理信息系统的条件已经成熟。

2. 财务管理信息系统的特点

从财务管理信息系统的定义可以看出，财务管理信息系统的特点主要表现在以下几个方面。

(1) 动态性。财务管理活动取决于财务管理环境，而管理环境是不断发展变化的。企业战略的不同决定着企业财务决策策略和控制策略存在较大的差异，如市场领导者和

市场追随者会选择不同的企业战略，进而影响企业财务管理决策策略和控制策略。因此，财务管理信息系统缺乏标准化的流程，各企业间可参照性较弱，也就决定了财务管理信息系统是一个动态的系统，必须随着企业的成长与财务管理环境的变化不断发展和完善。

(2) 决策者（管理者）主导。在较为低端的信息系统中，如事务处理系统中，信息系统可以实现高度的自动化处理。但在财务管理信息系统中，由于其面向企业高层提供服务，决策活动中不可避免地存在大量的分析、比较和智能化的处理过程，因此，决策者将是财务管理信息系统的主导。同时，财务管理信息系统是以用户需求为驱动的，必须将信息系统的主导权交给信息需求者。

(3) 与其他管理信息系统联系紧密。必须要明确财务管理信息系统是企业信息化系统中的重要组成部分。财务管理信息系统具有较高的综合性。首先，财务决策所需的基础数据中所包括的近期数据和历史数据均来自相关的信息系统，财务管理信息系统必须实现和其他业务信息系统的集成或数据共享；其次，财务控制的执行依靠各业务处理子系统来完成，必须有足够的能力保证财务计划、指标、预算和各项控制措施"嵌入"信息系统，并最终发挥实际的控制作用。

(4) 高度的开放性和灵活性。为了适应多变的决策环境和各企业不同的财务管理模式，财务管理信息系统必须具有高度的开放性和灵活性。具体表现在：第一，财务管理信息系统应支持异构网络、不同的数据库管理系统；第二，允许用户自定义决策过程和控制流程，实现企业财务管理的流程重组和构建；第三，具有较强的可扩展性和可维护性，支持动态财务管理过程。

3. 财务管理信息系统的基本运行模式

财务管理信息系统的基本运行模式包括财务管理决策环境分析、财务管理决策制定、财务管理决策执行和财务管理控制评价过程，它们共同基于一定的企业环境和信息技术平台，且相互联系形成基本的财务管理信息系统运行模式，如图1-3所示。

第一阶段，财务管理决策环境分析阶段，主要完成财务决策风险评估，确定决策目标，并明确财务决策所面临的约束条件，识别达到决策目的的关键步骤。这一阶段，是财务决策的准备阶段。在信息系统环境下，借助信息技术平台，可以获得相应的信息，并把这些信息引入决策过程。

第二阶段，财务管理决策制定阶段完成决策模型的构建过程，并通过决策模型调用模型计算方法，获取决策所需的数据，在众多的方案中，通过模型比较分析，确定最佳的解决方案，并根据方案生成计划、指标和控制标准。

第三阶段，财务管理决策执行阶段，编制预算，并实际配置资源，随时记录决策执行过程，包括执行进度、预算执行、资源消耗情况，并随时进行反馈和比较。

第四阶段，财务管理控制评价阶段。若评价结果与预期控制指标有偏差，则应分析该偏差产生的原因：若属于系统误差，则需考虑执行计划编制是否有误；若不属于系统误差，则需要调整具体的执行过程；若进一步判断属于决策失误，则需要重新进行决策；若决策正确，而执行仍然存在偏差，则需要对决策环境重新评估。

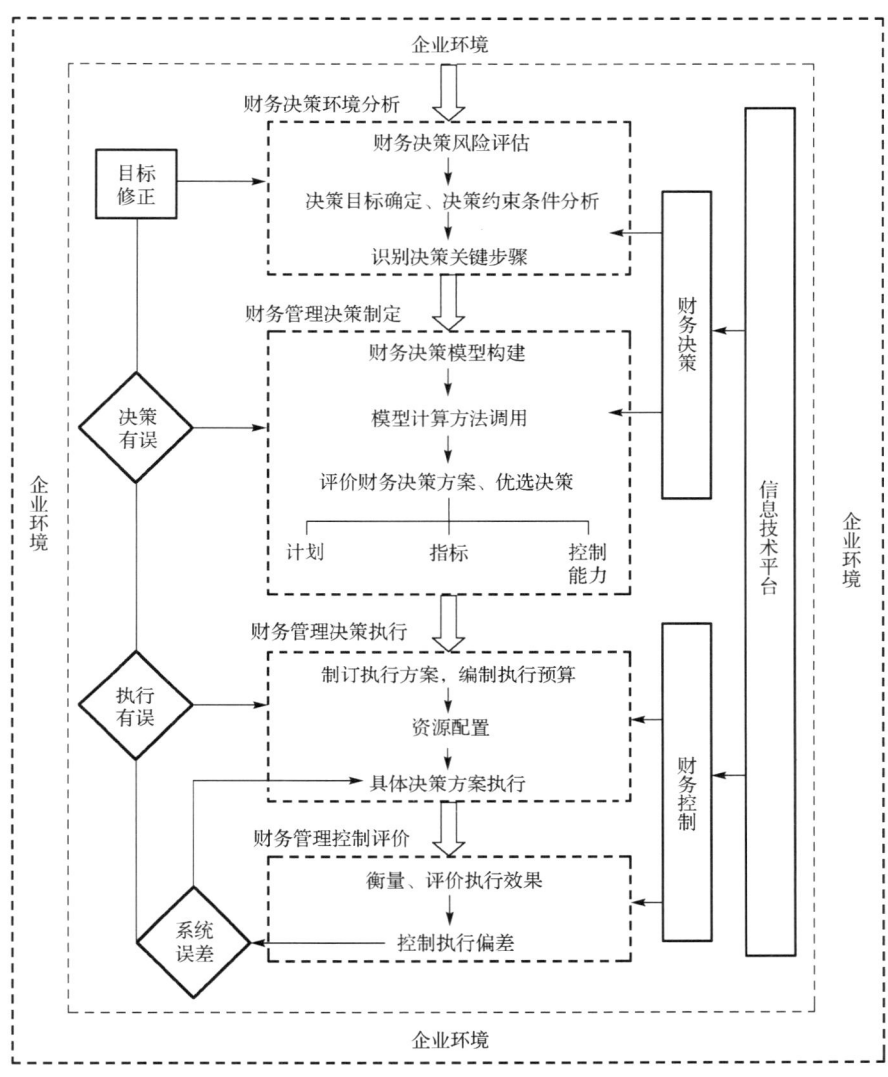

图 1-3 财务管理信息系统运行模式

在实际的财务管理信息系统中,第三阶段和第四阶段往往集成于具体的业务处理系统中,财务管理信息系统具备和业务处理系统的数据接口或共享的集成化控制平台,从而保证了财务管理信息系统职能的发挥。

4. 财务管理信息系统的功能结构

信息化环境下,财务管理的基本职能是决策职能和控制职能,财务管理信息系统的功能结构也围绕着上述两项职能展开。总体功能结构如图 1-4 所示。

(1) 财务决策子系统。财务决策子系统是财务管理信息系统的主要内容之一,主要包括企业筹资决策信息化、投资决策信息化和股利分配活动信息化。它构成了传统财务管理的主干,具体包括用户决策需求分析、决策环境分析、决策模型构建、决策参数获取、决策结果生成等模块,并包含模型库、方法库和数据库等决策基本的数据库管理系统。

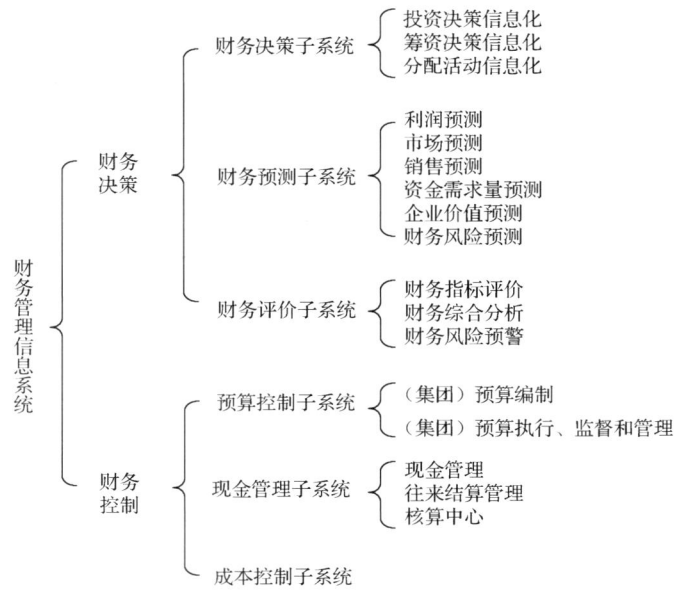

图 1-4 财务管理信息系统的总体功能结构

(2) 财务预测子系统。预测是指以过去的历史数据和现在能够取得的经济信息、统计资料为基础，运用人们所掌握的科学知识，推测事物发展的必然性和可能性的过程。信息化环境为预测工作提供了更为便利的条件，数据库可以提供丰富的历史数据，强大的计算工具可以帮助用户使用更为准确的预测方法。财务预测子系统包括利润预测、市场预测、销售预测、资金需求量预测、企业价值预测、财务风险预测等。

(3) 财务评价子系统。信息化环境下，财务评价将从传统的单纯的财务指标评价转向从多个层面、多个维度对企业财务状况进行评价；而且评价将由事后转为事中，并对企业可能出现的财务风险进行有效预警。

(4) 预算控制子系统。根据决策结果和由决策方案产生的指标、计划等信息编制预算，并负责预算的执行、监督和管理。该子系统支持集团预算的编制和执行。

(5) 现金管理子系统。在信息化社会中，现金管理也是财务管理信息化的重要环节。这里的现金不仅指纸质货币，也包括电子货币及其转化形式。随着网上交易和网上银行应用的日渐成熟，企业的现金管理不再局限于简单的货币管理和对账，而是实现以电子货币结算、核对的网上管理。同时，合理控制现金支出，判断企业现金流量变动，及时做出现金需求安排，也是现金管理子系统的重要内容。针对集团企业，还可应用核算中心，实现集团内部现金的统一配置和管理。

(6) 成本控制子系统。与会计信息系统中的成本核算子系统一起，完成成本计算、分析等工作，并通过优化供应链、车间管理等多种手段降低成本。

1.3.3 财务管理信息系统与会计信息系统

1. 财务管理信息系统与会计信息系统的联系

(1) 目标一致，均支持企业战略目标的实现。

(2) 共同完成企业会计工作信息化的主要任务，共同支持企业财务管理活动，构成企业会计工作的决策、控制、信息处理的循环圈。同时，财务管理信息系统所需的数据主要来源于会计信息系统。

(3) 财务管理信息系统中的控制系统与会计信息系统的联系更为紧密，甚至在有的财务软件中将两部分功能集成于一个信息系统中，使会计信息系统和财务管理信息系统的边界模糊化。

2．财务管理信息系统与会计信息系统的区别

(1) 系统应用环境差异。会计信息系统遵循会计准则和会计法规，并符合基本的会计处理程序，系统易于标准化；财务管理信息系统面向多变的企业环境和不同的企业战略目标，企业之间信息系统结构差异较大。

(2) 功能差异。会计信息系统的主要功能是维系日常的会计交易活动，如采集、存储、处理、传递和分析利用会计信息；支持会计管理，提供对决策有用的信息。财务管理信息系统则主要完成财务决策和财务控制任务。

(3) 服务对象差异。会计信息系统不仅向企业内部管理人员提供信息，也负责向外部相关利益者提供对决策有用的信息；财务管理信息系统则主要面向企业内部管理人员，特别是为高层决策人员提供决策辅助。

(4) 系统稳定性差异。一般来讲，会计信息系统在功能和结构方面较为稳定，一旦形成，可以在较长时间内发挥作用；而财务管理信息系统实际上提供的是用于决策和控制的平台，而如何决策、如何控制，取决于用户需求，系统功能和结构处于动态变化过程中。

(5) 解决问题差异。会计信息系统一般处理结构化决策问题，而财务管理信息系统则处理半结构化和非结构化问题。

(6) 系统开发策略差异。会计信息系统开发一般采用结构化的开发方法，而财务管理信息系统的开发则有较多的用户参与。软件厂商提供的不再是一个标准化的财务管理软件，而是一个可以实现与各种系统集成和共享的财务管理平台，由用户灵活地定义财务管理流程和控制策略。

习题

1．举例说明信息技术对财务管理实务的影响。
2．什么是财务管理信息化？财务管理信息化与会计信息化之间的关系如何？
3．简述财务管理信息化的发展历程。
4．财务管理信息系统的主要功能有哪些？
5．以最佳采购订货量为例，说明财务管理信息系统的工作模式。

第 2 章 财务共享服务

本章学习目标：

- 了解财务共享的概念、发展和未来发展趋势
- 掌握构建财务共享服务模式的策略
- 掌握集团财务共享服务中心建设方案
- 掌握财务共享信息系统的主要框架和功能

本章关键词：

财务共享　共享服务模式　信息系统

2.1 财务共享服务概述

2.1.1 财务共享服务的概念

财务共享服务是以信息技术为依托，以财务业务流程处理为基础，以优化组织结构、规范流程、提升流程效率、降低运营成本或创造价值为目的，基于市场视角为内外部客户提供专业化生产服务的分布式管理模式。

1. 以信息技术为依托

信息技术的广泛应用已成为现代财务共享服务的基础。财务共享服务中心信息技术应用多为ERP(企业资源计划系统)财务模块，但呈现 ERP 财务模块—ERP 非财务模块—ERP 外围辅助业务系统的转移趋势。同时，工作流、票据影像、OCR 识别等信息技术工具得到广泛应用。

2. 以财务业务流程处理为基础

财务共享服务中心的组织形式更多地考虑流程的因素,基于流程加强专业化分工能力，提高生产效率。

3. 多样化的实施动机

财务共享服务中心主要有内部服务型财务共享服务中心和服务经营型财务共享服务中心两种类型。内部服务型财务共享服务中心的建立可能成为优化整个财务组织架构的契机，

并在此基础上达到规范流程、提升流程效率、降低运营成本的目的。此外，企业借助财务共享服务加强内部控制的行为也较为常见。服务经营型财务共享服务中心以业务流程外包服务为主导，以获取利润为主要目的。行业呈现多样化实施动机。

4．市场化的视角

无论内部服务型财务共享服务中心还是服务经营型财务共享服务中心，均应保持市场化的视角。在此内涵下，财务共享服务中心应重视客户，为客户提供满意的服务，并在服务过程中体现其其他的运营动机。

5．提供专业化生产服务

应视财务服务为生产运营，关注生产效率及生产质量，建立完善的现场绩效评估体系及生产质量控制体系。

6．财务共享服务是一种管理模式

财务共享服务是包括信息技术、组织管理、服务管理、质量管理、绩效管理等多种管理手段的综合体，不可狭义理解为其中一种。

2.1.2 财务共享服务的发展

在20世纪80年代，福特公司建立了世界上第一个共享服务中心，共享服务的理念便开始在集团高管思路中渗透。财务共享服务中心最先由跨国集团引入中国是1999年摩托罗拉在天津成立亚洲财务结算中心；2005年，中兴通讯成为第一家建立财务共享服务中心的中国企业。

随后10年，企业集团引入财务共享服务模式，日渐成为企业集团管控创新的重要手段，并在海尔、宝钢、美的、国家开发银行、中国移动、国泰君安证券等一批管理领先的企业进行了有价值的实践，均取得了积极的应用效果。

2013年12月6日，财政部印发的《企业会计信息化工作规范》的第三十四条明确指出："分公司、子公司数量多、分布广的大型企业、企业集团应当探索利用信息技术促进会计工作的集中，逐步建立财务共享服务中心。"中国集团企业建立财务共享服务中心的成熟期已经到来。

2.1.3 财务共享服务的适用范围

从前述的定义中已经了解到，财务共享服务是将分散在企业不同业务单位的财务业务整合到一起，采用相同的运作模式、业务流程和规则，这就要求这些业务必须是可以或容易进行标准化的基础业务。

在基础业务中，共享服务被分为基础业务处理和基础决策支持两个层次，如图2-1所示，而这两个层次是阶梯形分布的。一般而言，总账管理、应付管理、应收管理、资产管理是目前财务共享服务中实施最多的业务，而从应付管理中衍生出的费用报销等也是近年来财务共享服务的热点。

通常一个企业在实施共享服务时从财务开始，而财务共享服务中又从阶梯的底层——应收/应付做起。很多企业在实施ERP的过程中也是从"应收/应付"做起的。这种巧合使得基于"应收/应付"的财务共享服务起点得到了有力的信息化支持。

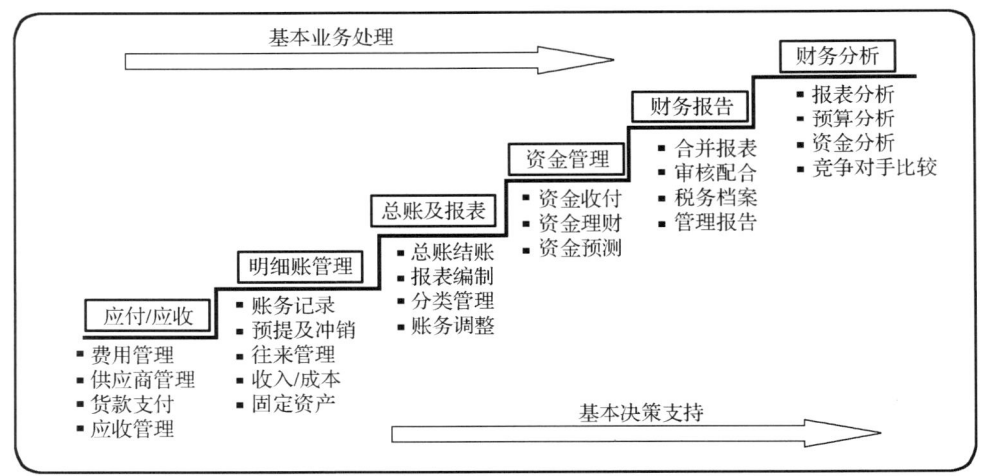

图 2-1 财务共享服务处理业务类型

2011 年中兴通讯与 CIMA 在对国内实施财务共享服务的企业进行调研时发现(见图 2-2)，财务共享服务的业务范围可以包括会计核算的全业务，如应收、应付、资产、费用等会计核算工作，并且部分被调研企业已经将财务管理领域内的一些标准化程度高、具有重复性与周期性特点的业务纳入财务共享服务中心。

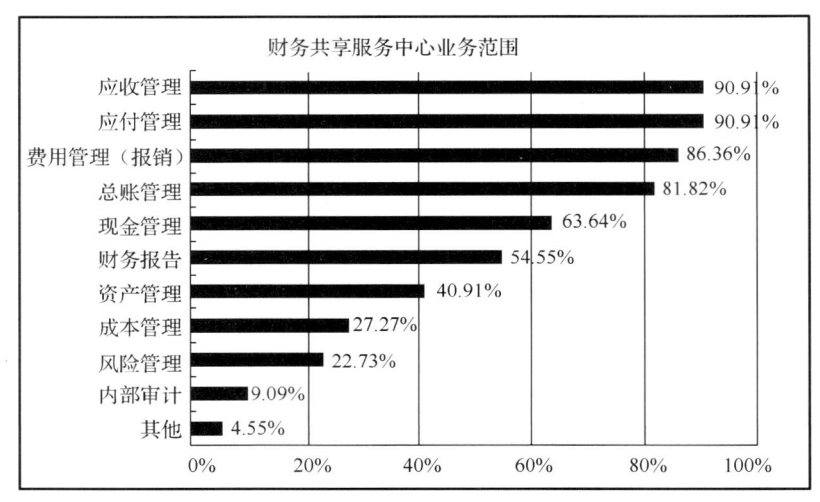

图 2-2 国内财务共享服务行业的业务范围调查

2.1.4 财务共享服务对企业的价值

财务共享服务之所以会受到诸多国际、国内著名企业的关注，是因为其在帮助集团化企业降低财务管理成本、支持企业快速全球扩张、降低经营风险、加强财务管控、实现财务战略转型等方面具有突出作用。

1. 保障战略执行，支持快速扩张

财务共享服务中心的建立可以将财务、人力等相关服务职能纳入，使企业在扩张发展

过程中不必为重复建立服务组织而耗费精力和成本；能够将一部分财务人员从核算工作中解放出来进行财务管理工作，为企业战略决策提供支持；财务共享服务中心所输出的标准化的财务数据，也有效支持了企业进行财务大数据分析，所有这些都能够有效地保障企业战略的执行，支持企业快速扩张。

2. 加强集团管控能力及标准化建设

财务共享服务中心将原来分散在不同业务单位进行的活动、拥有的资源整合到一起，为企业的业务流程、内部服务工作流程的标准化以及各种管理数据的统一与整合提供了平台，有助于加强集团管控能力及标准化建设。

3. 促进核心业务快速发展

财务共享服务中心的建立，将财务核算工作集中进行处理，企业在业务发展过程中不必再考虑建立核算组织和核算体系等基础支撑问题，能够专注于核心业务，促进核心业务的发展。

4. 降低财务运营成本，提高财务工作效率

实现财务共享服务，相当于建立了一个"会计工厂"，会计人员按照岗位进行专业化分工，一个人员可以处理几个单位的相同岗位的业务，提高工作效率；同时，通过标准化作业、按照作业量进行绩效考评等管理方式，在降低财务运营成本的同时，财务工作效率也得到大大提高。根据对国内外实施财务共享的企业进行的统计分析，建立财务共享服务中心，财务工作的运营效率可以提高1/4，甚至更高。

5. 推动财务转型升级

实施财务共享，能够为企业财务转型升级打下良好的数据基础、管理基础和组织基础。同时，有助于财务管理模式的转变，逐步形成一个完整的三层级的财务管理模式，即战略财务、全价值链财务管理支持的业务财务、交易处理为主的财务共享服务集成模式。

6. 适应互联网时代的要求

互联网时代，以移动互联网、大数据分析、云计算等为代表的新技术正彻底改变着会计行业，也对财务管理模式提出新的要求：要求能够实现财务网上办公、移动办公、实时通信；要求能够与外部相关服务、监管系统实现互联互通；要求能够实现电子票据、电子发票、电子会计档案等应用。财务数据传输平台也不再仅仅包括简单的财务数据，还包括丰富的业务数据和分析数据，为企业提供大数据分析服务。

2.1.5 构建财务共享服务模式的策略

财务共享服务模式通过提高财务运作效率和客户满意度，优化、细化财务流程，实时监控分(子)公司的财务状况和经营成果，最终推进企业集团发展战略的实施，因此，财务共享服务模式已成为跨国企业集团实施全球化扩张战略的必然选择。然而当一家企业在选择运用这种新型的财务管理模式时，除了要考虑企业文化与技术支持方面的基本问题，还要思考以下问题：财务共享服务的收费该如何定价；如何在减少成本与提高服务水平间找到均衡；企业内部如何形成一种面向不同部门的服务文化；不同业务单位或事业部门是否

可以被视为不同的细分顾客；实行共享服务后，现有的部门绩效评价方式该如何改进等。在实际工作中，需要提出明确的构建财务共享服务模式的策略。

1. 实行财务管理制度的标准化

财务管理制度的创新主要体现在整个集团财务管理制度的标准化，这也是财务共享服务模式构建的基础。首先，在集团层面制定标准业务规范，并以经过评审的标准业务规范作为实施财务共享服务的基础。其次，通过集中培训的方式使各地的财务组织全面掌握新的标准，为正式实施打下基础。最后，持续的监督执行是最终完成标准化的保障。

2. 从分散式管理模式向集中管理模式转变

财务共享服务是一种典型的集中式组织模式，它通过将服务端（共享服务中心）和客户端（企业集团成员单位）分离的方式，重新定位集团和基层业务及分（子）公司之间的业务界面和业务关系，并将从事标准化财务工作的财务人员从成员单位分离出来，归属到财务共享服务中，以实现财务人员的集中化。集中式组织模式能够实现资源的有效共享，一个服务端向多个客户端提供服务，客户端能够共享服务端资源。此外，通过服务端进行服务的封装获得一个或者多个数据块，并把它们集合成一个简单对象，能够使财务的服务界面简单化。这使原来基于整个集团按照成员单位进行的财务部门构建就转变为基于业务类型的财务部门构建，并将基于业务类型的财务部门剥离出来，集中归属到财务共享服务中心。

3. 再造财务流程，实现财务共享服务中心的业务和数据整合

实施财务共享服务的流程再造应遵循六个原则，即财务数据业务化、数据全程共享、财务流程标准化、财务流程模块化、集成财务信息系统、将基础业务与财务分析分离。例如，国泰君安总部通过创建财务共享服务中心将各个营业部的财务权限上收，取消原各个营业部的财务部门，在区域管理总部设置派出机构，统一处理审查、记账、支付、监督、报表及核对等基础性会计作业。作为财务共享服务中新的前台，各派出机构统一处理业务提高了财务数据传递的及时性和准确性，使得位于总部的财务共享服务中心的后台可以将更多的精力集中在财务分析和报告上，为制定财务政策、编制预算提供更多的依据。

4. 借助信息技术实现财务共享服务中心整体能力和效率的提升

财务共享服务中心最重要的作用在于，它建立了一个 IT 平台，将财务共享服务中心制定的一切财务制度都固化在统一的数据库中，包括财务作业流程等都在信息系统中进行统一设定，成员单位不得随意修改，从而保证总部的战略得到有效贯彻和落实。中兴通讯的实践表明，以网上报销模块、票据实物流、票据影像模块、过程绩效测评模块和综合管理模块为核心的共享服务系统平台为财务共享服务的实施奠定了较强大的信息系统基础。国泰君安采取集中方式部署系统，即总部设立 Web 服务器、应用服务器和数据服务器，通过交换机与外网连接；23 个区域管理总部和 5 个分公司通过网络登录总服务器，110 多个营业部的员工直接通过网络提交费用报销申请等。

5. 完善财务体系，形成基于共享服务的管理决策思想

在财务共享服务得到成功实施后，企业还需要构建一套包括营销财务、产品财务、研

发财务、海外财务、子公司财务在内的完整的财务体系。借助这套财务体系，集团的各项战略和财务管理需求就可直接传递至业务单位的核心决策层。

2.1.6 财务共享服务的未来发展趋势

1. 新兴技术给财务共享服务带来的创新

在初期，企业成立财务共享服务中心，一般出于集中管控和降低成本的目的。随着财务共享服务的发展成熟，企业开始考虑节约成本以外的因素，渴求更加全面、更有价值的服务，更好地支持企业的价值管理和价值创造。在财务共享服务迈向"智慧财务"的过程中，以云计算、大数据为代表的新兴技术的应用成为财务创新的催化剂。

2. 财务共享服务成为企业数据中心

作为企业的服务平台，各类业务数据涌入财务共享服务中心，随着数据数量的汇集，数据的管理和分析工作变得格外重要。数据的价值正在成为企业成长的重要动力，它不仅提供了更多的商业机会，也是企业运营情况及财务状况的重要分析依据。

在财务管理活动中，几乎企业内外部的所有相关数据都要通过财务流程来进行相应的财务处理，以生成有利于决策的财务报表，其处理的数据量是巨大的。大数据技术的发展，使财务共享服务中心可以对大量碎片化的数据进行有效管理，实时进行收集、整理、分析及报告，满足企业财务监控、财务规划及战略决策的需要。

3. 财务共享服务更加"云化"

依托云计算技术，财务共享服务中心能够为用户提供最佳的客户体验，我们称之为"5A"服务。什么是"5A"服务呢？"5A"实际是5个单词的首字母的缩写：Anywhere、Anytime、Anyone、Anything 和 Anydevice。这也就是说：当任意一位用户(Anyone)需要相关财务信息(Anything)时，他可以在任意时间(Anytime)、任意地点(Anywhere)，借助任意设备(Anydevice)，提出需求。用户并不知道财务共享服务中心在何处，也不知道内部处理流程，但是，只要输入他的请求，财务共享服务中心就可以为用户提供其所要求的输出。在传统的共享服务模式下，只有客户与服务提供商(共享服务中心)两个角色，而在云服务模式下，服务交付涉及三个角色(见图2-3)。

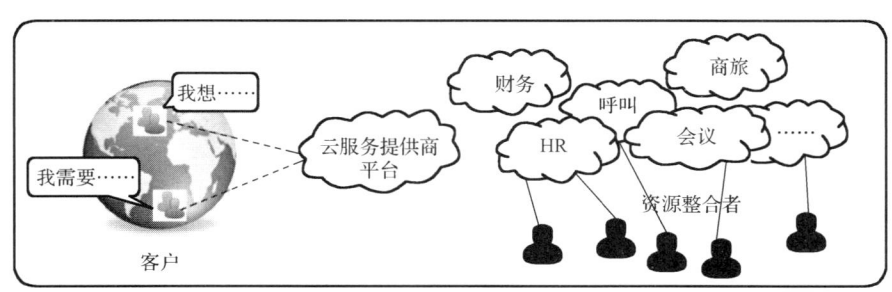

图 2-3 云服务模式下的共享服务

客户：根据自己的诉求，通过资源池挑选合适价格、质量、效率、服务水平的提供商，根据自己的需求定制相应的服务。

云服务提供商：作为云服务的提供者，提供有竞争力的业务、流程、信息系统、服务，以最快地满足客户的需求，获取商机并从中收益。

资源整合者：提供信息系统、硬件平台及资源库。

4．共享服务的 GBSC 趋势

新兴技术的出现，以及业务复杂程度的提高，对企业通过共享服务中心，整合流程、人员、技术，跨地域积累并利用不同领域最佳能力、知识来获取最佳绩效，实现价值创造提出了更高的要求。同时，技术、经济和市场环境的变化也使共享服务在业务服务和交付方式上不断探索和创新，为客户提供更加便捷、灵活、多样的定制化服务。这些都促使财务共享服务的未来发展，趋向于更创新、更拓展的全球业务服务中心(Global Business Service Center，GBSC)模式。

全球业务服务中心是将财务、人力资源、IT、物业及设施管理整合在一个组织结构下的新型业务模式，它结合了多种服务交付模式的优势，包括共享服务、外包、离岸服务和 IT 解决方案，旨在提高支持性服务的效力和效率。GBSC 具有全球多职能架构、跨职能共享、治理结构统一、打破职能壁垒的特征。对财务组织而言，GBSC 模式不仅意味着范围和规模的进一步扩大，也从根本上，使财务组织成为 GBSC 的客户。财务职能部门不再运营自己的业务，而是有机会利用投资工具、技术和基础设施，与其他 GBSC 职能部门合作。财务业务不再垂直运行，其流程与企业的其他业务相连接，以更有效的方式实现管理。

GBSC 这一模式，正在全球跨部门、跨职能的业务活动中得到应用。GBSC 在组织内的意义取决于其成功组合并灵活调配多种能力，以打造一个端到端的无缝流程，实现特定业务成果。高度成熟的 GBSC 将被开发为一个标准平台上运作的综合性服务组合，并集中一大批内部和外部的外包服务供应商。它不仅为企业节省成本，还能提升企业价值，并给企业带来可持续的商业利益。

GBSC 模式的发展，使得共享服务中心提供服务业务的广度、深度、灵活度得到了拓展，并使客户获取交付的方式在地域、时间、设备等方面更为云化，也让共享中心的目标从传统的成本降低、效率提升，延伸至提供产品和服务从而获取价值。GBSC 模式的发展，将促使共享服务成为全球化资源协作的关键，为企业的全球化战略提供巨大的商机和推动力。

【案例】

宝洁的全球业务服务中心

宝洁公司(Procter & Gamble)，简称 P&G，美国消费日用品生产商，成立于 1837 年，总部位于美国俄亥俄州辛辛那提市，为目前全球最大的日用品公司之一。2010 年，《财富》世界 500 强企业排名中，宝洁位居第 66 位。

宝洁的组织结构由三个全球业务单元(Global Business Units，GBU)和一个全球运营中心(Global Operation Group, GOG)组成。其中，全球运营中心又包括市场开发组织(Market Development Organization，MDO)和全球业务服务中心(Global Business Services，GBS)。

上面提到的三个全球业务单元和全球运营中心的负责人直接向 CEO 汇报。GBSC 是这一组织结构的最大特色。

全球业务单元利用他们对消费者的理解开发宝洁品牌的整体战略。他们识别出顾客需求，开发新产品，然后通过有效的市场创新来建立品牌。市场开发组织制订针对本地市场的上市(go-to-market)计划，深化对本地消费者和顾客的理解。全球业务服务中心是在各个区域的业务服务中心的基础上建立的，通过整合与业务决策系统非直接相关的行政、采购等支持工作，降低成本，大大提高了宝洁公司的运作效率。

GBSC 提供的主要服务有行政办公等非业务相关用品的集中统一采购(如电脑、酒店等)、信息系统的提升与维护(如 SAP 系统的建设与使用)、财务服务(如税务筹划、工商关系、财资管理等)、人力资源服务、物流管理。GBSC 可以单独提供这些服务，也可以联合高效的第三方合作伙伴一起提供服务。GBSC 的设计基于这样一种设想：将所有的后台职能(如财会、人力资源、设备管理和 IT)合并到一个部门——全球业务服务中心，并将许多与提供这些服务相关的非战略性活动外包。GBSC 相当于市场开发组织和全球业务部门的"后勤办公室"，将分散在全球各个部门的商业专家聚集在同一个多功能的组织下，极大地改变了各个岗位的运行方式。至 2008 年，仅仅这一举措已经为宝洁公司节省了大约 6 亿美元。

而且，GBSC 发挥的作用还不止于此。全球业务服务中心负责以低成本和最少的资金投入提供世界级的解决方案。GBSC 提供技术、流程和标准的数据工具来促进全球业务部门和市场开发组织更好地理解业务并为消费者和顾客提供更好的服务。在宝洁公司 2005 年收购吉列公司时，GBSC 发挥了关键作用，它已经从一个类似后勤部门的部门发展成为宝洁各业务单元的战略合作伙伴。

2.2 集团财务共享服务中心建设方案

2.2.1 总体建设目标

(1)提升集团财务整体的管理水平，通过标准统一的会计核算模式，提高共享范围内单位会计基础工作质量，满足外部监管要求，降低风险。

(2)为集团新设立单位提供快速标准化的财务共享服务平台，为战略并购和业务扩展提供有力支撑。

(3)推进财务管理职能的全面转型，使集团战略财务与属地财务由侧重业务核算向提供决策支持转变。

未来财务共享服务中心的运营目标：一是成为集团的财务人才输出中心，吸引和打造职业化的、专业化的技能人才队伍，多样化的综合人才队伍和梯队化的后备人才队伍；二是成为集团财务知识中心，整合财务专业知识、业财融合技能，建立企业业财知识库，为人才培养、能力提升、知识共享提供基础；三是成为集团经营数据中心，汇集历史财务数据并对其进行深入分析和处理，为企业决策分析提供数据支持。

2.2.2 建设原则

为进一步提升集团整体财务管理水平,提高财务风险管控能力,有效发挥财务管理对集团发展的支撑和引领作用,构建集团会计核算标准,同时结合集团运营管理需要,制定基于共享服务模式的会计核算标准流程和规范体系,为在集团所有单位推广财务共享服务业务奠定基础。

财务共享服务体系建设是一个长期而动态的建设过程,通过对流程、系统、组织、人员、制度的不断规范和统一,逐步推广共享概念,优化企业运营流程,整合企业组织机构,培养财务团队。在建设共享服务中心过程中,应坚持以下原则。

1. 统筹规划原则

在参考已有财务共享服务中心建设经验的基础上,立足集团财务一体化发展,基于共享服务模式统筹规划集团财务共享服务体系演进路线,建立一级管控、二级执行的财务共享服务模式;基于集团信息化总体规划统筹考虑集团财务信息化及财务共享服务平台建设。

2. 分步实施原则

在集团财资部的统一规划下,一次性将新建单位的全部财务业务纳入财务共享服务中心;对已经运营的单位,根据各单位系统条件、业务复杂程度的不同,先易后难,逐步将财务业务迁移到财务共享服务中心,控制共享范围和进程,确保不影响业务发展。

3. 持续优化原则

对基于共享服务模式的财务处理业务流程和规范由集团设定统一标准,后期财务共享服务中心运营管理人员基于流程闭环管理要求进行持续评估和优化。

4. 标准规范原则

基于集团内控体系和财务管理制度要求,制定集团统一的财务管理制度、财务共享业务操作规范及服务水平协议,促进交易处理工作的程序化和规范化,提高财务数据标准。

5. 实现一体化设计原则

集团财务共享服务体系需要依托集团公司财务标准岗位相关规定,结合财务共享服务账务处理对工作岗位的要求,重新构建集团财务一体化架构体系,如图2-4所示。

战略财务设置在集团财资部,负责根据集团发展战略规划制定财务整体发展战略,完善财务相关标准、制度、流程,关注整个集团的预算、财税政策、财务资源协调和财务风险控制。

属地财务包括各属地单位的财资部相关岗位和人员,主要支持各单位进行经营,充分融入业务中,做业务部门的财务助手,用专业技能为业务发展提供事前预测和事中控制以及事后决策支持。

共享财务则通过集中化、标准化的流程管理,将同质化、重复性的财务核算业务进行集中统一处理,实现基于流水线作业形式的财务作业均衡,为公司内部各单位提供高效规范的核算服务,为企业发展提供支撑。

财务共享服务中心通过标准流程管理,把制度和规范内嵌入流程当中,实现财务岗位职能分离,进一步促进财务人员专业岗位分化,促使财务管理创新。共享财务与属地财务相互支持、相互促进，把分散在各地的分支机构数据汇总统一处理，逐步建立一个共享数据中心，及时传送标准化财务数据给属地财务进行决策。与此同时，通过优秀员工的选拔输出机制、整体队伍的稳定轮岗机制两种常态化机制的建立和运行，打造一支多元化的优秀员工队伍，推动人才的合理流动，为属地财务和战略财务输送人才，推动财务工作水平进一步提高。

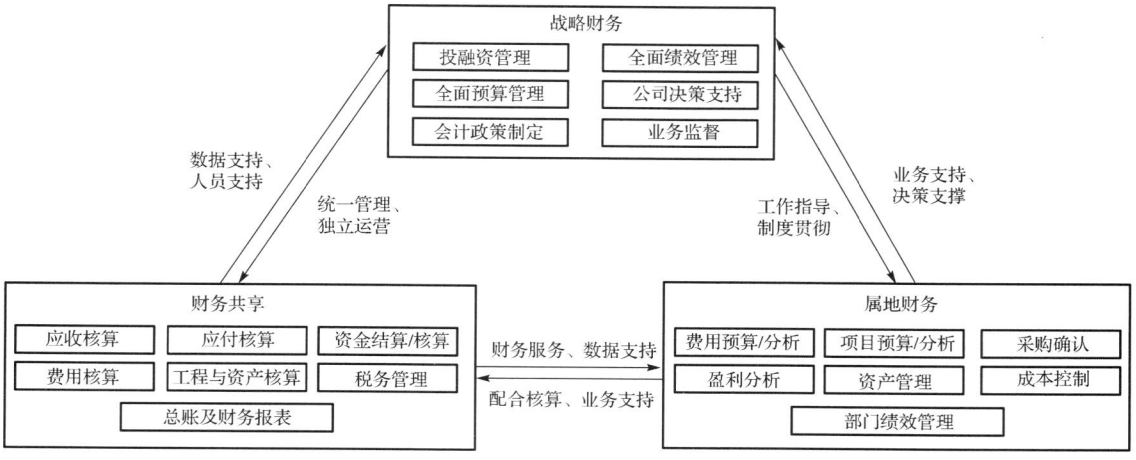

图 2-4 集团财务一体化架构体系

2.2.3 组织机构及岗位设置

1．组织结构设置

集团财务共享服务中心设置于集团公司，集团财资部进行业务指导和管理，由财务共享服务中心运营团队进行运营，面向集团内单位提供财务共享服务。

2．内部岗位设置

结合集团财务共享服务中心涉及的业务范围，共享财务、属地财务的财务岗位设置如图 2-5 所示。

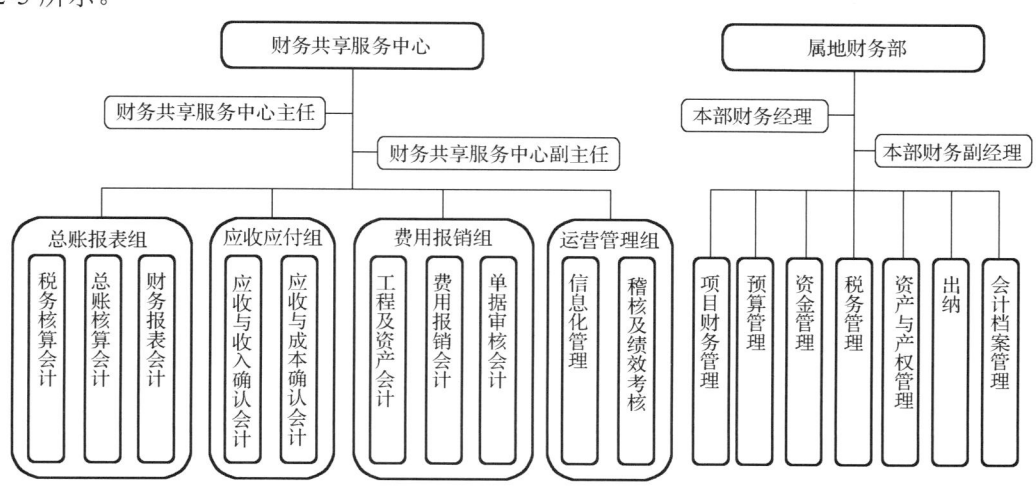

图 2-5 集团财务共享服务中心岗位设置

集团财务共享服务中心共设置12个标准岗位，每个岗位设置1～2人。

3．岗位选拔标准

人员转入集团财务共享服务中心需通过素质选拔，具体要求见表2-1。

表2-1　集团财务共享服务中心人才选拔表

岗位	工作年限	学历	注册会计师	专业	岗位任职要求
主管	≥3年	硕士	优先	财会类优先	①指导会计人员核算业务，检查下属工作执行情况，协助上级领导做好绩效考核工作；能够正确领会上级领导指示，完成上级领导交办的工作任务，积极协调工作组内外部工作；②熟悉主管工作职责，能够及时、高效解决日常工作问题，提出解决方案，能够协调专责落实方案计划；③能够高质量完成自身会计核算或运营管理工作，负责组织教授专责业务操作技能。
	≥5年	本科			
专责	1年内即可	硕士	优先	财会类优先	①熟悉会计核算制度、会计核算手册，保证日常会计核算工作的准确性与及时性；②熟悉各系统操作规则，能够熟练操作；③积极配合落实主管领导的工作要求；④学会总结日常工作问题，及时向主管领导反映问题，能够提出规划建议。
	≥1年	本科	优先	财会类优先	

2.2.4　财务共享服务中心职能梳理

按照集团企业具体的财务管控标准岗位与标准流程，结合集团业务管理特点，基于六个方面的财务职能工作，梳理财务共享服务中心与集团财资部、共享范围内单位属地财务的工作切分界面。具体见表2-2。

表2-2　集团企业财务标准职能划分表

职能序号	财务职能	岗位所属层级		
		集团财资部	财务共享服务中心	属地财务
1	预算管理	负责集团预算编制、预算分解、预算汇总及预算下达、预算执行监督。负责经营指标绩效考核评价及专业分析。	复核预算下达内容（含项目预算）与实际预算执行的一致性，异常情况报送需求机构。配合共享范围内单位完成预算执行分析。	负责本单位预算编制及上报。负责在本单位履行内部决策程序后，完成预算分解及下达，审定预算下达内容与实际预算执行的一致性。负责本单位经营指标绩效考核评价、专业分析等。负责本单位项目预算制定、管控、分析和评价。
2	资金管理	负责集团资金制度管理、资金预算编制与指导、资金汇总分析。负责集团投融资计划制订及资金运作。负责集团银行账户管理等。	负责资金核算，协助共享范围内单位完成资金运营分析。负责银行余额对账工作。	落实集团资金制度管理要求、本单位资金计划编制及上报。负责本单位融资计划执行。负责本单位资金收支结算、银行授信管理、银行账户日常管理、银行承兑汇票管理等工作。

续表

职能序号	财务职能	岗位所属层级		
		集团财资部	财务共享服务中心	属地财务
3	会计核算	负责制定集团会计政策及标准。 负责编制及上报集团层面合并报表。 负责集团经营状况分析。	负责费用报销、原始单据审核。 负责费用、销售应收与收入确认，采购、应付与付款确认，工程、资产、资金等经营业务账务处理。 复核薪酬福利计提、固定资产折旧、无形资产摊销、税务核算等。 配合共享范围内单位完成往来对账和往来分析。 负责共享范围内单位月结及财务报表编制。 负责账务差错更正。	负责本单位项目财务管理（包括项目预算执行、控制，购销合同评审）。 负责本单位经营业务真实性、合理性审核及流程审批。 负责本单位资金、资产类入账及月末调账申请发起。 负责本单位往来对账工作。 负责本单位会计档案管理。 审核对外发布的财务报表。
4	工程资产与产权管理	负责集团整体工程项目规划、投资能力预测、资本性支出预算编制、竣工验收清查及决算、项目后评估等。 负责集团产权登记、资产评估、股权投资、年度产权报告、不动产管理等。	负责工程项目月结、竣工财务决算及工程转资。 负责执行研发、技改、信息化项目财务决算及工程或研发支出转资。 负责配合共享范围内单位进行资产盘点。	负责本单位工程项目规划、投资能力预测、资本性支出预算编制、竣工验收清查、项目后评估等。 负责本单位资产盘点，督促资产归口部门及时办理资产增减等工作。 负责本单位产权登记、资产评估、股权投资、年度产权报告、不动产管理等。
5	内控稽核	负责组织开展集团风险管理工作、内部控制体系建设、经营指标和管理工作对标。 组织开展财务在线稽核与实时监督工作。	配合共享范围内单位完成在线稽核、实时监督工作与后期问题整改工作。 配合共享范围内单位完成迎审工作。	贯彻落实集团风险管理及内部控制工作要求，负责本单位经营指标和管理工作对标。 负责组织开展本单位财务在线稽核与实时监督工作。 负责本单位迎审工作。
6	综合税务管理	负责财税政策研究与执行。 负责指导、协调、监督各单位纳税管理工作。 负责编制集团层税务报表和报告。 负责组织开展集团财税政策培训。	负责税金计提单据审核、税项辅助记录数据填制及审核。 负责税金检查核对、税金结转工作。 配合纳税分析和自查工作。	负责本单位当地财税政策研究与执行。 负责本单位纳税管理工作。 负责本单位增值税专用发票和普通发票的申请、领用、开具、保管、核销等管理工作，负责增值税专用发票的验真、发票进项勾选认证工作。 负责编制本单位税务报表和报告。 配合财务共享服务中心完成月末税金核对。

2.2.5 财务共享服务中心关键核算业务流程梳理

对财务共享服务中心关键核算业务流程进行梳理，如审核凭证、资金支付等。具体见表2-3。

表 2-3　财务共享服务中心关键核算业务流程表

业务类型	流程环节	财务共享服务中心	属地财务部门
总体要求		对共享范围内单位会计核算工作的及时性和准确性负责。 对原始单据审核合规性负责。	对经营授权、责任及审批权限负责。 对资金支付、资金账户安全负责。 对经营业务的真实性、合理性及必要性负责。 对信息化系统中项目、合同数据准确性负责。 对会计档案装订及保管负责。
费用报账	①制定制度	负责制定原始单据审核要点、费用报销核算标准及规范等。 注：账务流程采用先付款后制证，尽可能避免月结存在未达账项。	在集团财务统一规范下制定本单位的各类开支报销规范。
费用报账	②流程审核	负责审核影像的清晰度。 负责审核费用类型及对应会计科目。 负责依据报销规则，审核费用报销单据财务合规性、完整性。	负责审核原始单据与影像的一致性。 负责审核费用报销业务真实性、合理性及必要性。 负责预算符合性审核。
费用报账	③领导审批		负责复核费用报销业务的合理性、合规性及必要性。
费用报账	④财务接单		负责在系统中完成本单位费用报销单接单。
费用报账	⑤资金支付		负责本单位费用报销支付结算，并提供银行成功支付凭证。
费用报账	⑥专票认证		负责根据发票抵扣联认证增值税进项税。
费用报账	⑦账务处理	负责根据业务需要进行挂账。 负责根据费用报销申请单及发票等相关原始单据，完成费用报销单据入账处理。	
费用报账	⑧凭证装订		负责打印有完整审批意见的报销单。 负责打印记账凭证。 负责匹配报销单和原始单据。 负责匹配记账凭证和报销单。
费用报账	⑨其他		按照集团要求制定本单位成本管理办法、编制费用预算，并负责本单位的费用控制、分析、考核等费用管理工作。
应收核算	销售发票入账 ①流程审核		负责审核是否具备开票申请条件。
应收核算	销售发票入账 ②开票/退票		负责发票开具/退回，并进行票据登记。
应收核算	销售发票入账 ③账务处理	负责根据发票入账申请单，完成发票入账。	
应收核算	销售发票入账 ④凭证装订		负责打印有完整审批意见的发票入账申请单。 负责打印记账凭证。 负责匹配记账凭证和发票入账申请单。
应收核算	收入确认 ①进度测算		负责按照信息化系统中项目、合同数据，完成收入确认进度测算。 负责提交当期签字确认的收入确认清单。
应收核算	收入确认 ②收入确认	负责根据项目投运单、当期收入确认单等相关原始单据，以及收入确认申请单完成项目收入确认入账处理。	
应收核算	收入确认 ③凭证装订		负责打印记账凭证。 负责收集项目投运单、当期收入确认单等相关原始单据。 负责匹配记账凭证和原始单据。

续表

业务类型		流程环节	财务共享服务中心	属地财务部门
应收核算	到款认款	①到款发布		负责在系统中发布银行到款记录并通知业务部门认款。
		②流程审核		负责审核业务部门认款确认是否合规。
		③账务处理	负责根据认款申请，通过系统完成凭证过账，自动生成认款会计凭证。	
		④凭证装订		负责打印有完整审批意见的认款申请单。负责打印记账凭证。负责收集银行回单等相关原始单据。负责匹配记账凭证和原始单据、认款申请单。
	取消认款	①账务处理	负责根据取消认款申请，通过系统完成凭证过账，自动生成取消认款会计凭证。	
		②凭证装订		负责打印有完整审批意见的取消认款申请单。负责打印记账凭证。负责匹配记账凭证和取消认款申请单。
	退款	①领导审批		负责审核退款业务的合理性和必要性。
		②退款		负责本单位退款资金支付（包括保证金退款），并提供银行成功支付凭证。
		③账务处理	负责根据退款申请，通过系统完成凭证过账，自动生成退款会计凭证。	
		④凭证装订		负责打印有完整审批意见的退款申请单。负责打印记账凭证。负责收集银行成功支付凭证等相关原始单据。负责匹配记账凭证、原始单据和退款申请单。
应付核算	服务确认	①发起服务确认		
		②服务确认审核		负责审核预制服务确认是否有依据支撑。负责完成服务确认过账。
		③凭证装订		负责打印记账凭证。负责收集入库单、服务确认单等相关原始单据。负责匹配记账凭证和原始单据。
	发票入账	①流程审核		负责审核影像的清晰度。负责审核影像与发票等相关原始单据的一致性。负责审核业务的合理性、合规性。
		②专票认证		负责根据发票抵扣联认证增值税进项税。
		③发票入账		负责根据发票入账申请单和相关原始单据影像，完成发票入账。
		④凭证装订		负责打印有完整审批流程的发票入账申请单。负责打印记账凭证。负责收集发票等相关原始单据。负责匹配记账凭证、原始单据和发票入账申请单。
	付款	①流程审核		负责审核采购付款业务的合理性。
		②领导审批		负责复核采购付款业务的合理性。
		③资金支付		负责本单位采购付款资金支付，并提供银行成功支付凭证。

续表

业务类型	流程环节	财务共享服务中心	属地财务部门
应付核算	付款	④账务处理	负责根据付款申请单，通过系统完成凭证过账，自动生成付款会计凭证。	
		⑤凭证装订		负责打印有完整审批流程的付款申请单。 负责打印记账凭证。 负责收集银行支付凭证等相关原始单据。 负责匹配记账凭证、原始单据和付款申请单。
资产核算	购置	①创建卡片申请		负责审核资产购置报销申请等相关原始单据。 负责向财务共享服务中心提出创建卡片申请及支撑材料。
		②创建卡片	负责确认资产购置清单，在系统中建立资产卡片，结果反馈至属地财务。	
		③发票入账	购置资产后发票入账流程参考应付核算发票入账流程。	
		④凭证装订		负责打印有完整审批流程的发票入账申请单。 负责打印记账凭证。 负责收集资产购置清单等相关原始单据。 负责匹配记账凭证、原始单据和发票入账申请单。
	转资	①转资申请		负责本单位资产盘点，并根据本单位资产管理要求，向财务共享服务中心提出转资申请及支撑材料。
		②账务处理	负责审核属地财务提供的支撑材料是否齐全并更新/创建资产卡片，完成账务处理。	
		③凭证装订		负责打印记账凭证。 负责收集项目竣工验收报告等相关原始单据。 负责匹配记账凭证和原始单据。
	处置	①处置申请		负责审核资产处置申请单、资产处置证明等相关原始单据。 负责向财务共享服务中心提出处置申请及支撑材料。
		②账务处理	负责在系统中完成资产处置，更新资产卡片，转入资产清理，处置变价收入、残值入账。	
		③凭证装订		负责打印记账凭证。 负责收集资产处置申请单、资产处置证明等相关原始单据。 负责匹配记账凭证和原始单据。
资金核算	资金流入（融资收款、收息等非项目型收款）	①收款通知		负责获取银行到款记录或银行回单、银行利息清单等资金流入证明。 负责编写贷款利息计提表。 负责在收到款项后，在财务管控系统中维护合同信息。 负责向财务共享服务中心提出资金流入账处理申请及支撑材料。
		②账务处理	负责资金流入入账处理。	
		③凭证装订		负责打印记账凭证。 负责收集银行到款记录等相关原始单据。 负责匹配记账凭证和原始单据。

续表

业务类型		流程环节	财务共享服务中心	属地财务部门
资金核算	资金流出（缴纳手续费、缴纳税金、付息等非项目型付款）	①资金支付		负责本单位非项目型资金支付，并提供银行成功支付凭证。
		②流程审核及入账申请		负责审核资金支出申请单等相关原始单据。负责向财务共享服务中心提出资金支出账务处理申请及支撑材料。
		③账务处理	负责资金支出入账处理。	
		④凭证装订		负责打印记账凭证。负责收集资金支出申请单等相关原始单据。负责匹配记账凭证和原始单据。
	资金流出（委贷放款、薪酬福利发放、缴纳保证金等非项目型付款）	①资金支出申请		负责发起资金支付申请。
		②领导审批		负责审核业务合理性、合规性及必要性。
		③资金支出		负责本单位非项目型资金支付，并提供银行成功支付凭证。负责放款后，在财务管控系统中维护委贷合同信息。负责向财务共享服务中心提出资金支出账务处理申请及支撑材料。
		④账务处理	负责放款初始入账处理。负责利息计提、收到利息、利息调整等后续入账处理。	
		⑤凭证装订		负责打印记账凭证。负责收集资金支出申请单等相关原始单据。负责匹配记账凭证和原始单据。
总账核算	薪酬福利	①薪酬计提申请		负责向财务共享服务中心提出薪酬计提账务处理申请，并将薪酬福利计提人工成本分摊表提供给财务共享服务中心。
		②人工成本分摊	负责完成人工成本分摊入账处理。	出纳岗负责完成薪酬发放。
		③薪酬发放	薪酬发放的放款和账务处理流程见资金支出流程。	
		④凭证装订		负责打印记账凭证。负责收集人工成本分摊表等相关原始单据。负责匹配记账凭证和原始单据。
	折旧/摊销	折旧/摊销申请	负责维护固定资产卡片。负责定时按照初始折旧/摊销方法完成折旧/摊销入账处理。	负责打印记账凭证。
	税金检查	税金检查	负责增值税、城建税及教育费附加、所得税、印花税计提及税金检查。	负责增值税认证及审核，附加税、所得税及印花税的纳税申报。负责打印记账凭证。
	成本结转	①成本测算		负责依据项目投运进度，完成项目成本结转测算。负责向财务共享服务中心提出成本结转账务处理申请及支撑材料。
		②成本结转	负责完成项目成本结转入账处理。	
		③凭证装订		负责打印记账凭证。负责收集相关原始单据。负责匹配记账凭证和原始单据。

续表

业务类型	流程环节		财务共享服务中心	属地财务部门
总账核算	投资收益	①计提/上缴		负责编制本单位投资收益计提计划及每月上缴金额。 负责向财务共享服务中心提出投资收益计提账务处理申请及支撑材料。
		②账务处理	负责根据属地财务提供的投资收益计提计划和上缴金额，完成投资收益相关核算。	
		③凭证装订		负责打印记账凭证。 负责收集投资收益计提计划等相关原始单据。 负责匹配记账凭证和原始单据。
财务报表	结账	①账务检查及核对	将本期(月/季/年)内所发生的经济业务全部记入有关账簿，查缺补漏。	负责财务分析工作，依据公司的财务报告及其他内部财务管理报表对公司财务状况的总体分析，包括财务分析过程、财务分析提出的问题与结论、提出解决财务问题的对策与建议。
		②账项调整	按照权责发生制的要求进行账项调整，包括应计收入的调整、应计费用的调整、预收收入的调整和预付费用的调整。	
		③计算本期发生额和期末余额	计算、登记各账户的借、贷方本期发生额和期末余额。	
		④结转余额	确认并结转余额至下期。	
	编制财务报表		系统自动生成内部财务报表。 系统自动取数及手工填数生成对外财务报表。	
	报表分析		对企业的财务数据和业务数据从盈利能力、偿债能力、运营效率等各个方面进行分析，提供相应的分析报告；协助完成项目可行性分析中的财务分析工作。	
	其他工作		复核项目与合同系统数据准确性。	参与项目立项审核、合同审核及评审等。 负责审核项目与合同系统数据准确性。

2.2.6 建设难点及应对方案

1. 难点一：业务迁移

财务共享服务的目的在于集中属地单位可标准化和重复度高的会计核算工作，为各单位提供优质的财务服务，进而提升集团整体财务管理水平。但属地单位运营压力却不会随财务共享服务中心的建设而转移，因此要在充分调动属地单位的运营积极性前提下，在推行初期向属地单位的经营者反复宣传：属地单位经营授权、责任及业务审批权限不变。建设过程中，需明确共享财务与属地财务之间的分工界面标准，按照标准划分共享财务和属地财务、战略财务职责，避免出现界面不清晰、责任不明确、短期内工作效率不高、服务质量下降等现象。

2. 难点二：流程调整

财务共享服务中心建设势必涉及核心业务流程的梳理和调整，但目前集团及各单位在多年的运营中已形成各具特色的管理制度和业务流程，核心制度与流程的调整一定程度上会遭到属地单位的反对。因此要按照集团财务内控要求对其甄别处理,既要考虑流程的标准化和规范化,又要考虑各单位特色管理需求。在财务共享服务中心建设过程中,要充分了解属地单位实际业务并进行一段时间的磨合,持续完善核心业务流程界面标准,在方案确定后可考虑赋予双方一定的考核权,以此为抓手,最终确保提高集团财务整体工作效率。

3. 难点三:业务衔接

财务共享服务中心建立后,会计核算工作将从各属地单位中抽离,物理上的隔离将会对属地单位与财务部门间业务衔接造成一定的影响。为推动业务与财务一体化建设顺利开展,一方面要打通财务共享服务平台与项目管理系统、经法系统之间的数据壁垒,获取项目管理系统中预算、进度等和经法系统中合同编号、文本等多项数据源,实现项目、合同信息实时获取和同步。另一方面要加强电子影像、电子会计档案等辅助运营系统建设,实现单据影像在线采集、调取和审阅,支撑财务共享服务中心与属地单位间业务高效衔接,使财务共享服务为提升集团财务管理水平发挥更大作用。

2.2.7 集团财务共享服务中心运营管理

1. 财务共享服务中心运营模式

1)运营模式

为支撑集团财务共享服务中心的日常运营,推进财务共享服务产品化实践,拟以集团分公司为主体,按财务共享服务中心提供的财务核算服务人员数量,参照上年度集团平均人工成本加成30%(含场地、办公成本分摊),对共享范围内单位收取基础服务费,增值服务部分双方自行商定。

服务双方通过签订服务水平协议,界定服务范围、服务标准及收费金额、双方职责,服务期间及服务优化程序。

考虑各单位纳入共享范围初期,财务共享服务中心与属地单位仍处于磨合阶段,业务发生频率和数量存在不稳定的情况。因此,集团财务共享服务中心将在各单位纳入共享服务范围后的下一年度,正式收取服务费用。

2)服务水平协议

在集团财务共享服务中心运营模式下,各服务单位可在正式纳入集团财务共享服务范围前,通过服务水平协议(SLA)规定财务共享服务中心的财务服务范围,商定服务标准及费率,明确服务双方的职责范围,并通过多维度的指标设定,设置提供服务的质量标准,最终签订服务水平协议,即服务双方最终确认权利与义务。服务水平协议主要包括以下内容:所覆盖的服务范畴、服务标准及费率、服务双方职责界限、服务时间段、服务的流程设计、服务提升的程序。

2. 财务人员成长发展规划

集团财务共享服务中心定位于集团人才输送中心和财务知识中心,应当注重人员专业素质的全方位培养,需要建立全面的人员知识培训框架,制定多维度的人员轮岗制度,采取积分制的绩效考核管理方式，使员工不断拓宽自身的知识面，切实扩大集团财务后备人才资源池。

1）建立全面的人员知识培训框架

为加强人员综合专业素质，提升财务专业水平，集团财务共享服务中心将建立全面的人员知识培训框架，建议从综合业务能力、会计核算能力和财务管理能力三个方面，对每位财务人员进行针对性的知识培训。培训内容如表2-4所示。

表2-4　集团财务共享服务中心人才培训表

培训主题	培训内容
1. 综合业务	(1)部门职责培训：涉及集团本部职责、共享范围内单位职能部门职责、业务部门职责。 (2)归口流程培训：涉及项目预算编制、预算执行审核与财务间的流程对接，及销售、采购业务中应收应付的流程控制。 (3)信息系统培训：涉及SAP系统、费用报销系统、财务管控系统、经法系统等系统操作培训。 (4)Office应用培训：涉及Word公文写作格式、Excel常见函数使用技巧、PPT常用汇报格式、Visio流程图制作。
2. 会计核算	(1)制度学习：集团财务核算制度及规范。 (2)审核要点：涉及费用报销、应收应付、资产产权等业务单据审核要点。 (3)核算实操：涉及费用报销、应收应付、资产产权等相关核算流程操作。 (4)财务报表：涉及财务报表、财务快报等报表填报。
3. 财务管理	(1)预算管理：涉及集团预算编制、预算分解与下达、预算控制及预算考核方法及流程。 (2)税务管理：涉及税务政策学习、集团纳税申报、税务筹划管理等。 (3)资金管理：涉及集团投融资计划编制与执行、内部资金平衡及资金预测等。 (4)成本费用管理：涉及集团成本费用管控方案、差异分析等。

每位新员工办理入职后均需进行为期一个月的专项基础培训，包括Office应用培训、操作系统培训、基础理论知识培训、公司及财务规章制度培训等，满足新员工尽快进入岗位角色的需求。

部门主管及领导负责每月组织开展专题进阶培训，从初级到高级不断增加难度，提升员工综合业务能力、会计核算能力和财务管理能力及专业素质，并将培训考核结果作为晋升主管的参考条件。

2）制定多维度的人员轮岗制度

从提升纵向专业能力和横向业务能力两方面出发，制定双重轮岗机制。按照专业型人才培养路线，在财务共享服务中心内部专业组间定期轮岗，使财务人员有机会学习所有核算业务，全面提升人员财务专业能力。按照业务型人才培养路线，选取财务共享服务中心的优秀人才，定期向战略财务和属地财务领域轮岗输送，学习财务决策分析及项目财务管理技能，为员工提供更广阔的学习与发展空间。

集团财务人才培养图如图2-6所示。

3）积分制的绩效考核方式

采用定量考核和定性考核相结合的积分制绩效考核方式对财务共享服务中心内部人员进行绩效考核。

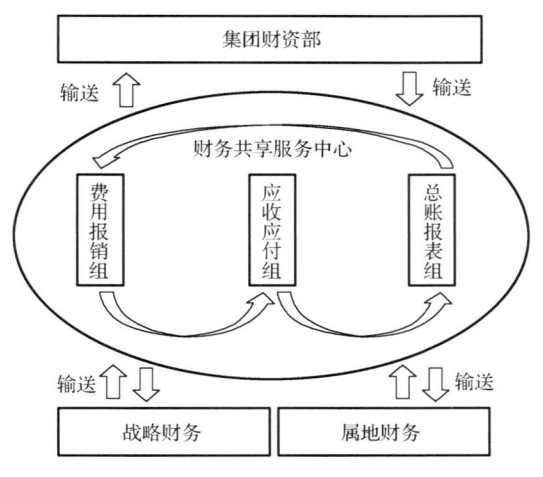

图 2-6　集团财务人才培养图

首先是统一绩效基线，在财务共享服务中心建设初期，对不同专业组实行薪酬政策的统一，并尽可能按照相对高的标准设定，吸引人才加入。

在统一绩效基线的基础上，为不同专业组设定不同的绩效考核标准，参考平衡计分卡的四个维度，设定定量和定性指标。具体绩效指标如表 2-5 所示。

表 2-5　集团财务共享服务中心绩效指标表

指标类型	绩效指标	指标解释	权重	标准值	考核标准
效益类	工作量（定量）	通过财务共享服务平台统计数据，针对某一期间，考核财务共享服务中心财务人员工作量是否达标。	15 分	××笔/月	低于标准值10%：扣 3 分 低于标准值20%：扣 6 分 低于标准值30%：扣 9 分
效益类	工作量（定性）	由财务共享服务中心负责人针对某一期间财务人员工作量进行考核评价。	15 分	定性打分	定性打分
客户类	延误时长（定量）	通过财务共享服务平台统计数据，针对某一期间，考核财务共享服务中心财务人员核算作业延误时长是否满足及时性。	10 分	累计延误××小时/月	低于标准值10%：扣 2 分 低于标准值20%：扣 4 分 低于标准值30%：扣 6 分
客户类	延误时长（定性）	由财务共享服务中心负责人针对某一期间财务人员核算及时性进行考核评价。	10 分	定性打分	定性打分
内部控制	差错率（定量）	通过财务共享服务平台统计数据，针对某一期间，考核财务共享服务中心财务人员差错率是否达标。	20 分	累计数量××个/月	低于标准值10%：扣 2 分 低于标准值20%：扣 4 分 低于标准值30%：扣 6 分
内部控制	差错率（定性）	由财务共享服务中心负责人针对某一期间财务人员核算准确性进行考核评价。	20 分	定性打分	定性打分
学习与成长	培训考试得分（定性）	由财务共享服务中心负责人对财务人员日常培训学习情况进行考核评价。	10 分	定性打分	定性打分

其中需要说明：

（1）定量考核指标数据统计需借助财务共享服务平台完成，若考虑初期系统尚未建设或系统数据不够准确的情况，可调整定性指标与定量指标的比例，以定性考核为主。

(2) 效益类指标说明：重点考核财务共享服务中心人员的月底工作量是否饱和。

(3) 客户类指标说明：重点考核财务共享服务中心人员的服务能力以及提升客户满意度的能力。

(4) 内部控制类指标说明：重点考核财务共享服务中心人员的工作质量。

(5) 学习与成长类指标说明：重点考核财务共享服务中心人员的学习态度和自我学习能力。

2.2.8 集团财务共享服务中心信息化建设

根据集团企业具体的信息化规划以及集团财务信息化顶层设计路线，集团财务共享服务中心建设集团财务共享信息系统，共包括 7 个信息系统及系统间集成关系。集团财务共享信息系统具体内容如图 2-7 所示。

图 2-7 集团财务共享信息系统

1. 共享运营管理系统

共享运营管理系统是财务共享服务平台的系统模块，其通过基于集团财务共享服务中心管理要求和工作规范，完成集团费用报销、资金结算、应收应付、总账报表等全业务线作业节点拆分，深化作业管理应用，实现财务作业统一处理与集中分配，以每一次财务处理为标准，以贯穿财务共享服务中心内部运作体系为基础，以衔接战略财务、共享财务与属地财务工作界面为核心，提升财务共享作业池业务支撑能力，为财务共享服务中心的业务全覆盖和数据共享提供有力支持。

其基于构建财务共享服务中心内部质量稽核体系、缺陷优化体系和质量报告体系，完善人员及组织绩效考核环评制度，通过财务共享服务中心质量管理、绩效管理应用建设，建立集会计核算与运营管理于一体的财务共享服务应用，为财务共享服务中心科学运营奠定基础。

共享运营管理系统主要包含共享作业管理、共享质量管理、共享绩效管理及服务管理四大系统功能，并实现与员工报销、共享业务协同等业务系统的集成。

2．员工报销系统

员工报销系统结合集团业务应用现状，在支持成本预算控制、现金流控制的前提下与成本、应付、总账模块集成，支持员工备用金借款还款、国内差旅费、国际差旅费、国内综合费用、国际综合费用、职工教育经费、职工福利费等一百余种费用类型的报销。

员工报销系统可以将每个报销单据的流程清晰地进行展示，使得从员工到领导以及财务部门均可以透明清晰地看到单据的处理状态。其通过标准化、专业化、模块化的平台，使费用报销业务流程标准化、财务制度固化，引入事件驱动概念，实现三流合一，提高工作效率。员工报销系统强化一级部署，减小各单位财务数据差异，为综合分析、统一监督提供准确信息。

3．共享业务协同系统

共享业务协同系统是财务共享服务平台的系统模块，其以销售协同管理、采购协同管理、统计分析、内部交易、财务处理等方面作为核心业务基础，实现业财一体化跟踪与管控，全力提高公司经营管理水平，有效地支撑公司业务的发展。

销售协同管理：对销售及应收进行协同管理，实现对销售合同信息同步集成及维护、生效归档、开票的管理、到款及退款的管理、催款管理及信息查询等。

采购协同管理：对采购及应付进行管理，实现对采购合同信息的同步集成及维护、审批归档、发票的管理、付款预算及申请的管理、信息查询等。

统计分析：对销售与应收、采购与应付及资金的相关数据进行多维度统计及分析，主要包括应收应付综合分析、销售业务层分析和采购业务层分析、资金计划及分析。

内部交易：对销售合同、采购合同以业务为基础进行关联，出具集团内部单位间及集团与客户单位(剔除集团内部交易)的应收应付管理报表。

财务处理：对销售收款、采购付款凭证进行预览及过账，通过接口，使SAP系统自动产生会计凭证。

4．SAP系统(可选、可替换)

SAP系统作为一套完整的企业信息管理系统，体现了事前计划、事中控制的管理思想，能够将销售、项目、采购、生产、物流业务横向集成，为企业提供销售合同、采购合同、项目的全过程实时分析与控制能力。

可以选用用友软件、金蝶软件等，实现总账管理、应收管理、应付管理、资产管理、成本管理等基础业务功能，并在此基础上，根据集团业务特点，完成订单执行情况分析、项目成本核算及分析、产品型项目核算、预算管理、内部往来分析报表分析等多种财务数据分析、应用设计。

5．财务管控系统

依据集团财务集约化方案，结合本地个性化需求完成财务管控优化提升建设。其中包括标准管理、集团账务、一键式报表、预算管理、评价稽核、资金管理、产权管理、税务管理、综合管理共9部分。在此基础上，持续进行财务数据治理、会计基础管理、一键式快报流程监控、系统易用优化等功能的优化提升。

6. 电子影像系统（业务凭据电子化）

电子影像系统作为财务共享信息系统的重要组成部分，为业务单据审批和财务部门提供各种纸质单据的影像文件信息，实现在线查阅功能，与其他系统实现无缝对接，实现在线无纸审批功能，提高工作效率，优化财务审批流程。

电子影像系统通过外接高拍仪（扫描仪）设备、扫描枪采集设备，实现纸质票据文件快速准确的扫描处理，实现发票、业务单据、合同协议文本等费用报销附件的影像扫描、存储管理，将采集到的影像文件传输给影像管理平台，同时通过扫描枪对纸质单据进行快速定位，授权用户可以在影像管理平台上进行影像的检索、处理等一系列操作。

电子影像系统支持与财务共享服务平台、员工报销系统等其他系统集成，使得业务单据与相关原始附件的影像文件建立唯一的检索关联，支持财务共享服务中心流程，充分实现影像文件信息资源的共享。

7. 电子会计档案系统

随着财务共享服务中心业务规模逐渐扩大，凭证与原始单据的匹配、装订工作量逐渐增加，财务共享服务的理念深入人心。为进一步促进财务共享服务中心运营管理精细化，保障会计档案装订工作的完整性、准确性和安全性，电子会计档案系统将成为财务共享服务中心重要的辅助业务信息系统之一。

电子会计档案系统可实现电子数据的自动匹配归档，不需要人工再次进行顺号、打印凭证、匹配等实务操作，其还提供相关手工调整工具，实现电子数据的高效率匹配、归档。而纸质单据则进行顺序归档，去掉手工匹配环节。通过将系统提供的电子数据与纸质资料对照，可快速进行资料的定位、查找。

电子会计档案系统可提供归档后的电子数据调阅功能，可通过各种条件进行检索、查询，根据需要查阅相关的档案资料。电子会计档案系统通过接口的形式向相关业务系统开放数据接口，可在需要查阅档案资料的相关环节，方便地进行数据查阅。它实现了电子数据的最大化利用，推动了电子调阅替代纸质借阅。它还减少了纸质资料的反复调取，一方面提升资料利用效率，另一方面也可降低资料发生损毁的概率，以提高资料保管质量。

习题

1. 分析财务共享服务对企业集团的价值。
2. 分析财务共享未来的发展趋势。
3. 分析集团企业财务共享服务中心的建设目标和建设原则。
4. 分析集团企业财务共享服务中心内部岗位设置。
5. 分析集团企业财务共享服务中心业务流程设置。
6. 分析集团企业财务共享服务中心信息化建设方案。

第 3 章 财务管理信息系统的建设

本章学习目的：
- 了解企业业务过程和财务活动分析内容
- 理解财务管理过程与其他业务过程之间的关系
- 理解财务管理信息系统与财务管理过程的关系
- 了解和掌握财务管理信息化中的主要信息技术及财务管理信息化平台的构成
- 了解财务管理信息系统开发的方式、方法
- 明确财务管理信息系统建设中财务人员的职责
- 掌握 Excel 的基本应用方法

本章关键词：
财务活动分析、流程整合、技术平台、系统开发、实现工具

3.1 业务活动识别与财务活动分析

信息系统是对企业信息活动进行处理和管理的系统。而企业信息活动是利用一定的工具，采用一定的方法对企业及其业务活动进行数据采集、维护、报告的一系列活动。企业的信息活动离不开业务活动。因此，为了更深入地理解财务管理信息系统、财务管理信息系统的业务处理流程，需要首先认识企业的业务过程。

3.1.1 企业基本业务过程

企业的根本目标是通过获利来满足各利益相关者的需要。这一目标只有在企业提供的产品或服务被顾客接受后才能实现。为实现某个业务目标而进行的一系列活动称为业务过程。任何产品或服务都是通过一定的业务过程完成生产并最终到达顾客方的，因此，每一个企业都有业务活动。为了提供产品或服务，每一个企业又都至少有获取/支付、转换、销售/收款三个基本业务过程，如图 3-1 所示。

（1）获取/支付过程。获取/支付过程是企业从上游获得所需要的各种原材辅料、零部件、数据等需要被加工的任何有形或无形资源，并为此支付款项的业务过程。此处所指上游既可以是企业外部的上游供应商，也可以是企业内部的上游车间、部门等。支付的内容是资金等可以用价值计量的资源。

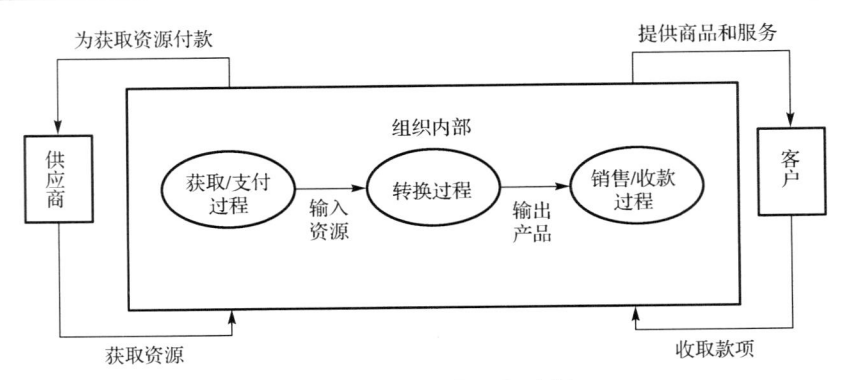

图 3-1 企业基本业务过程

（2）转换过程。转换过程的目标是将获取的资源转换成客户需要的商品和服务。通过转换过程，原始的输入变成完工的商品和服务。转换过程贯穿整个企业，它形式多样，依赖所提供的商品和服务的类型，使用的技术和资源，管理者、政府、社会、客户的限制，以及客户和管理者的偏好。

不同企业的转换过程存在着巨大的差别，即使是同一个企业由于其提供的产品或服务满足的需求不同，转换过程也有很大差别。转换过程的核心是从投入到客户所需要的产品或服务的一系列活动和这些活动的分布结构。

（3）销售/收款过程。销售/收款过程的目标是向客户销售和交付商品及服务，并收取货款，它包括一系列与交付商品和服务给客户并收取款项有关的活动。只有通过销售/收款过程，企业的产出才能够真正到达下游，产出的价值才能够真正体现出来。此处所指下游既可以是企业外部的下游顾客，也可以是企业内部的下游车间、部门等。支付的内容是资金等可以用价值计量的资源。

上述三类基本的业务过程是相互依赖、相互关联的，而且周而复始，持续不断，我们对它们加以区分只是为了简化分析。

3.1.2 业务处理过程

在处理基本业务过程的基础上，可以按照企业生产经营周期的环节进一步将企业业务过程细分为主要过程和支持过程。业务过程的细分虽然会因不同企业的经营活动内容及划分的详略标准不同而变化，但是它们存在一定的共性。以制造企业为例，其主要过程包括采购过程、仓库和存货过程、生产过程、销售过程；其支持过程包括人力资源过程、财务过程和其他过程等，如图 3-2 所示。

1. 采购过程

企业能够持续经营，离不开持续不断的资源供给，这一过程由企业的采购过程完成。由于采购货物的用途不同，采购可分为不同的类型：下订单采购、资产采购和日常消耗采购。其中，下订单采购是为生产需要采购物料；资产采购是固定资产的购置；日常消耗采购主要是低值易耗品的购买。

采购过程在制造业中主要表现为以资金换取物料、资产等；在商业企业中表现为以资金换取商品、劳务和资产；在服务业中则主要表现为取得服务、用品及相关资产而付出货币资金。

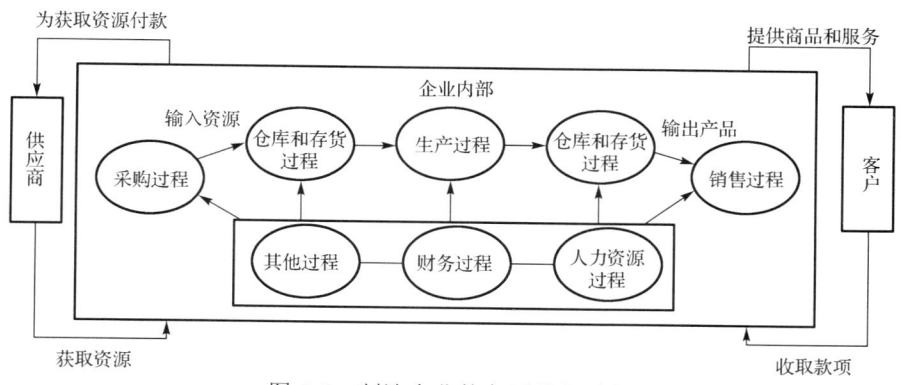

图 3-2 制造企业的主要业务过程

2. 仓库和存货过程

为了保障生产经营过程持续不断地进行，企业要不断地购入物料、耗用物料或销售完工产品，这些物料和产品都可以称为存货。仓库和存货过程就是企业存货流动、循环的动态过程。这个过程是转换过程的一部分，它将生产过程与采购过程、销售过程联系在一起。

3. 生产过程

生产过程是指从依据生产计划领用原材料，实施加工与制造，直到形成完工产品为止的过程。生产过程既是企业实物资产的转换过程，又是为实现这种转换而投入的经济资源的耗费过程。

4. 销售过程

销售过程是指企业以提供货物、服务或让渡资产使用权等来交换并获取经济利益的日常经营活动。制造业的销售活动主要是提供货物，服务业等第三产业主要是提供服务。

销售是企业生产经营成果的实现过程，是物料在企业内流动的终点，也是企业经营活动的中心。作为企业供销链中的一个环节，销售管理是把从客户和购货单位获得的订货需求信息传递给计划、生产、仓管等，并从仓库获得货物配送给客户和购货单位，完成货物的流动。

5. 人力资源过程

人力资源过程是企业的支持活动，它主要包括招聘选拔、员工职业发展、员工培训、绩效管理、考勤管理、薪资管理等过程。人力资源过程为采购、销售、生产、仓储业务提供人员支持。

6. 财务过程

企业的资金运动构成了企业经济活动的一个独立方面，那就是企业的财务活动。财务业务包括财务管理过程和会计过程。财务管理过程以资金为对象对企业业务过程涉及的资金运动进行管理；会计过程以货币为计量工具对企业业务过程进行计量和反映。财务过程为业务活动提供支持。

7. 其他过程

除财务、人力资源外，为了保证企业主要业务过程的实现，还需要其他过程，如技术支持、基础设施建设等。

3.2 企业财务管理过程和财务管理系统

企业业务活动的发生引发了物质活动、信息活动和管理活动。此处的"物"包括原材料、辅助材料、机器设备等物资，还包括业务人员、生产人员、管理人员、工程技术人员等人力及货币、证券等资金。信息活动是对企业业务过程、物流及管理活动的信息进行反映和管理的活动。与物资流转过程相对应的是资金运动过程，在这个过程中，企业的资金不断地从一种形态转化为另一种形态。

3.2.1 企业财务管理过程

企业再生产过程也是资金运动的过程，这个过程由一项项财务活动组成，企业在组织财务活动中，与各方面发生着财务关系。财务管理就是组织财务活动、处理财务关系的一项经济管理活动。图 3-3 简单地描述了财务管理过程。

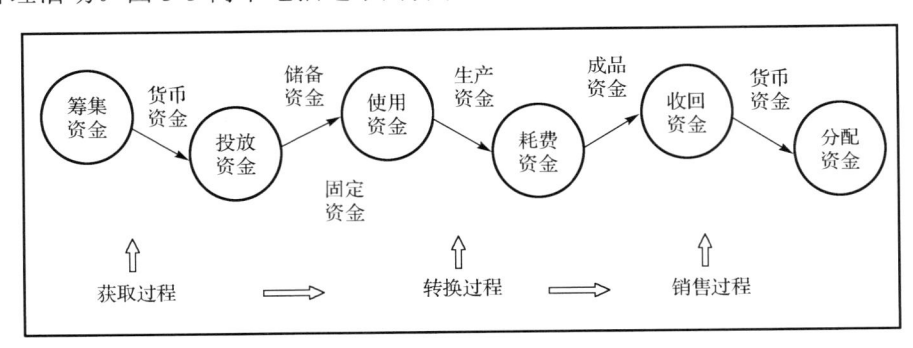

图 3-3 财务管理过程

随着再生产过程的延续，企业资金从货币资金开始，依次经过获取、转换和销售三个阶段，分别表现为储备资金、固定资金、生产资金、成品资金等各种不同形态，然后又回到货币资金，如此不断地循环往复，形成资金的循环与周转。

1. 筹集资金

筹集资金是再生产活动的前提，也是资金运动的起点。它是在国家宏观调控政策指导下，从企业自身的生产经营状况及资金运用情况出发，根据企业未来经营策略和发展需要，经过科学的预测和决策，通过一定的渠道，采用一定的方式，取得生产经营所需资金的一项理财活动。

2. 投放与使用资金

投放与使用资金是企业将筹集的资金采用不同的方式投入再生产过程中的活动。一部分筹集的资金用于构建厂房、设备形成劳动手段，即形成固定资金；一部分筹集的资金用于采购材料物资等劳动对象，形成储备资金，保证生产经营活动的进行。

3. 耗费资金

在生产经营过程中，生产者使用劳动手段对劳动对象进行加工，生产出产品，即形成成品资金。在这一过程中需要消耗各种材料、物资，发生固定资产损耗，支付工资和各种费用。资金耗费的过程也是价值创造和价值形成的过程。

4．收回与分配资金

资金的收回主要包括通过产品销售取得销售收入，使成品资金又转化为货币资金，以及将资金直接投放到证券市场获得投资收益两个过程。

收回与分配资金将企业取得的收入和收益分为三部分。一部分用于重新购置劳动手段、劳动对象，支付工资、费用，参加生产周转，使企业生产经营活动持续进行；一部分用于依法缴纳各种税款、弥补以前年度的亏损；还有一部分形成企业的税后利润进行分配。

3.2.2 财务管理过程与其他业务过程之间的关系

从 3.2.1 节所描述的财务过程可以看到，财务管理过程与其他业务过程存在着紧密的联系。把这种联系抽取出来就可以更深刻地理解财务管理过程与其他业务过程的关系。图 3-4 描述了财务管理过程与其他业务过程的关系。这一关系也正好反映了财务管理活动是从资金运转的角度对企业经济活动过程中资金的运转进行管理的本质。

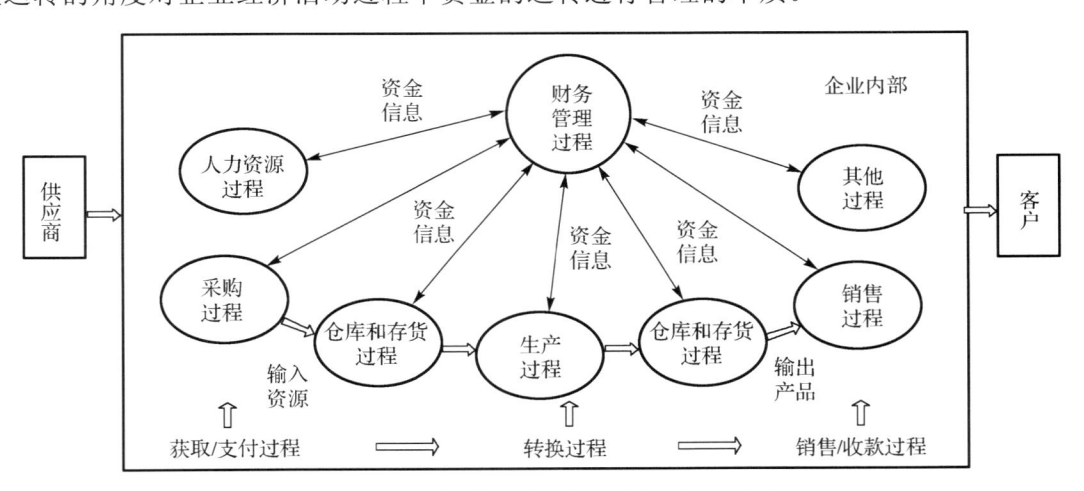

图 3-4 财务管理过程与其他业务过程的关系

3.2.3 财务管理信息系统与财务管理过程的关系

财务管理信息系统是完成财务目标，进行财务信息业务处理的直接工具。它要从财务管理过程中获得财务业务数据和信息，然后借助财务管理信息系统，应用自己特定的财务方法和规则，对这些数据进行加工处理，并且以报告的形式，向财务信息使用者传达企业的筹资、投放、使用、收回、分配的情况。图 3-5 简单地描述了企业各项财务活动与财务管理信息系统各子系统的对应关系。

图 3-5 中上部分是财务管理过程，下部分是财务管理信息系统；虚线表示财务业务和财务管理信息系统的"分离"过程。

从图 3-5 中可以看到，财务业务数据可以直接实时传递到财务管理信息系统，由财务管理信息系统加工成使用者需要的各类财务信息。

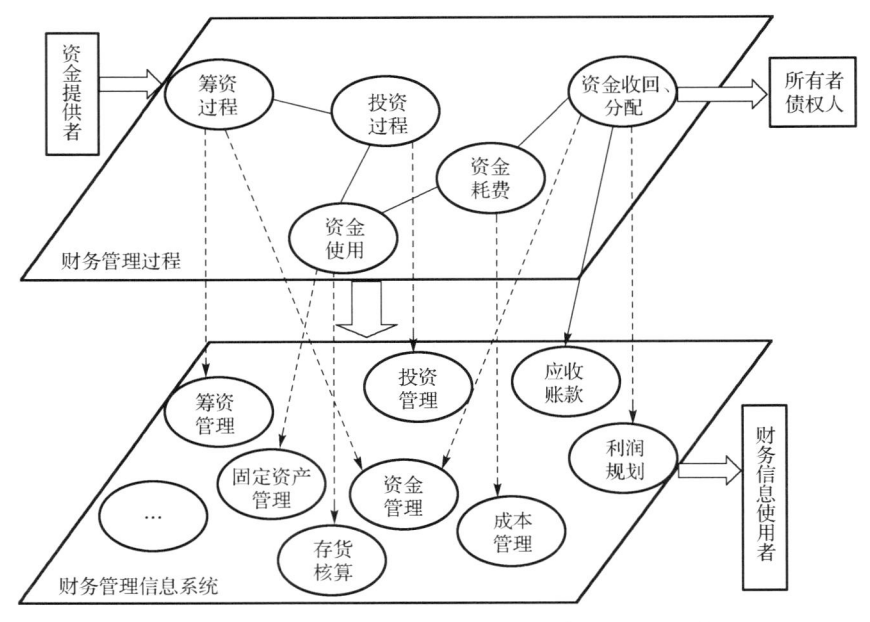

图 3-5 财务管理信息系统与各项财务活动的关系

3.3 信息化环境下的业务流程整合和再造

财务管理信息系统应该建立在全面业务流程整合基础上，达到财务管理信息系统与业务信息系统、会计信息系统的集成。

3.3.1 业务流程整合的思想

企业全面业务流程整合离不开对业务过程进行分析与改造的管理概念和思想。业务流程重组(BPR)、业务流程管理(BPM)都是近些年比较有影响的典型代表。

1. 业务流程重组 BPR(Business Process Re-engineering)

业务流程重组 BPR 是 20 世纪 80 年代末到 90 年代初由美国提出来的一种新的管理概念，它的含义是：为了使企业能够最大限度地适应以"顾客、竞争和变化"为特征的现代企业经营环境，应该对原有企业的业务过程进行重新构思、重新设计和重新构建，形成一个合理的新过程，这样才能真正取得效益。BPR 最具代表性的定义是迈克尔·哈默(Michael Hammer)博士和著名的咨询顾问詹姆斯·钱皮(James Champy)在他们的名著《再造企业——工商业革命宣言》(*Reengineering the Corporation: A Manifesto for Business Revolution*)中给出的"对企业的业务过程(Process)进行根本性(Fundamental)再思考和彻底性(Radical)再设计，从而获得在成本、质量、服务和速度等方面业绩的戏剧性的(Dramatic)改善"。作为一种强调进行革命性变化的思想，BPR 强调对业务过程的重构应该具备如下特征。

(1)根本性。突破原有的定式,摆脱原有管理思想的一切束缚,采用全新的视角从根本上重新思考业务过程。

(2)彻底性。从企业的基本目标出发,从根本上对业务过程进行思考,重新设计和构建业务过程,实现问题的彻底解决。

(3)戏剧性。业务过程重构的最终目的是在根本性思考和彻底性重新设计的基础上,使企业能够实现突破性进展,得到戏剧性的飞跃。

业务流程重组强调应该遵循以企业目标为导向、面向企业流程,以价值为标准分析流程、以满足顾客需求为中心的基本原则。

BPR 的提出确实以其概念的先进性和变革的彻底性吸引了许多企业的注意,成为欧美乃至世界关注的热点。1994 年,当时的六大会计师事务所及咨询公司的调研表明,75%~80%的美国大公司已经开始重组。当然,BPR 的应用也存在一定的问题。在 1994 年,CSC Index 顾问公司做的调查结果中显示有 67%的企业认为实施 BPR 的效果不好或失败。再加上实施 BPR 需要大量投入,应该说"70%的 BPR 项目不仅没有取得预期的成果,反而使事情变得更糟"。

2. 业务流程管理 BPM(Business Process Management)

管理活动从来都不是被动的管理业务活动及其相关流程的,而是在现有流程分析的基础上,实施控制和管理。总结 BPR 实施成功的经验与失败的教训,业务流程管理(BPM)的概念应运而生。业务流程管理是一种以构造端到端的卓越业务流程为中心,以持续地提高组织业务绩效为目的的系统化方法。与业务流程重组不同的是,业务流程管理更强调流程的规范化及流程改进的渐进性、持续性。为了达到业务流程整合的目标,业务流程管理的开展应该遵循以下三个层次。

(1)规范流程。业务流程管理的第一步是对现有流程进行梳理和分析,并规范业务流程,使企业现有业务过程变得更加规范、高效。

(2)优化流程。BPM 强调在规范流程的基础上,对于不理想的流程应该首先立足于优化,而不是立刻推倒重来。流程优化要从企业的战略目标出发,考虑上下游企业,首先把对实现企业战略目标有重要影响的关键流程作为优化对象,从而提高流程的效率和效益。

(3)再造流程。对无法优化的流程进行再造,从而可以在降低业务流程管理风险的前提下提高企业业务流程的效率。

3.3.2 基于事件驱动的财务管理信息系统

1. 事件驱动相关知识

事件驱动(Event Driven)是一种计算机术语,是指当某一特定事件要求代码进入工作时,程序指令开始执行。在事件驱动的方式下,可以把信息使用者所需要的信息按不同的使用动机划分为若干种事件,并为每一种事件设计相应的"过程程序"模型,当决策者需要某种信息时,根据不同事件驱动相应"过程"处理程序,从而得到相应的信息。

在企业业务活动分析中,一个业务过程一般被认为是完成企业目标的一系列活动,而将业务过程中的单一活动表示为事件。为了更为清晰地理解企业业务过程,我们进一步把业务过程详细划分成管理事件、业务事件和信息事件三类。管理事件是管理者在计划、执行、控制和评价业务过程时的决策活动。业务事件是业务人员完成管理决策目标的活动。信息事件是利用一定的工具,采用一定的方法对企业业务活动、管理活动进行的数据采集、维护、报告等活动。这三类事件的关系如图3-6所示。

管理决策之后将开始业务活动,即触发业务事件。同时,管理事件也触发信息事件,对管理活动信息进行处理;业务事件执行会触发对业务事件信息进行处理的信息事件,同时又会反过来触发对业务事件进行监督、控制和分析的管理事件;信息事件会触发对本身进行管理的管理事件。

将实时信息处理嵌入业务处理过程中,企业在执行业务活动的同时,将业务数据输入管理信息系统中,通过业务规则和信息处理规则,生成集成信息,基于这种模式构建的信息系统称为基于事件驱动的信息系统。

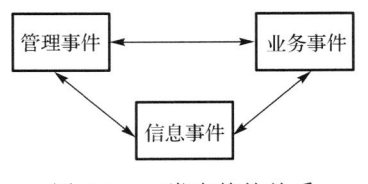

图 3-6 三类事件的关系

基于事件驱动设计的财务管理信息系统具有以下特点。

(1)实现了源数据仓库的共享。系统结构将使物理上分散的企业的多个数据库在逻辑上集中,支持不同层次的综合性信息需求。按业务事件规则对业务数据和财务数据进行综合采集及存储后,可建立共享的综合业务数据库。经过标准编码的源数据信息,可以满足企业外部所有的信息使用者使用,使数据真正做到同出一源,实现共享。

(2)业务流程、信息流程、管理流程之间能够紧密合作,各部门信息孤岛的不协调和低效状态可以得到缓解。信息处理规则能够打破职能壁垒,根据信息使用者的决策需求进行信息加工。

(3)通过实时报告、提取信息与企业处理信息同步,将各业务事件的财务控制规则嵌入,能够实现事中控制。系统能够将违反规则的活动实时地向负责人发送异常情况报告,或者阻止舞弊活动的进行,从而使企业风险预防的能力大大提高。

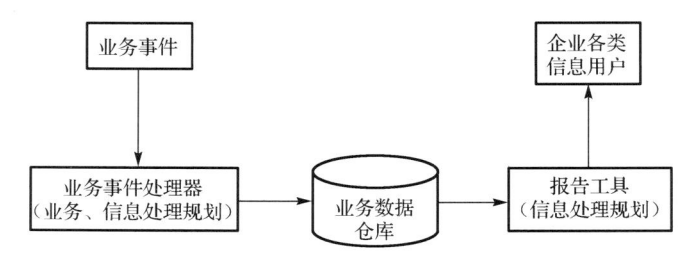

2. 事件驱动财务管理信息系统体系结构

事件驱动财务管理信息系统是基于业务过程和事件构建的系统,这个过程也是资金运动的过程。因此从财务管理的对象出发,根据业务过程和事件的不同,采用不同的处理工具(定义业务和信息处理规则),最终形成不同信息使用者需要的信息。事件驱动财务管理信息系统的核心是实现集成,包括非财务信息和财务信息的集成、业务过程和信息处理过程的集成、业务活动和管理活动的集成。根据美国著名学者比尔·麦卡锡和J. S. 戴维的观点,事件驱动财务管理信息系统一般应该由如图3-7所示的构件构成。

图 3-7 事件驱动财务管理信息系统体系结构

业务过程和业务事件发生时，通过记录事件的内容、时间、当事人、相关事项和发生地点五个方面的信息，采用不同的业务和信息处理规则，形成所有反映该业务过程和事件的数据并集成存储到数据仓库中。再根据不同用户的需要，利用信息报告工具生成用户需要的信息，如财务人员利用财务方法和工具，在数据仓库中存储的业务事件数据基础上生成股东、债权人、管理者等各类使用者需要的信息。

3.4 财务管理信息化的技术平台

3.4.1 财务管理信息化中的主要信息技术

财务管理信息化中除应用基本的计算机技术、网络技术、通信技术、软件工程技术、数据库管理技术等构建起信息平台外，为了完成财务管理的目标，还需要在此基础上注重以下信息技术的应用。

1．因特网、企业内部网和企业外部网技术

1）因特网（Internet）技术

Internet 是按照一定的通信协议（TCP/IP），将分布于不同地理位置上、具有不同功能的计算机或计算机网络通过各种通信线路在物理上连接起来的全球计算机网络的网络系统。它是以 TCP/IP 协议为基础组建的全球最大的国际性计算机网络。利用 Internet 主要可以完成以下处理。

（1）收发电子邮件（E-mail）。Internet 提供的电子邮件服务可以使人们通过计算机网络实现相互间的通信。

（2）远程登录（Telnet）。通过 Telnet 可以像当地用户一样访问远地的系统资源。

（3）文件传输（FTP）。主要是完成从一个系统到另一个系统完整的文件复制。

（4）万维网 WWW（World Wide Web）。通过 WWW 可以访问遍布在 Internet 上的链接文件。WWW 界面丰富多彩，包括普通文字、超文本（Hypertext）、图片、动画、视频、音频媒体等。WWW 的使用方法也很简便。

（5）电子公告牌（BBS）。Internet 用户可以利用 BBS 书写、发布信息或提出看法进行交流。

企业各部门及企业之间可以通过 Internet 方便、及时地共享信息，达到集成、协调管理的目的，而且成本低。

2）企业内部网（Intranet）技术

Intranet 是按照 Internet 的连接技术，将企业内部分布于不同地理位置上的具有不同功能的计算机或计算机网络通过各种通信线路在物理上连接起来的网络系统。它与 Internet 的不同在于：Internet 是在不同的组织机构中传输信息和数据，而 Intranet 是在一个组织机构内部进行信息和数据交换，这些信息和数据包含了组织内部经营管理涉及的方方面面。

（1）Intranet 是企业实现电子商务的基础，企业只有先建立良好的 Intranet 和比较完善的标准及各种信息基础设施，才能顺利扩展到 E-Business。

(2) 由于 Intranet 应用从一个中心位置集中发布和管理，各用户采用一致的网络浏览器，使得从决策支持、客户服务、生产过程到分销渠道操作、销售自动化和执行信息系统这一系列建立在 Intranet 上的商务应用更加有效和流畅，各部门可以更有效地联系和协作。

(3) 实现信息高度共享。Intranet 上信息存放位置是单一的，即一个信息只存放在网上的一个地方。不管用户处于什么位置和时区，Intranet 技术都允许他们共享知识和信息。

(4) 信息存取更加方便、快捷。利用 Intranet 技术，网上用户可以快速得到想要的数据和信息。例如，Intranet 集中发布产品、服务和市场信息，提供快速且可控地进入公司相关数据库的通道，这样各部门就可以更有效率地协作并保证系统用户及时得到他们需要的信息。

(5) Intranet 可以动态地、可交互式地存取信息。它不仅允许通过服务器上的"搜索"功能来查找信息，还允许将新的信息自动加入用户的系统中，从而实现企业内部经营管理涉及的信息和数据的实时交换。

3) 企业外部网(Extranet)技术

Extranet 是利用 Internet 技术将企业的 Intranet 与供应商、客户、合作伙伴、销售代理等的网络互连起来，实现信息交换的网络。在概念上，Extranet 是介于 Intranet 和 Internet 之间的。对有些价值链来说，通过价值链中的几家公司共享一个封闭的网络(无 Internet 存取)，既可以实现价值链各伙伴企业的信息共享，还可以避免由 Internet 的安全问题为企业带来的风险。

从技术上看，Internet、Intranet 和 Extranet 都建在相同的网络设施上，但是它们的规模和应用还是不同的。Intranet 是公司内部的信息交换平台，大大提高了公司内部的管理效率。Extranet 是把一些相互关联的公司组织在一起，共同分享彼此的信息，进行网上交易的平台。Internet 则将全球的 Internet 用户连接在一起，应用更广、更全面。

2．电子商务技术

正如开始时电子商务被叫作 E-Commerce，后来随着应用扩大到事务处理，又被叫作 E-Business 一样，电子商务的概念和内涵是不断扩充、完善和发展的。至今它并没有一个严格统一的定义。我们可以认为电子商务就是对利用电子信息网络设施来实现商品和服务交易活动的总称，是一种以现代信息网络为载体的新的商务活动形式。

站在企业的角度，首先，电子商务的应用是面向市场的、以交易为中心的商务活动。企业可以利用电子数据交换(EDI)和 Internet 完成交易活动前的广告宣传、网络营销、咨询洽谈，交易中的网上订购、产品发送、网上支付、业务协作，以及交易后的意见征询、售后服务等商贸活动的全过程。其次，电子商务还要面向企业内部，充分利用 Intranet 优化企业内部经营管理活动，实现企业全面信息化、网络化管理，与企业开展的电子商贸活动保持协调一致。电子商务具有传统贸易活动无法相比的优势和特点。

(1) 电子商务平台是开放性的，其商务活动摆脱了距离和范围的限制，得以在全球范围的大市场中进行。企业面对的客户是全球化的，客户的范围因 Internet 网络的覆盖面而变得无边界，电子商务的应用使许多服务能够通过计算机系统和网络的连接自动地完成，使有些服务能够无限度地满足人们的需求，使交易的手段、机会和服务都有了前所未有的变化。

(2) 在世界范围内共享信息成为电子商务的重要特征之一。这要求在相同技术应用的条件下，企业要共同遵守相同的商务规则，为全球商务活动达到统一奠定基础。

(3) 安全性成为电子商务必须考虑和面对的核心问题。交易过程中的支付安全、网络环境的安全，如信息的完整性、不被篡改和保密性等都成为阻碍电子商务发展的重要因素。必须从技术、法律和组织等多个环节采取更积极有效的方式和措施，建立一个安全的电子商务环境。

(4) 商务活动是一个协调的过程，它需要客户、生产方、供货方及商务伙伴的协调。电子商务在拓展了商务的空间、时间范围的同时，也对协调提出了新的要求。比如，在世界范围内采用开放的、统一的技术标准，建立统一的商务确认、电子税收分配机制等。

3．数据仓库、数据挖掘和商务智能技术

1) 数据仓库 (Data Warehouse，DW)

数据仓库是一种面向决策主题的、由多数据源集成的、稳定的、不同时间的数据集合。数据仓库与数据库不同，数据库作为数据管理手段主要用于业务处理，而数据仓库主要用于分析型处理，即管理人员的决策分析。

在财务管理中，数据仓库可以用于企业对决策分析信息的管理，使各类用户可以根据自身的需要利用数据挖掘技术从数据仓库中获取各自需要的信息。

2) 数据挖掘 (Data Mining，DM)

数据挖掘是提取有用信息的"数据产生"过程。它是从大量的数据中挖掘出隐含的、先前未知的、对决策有潜在价值的信息和知识，并能够根据已有的信息对未发生的行为做出结果预测的过程。数据挖掘最早来源于人工智能技术，到 20 世纪 90 年代末，已经出现了很多的数据挖掘的方法和工具。数据挖掘综合了多个学科技术，其根本目标是为决策提供有价值的、可利用的信息。数据挖掘的功能取决于其能够发现的信息和知识的类型。

3) 商务智能技术 (Business Intelligence，BI)

虽然目前对商务智能技术并没有一个统一的说法，但它的前景被许多人看好。泛泛地说，商务智能技术是指企业利用现代信息技术对各种商务数据和信息进行收集、管理及定量分析的技术策略、过程与工具。商务智能技术的核心使命是提高商务决策水平，帮助企业决策者做出及时、正确、可行、有效的决策，提高企业综合竞争力。

与数据挖掘技术相比，商务智能技术是以提升企业核心竞争力为目的的，与企业目标一致。从技术上看，它是数据仓库、在线分析处理 (OLAP)、数据挖掘等先进计算机信息处理技术的综合运用。应该说商业智能是企业信息化的发展方向之一。

4．信息系统集成 (Integration) 技术

集成是将某一系统或某一系统的核心部分、要素联结在一起，使之成为一个统一整体的过程。集成是一种思想和方法，在企业信息化过程中它被广泛用于构造复杂系统和解决复杂系统的效率问题。笼统地说，信息系统集成可以起到消除信息孤岛、优化业务流程、动态监控绩效、实现协同商务及持续改善管理的作用。

按照信息平台的层次，信息系统集成可以划分为物理集成、数据和信息集成及功能集成。物理集成是系统运行和开发环境的集成，是指通过构建一个包括硬件基础设施、软件

系统在内的统一、高效、协调的平台，实现各用户应用和管理的协同与高效。数据和信息集成通过数据与信息的统一设计规划、存储和管理，达到不同部门、不同层次的人员都能够共享信息资源的目的。功能集成通过各部门业务处理功能的统一规划、选择和分配，从应用上实现协同处理。

按照集成的内容，信息系统集成可以划分为过程集成和企业集成。过程集成是在信息集成的基础上，通过过程之间的协调，消除过程中各种冗余和非增值的子过程（活动），以及由人为因素和资源问题等造成的影响过程效率的一切障碍，从而使业务过程达到总体最优的集成。企业集成包含企业内集成和企业间集成两层含义，企业内集成是指在过程集成的基础上，企业内全面实现"人、管理、技术"三者的集成；企业间集成是企业与其上下游伙伴企业之间基于外部网络实现信息交换与事务处理的协同。

企业应用集成（Enterprise Application Integration，EAI）是一种面向业务，以业务流程管理为核心的集成技术，它实现了整个企业数据库、企业资源计划、客户关系管理、供应链管理及其他重要系统之间的无缝连接，进而达到提高客户服务质量、企业核心竞争力的目的。

3.4.2 财务管理信息化中的新兴技术

除上述技术外，近年来出现的云计算、大数据、移动互联等一批新技术也将逐渐成为企业财务管理信息化建设不可缺少的技术基础。

1. 云计算（Cloud Computing）

云计算是基于互联网的相关服务的增加、使用和交付模式，通常涉及通过互联网来提供动态易扩展且经常是虚拟化的资源。

美国国家标准与技术研究院（NIST）的定义是：云计算是一种按使用量付费的模式，这种模式提供可用的、便捷的、按需的网络访问，进入可配置的计算资源共享池（资源包括网络、服务器、存储、应用软件、服务），这些资源能够被快速提供，只需投入很少的管理工作，或与服务供应商进行很少的交互。

云计算是一种形象的比喻，本质上它是一种以虚拟化、超大规模、分布式计算为特征的在线网络应用。用户可以根据需求采用付费租赁方式享用云平台提供的各类服务。目前，云计算主要包括如下三种服务方式。

（1）IaaS（Infrastructure-as-a-Service）：基础设施即服务。消费者通过 Internet 可以从完善的计算机基础设施处获得服务。例如，硬件服务器租用。

（2）PaaS（Platform-as-a-Service）：平台即服务。PaaS 实际上是指将软件研发的平台作为一种服务，以 SaaS 的模式提交给用户。因此，PaaS 也是 SaaS 模式的一种应用。但是，PaaS 的出现可以加快 SaaS 的发展，尤其是加快 SaaS 应用的开发速度。例如，软件的个性化定制开发。

（3）SaaS（Software-as-a-Service）：软件即服务。它是一种通过 Internet 提供软件的模式，用户无须购买软件，而是向提供商租用基于 Web 的软件，来管理企业经营活动。例如，金蝶公司推出的友商网在线服务等。

2. 大数据（Big data）

著名研究机构 Gartner 对"大数据"给出的定义是："大数据"是需要新处理模式才能具有更强的决策力、洞察发现力和流程优化能力的海量、高增长率和多样化的信息资产。

所谓大数据并不是简单的数据量的海量存储。一般而言，大数据具备如下四个特征。

(1) 数据体量巨大，从 TB 级别跃升到 PB 级别。

(2) 数据类型繁多，如前文提到的网络日志、视频、图片、地理位置信息等。

(3) 处理速度快，1 秒定律，可从各种类型的数据中快速获得高价值的信息，这一点也和传统的数据挖掘技术有着本质的不同。

(4) 只要合理利用数据并对其进行正确、准确的分析，就会带来很高的价值回报。业界将其归纳为 4 个"V"——Volume（大量）、Variety（多样）、Velocity（高速）、Value（价值）。

3. 移动互联（Mobile Internet）

移动互联并没有较为完整和规范的定义，一般而言，移动互联实际上是指将移动终端、互联网、物联网等融合应用的技术和服务。

3.4.3 财务管理信息系统的技术平台

财务管理信息系统的技术平台既包括网络化硬件基础设施，也包括操作系统、数据库管理系统、数据仓库、应用系统、工具软件等软件系统。从底层向上可以划分为以下部分：网络化硬件基础设施、支撑软件系统、应用软件系统、企业应用模型、企业个性化配置系统、安全保证体系。其框架结构如图 3-8 所示。

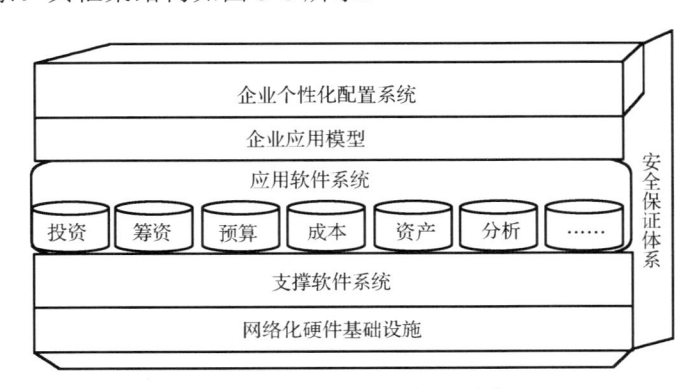

图 3-8 技术平台的框架结构

1. 网络化硬件基础设施

网络化硬件基础设施是指包括输入设备、处理设备、存储设备、输出设备、通信设施和其他机房设施等在内的所有硬件构成的系统。网络化硬件基础设施构成了财务管理信息系统能够正常运行的硬件环境。它是财务管理信息系统技术平台的物质基础，是财务管理实现计算机处理和网络通信的前提条件。若不构建合适的硬件基础设施就不可能实现财务管理的自动化。

2. 支撑软件系统

支撑软件系统是由操作系统（包括网络操作系统）、数据库管理系统、数据仓库、计算机语言、其他工具软件等构成的基础软件系统。它是财务管理信息系统的基础。支撑软件系统的安全影响应用系统和系统业务内容的安全。

3. 应用软件系统

应用软件系统是企业选择和实施的财务管理信息系统。单体企业财务管理的应用软件系统一般包括资产管理系统(包括现金管理、应收账款、存货管理、固定资产管理等几大子系统)、筹资管理系统、投资管理系统、收入管理和利润规划系统、预算管理系统、成本管理系统、财务分析系统几部分。针对集团企业，除上述进行财务管理必需的功能系统外，战略规划系统、风险管理系统、集团预算管理系统、集团资金管理系统和财务结算系统等都是集团财务管理信息化可以选择的应用软件系统。

4. 企业应用模型

各企业可能属于不同的行业、不同的产业，具有不同的规模，采用不同的管理方式和不同的业务流程等，因此，各企业可能对信息化的需求和应该采用的信息化应用系统存在巨大差异。企业应用模型是指企业信息化所采用的模型，如企业的业务模型、业务流程模型、功能模型、组织结构模型等。企业应根据自身的特点选择和定义企业应用模型。比如，选择需要的功能系统，利用相应的支撑软件平台定义企业业务处理的工作流、定义业务数据之间的关联关系；根据业务需要配置各种系统参数、初始化应用系统；根据企业组织结构定义角色和各级用户并授权等。

5. 企业个性化配置系统

各企业根据自身的应用模型选择应用系统中能满足自身业务和管理需求的功能系统，然后根据应用模型的需求配置参数、初始化，最终构建出满足企业自身需求和特点的个性化系统。

6. 安全保证体系

财务管理信息系统技术平台的安全保证体系是对保障财务管理信息系统技术平台和信息处理内容安全的所有要素构成的体系的总称。从内容上，它既包括法律法规体系、制度建设、安全机制的构建、信息安全机构设置，也包括技术平台安全风险分析与评价、安全保障技术、安全控制措施，还包括经过认证的安全产品的选择等。

3.5 财务管理信息系统开发

与其他信息系统一样，财务管理信息系统的开发是一项复杂的系统工程。它涉及的知识面广、部门多，不仅涉及技术，还涉及管理、业务、组织和行为。

3.5.1 财务管理信息系统开发方法

信息系统开发方式确定之后，就要按照一定的开发方法的要求进入系统的开发阶段。信息系统开发方法描述了完成软件开发工作过程中的具体工作方式，它指出了在完成软件开发各阶段任务时所需要的详细工作办法，并给出了工作中所生成的文档格式，提出了工作完成质量的评价标准。至今人们已经总结了很多开发方法，常见的如结构化系统开发方法、面向对象的开发方法等。

1. 结构化系统开发方法

结构化系统开发方法是自顶向下的结构化方法与工程化的系统开发方法、生命周期模型的结合。它是迄今为止应用最普遍、最成熟的系统开发方法。其基本思想是：采用系统工程的思想和工程化方法，结构化、模块化、自顶向下地对系统进行分析与设计。具体来说，就是先将整个信息系统设计开发过程划分成若干个相对独立的阶段，如系统规划、系统分析、系统设计、系统实施等。在前三个阶段坚持自顶向下对系统进行结构化划分。在系统规划时应从最顶层的管理业务入手，逐步深入至最底层；在系统分析和系统设计时，应从宏观整体入手，先考虑系统整体的优化，再考虑局部的优化问题；在系统实施阶段，则应坚持自底向上地逐步实施，从最基层的模块做起，然后按照系统设计的结构将模块一个个拼接到一起进行调试，自底向上地逐步构成整体系统。

用结构化系统开发方法开发一个系统，一般将整个开发过程划分为五个首尾相连的阶段，称之为系统开发的生命周期。这些阶段的主要内容如下。

(1) 系统规划阶段。系统规划阶段主要是根据用户的系统开发请求，进行初步调查，明确问题，确定系统目标和总体结构，确定各阶段实施进度，然后进行可行性研究，写出可行性分析报告。

(2) 系统分析阶段。系统分析阶段是开发工作的第一个阶段，它以系统规划中提出的目标为出发点，对系统现行系统和目标系统进行详细的调查与系统化的分析，建立系统的逻辑模型。其主要任务是调查管理业务流程和数据流程，在此基础上写出系统分析报告。

(3) 系统设计阶段。系统设计阶段是在系统分析提出的逻辑模型基础上设计系统物理模型的过程，其主要的任务是进行总体结构设计和详细设计，包括代码设计、数据库/文件设计、输入/输出设计、模块结构与功能设计、编写程序设计。系统设计阶段的成果是系统设计说明书。

(4) 系统实施阶段。系统实施阶段的任务就是进行程序设计及调试、人员培训、数据准备、系统转换及系统投入试运行。这一阶段的成果除最终实现信息系统外，还包括有关的技术文档，如程序说明书、使用说明书等。

(5) 系统运行与维护阶段。系统运行与维护阶段是在前面各阶段基础上正式开始系统的运行，主要进行系统的日常运行管理、系统维护和系统评价三个方面的工作。

2. 面向对象的开发方法

面向对象的开发方法是一种按照人们对现实世界习惯的认识论和思维方式来研究与模拟客观世界的方法学。它将现实世界的任何事物均视为"对象"，将客观世界看成是由许多不同种类的对象构成的，每种对象都有自己的内部状态和运动规律，不同对象之间的相互作用和联系构成了完整的客观世界。

采用面向对象的开发方法开发系统时，强调在系统分析阶段以系统中的数据和信息为主线，全面、详尽、系统地描述系统的信息，用以指导系统设计。面向对象的开发过程一般分四个阶段，具体内容如下。

(1) 需求分析。需求分析是对系统将要面临的具体管理问题及用户对系统开发的需求进行调查研究，即明确系统要干什么。

(2) 面向对象分析（OOA）。在繁杂的问题域中抽象地识别出对象及其行为、结构、数据和操作等。

(3) 面向对象设计（OOD）。对分析的结果做进一步的抽象、归类、整理，最终以范式的形式确定下来。

(4) 面向对象程序设计（OOP）。用面向对象的程序设计语言将设计阶段整理出的范式直接映射为应用程序。

运用面向对象的开发方法开发系统时，系统分析和设计是反复进行的，充分体现了原型开发的思想。

3.5.2 财务管理信息系统需求分析

作为财务管理信息系统的使用者，无论采用哪种开发方式、采用什么样的开发方法，需求分析都是必须做的。只有通过需求分析，才能将系统功能和性能的总体概念描述为具体的软件需求说明，从而奠定开发的基础。需求分析工作是一个不断认识和逐步细化的过程，它将总体规划阶段确定的软件工作域逐步细化到可详细定义的程度。

需求分析不只是开发人员的事，使用者也起着至关重要的作用。使用者必须对系统功能和性能提出初步要求，系统分析人员在认真了解使用者要求的基础上，细致地进行调查分析，把使用者的要求转换成系统逻辑模型，并准确地用系统需求说明书表达出来。下面以结构化系统开发方法的需求分析为例说明这个阶段的目标和财务人员所要做的工作。

1. 需求分析的目的

需求分析所要做的工作是描述目标系统的功能和性能，确定系统设计的限制和本系统同其他系统的接口细节，以及定义系统的其他有效性需求。

系统分析员通过需求分析，细化对系统的要求，给系统开发提供一种可转化为数据设计、结构设计和过程设计的数据与功能表示。系统开发完成后，系统需求说明书将作为评价软件质量的依据。

信息系统开发的最终目的是实现目标系统的物理模型，即解决怎么做的问题。物理模型是由逻辑模型实例化得到的。与物理模型不同的是，逻辑模型不考虑实现机制与细节，只描述系统要完成的功能和处理的数据。需求分析的任务就是借助现行系统的逻辑模型导出目标系统的逻辑模型，解决目标系统"做什么"的问题。从现行系统获得目标系统的步骤可以用图 3-9 表示，图中对现行系统进行分析，并获得目标系统逻辑模型的过程即为需求分析。

1) 获得现行系统的物理模型

现行系统可能是需要改进的计算机处理系统，也可能是手工系统，或者部分手工处理、部分计算机处理的系统。在这一步，首先分析、理解现行系统是如何运行的，了解现行系统的组织机构、输入/输出、资源利用情况和日常数据处理过程，并用一个具体模型来反映分析者对现行系统的理解。现行系统的物理模型应客观地反映实际情况。

2) 抽象出现行系统的逻辑模型

在理解现行系统"怎样做"的基础上，抽取其"做什么"的本质，从而从现行系统的物理模型抽象出现行系统的逻辑模型。抽象的过程就是区分决定物理模型的本质因素和非本质因素，并去掉非本质因素，从而获得反映系统本质的逻辑模型的过程。

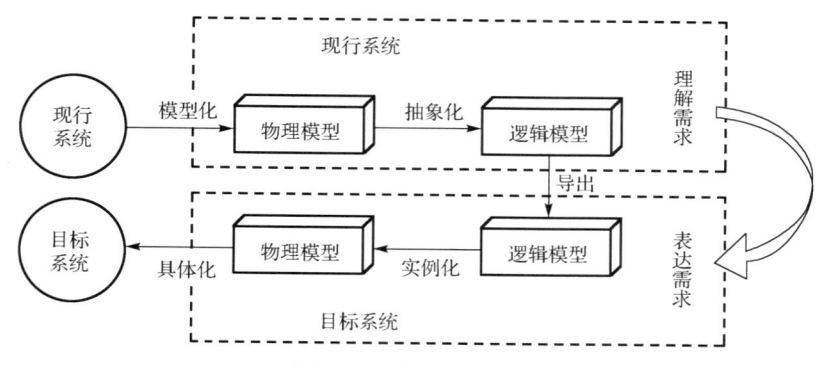

图 3-9 系统开发过程

3）建立目标系统的逻辑模型

分析目标系统与现行系统逻辑上的差别，明确目标系统到底要"做什么"，从而从现行系统的逻辑模型导出目标系统的逻辑模型。具体做法如下。

(1) 决定变化的范围，即决定目标系统与现行系统在逻辑上的差别。

(2) 将变化的部分看成新的处理步骤，对功能图、数据流图等进行调整。

(3) 由外向内对变化的部分进行分析，推断其结构，获得目标系统的逻辑模型。

(4) 为了完整地描述目标系统，对得到的逻辑模型进行补充、完善。

2．需求分析的过程和内容

需求分析工作可以分成四个方面：问题识别、分析与综合、编制需求分析文档和需求分析评审。

1）问题识别

系统分析人员要研究可行性分析阶段产生的可行性分析报告和系统开发项目实施计划，从系统的角度理解和确定系统范围，确定对目标系统的综合要求，即系统需求，并提出满足这些需求的条件及应达到的标准。也就是解决目标系统做什么、做到什么程度的问题。系统需求主要从以下几方面表述。

(1) 功能需求。列举出所开发系统在职能上应做什么。这是信息系统需求分析中最主要的内容。

(2) 性能需求。给出所开发系统的技术性能指标，包括存储容量限制、运行时间限制、安全保密性等。

(3) 环境需求。这是对系统运行时所处环境的要求。例如，硬件方面采用什么机型、有什么外部设备、构建何种网络、数据通信接口等；软件方面采用哪种支持系统运行的系统软件（操作系统、数据库管理系统等）；使用方面需要使用部门在制度上、操作人员的技术水平上具备什么样的条件等。

(4) 可靠性需求。可靠性需求就是对目标系统将来实际投入运行后，在不同的运行环境下不发生故障的概率水平，以及目标系统对运行环境的要求等做出估计。对重要系统或是运行失效会造成严重后果的系统，应当提出较高的可靠性要求。

(5) 安全保密要求。安全保密要求将对系统在不同环境下安全、保密的要求做出规定，通过对目标系统进行特殊的设计，使其安全保密性能得到保证。

(6) 用户界面需求。用户界面是用户与系统交互的直接渠道，通过对用户交互界面需求的定义，详细规定用户界面应该达到的要求，使用户界面更友好、更方便，有助于提高系统的使用效率。

(7) 资源使用需求。资源使用需求是对目标系统运行时所需的数据、基础软件、内存空间等各项资源的定义。

此外，对于自行开发系统或二次开发系统来说，项目立项后，还要提出系统开发成本与进度需求，根据合同规定对系统开发的进度和各阶段费用提出要求，作为信息系统工程项目管理的依据。

2) 分析与综合

需求分析的第二步是问题分析和方案综合。

(1) 确定功能需求。分析人员要从数据流和数据结构出发，逐步细化所有的系统功能，找出系统各元素之间的联系、接口特性和设计上的限制，分析它们是否满足功能要求，是否合理，详细地明确功能需求。

(2) 确定其他需求。在功能需求确定的基础上，对问题识别阶段提出的除功能需求外的其他需求进行分析、完善，剔除不合理的部分，增加需要的内容，最终形成系统的需求方案，即逻辑模型。并用一定的分析方法工具(如结构化分析方法、面向数据结构的 Jackson 方法、面向对象的分析方法等)将逻辑模型直观地描述出来。

3) 编制需求分析文档

系统需求应该用图文组成的格式化文档清晰、准确、完整地描述出来，作为下一步系统设计和未来目标系统评价的依据。通常把描述系统需求的文档称为系统需求说明书。

4) 需求分析评审

作为需求分析阶段工作的复查手段，在需求分析的最后一步，应该由专门指定人员组成的评审组，按照严格的规程对功能的正确性、完整性和清晰性，以及其他需求给予评价。评审结束应有评审负责人的结论意见及签字。

3．财务人员在需求分析中的职责及参与需求分析的财务人员应具备的素质

对于自行开发的系统或购买软件之后进行二次开发的系统来说，业务人员的参与和配合是非常重要的。系统需求分析的过程，也是系统开发人员与用户密切配合、充分沟通和交换意见的过程。系统需求分析阶段的开发人员是系统分析员，他们是用户与程序员之间的桥梁；而财务人员熟悉企业的财务业务，同时又是目标系统的直接使用者，他们在财务管理信息系统的需求分析中也起着至关重要的作用。

1) 财务人员在需求分析中的职责

财务人员对数据处理工作的考虑、对软件的意见和要求应该看作需求分析十分宝贵的原始资料。财务人员在需求分析中担负的主要职责如下。

(1)积极配合系统分析员的工作。包括按照要求提供系统分析员需要的各种业务资料、文档材料;根据需要为系统分析员讲解业务处理过程、各种业务资料和文档材料等的作用。

(2)准确、完整、清晰地描述现行系统(手工系统或信息系统)。

(3)准确、充分地阐明对目标系统的要求。

2)参与需求分析的财务人员应该具备的素质

为能胜任上述任务,参与需求分析的财务人员应当具备以下素质。

(1)具有熟练的财务业务知识和经验;全面、深入地了解本单位的现行系统,了解现行系统存在的问题和优点。

(2)全面、深入地了解目标系统应该达到的目标;了解本单位目标系统运行的环境条件。

(3)具有一定的计算机硬、软件的专业知识,尤其是软件工程、数据库管理系统方面的专业知识。

(4)具有良好的书面和口头交流表达能力。

(5)善于与他人合作,能够倾听他人的意见,注意发挥其他人员的作用。

(6)具有一定的从相互冲突或混淆的原始资料和现象中找出恰当的问题的能力。

3.6 财务管理信息系统实现工具

财务管理信息系统的实现工具包括财务管理信息系统软件、数据分析软件、数据仓库技术等。本节主要对目前常用于财务管理信息化的电子表格工具软件 Excel 进行介绍。

Excel 是微软公司(Microsoft Corp.)开发的用作图表数据处理的工具,是 Microsoft Office 的套件之一。Excel 自发布以来已产生了多个版本,本书以 Excel 2016 作为基础来介绍相关内容。

Excel 是一个具有强大数据处理、数据管理、数据分析和数据共享功能的应用软件。它除了具有很强的制表功能、界面友好、直观方便,还提供了丰富的函数、卓越的图表功能、数据分析工具、辅助决策工具和通过 Web 实现协作和信息共享等功能。利用 Excel 工具软件可以完成理财工作中的业务处理,各种业务报表的编制、输出和分析,以及辅助决策等工作,它是财务管理工作中常用的工具。

Excel 在财务管理工作中的应用主要有两种方式——数据表分析方式和图表分析方式。数据表分析方式主要以表格的形式,通过设计数据模型、采集数据、对模型求解形成数据报告、分析评价等过程完成业务处理。图表分析方式是以图表形式把数据表示出来的方法。两种方式相互结合就可以在完成数据处理、分析的同时,以直观、清晰的形式把处理的结果表示出来。

3.6.1 数据表分析方式

Excel 的应用,主要是通过电子数据表的形式解决财务管理工作中的问题,因此,应用之前应该熟悉数据表分析方式。数据表分析方式主要以表格的形式完成业务处理,而表格都是存在于某个工作表中的,因此,如何设计数据表格式、采集数据和编辑工作表就变得非常重要。

1. 设计数据表格式

一般在财务管理工作中进行格式设计的数据表部分应该包括标题、表头、表尾和表体固定栏目等内容。用 Excel 设计数据表，就像在一张网格纸上画表格一样。标题、表头、表体等要按照需要安排在相应的单元格中。下面以"恒昌公司第一季度产品销售情况表"为例说明如何设计数据表格式。

1) 输入并编排标题

标题是文字，属于文本数据类型。输入前首先要选择标题所在的单元格位置，然后输入标题内容。方法如下。

(1) 打开工作簿，在选定的工作表中选择要输入标题的单元格，如 A1 单元格。

(2) 输入标题内容"第一季度产品销售情况"。

此时，输入的标题内容只在 A1 单元格，为了使标题能够更加醒目、美观，应该把它放在整个表的中间，并对标题的字体、字号、字体颜色、显示效果等进行调整，于是需要对输入的标题进行编排。

(1) 确定报表表体所占列数，选中标题行包括标题在内的相同列数的单元格区域，如 A1:D1。

(2) 打开"开始"选项卡，单击"对齐方式"功能区中的"合并后居中"按钮，即可将标题"第一季度产品销售情况"跨 A1:D1 单元格居中。

(3) 选中 A1:D1 单元格，单击"字体"功能区中右下角的扩展按钮，打开"设置单元格格式"对话框，并显示"字体"选项卡，如图 3-10 所示，可以选择标题的字体、字形、字号、下划线，本例中选择了宋体、加粗倾斜、18 号字、单下划线。

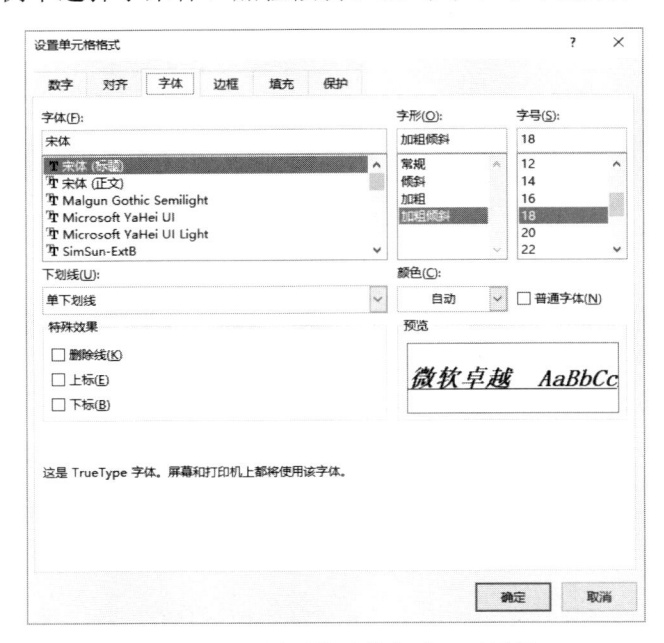

图 3-10 "设置单元格格式"对话框

(4) 在"设置单元格格式"对话框中，打开"对齐"选项卡，设定单元格文本的对齐方式；打开"边框"选项卡，设定单元格的边框的线条和颜色等；打开"填充"选项卡，设定单元格内填充的色彩和图案等。

（5）完成上述设置之后，可以单击"确定"按钮，于是形成了我们想要的标题格式，如图 3-11 所示。

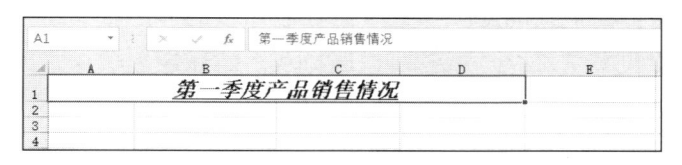

图 3-11 数据表标题样例

说明：在 Excel 工作簿窗口的"开始"选项卡中的"字体""对齐方式"等功能区上有一些按钮可以用于直接设置单元格格式，"样式"功能区上的按钮可以用于直接设置单元格的样式。使用这些按钮可以更便捷地设置单元格格式。

2）输入并编排表头、表尾

数据表的表头一般包括报表的栏目和报表的编制日期、编制单位、使用的货币单位等报表上边框线以上的内容。其中报表栏目的内容、编制单位、使用的货币单位等数据也是文本类型，其输入方法是：在每个单元格输入相应内容后按 Enter 键，将光标移到下一单元格，输入单元格内容。

报表的编制日期是日期类型，其输入方法是：先将需要输入日期数据的单元格定义成日期数据类型，然后按所需的日期格式输入日期数据。将单元格定义为日期类型的步骤如下。

（1）选定要定义为日期类型的单元格或单元格区域，如 B2。

（2）打开"开始"选项卡，单击"数据"功能区右下角的对话框启动器按钮，显示"设置单元格格式"对话框，单击"数字"选项卡，显示如图 3-12 所示。

图 3-12 "设置单元格格式"对话框中的"数字"选项卡

(3)在该对话框的"数字"选项卡中,在"分类"框中选择"日期",在"类型"列表框中选择所需的格式,例如"*2012/3/14"。

(4)单击"确定"按钮,即将单元格设置为日期格式。

在日期格式类型中,有些类型示例是以星号"*"开头,而有些类型示例则不是以星号开头。以星号开头的日期格式响应操作系统的控制面板的"区域和语言选项"对话框中对区域日期和时间设置的更改。不带星号的日期格式不受操作系统设置的影响。

在定义单元格为日期格式后,可以直接输入日期数字,其中年月日数字之间用"-"或"/"号分隔开,系统自动将其变为定义的日期格式,如图3-13所示。在一个单元格中也可以直接输入函数"=NOW()",这时单元格的数据自动显示为当前的系统日期以及系统时间。在下次打开工作簿时,该单元格显示的日期和时间也是打开工作簿时的系统日期和系统时间。如果希望此单元格只是显示日期而不显示时间,将该单元格的格式设置为日期格式即可。

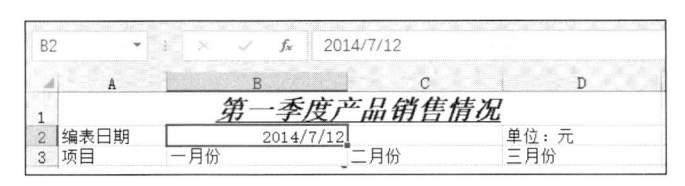

图 3-13 输入日期样例

数据表的表尾一般指报表下边框线以下进行说明的部分,表尾部分有的表有内容,有的表无内容。表尾的内容一般是文本类型,其输入和编排方法与标题的处理相似。有时表尾的内容很长,一行无法显示,需要换行,方法是:选定单元格后,打开"设置单元格格式"对话框,打开"对齐"选项卡,选择"自动换行"复选框并单击"确定"按钮。

2. 采集数据

Excel 中用于财务处理的业务数据在使用前都必须采集到某个 Excel 工作表中。因此,Excel 中处理的数据主要有两种采集渠道:一种是直接输入,一种是从数据库、其他工作表等中获取。其中从数据库、其他工作表、其他单元格获取数据的方法不在此介绍。数据的直接输入也分为两种方法:直接往表中输入数据和通过公式(包括函数)生成数据。本章只介绍直接往工作表中输入数据的方法,后文将介绍向工作表中输入公式和函数的方法。

1)输入数据

Excel 中任何类型数据的输入都可以先按常规形式输入,然后再指定其格式,使其成为日期、时间、货币或百分比等不同类型;也可以先定义数据所在单元格的格式,再输入数据。比如,输入货币数据时,可以在数值前输入货币符号,例如"¥"和"$",Excel 会自动为货币添加千分号。也可以按常规形式输入货币数据,然后选定相应的单元格,再设置单元格的格式为"货币"格式。

设置一个单元格的格式为"货币"格式的操作步骤如下。

(1)选中要输入货币数据的单元格或单元格区域,例如 B4:D8。

(2)单击"开始"选项卡中的"数字"功能组右下角的扩展按钮,打开"设置单元格格式"对话框中的"数字"选项卡,如图 3-14 所示。在"分类"列表框中选择"货币",指定"小数位数"为 2,选择"货币符号"为"¥",并选定"负数"的样式。

图 3-14 设置单元格为"货币"格式

(3)单击"确定"按钮,完成单元格区域的"货币"格式的设置,单元格中的数字以货币格式显示。

由于"货币"格式的货币符号直接放在数字前面,小数点未对齐,不便于查看或比较。我们可以使用一种特殊的"货币"格式,即"会计专用"的货币格式解决这个问题。"会计专用"格式可使货币符号和小数点对齐,从而方便用户对数据的使用。"会计专用"格式的设置方法与"货币"格式的设置方法类似。设置单元格区域为"会计专用"格式后的数据显示效果如图 3-15 所示。

图 3-15 "会计专用"货币格式显示效果

2)简单数据的自动填充

对于有一定规律的数据,比如一列或一行连续的单元格要填入相同的数据,又比如从 1 到 10 的自然数序列，可以使用简单的自动填充功能。填充自然数序列的操作步骤如下。

(1)选中需要填充序列的第一个单元格，如 B11，输入序列的第一个数据，如 1。

(2)选中需要填充序列的第二个单元格，如 B12，输入序列的第二个数据，如 2。

(3)选中 B11:B12 区域，将鼠标指针移到该区域的右下角的填充柄，按住该填充柄向下拉到 B20 的位置，即在 B11:B20 区域中填充 1 到 10 的自然数序列。

要在单元格区域中填充相同的数据，输入第一个单元格的数据，选中该单元格，拉动填充柄到整个单元格区域即可。该方法适用于各种类型的数据。当然，使用自动填充相同数据时，包含要填充内容的单元格一定要位于区域的顶行、底行、最左边或最右边。

3) 复杂数据的自动填充

对于一些复杂的序列需要利用 Excel 提供的填充序列命令来自动填充。比如，填充从 2014 年 7 月 1 日开始的 12 个工作日的日期，其操作步骤如下。

(1)选定第一个单元格，例如 B11，输入第一个数据，例如日期 2014-7-1。

(2)选定要填充的单元格区域，例如 B11:B22。

(3)单击"开始"选项卡，单击"编辑"功能组中"填充"按钮右侧的小箭头，并从显示的列表中选择"序列"命令，弹出"序列"对话框，如图 3-16 所示。

(4)在"序列"对话框中，选择"序列产生在"下的"列"，选择"类型"下的"日期"，"日期单位"选"工作日"，"步长值"为 1。

(5)单击"确定"按钮，即可在 B11:B22 区域中自动填充 12 个工作日的序列。例如 2014-7-5 和 2014-7-6 分别是周六和周日，不是工作日，因此不会出现在序列中。

图 3-16 "序列"对话框

4) 自定义序列的自动填充

在实际工作中，有时需要一些特殊的序列，如星期几的序列、月份的序列和季度的序列等，这些序列并不按数字大小排列，也不按字符的 ASCII 排列，这时就可以利用 Excel 的自定义序列功能来实现自动填充。这些序列需要事先定义好，然后再使用。比如，要定义一个公司各部门名称的序列，其方法如下。

(1)单击"文件"选项卡，选择"选项"命令，打开"Excel 选项"对话框，如图 3-17 所示。

(2)单击该对话框左侧的"高级"选项，按住对话框右侧的滑块往下拉，直到出现"常规"选项，单击"编辑自定义列表"按钮，打开如图 3-18 所示的"自定义序列"对话框。

(3)在"自定义序列"列表框中选择"新序列"，在"输入序列"框中输入自定义序列，如图 3-18 所示，每输入完一项，按 Enter 键。

(4)当所有序列项都输入完后，单击"添加"按钮，刚输入的序列出现在左侧的"自定义序列"列表框中，再单击"确定"按钮。

这样，就将输入的特殊序列添加到 Excel 的自定义序列中了。如果自定义的序列数据已在工作表中，那么在自定义序列时不必重新输入，只需将相应的单元格区域的内容导入到自定义序列中即可。具体的导入方法如下。

（1）单击"文件"选项卡，选择"选项"命令，打开"Excel 选项"对话框。

图 3-17 "Excel 选项"对话框

图 3-18 自定义序列

（2）单击该对话框左侧的"高级"选项，按住对话框右侧的滑块往下拉，直到出现"常规"的选项，单击"编辑自定义列表"按钮，打开如图 3-18 所示的"自定义序列"对话框。

(3)在"从单元格中导入序列"右侧的编辑框中输入序列所在单元格区域的引用,或使用鼠标选中序列所在的单元格区域。

(4)单击"导入"按钮后,再单击"确定"按钮即可。

在定义好自定义序列后,在工作表中输入自定义序列的方法如下。

(1)选中自定义序列的起始单元格,输入自定义序列中的一个值。

(2)按住该单元格右下角的小黑方块,在垂直方向或水平方向拖动,该序列即填充到鼠标所拖的区域。

此外,在"Excel 选项"对话框中还可以使用"常规""公式""校对""保存""语言""高级"选项卡里的多种设置,这些设置都会影响到工作表数据的输入。在此不一一详述,有兴趣的读者可参考 Excel 的帮助文件。

5) 用下拉列表快速输入数据

如果某些单元格区域中要输入的数据是一些枚举类型的项,例如企业的几个部门——财务部、销售部、采购部、运维部、后勤部等,在工作表的部门列里只能输入这些部门名,而这些部门名不按顺序出现,这时我们就可以设置下拉列表实现选择输入。其操作步骤如下。

(1)在工作表的某个单元格区域(如 A4:A8)里的每个单元格里输入一个部门名,例如"财务部""销售部""采购部""运维部""后勤部"。选取需要设置下拉列表的单元格区域,例如 B1:B20。

(2)打开"数据"选项卡,单击"数据工具"功能组中"数据验证"右侧的下拉按钮,从显示的菜单中单击"数据验证"按钮,打开"数据验证"对话框,如图 3-19 所示。

(3)单击"设置"选项卡,在"允许"下拉列表中选择"序列"。

(4)在"来源"编辑框中输入数据来源区域,此例中为$A$4:$A$8。此操作也可通过单击"来源"编辑框右侧的按钮从工作表中选择区域$A$4:$A$8 来完成。

(5)单击"确定"按钮,完成下拉列表序列的设置。

在完成下拉列表序列的设置后,在单元格区域 B1:B20 中输入数据的时候,用鼠标选中其中的一个单元格,单击单元格右侧的下拉箭头就可从下拉列表序列中选择需要输入的数据,从而加快输入速度。

3. 编辑工作表

一张工作表建立起来以后可能并不令人满意,此时就需要对其进行适当的编辑,以达到最佳的效果。对工作表的编辑主要包括设置单元格格式、调整行高与列宽、编辑和审核修订数据、向工作表中添加其他内容等。

图 3-19 "数据验证"对话框

1) 选定编辑对象

要对工作表进行编辑,必须首先选定要编辑的工作表对象。这个对象可以是单元格、单元格区域、整行、整列或整个工作表。一般选定编辑对象的方法很简单,在此不赘述。在财务、会计、审计业务处理中,常常需要从大量的数据中,找到需要处理的数据。由于数据量大，如果按照常规方法寻找会花费大量时间，在此我们可以利用 Excel 的定位功能，根据批注、公式或有效数据等已知条件实现快速定位。例如，要定位工作表中使用了公式的单元格，操作步骤如下。

(1) 单击"开始"选项卡"编辑"功能组中的"选择和查找"按钮下的小箭头，从出现的命令列表中选择"定位条件"命令，出现如图 3-20 所示的"定位条件"对话框。

(2) 选择适当的定位条件，例如选中"公式"，单击"确定"按钮，系统便按照设置的条件定位到要找的单元格区域，在工作表中将有公式的单元格以灰色底色显示，如图 3-21 所示。后续可对这些选定的单元格进行编辑，如加粗或设置颜色。

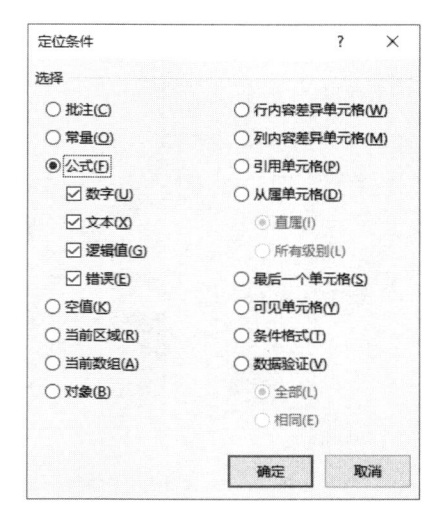

图 3-20　"定位条件"对话框

图 3-21　根据条件选定单元格

2) 设置单元格格式

设置单元格格式包括设置单元格中的数据类型、文本的对齐方式、字体、字号、单元格的边框和图案等。这些可以通过"设置单元格格式"对话框中的各种格式选项来实现，或通过"样式"功能组中的样式选项来实现，且后者的效率更高一些。

在财务、会计、审计业务处理中，常常需要对一些特殊数据做出特殊标示，使其更加醒目，以便引起业务人员的注意。在 Excel 中可以利用条件格式功能达到这一目的。例如，想看看一季度的销售数据中每类产品的月度销售额在 50 000～60 000 的数据有哪些，让其以粗体显示，其方法如下。

(1) 选择单元格范围 B4:D8。

(2) 打开"开始"选项卡，单击"样式"功能组中的"条件格式"下侧的小箭头，依次选择"突出显示单元格规则""介于"命令，出现如图 3-22 所示的对话框。

(3) 根据需要设定条件。要找出销售额在 50 000～60 000 的数据，则在左侧的数据框中输入 50 000，在右侧的数据框中输入 60 000，也可以直接选择工作表中的某个单元格。要设置显

图 3-22　条件格式设置

示的样式可在"设置为"列表框中选择相应的样式。

(4) 单击"确定"按钮后，完成设置，于是出现如图 3-23 所示的结果。

图 3-23　条件格式设置结果样例

在"条件格式"中还可以选择其他的选取规则，如大于、小于、等于、重复值、前 10%、后 10% 等，也可以设置其他的显示样式，如"数据条""色阶""图标集"等。如果对工作表设置多条格式规则，还可以对这些规则进行管理，这里不再详细描述。

3) 调整行高与列宽

在工作表编辑过程中，有时会显示一部分文字或出现"########"的情况，说明单元格的高度或宽度不够，需要调整行高或列宽。调整的简单方法是：将鼠标指向调整行高的行或列宽的列与其下面相邻行或相邻列的分界线上，鼠标指针变为垂直双向箭头，表明该行或列可用拖拽方式自由调整；按住鼠标左键进行上下或左右拖拽，直到合适的高度或宽度为止，之后释放鼠标左键，调整完成。

上述方法不能精确地定义行高和列宽，如果要精确地设置行高和列宽，可以单击"单元格"功能组中"格式"下侧的小箭头，选择"行高"和"列宽"等命令来设置精确的行高和列宽数据。

4) 编辑和审核修订数据

编辑数据是指对数据进行修改、移动、复制、插入（包括插入行、列或单元格）、删除或清除、查找替换数据等处理过程。

在启用跟踪修订信息的功能后，一个用户对工作簿中的数据进行修改或者不同的用户对同一工作表中的数据进行修改后，Excel 会对数据的编辑修改进行记录。启用跟踪修订信息的功能的方法如下。

(1) 打开"审阅"选项卡，再单击"更改"功能组中的"修订"按钮，从显示的菜单中选择"突出显示修订"命令，显示如图 3-24 所示的"突出显示修订"对话框。

(2) 选中"编辑时跟踪修订信息，同时共享工作簿"选项，根据需要选择"突出显示的修

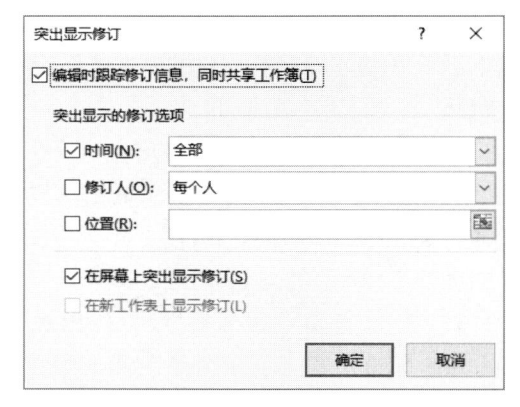

图 3-24　"突出显示修订"对话框

订选项"，例如选择时间区间、修订人和位置等信息，同时选中"在屏幕上突出显示修订"选项。单击"确定"按钮。

说明：选中"编辑时跟踪修订信息，同时共享工作簿"选项后，工作簿将处于"共享"状态，其他人员也可能对此工作簿进行修改，"插入"选项卡里的功能按钮会失效。

完成上面的设置后，如果用户对工作表中的数据进行修改，修改后的单元格上将会突出显示，以区别未修改过的单元格。修订后的单元格默认突出显示是有蓝色的边框，且左上角有蓝色的三角形标志。

用户或者其他的审核人可以对这些数据的修改进行审核，以确定是否接受修订。审核修订的方法如下。

(1)单击"审阅"选项卡，再单击"更改"功能组中的"修订"按钮，从显示的菜单中选择"接受/拒绝修订"命令，显示如图3-25所示的"接受或拒绝修订"对话框。

(2)选择修订选项后，单击"确定"按钮，Excel将定位到文档的第一个被修订的单元格，并显示如图3-26所示的对话框。

图3-25　"接受或拒绝修订"对话框　　　　图3-26　接受或拒绝修订操作

(3)该对话框中显示了修订人、修订时间以及对单元格所做的修改。如果确认该修改无误，则单击"接受"按钮。如果认为修改不正确，则单击"拒绝"按钮。接受或拒绝该修订后，自动定位到下一个被修订的单元格。

(4)依次确认所有单元格的所有修订后，完成对工作簿的修订的审核。

说明：除非确认所有的修订均可接受或均需拒绝，否则，不宜使用"全部接受"或"全部拒绝"功能按钮。

4．向工作表中添加其他内容

为了使工作表内容更丰富、形象、生动，便于阅读者理解，从而满足不同使用者的不同需求，可以向工作表中添加图片、特殊文本、批注等内容。

工作表上添加图片、剪贴画、形状和SmartArt图形等可以通过单击"插入"选项卡中的"插图"功能组中的命令实现。在工作表上添加文本框、页脚页眉、艺术字、特殊符号、签名行、对象等可以通过单击"插入"选项卡中的"文本"功能组中的命令实现。

工作表上添加批注，可以对重要数据进行说明。添加批注的方法如下。

(1)选中要说明的单元格或单元格区域。

(2)单击"审阅"选项卡中的"批注"功能组中的"新建批注"按钮,弹出批注框,如图 3-27 所示。

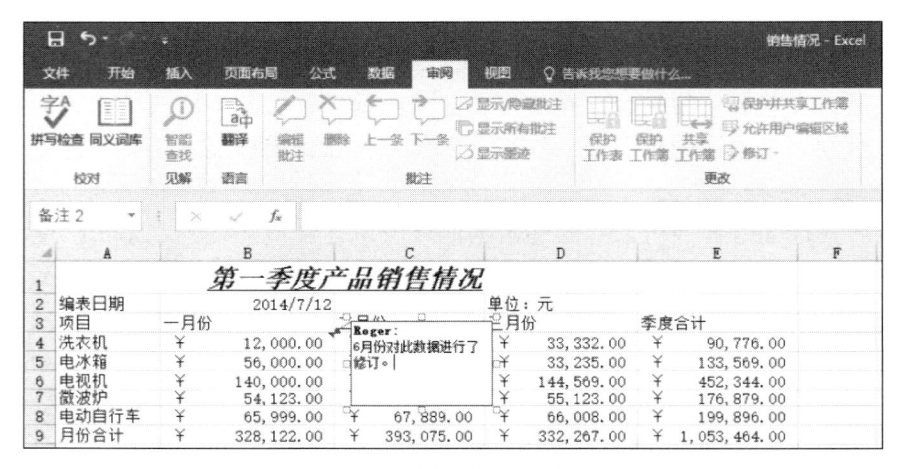

图 3-27 给单元格添加批注

(3)在批注框中输入需要说明的文字。

(4)单击批注外的区域,批注设置完成。

还可以对批注进行编辑、查看、删除等操作。

3.6.2 图表分析方式

数据表分析方式中数据处理的结果可以以数据的形式呈现出来,这种形式虽然精确,却很难有直观和全面的效果。因此可以把数据在各类图表上展示出来,使用户不必花费时间去思索和比较就能够对数据的变化、发展趋势、变化周期、变化速度和变化幅度有一个形象、直观的把握。

Excel 提供了丰富的图表类型,以方便用户创建图表满足各种需要,从而使图表形式成为数据表格的一个很好的补充。

1．图表类型

Excel 共提供了 15 种标准的图表类型,而每一种图表类型还有多种不同的具体形式——子图表类型可以选择,如图 3-28 所示。同时,用户也可以自定义图表类型。

2．建立图表

Excel 中可以建立嵌入式图表和图表工作表两种图表。嵌入式图表是把图表直接绘制在原始数据所在的工作表中,而图表工作表则是把图表绘制在一个独立的工作表中。无论哪种图表,其和原始数据表格的数据是紧密相关的,原始数据的变化都可以立即反映到图表上。

1)建立嵌入式图表

嵌入式图表是指图表和数据表保存在一个工作表中,通过"插入"选项卡中的"图表"功能组中的各图表类型按钮来创建嵌入式图表。下面以某个公司第一季度各产品的销售额建立柱形图为例,说明建立嵌入式图表的操作步骤。

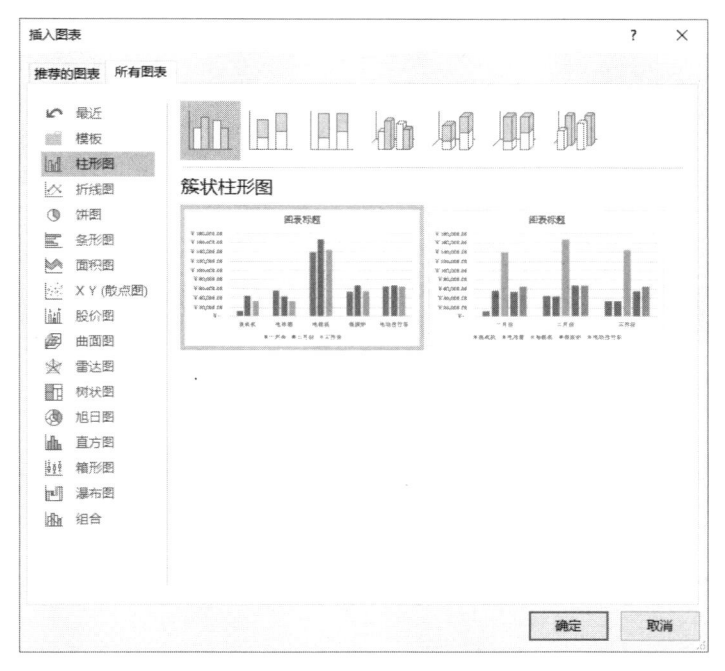

图 3-28　Excel 提供的标准图表类型

例：某公司第一季度产品的销售额汇总表如图 3-29 所示，现根据其中的各产品的销售额数据建立柱形图。

	A	B	C	D	E
1		第一季度产品销售情况			
2	编表日期	2014-7-12		单位：元	
3	项目	一月份	二月份	三月份	季度合计
4	洗衣机	¥ 12,000.00	¥ 45,533.00	¥ 22,222.00	¥ 79,755.00
5	电冰箱	¥ 56,000.00	¥ 44,334.00	¥ 33,235.00	¥ 133,569.00
6	电视机	¥ 140,000.00	¥ 167,775.00	¥ 144,569.00	¥ 452,344.00
7	微波炉	¥ 54,123.00	¥ 67,633.00	¥ 55,123.00	¥ 176,879.00
8	电动自行车	¥ 65,999.00	¥ 67,889.00	¥ 66,008.00	¥ 199,896.00
9	月份合计	¥ 328,122.00	¥ 393,164.00	¥ 321,157.00	¥ 1,042,443.00

图 3-29　某公司第一季度产品销售额汇总表

基本步骤如下。

（1）定义原始数据的单元格区域，这里选择 A3:D8 单元格区域。注意要包含表格的标题行，即项目、一月份、二月份和三月份的数据，这样建立的图表将会自动建立相应的坐标、图例等信息。为了便于区分各产品各月份的销售数据，这里没有包含合计数据。

（2）单击"插入"选项卡，单击"图表"功能组右下角的对话框启动器，打开"插入图表"对话框，如图 3-30 所示。

（3）打开"所有图表"选项卡，在左侧的图表列表中选择柱形图，再从上面的柱形图子类列表中选中"簇状柱形图"，单击"确定"按钮，在本工作表中生产一个柱形图，如图 3-31 所示。

（4）在该图表的上部显示图表的标题为"图表标题"，单击"图表标题"并修改为"第一季度产品销售情况"，如图 3-32 所示。

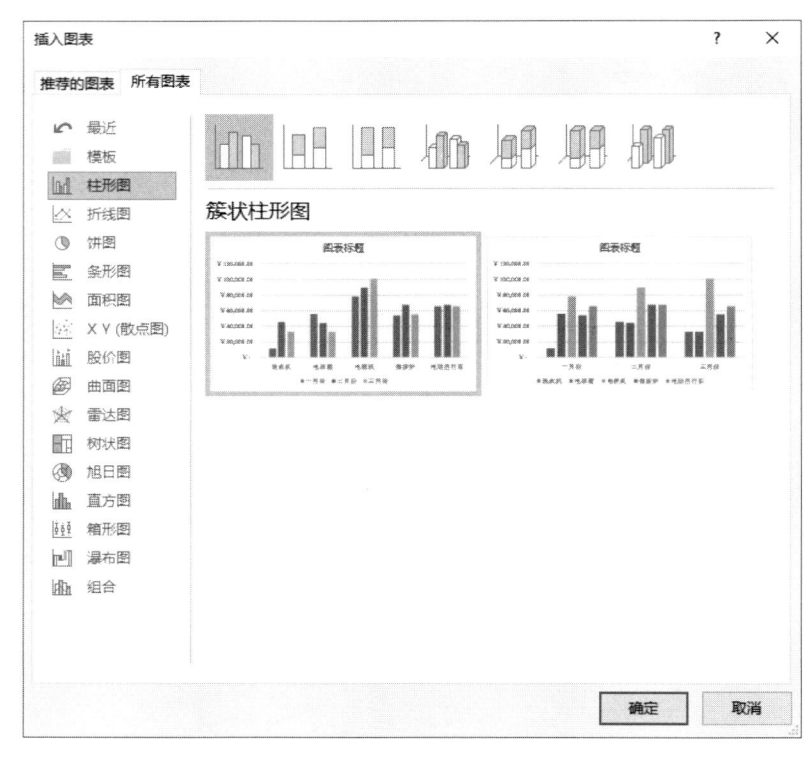

图 3-30　选择柱形图的类型

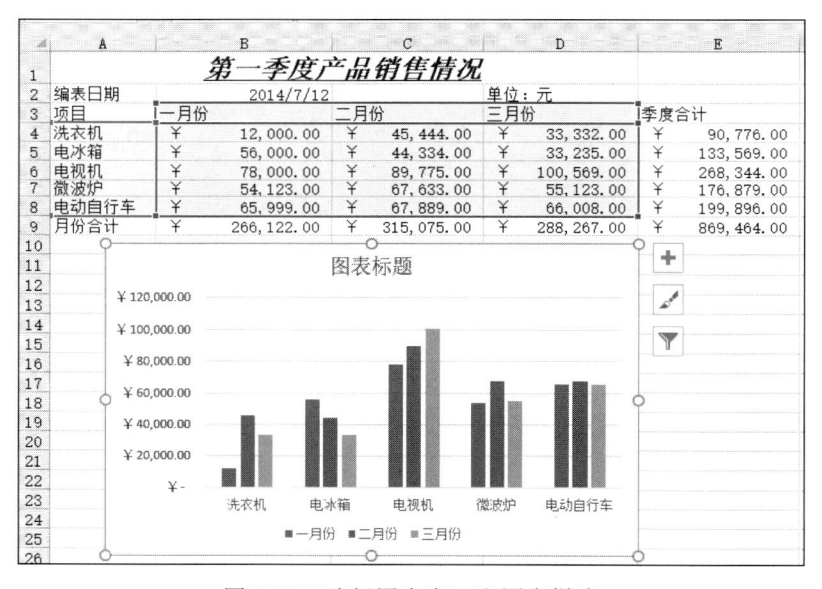

图 3-31　选择图表布局和图表样式

2）建立图表工作表

图表工作表和嵌入式图表的主要区别是图表工作表存在于一个单独的工作表中，而嵌入式图表与原始数据位于同一工作表中。在建立了嵌入式图表后，将该图表移到一个新的工作表中即完成图表工作表的创建。具体操作方法包括如下 4 个步骤。

(1)选中需要移动的图表。

(2)单击"设计"选项卡右侧的"移动图表"按钮,显示如图 3-33 所示的对话框。

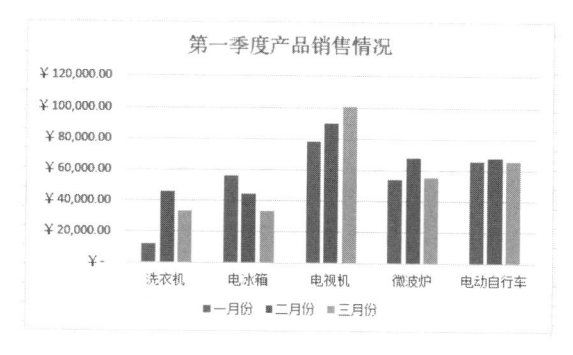

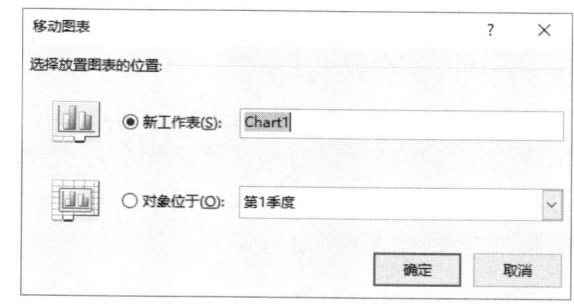

图 3-32　修改图表的标题

图 3-33　移动图表到新工作表

(3)选择新工作表,默认的图表工作表名为"Chart1",修改新工作表的名字,如改为"第一季度产品销售情况",以更易于查找和识别。

(4)单击"确认"按钮,图表将出现在名为"第一季度产品销售情况"的图表工作表中。

说明,也可以将图表移到已有的工作表中,这需要从"对象位于"右侧的列表清单中选择图表的目标位置。

3．编辑图表

刚建立的图表可能并不令人满意,或者显示的效果不理想,此时就需要对图表进行适当的编辑,以达到最佳的效果。对图表进行编辑就是对图表的各个对象进行一些必要的修饰。

1)图表及其对象

一个图表是由多个部件组成的,每一个部件就是图表的一个对象。图 3-34 是一个标准的簇状柱形图,该图表包含了多个对象,如图表区域、图表标题、绘图区、垂直(数值)轴、水平(分类)轴和图例。

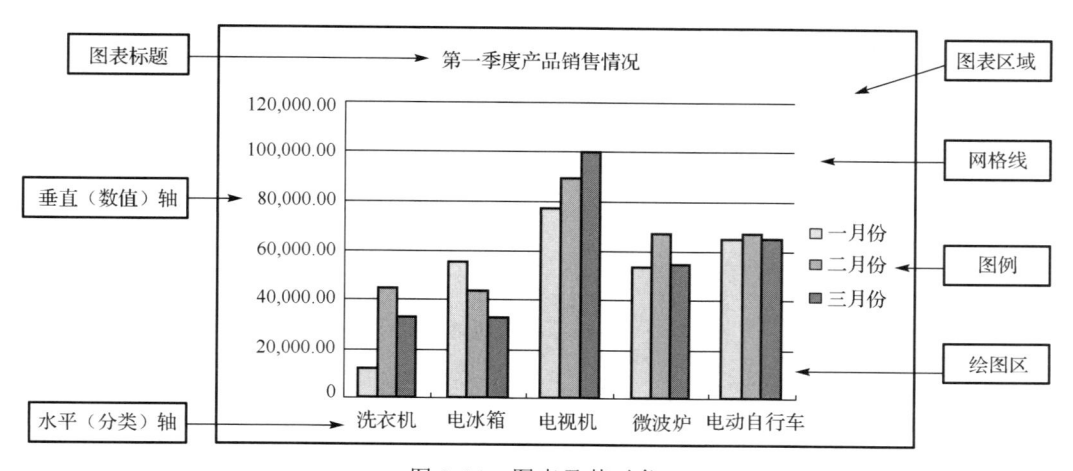

图 3-34　图表及其对象

2）图表对象的选定

对图表进行编辑时，必须有一定的针对性，也就是要先选定图表或它的某个对象。

对于图表工作表，只要单击该工作表标签使其变成当前工作表就选定了其中的图表。此时单击图表中的某个对象即可以选定该对象，并可对其进行编辑操作，但是不能对这个图表进行移动和删除等操作。

对于嵌入式图表，要选定它只需用鼠标单击图表区域，这时该图表区域的周围出现一黑色的细线矩形框，有些区域的4个角上和每条边的中间出现黑色小方块的控制柄，此时可以对图表进行移动、放大、缩小、复制和删除等操作，也可以修饰图表区域。单击图表的某个对象可以对其进行编辑。

3）图表区域的编辑

对于嵌入式图表，在单击图表区域选定图表后，就可以对该图表进行各种编辑操作。此时单击鼠标右键，会弹出快捷菜单，如图3-35所示。利用菜单中的子菜单项可以进行相应的编辑操作。

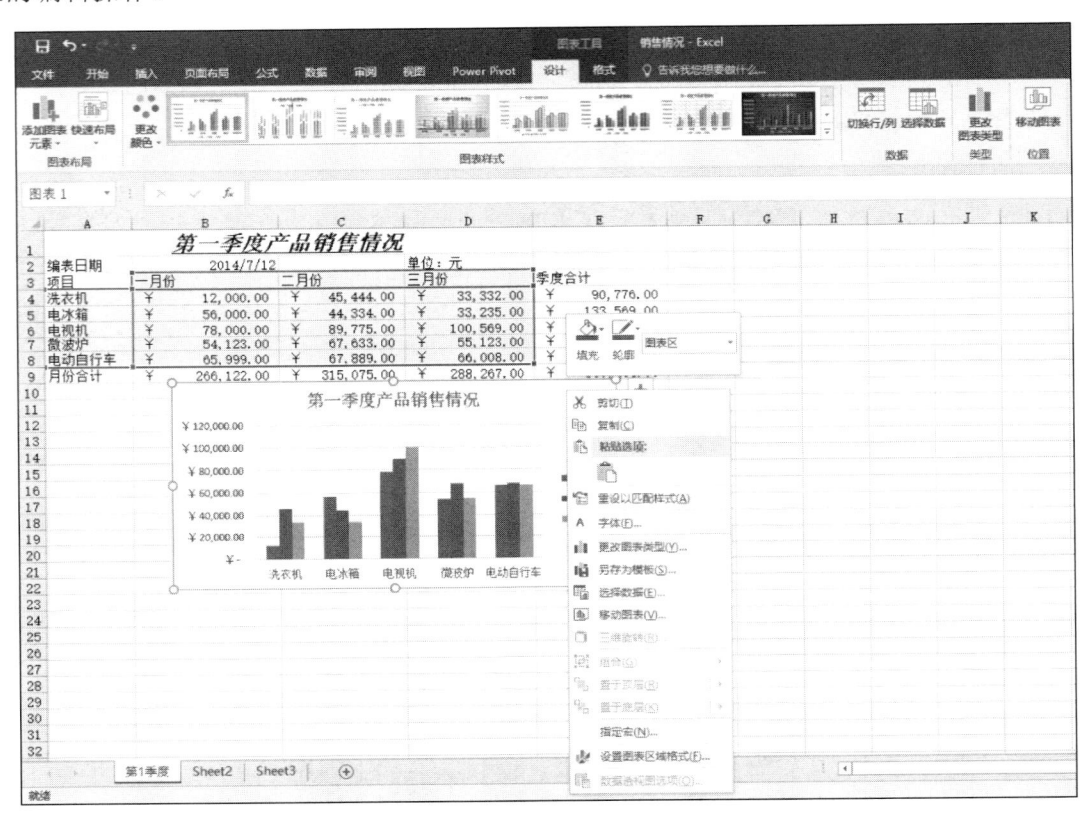

图3-35 编辑整个图表的快捷菜单

图表的"剪切""复制""粘贴"命令可以移动图表到工作表的指定位置。如果要将图表移到独立的图表工作表中，则需要使用"移动图表"命令。

"更改图表类型"命令可以依据原图表所关联的数据更改图表的类型。

"设置图表区格式"命令可以更改图表区域的背景图案及填充效果、图表的字体、字形和字号和图表的属性，如图表对象的位置属性、是否打印对象以及在保护工作表时是否锁定单元格等。

4）图表对象的编辑

单击图表中的某个对象，就选定了该对象，此时可以对该对象进行一些编辑，如对其进行缩放、移动和清除，对各图表对象进行改变字体及颜色、填充的颜色和模式等修饰。

有时在图表中的某些区域手工输入的文字可能和工作表中的文字不一致，例如，前面用手工输入了图表标题"第1季度产品销售情况"，但该标题与工作表的标题"第一季度产品销售情况"不一致。为了避免这种情况，可以将图表标题或文字框与工作表中的单元格链接起来，保持数据的一致。具体方法如下。

(1) 单击图表中要链接的标题，或已创建的文本框。

(2) 在编辑栏中键入等号(=)。

(3) 用鼠标选择要在图表中显示的数据或文字的单元格，再单击"输入"按钮（就是编辑栏左边的那个勾号✓），工作表单元格的内容就会出现在图表标题或文字框中。或者直接在编辑栏中键入对工作表单元格的引用，形式为工作表名称后接感叹号，例如：输入Sheet1!A1，按Enter键，工作表单元格的内容也会出现在图表标题或文字框中。

5）在图表中增加趋势线

趋势线应用于预测分析，也称回归分析，是根据实际数据向前或向后模拟数据的走势，还可以生成移动平均，消除数据的波动，更清晰地显示图案和趋势。可以在非堆积型二维面积图、条形图、柱形图、折线图、股价图、气泡图和 XY（散点）图中为数据系列添加趋势线；但不可以在三维图表、堆积型图表、雷达图、饼图或圆环图中添加趋势线。对于那些包含与数据系列相关的趋势线的图表，一旦图表类型改变成上述几种，例如图表类型修改为三维图表，则原有的趋势线将丢失。

例如，要在图表中增加电视机销售的趋势线。由于前面绘制的图表以产品作为水平轴，增加趋势线没有意义，因此需要将图表切换为以月份作为水平轴。具体操作步骤如下。

(1) 选择图表，单击"设计"选项卡，再单击"数据"功能组中的"切换行/列"按钮，即完成切换，如图3-36所示。

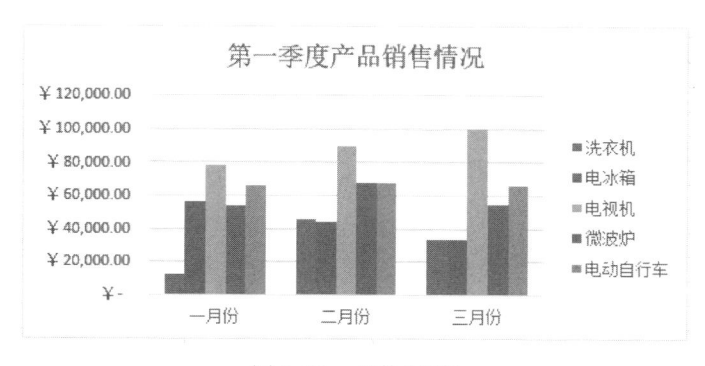

图3-36 切换行/列

(2) 单击图表中的某个数据系列，例如"电视机"。

(3)打开"设计"选项卡,单击"添加图表元素"按钮,移动鼠标指针到"趋势线",从显示的趋势线列表中选择"线性预测",趋势线即出现在图表中,如图 3-37 所示。

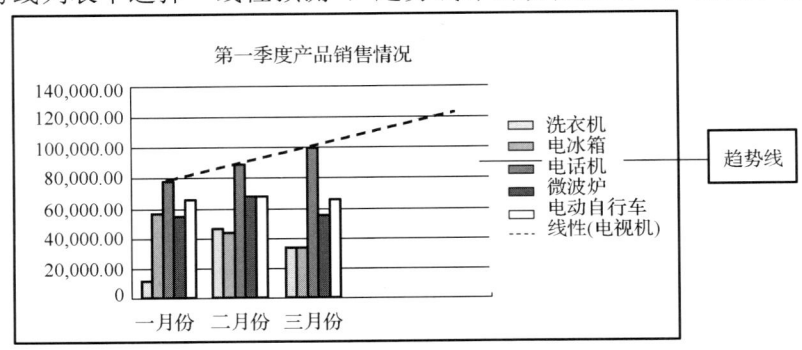

图 3-37　线性趋势线

从趋势线可看出,电视机的销量处于缓慢增长的态势。

除了线性趋势线以外,在"趋势线"列表中还可以采用指数趋势线、线性预测趋势线、移动平均趋势线。如果选择"无"则删除选定的趋势线或所有的趋势线。如果选择"其他趋势线选项",则打开"设置趋势线格式"对话框,如图 3-38 所示。

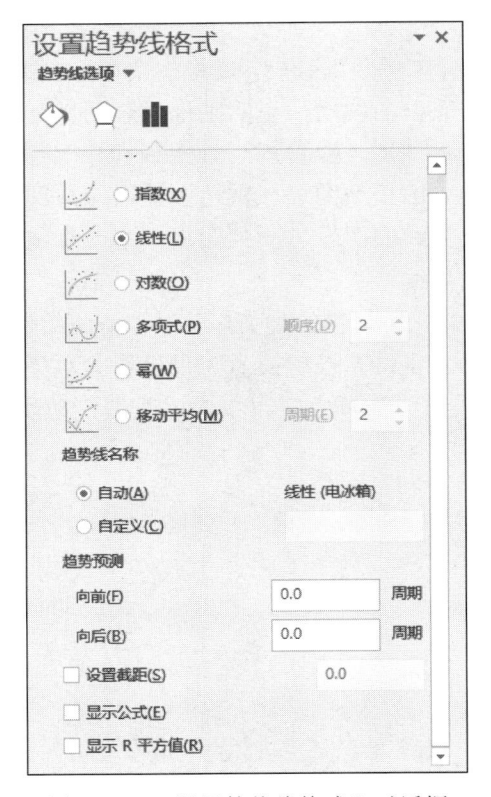

图 3-38　"设置趋势线格式"对话框

在此对话框中,可以选择趋势预测/回归分析的类型,即指数、线性、对数、多项式、幂和移动平均;可以指定趋势预测的名称;可以选择趋势预测向前和向后的周期,还可以进行设置截距、显示公式或显示 R 平方值等格式设置；也可以用来设置线条颜色、线型和阴影等趋势线格式。

4．打印图表

图表绘制完成之后，把分析数据表、文字、图表有机结合起来，就可以编制出一份图文并茂、形象易懂的报告。一般情况下，可以通过网络把它们传递给相关的部门、人员，并通过屏幕显示就可以查看这些报告，但有时也需要把它们打印到纸上供领导者、投资人或主管部门等查看和使用，因此打印图表也是图表分析的重要一环。

1) 指定打印区域

有时需要打印整个工作表，有时只需要打印工作表的一部分，如只打印图表，因此需要先设定打印区域。

(1) 打开一个工作表，打开"文件"选项卡，再单击"打印"选项，出现如图 3-39 所示的"打印"对话框。

(2) 选定待打印的工作表区域。如果打印当前工作表，从"设置"下面的打印范围中选择"打印活动工作表"；如果要打印整个工作簿中的所有工作表，选择"打印整个工作簿"；如果只打印某个区域，如只打印图表，而且在打开工作表后已经选定了该区域，则选择"打印选定区域"。

(3) 选定页码范围、单双面打印选项、调整选项以及其他页面设置选项。设置各打印选项后，在窗口右侧会显示预览的打印效果。如果对预览的打印效果不满意，可以继续修改打印设置，也可返回去修改工作表。

2) 打印图表

如果确认是自己想要的内容和效果，可直接单击窗口上部的"打印"按钮，打印内容即送往打印机打印。

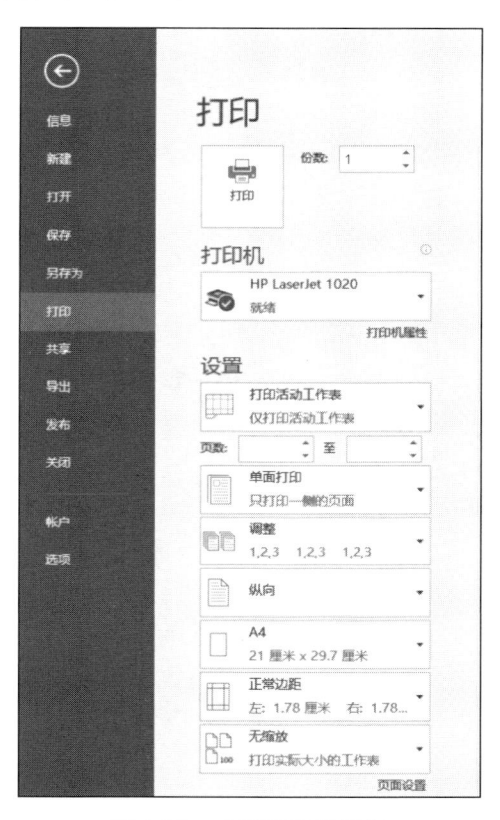

图 3-39　"打印"对话框

3.6.3　Excel 的函数应用

在使用 Excel 处理财务事务时，函数得到了广泛的运用。在 Excel 中，函数的概念和数学中函数的概念类似，是一些预定义的公式，这些公式使用一些称为参数的特定数值按特定的顺序或结构进行计算。在定义函数时，需要指定函数名，并且指定一些参数名(或变量)和参数之间的运算规则。给这些参数赋予一定的值并且按照确定的规则进行计算就可以得到一个值，这个值即函数的当前值。若参数变化，函数的当前值也会随之变化。

事实上，Excel 已经提供了大量已经定义好的基本运算函数、统计函数和财务函数，可以直接使用。例如，函数 SUM 可以对各参数(单元格、单元格区域或常数)的值进行汇总求加；函数 AVERAGE 可以对各参数(单元格、单元格区域或常数)的值求平均值；函数 FV 可以基于固定利率及等额分期付款方式，求某项投资的未来值。

Excel 提供的函数能够满足大部分财务的需求。在一些有特殊需求的情况下，还可以针对具体的业务，自定义一些函数。

1．函数的基本结构

Excel 函数一般由函数名称、参数和括号组成。

函数的基本结构：函数名称(参数 1,参数 2,…,参数 n)。

其中，函数名称指出函数的含义，它由一个字符串来表示。每个函数都有一个唯一的函数名称。函数名称后面是把参数括起来的圆括号。在有多个参数的情况下，参数之间需要用半角的逗号分隔开。参数是一些可以变化的量，参数的多少随函数定义来确定。如图 3-40 所示的是一个求和函数 SUM()。在单元格中输入函数时，需要在函数名前输入等号"="。

2．函数的使用

如果对要使用的函数非常熟悉，我们可以在单元格中直接输入函数公式，然后单击编辑栏中"="按钮，系统将根据你输入的函数公式自动进行计算，并把计算结果显示到该单元格中。除了直接输入函数公式外，可以使用 Excel 提供的"插入函数"的工具完成函数的输入和使用。下面我们以函数 COUNTIF()为例说明利用"插入函数"工具使用函数的方法。

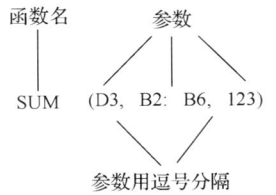

图 3-40　函数的构成

(1)单击需要输入函数的单元格，如单元格 B11。

(2)单击单元格编辑栏左侧的"插入函数"按钮 *f_x*，显示如图 3-41 所示的"插入函数"对话框。根据要求选择函数类别为"统计"，选择要使用的函数名称 COUNTIF。如果事先不知道应该使用什么函数，可以按照我们要完成的业务和"插入函数"对话框下方给出的每一个函数的简单说明进行选择。

图 3-41　"插入函数"对话框

(3)单击"确定"按钮,显示如图 3-42 所示的"函数参数"对话框,此时可以编辑函数的各参数。

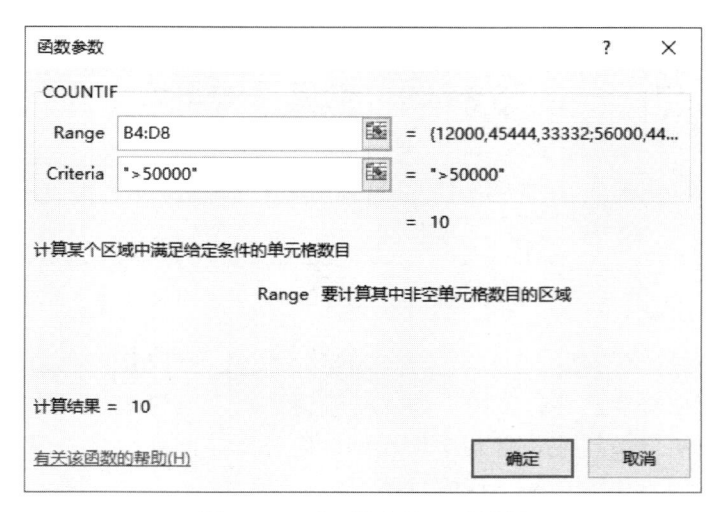

图 3-42 "函数参数"对话框

(4)在各参数编辑框中直接输入参数值,或者单击右端的按钮,选择输入参数值。此例中,要统计第一季度各月份销售额超过 50 000 元的次数。单击参数 Range 编辑框右侧的按钮后,显示如图 3-43 所示的工作表,重新选择单元格区域 B4:D8,然后单击编辑框右侧的按钮。返回上一个对话框,依次输入所有参数。如本例中另一参数 Criteria 处直接输入参数">50000"后,单击"确定"按钮即可完成函数的输入。

图 3-43 选取单元格区域作为参数

(5)系统计算后把计算结果显示到单元格 B11 中,如图 3-44 所示。从结果可以看到,第一季度每月产品销售额超过 50 000 元的次数有 10 次。

3.6.4 Excel 的宏

宏是一系列可以重复执行的操作。在处理工作表的过程中,如果要重复执行一系列相同的操作,可以将这些操作过程录制成宏。以后如果要执行这些操作,只需运行宏,从而大大简化操作。

	A	B	C	D	E
	B11	fx	=COUNTIF(B4:D8,">50000")		
1		**第一季度产品销售情况**			
2	编表日期	2014/7/12		单位：元	
3	项目	一月份	二月份	三月份	季度合计
4	洗衣机	￥ 12,000.00	￥ 45,444.00	￥ 33,332.00	￥ 90,776.00
5	电冰箱	￥ 56,000.00	￥ 44,334.00	￥ 33,235.00	￥ 133,569.00
6	电视机	￥ 78,000.00	￥ 89,775.00	￥ 100,569.00	￥ 268,344.00
7	微波炉	￥ 54,123.00	￥ 67,633.00	￥ 55,123.00	￥ 176,879.00
8	电动自行车	￥ 65,999.00	￥ 67,889.00	￥ 66,008.00	￥ 199,896.00
9	月份合计	￥ 266,122.00	￥ 315,075.00	￥ 288,267.00	￥ 869,464.00
10					
11	销售额超额计数	10			
12					

图 3-44　函数输入完成后显示计算结果

Excel 提供了录制宏的功能，为了优化宏的功能，还可以利用 Visual Basic 对录制的宏进行编辑。为了使宏更容易运行，可以将宏与快捷键、工具栏的按钮或菜单项建立关联，一旦按下快捷键、单击按钮或执行菜单项就可以运行宏。此外，为了更有效地利用宏，还可以在模块间、不同工作簿之间进行宏复制。

1．录制宏

录制宏的步骤如下。

(1)打开"视图"选项卡，单击"宏"功能组中"宏"的下拉按钮，从显示的菜单中选择"录制宏"，弹出如图 3-45 所示的"录制宏"对话框。

(2)在对话框的"宏名"处输入一个新的宏名，指定快捷键，选择宏保存的位置，单击"确定"按钮便开始录制宏。

(3)在工作表中执行一遍需要录制的操作。

(4)再打开"视图"选项卡，单击"宏"的下拉按钮，从显示的菜单中选择"停止录制"。于是在工作表上所做的操作被指定到已经输入的宏名中，宏录制完成。

需要说明的是，宏名必须是首字符为字母的字母数字串，名称中不允许出现空格。如果在"快捷键"编辑框中指定了快捷键(在 Ctrl+后的编辑框中键入一个字母)，以后可以用 Ctrl+字母(小写字母)或 Ctrl+Shift+字母(大写字母)的方式来运行宏。

例：录制一个宏用于设置表头的样式，要求给单元格区域设置粗边框、浅蓝色底纹，设置文字颜色为暗红色的宏，宏名为"Frame"，指定运行宏的快捷键为 Ctrl+a。

具体操作过程如下。

(1)在工作表中选择单元格区域 A3:E1。说明，此操作是开始录制宏之前的操作，并不会录到宏里。如果将此操作也录到宏里，运行此宏时将只对区域 A3:E1 设置表头样式。

(2)打开"视图"选项卡，单击"宏"的下拉按钮，从显示的菜单中选择"录制宏"，弹出如图 3-45 所示的对话框。进行相应操作后单击"确定"按钮便开始录制宏。

(3)打开"开始"选项卡，单击"字体"功能组右下角的扩展按钮，出现如图 3-46 所示的"设置单元格格式"对话框。打开"边框"选项卡，选择编框的线条样式和颜色，选择"预置"下的外边框选项。

图 3-45 定义要录制的新宏

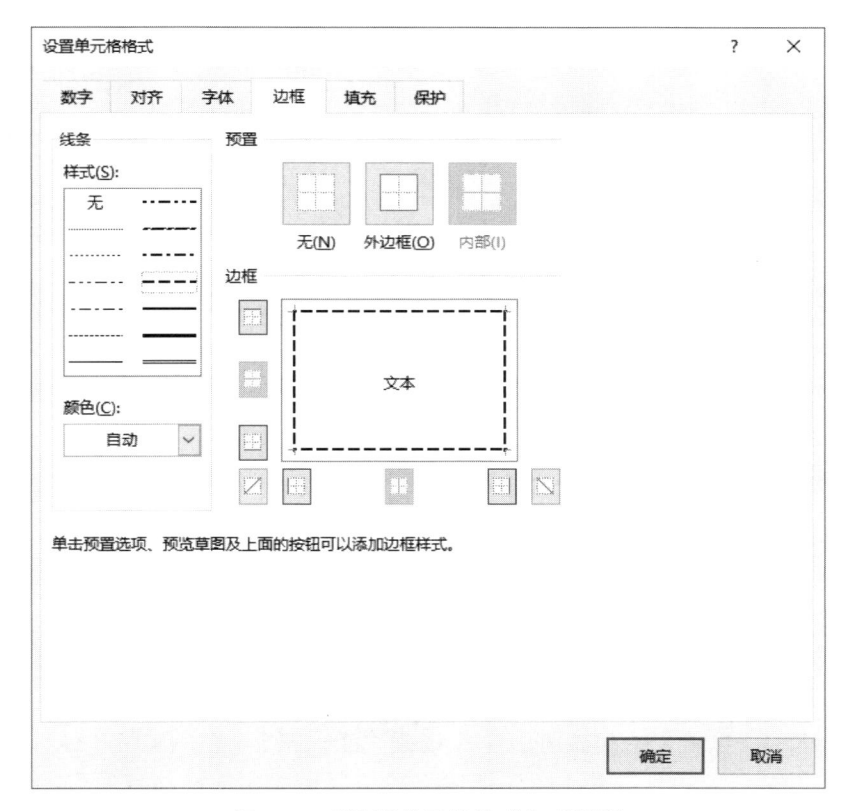

图 3-46 "设置单元格格式"对话框

(4) 继续上一步，在该对话框的"字体"选项卡中设置字体的颜色为红色，并加粗，在"填充"选项卡中选择填充的颜色为浅蓝色，然后单击"确定"按钮，返回工作表。

(5) 再打开"视图"选项卡，单击"宏"按钮的下拉按钮，从显示的菜单中选择"停止录制"按钮，完成宏的录制。

81

(6)打开"文件"选项卡,选择"另存为"命令,选择存储位置,出现"另存为"对话框,如图3-47所示。在"保存类型"列表中选择"Excel启用宏的工作簿",修改文件名,单击"保存"按钮,将以新文件名,以.xlsm为扩展名保存工作簿。

说明:如果仍以.xlsx为扩展名保存工作簿,则刚录制的宏将不能保存。

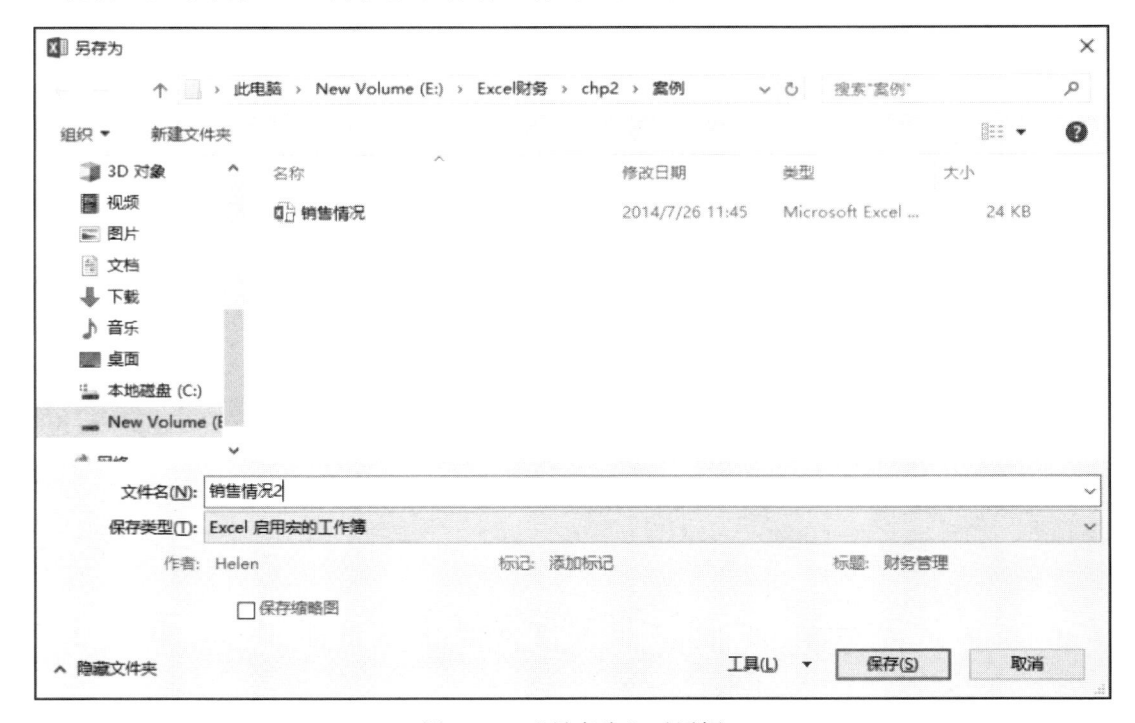

图3-47 "另存为"对话框

2. 运行宏

宏录制好后,每次运行保存好的宏就可以重复前面录制的操作。我们仍然以上例来说明运行宏的方法。

(1)打开上面同一个工作簿中的另一个新工作表,比如 Sheet2 选中需要设置表头的单元格区域,如 C2:F2。

(2)打开"开发工具"选项卡,单击"代码"功能组中的"宏"按钮,弹出如图 3-48 所示的对话框。

在对话框中的"位置"下拉式列表框中选择"当前工作簿",并在"宏名"列表框中选择要运行的宏 Frame,再单击"执行"按钮,即按照录制宏的操作将所选的单元格区域加上粗边框、设置底纹和字体颜色,也就设置了表头。

因为已经定义了宏运行的快捷键,因此运行时在选中要设置表头的单元格区域后,直接按 Ctrl+a 也可以获得同样的效果。

3. 编辑宏

宏其实就是一段 Visual Basic 程序,如果你已经掌握了 Visual Basic 程序,就可以查看或编辑宏程序,从而获得更精确的自定义的功能。编辑宏的操作如下。

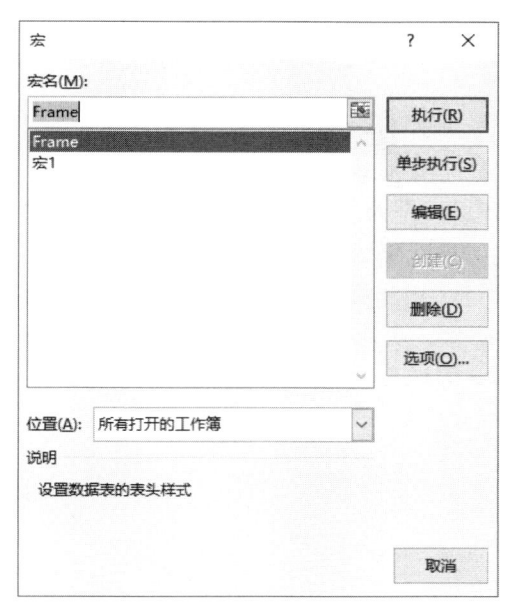

图 3-48 "宏"对话框

（1）在图 3-49 所示的对话框中，选择要编辑的宏，再单击"编辑"按钮，就可以启动 Visual Basic 编辑器，并显示该宏的程序，如图 3-49 所示。

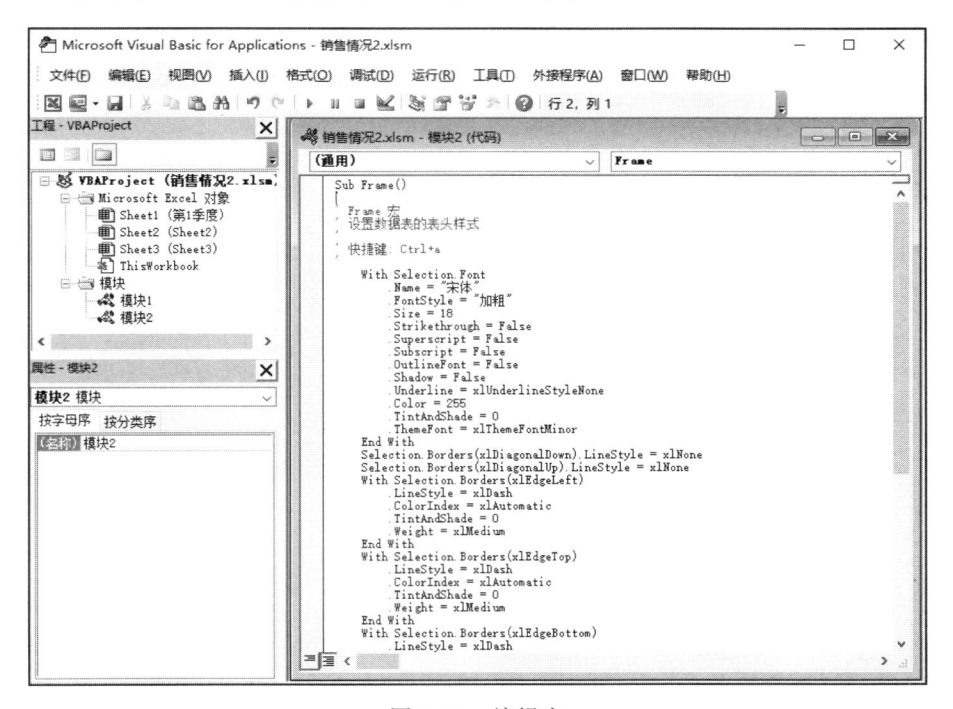

图 3-49 编辑宏

（2）在 Visual Basic 的窗口中依据 Visual Basic 语法规则，对程序语句进行修改。编辑完成后，单击保存按钮，并关闭 Visual Basic 窗口。

习题

1. 简述企业业务过程和财务活动分析的内容。
2. 试分析财务管理过程与其他业务过程之间的关系。
3. 试分析财务管理信息系统与财务管理过程的关系。
4. 画图说明财务管理信息化平台的构成。
5. 简述财务管理信息系统开发的方式、方法。
6. 上机进行 Excel 的操作,掌握函数、公式、宏的基本应用方法。

第 4 章 财务管理信息化的应用

本章学习目的：
- 了解财务管理信息化的应用层次和应用模式
- 了解不同财务管理信息化应用层次所包含的主要内容及优缺点
- 建立系统化、集成化的财务管理信息化理念

本章关键词：

局部财务管理信息化、整体财务管理信息化、集团企业财务管理信息化

作为企业信息化的重要组成部分，财务管理信息化的应用越来越受到各界的关注。一段时间以来，以财务核算为主要内容的会计信息系统得到了广泛的应用，而对财务管理信息化的应用大多局限于使用 Excel 完成简单的财务分析和决策支持，甚至存在一些误解，认为财务管理信息化仅仅是财务管理模型的构建和应用过程。随着信息化环境的日趋成熟，财务管理信息化也必将从简单的模型应用向系统应用、集成应用、开放应用转变。借鉴划分会计信息化的应用层次的思路，按照信息化应用的范围和深度，财务管理信息化的应用也可以划分为三个层次，即企业级财务管理信息化应用、集团企业(战略)级财务管理信息化应用及供应链级财务管理信息化应用。企业级财务管理信息化应用又可以划分为两个阶段：局部应用阶段和整体应用阶段。

需要注意的是，虽然不同层次的财务管理信息化应用的管理侧重点和方法不尽相同，但它们之间并不是排斥关系，而是相互包容、密切联系的。

4.1 企业级财务管理信息化应用

企业级财务管理信息化应用是指在企业范围内建立财务管理信息化系统，面向企业高层提供对决策有用的信息。企业级财务管理信息化应用根据应用阶段的不同，分为局部应用阶段和整体应用阶段。

4.1.1 局部财务管理信息化应用

1. 局部财务管理信息化的主要内容

局部财务管理信息化应用是指财务管理信息化活动局限于财务部门内部，利用计算机

或网络平台，完成财务分析、财务决策、预测，提供与企业决策相关的财务决策支持信息。一般来讲，局部财务管理信息化的主要内容包括以下几点。

(1) 财务分析。财务分析是指以财务报表及其他资料为依据和起点，采用专门方法，系统分析和评价企业过去与现在的经营成果、财务状况及其变动，目的是了解过去、评价现在、预测未来，帮助利益关系集团改善决策。目前常用的财务分析方法有比较分析法和因素分析法。

(2) 投资决策。投资是企业为了获取经济资源的增值而将其货币投放于各种资产形态上的经济行为。依据投资的形式可将投资划分为实物投资与金融投资。由于企业拥有的经济资源具有稀缺性，有效投资、提高投资效率就成为企业投资决策首先应解决的问题。财务管理信息化环境下的投资决策，通过计算机系统，采用更为先进的手段和方法，对投资项目的财务可行性进行评价，为企业投资决策提供支持，最大限度地保证了投资决策的科学性。

(3) 筹资决策。筹资是为了满足企业对于资金的需求而筹措和集中资金的经济行为。筹资决策表现为对企业资金需要量的确定、对筹资方式的选择、对企业权益资本与长期负债比例的规划等。筹资决策的核心问题是确定企业的资本结构及对筹资方式的选择。

(4) 股利分配。股利分配是指在公司获取的利润中，有多少可以作为股利发放给股东，有多少留在公司作为再投资用。因此，本质上看，股利分配实际上是筹资活动的延伸。

(5) 经营决策。经营决策是指企业日常生产活动中的各项决策活动。在手工环境下，企业财务部门和其他相关部门缺乏必要的信息联系和沟通，企业财务部门较少参与生产经营决策。在信息化环境下，企业部门间便利的信息沟通，使生产经营决策和财务决策可以实现有效的协同，共同支持企业决策。例如，根据利润规划进行生产安排，制定采购计划时控制现金支出及生产成本控制等。

2．局部财务管理信息化的实现策略

局部财务管理信息化的实现主要面向临时性、偶然性或独立的财务管理需求，缺乏系统性，要求采用灵活的手段，迅速生成所需的决策结果或报告。因此，在局部财务管理信息化应用中，其实现策略主要是通过面向决策需求，利用工具软件或二次开发平台，构建财务管理模型，并通过模型调用完成相关信息分析，生成辅助决策结果。

1) 利用工具软件实现财务管理模型构建

在局部应用阶段，利用工具软件实现财务管理模型构建的流程如图 4-1 所示。

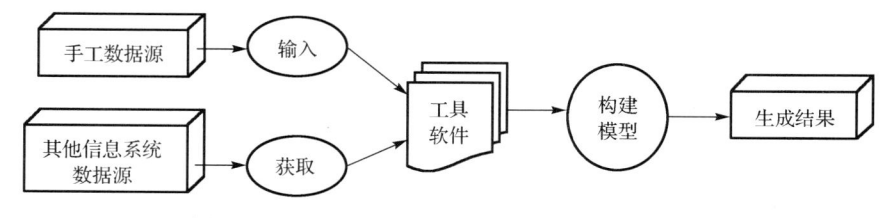

图 4-1 利用工具软件构建财务管理模型的流程

(1) 数据获取。在这一模式下，由于缺乏覆盖企业范围的网络平台和数据仓库技术的支持，财务决策与控制所需的基础数据并没有独立地存在，而需要依赖其他信息系统提供。在局部应用阶段，数据获取的主要方式如下。

- 手工录入：用于少量数据的获取。将在其他信息系统中检索的数据直接输入工具软件中。
- 查询导出：利用会计软件或其他软件提供的数据导出功能，可以将查询获得的批量数据导出，并以工具软件兼容的数据格式保存。在工具软件中可以直接打开该数据。
- 数据库数据导出：无论是桌面数据库还是大型数据库，均提供了数据导出功能，可以将数据库(表)以指定的格式转出，为财务管理决策提供基础数据。
- 获取外部数据：在工具软件中，提供了"获取外部数据"功能，实际上是通过ODBC直接访问计算机内的数据源，并通过SQL语句的构造，直接从数据源中检索出所需的数据。一旦"查询"语句构造完毕，可以随时更新查询。

以上四种方式，只有第四种实现了对数据的动态获取，其余的方式只适用于一次性的数据获取。但第四种方式应用难度较大，要求使用者熟悉SQL语句并能够识别会计信息系统的数据库结构。

(2) 工具软件的选择。在局部应用阶段，主要是利用工具软件来支持财务管理的活动，常用的如Excel。用于财务管理决策支持的工具软件应具备如下特征。首先，要求工具软件提供大量的计算和分析方法。Excel中提供了大量的函数，不仅可以完成简单的计算工作，还可以进行统计、分析、预测等方面的工作，并支持线性规划、单变量求解、数据透视等多种功能。其次，要求工具软件提供构建决策模型的平台。财务管理中，大部分决策模型可以通过表格或图形的方式来构建，因此，要求工具软件具有强大的表格制作能力和图形生成能力，以支持模型的构建活动。再次，工具软件应该具有一定的数据获取能力，可以帮助决策者获取所需的各种数据。实际上，在财务管理信息化初级阶段，制约决策效果的主要因素是无法获得有效决策所需的数据。工具软件虽然能够获取不同数据源下的相关数据，但其本身数据存储、管理能力较弱。最后，工具软件应该具有良好的用户界面。决策过程的特征决定了财务管理信息系统与会计信息系统相比，应该具有更强的交互能力，以帮助用户确定决策需求、获取决策数据并生成决策结果。

因此，在财务管理信息化的初级阶段，以Excel作为实现简单财务决策和分析的工具是一个较好的解决途径。

(3) 构建模型。Excel因其强大的数据计算和分析能力及良好的用户界面，成为构建财务管理决策分析模型常用的工具软件之一。在Excel中建立财务管理决策模型的步骤概括如下。

第一步，构建财务管理决策所需的数学模型。可以根据财务管理的相关理论，构建出决策所需的数学模型。在实务工作中，数学模型构建正确与否，是决策模型建立的关键。

第二步，确定模型中所需的参数及其来源。进一步确定模型中涉及哪些参数，参数如何获取。在Excel中获取决策所需的参数有三种途径：对于零星的数据可以直接输入；对于批量数据可以先利用财务软件提供的"数据转出"功能，将其转化为中间数据状态，再利用Excel外部数据导入功能，引入Excel参与决策分析；还可以利用Excel中提供的"获取外部数据——建立查询"功能，通过构造SQL语句，直接检索所需的数据。

第三步，设计决策模型表格。在 Excel 中一般以表格的形式表达决策过程和结果。设计表格时，不能仅表示计算结果，还要让决策表格易于理解，并且能够实现多次复用。常见的决策模型中，一般把决策参数和决策结果用两个或两个以上的表格表达，同时对公式单元和计算结果单元采取一定的保护措施，以防止模型损坏，并通过设计较为友好的界面让使用者理解决策过程和结果。

第四步，定义公式。Excel 中提供了丰富的财务运算函数。在定义公式过程中尽可能地使用这些函数，并通过其他函数的配合使用，使公式易于理解。

第五步，计算结果，并以直观的形式对结果予以表达。利用 Excel 建立决策模型时，常常以图形作为表达结果的方式或作为分析的直观工具，因此，对于复杂的决策模型，通过图形进行分析或表达结果是必不可少的步骤。常用的图形有直方图、饼图、折线图、散点图等。

(4) 调用模型生成结果。调用模型并生成相关的结果，也可针对制作好的模型编制目录和调用界面，以便模型的复用和执行。

2) 利用二次开发技术实现部分财务管理功能

二次开发一般是指软件产品的功能不能完全满足用户的需求，需要在原来产品的基础上进一步进行开发、补充、改进或取消一些功能，以满足用户需求的过程。因此，可以利用目前现有的财务软件，通过二次开发增加财务管理的相关功能。

(1) 二次开发的条件。进行二次开发，首先要考虑是否具备二次开发的条件及二次开发的技术可行性。一般来讲，能够进行二次开发的软件应具备以下条件。

- 具有标准的数据接口。软件开发者可以利用标准的数据接口充分共享软件提供的各种数据，进行二次开发。
- 使用较为先进的开发工具，提供标准的中间层部件。例如，有的软件采用面向对象的程序设计方法，使用 ActiveX 技术等，使开发者能够重写客户端程序或添加新功能。
- 具有较强的可移植性，支持多种数据库。要求软件可在多种操作环境下使用多种数据库中的数据。
- 程序本身具有较强的灵活性，允许用户自定义格式、数据来源、数据计算公式等内容。
- 软件开放基本的数据结构，使用户能够从数据库中读取相应的数据。

(2) 二次开发的实现策略。
- 利用报表软件实现二次开发。

从目前实际的应用情况分析，一种较为简易的二次开发手段是通过财务软件提供的报表系统来进行的。好的报表软件不仅提供了财务报表的定义能力，同时也提供了二次开发的接口。利用二次开发的接口，可以编辑简单的命令和程序代码。

利用报表软件实现二次开发的优势在于报表软件与会计信息系统的无缝连接，利用报表软件强大的取数能力可以直接获取财务决策或分析所需的基础数据。但报表软件的二次开发能力毕竟有限，无法满足多样化的财务管理需求。

- 利用工具软件实现二次开发。VBA(Visual Basic for Application)是微软公司为其 Office 产品组件开发的一种编程工具，在利用 Excel 完成较为复杂的财务管理工作中得到了广泛的应用。VBA 采用了类似于 Visual Basic 的风格和方法，采用面向对象的编程技术，提供可视化的编程环境，可以帮助非计算机人员进行简单的程序开发。

- 利用会计信息系统提供的二次开发平台进行二次开发。随着会计软件功能的日益完善和企业需求的日益个性化，越来越多的信息系统提供了二次开发的平台。例如，金蝶 K/3 BOS（Business Operation System）金蝶商业操作系统，是金蝶 ERP 解决方案的技术基础，它是一个能够快速定制业务单据、流程、报表和业务逻辑，并进行发布的开放的集成应用平台。通过基础资料、业务单据、业务流程、权限、报表等一体化的设计，它能快速满足企业个性化、行业化的应用需求。其他软件也提供了类似的功能。

(3)二次开发的实现步骤。

- 需求分析。了解用户在数据综合利用方面的各种需求，明确二次开发应具备的功能。
- 对原软件进行技术分析。了解原软件的工作原理、数据结构、技术参数等内容。
- 结构设计。包括功能设计、数据接口设计、数据计算处理设计、数据流程和存储设计、显示格式设计、输出打印设计等。编制程序实现用户需求。
- 系统测试。验证开发程序的正确性和稳定性，及时发现和纠正错误及与原软件的链接问题。
- 系统运行与维护。

3．局部财务管理信息化应用模式评价

局部财务管理信息化应用模式在财务管理信息化应用的初级阶段，具有较高的应用价值和推广价值。其优势主要体现在以下几个方面。

(1)应用灵活、简单。局部财务管理信息化应用模式借助于工具软件或二次开发等途径实现，灵活性较高，符合财务管理、决策、分析等活动的特点，易于实现，涉及的技术也较为简单。特别是在缺乏信息系统统一规划的情况下，其对于弥补财务管理信息系统功能缺陷、满足企业个性化需求具有较强的实用价值。

(2)实现成本低，易于移植。在这一阶段，企业实现相关的财务决策和分析几乎不需要投入；生成的决策模型也易于移植。

但从长远的眼光来看，这一模式具有明显的弱点，主要表现在以下几个方面。

(1)缺乏决策所需的基础数据，决策科学性、系统性较差。财务决策的关键是需要大量历史数据的支持。在现行的会计信息系统中，由于缺乏前期的统一规划，采集的数据对财务决策支持较弱。在决策模型调用过程中，所需的数据通过半手工或手工方式获取，降低了决策数据的可靠性。同时，决策模型的孤立运行，限制了决策行为的系统性。

(2)财务控制功能的缺失。财务管理的核心内容是决策及控制。在局部应用阶段，财务控制基本缺失，无法形成完整的财务管理体系。财务控制职能客观上要求形成系统化、程序化的财务管理信息系统。而利用工具软件和二次开发等手段，是无法满足这一要求的。

因此，局部应用只是财务管理信息化的初级阶段，适用于临时性、偶然性财务决策，是在缺乏完整财务管理信息系统的情况下采取的权宜之策。

4.1.2 整体财务管理信息化应用

1. 整体财务管理信息化应用的主要内容

整体财务管理信息化是指在企业范围内，利用计算机及网络平台，面向企业业务过程，实现财务决策、财务控制与业务处理活动相协同的信息化过程。在这一阶段，财务管理的范畴已经超出了财务部门的界限，而且渗透到企业的各个环节。整体财务管理信息化应用的主要内容如下。

1) 财务分析与风险预警

在整体财务管理信息化应用阶段，财务分析不再局限于单纯的报表分析，综合分析将逐渐成为主流。所谓综合分析是指结合财务信息、业务信息等多元化信息，进行企业综合财务评价。风险预警是指根据企业各项经营指标，及时发现企业面临的经营风险、财务风险、管理风险，并有效规避。在信息化环境下，风险预警将成为重要的内容。

2) 现金控制与管理

现金是指企业拥有的现款和流通票据，包括现金、银行存款、银行本票和汇票及在电子商务环境下出现的电子货币等。现金具有较强的流动性，它可以立即有效地购买商品、劳务或偿还债务。但同时，现金也是收益性最低的资产，企业存有过量的现金会造成企业收益的下降。因此，现金管理的核心问题是确定最佳的现金量，也就是要在资产的流动性和赢利能力之间做出抉择。

信息化环境下，现金管理得到进一步的强化，这是因为，利用企业资源计划(ERP)可以有效地对企业生产、供应链、日常管理进行规划和安排，从而可以较为精确地确定出未来一定期间内现金的流量，并将现金预算与销售、采购、费用支出等企业业务活动联系起来。此外，电子货币、网上银行等新业务的出现，使得利用信息化手段加强现金管理成为必然的选择。

企业现金管理的主要内容包括现金预算的编制、现金收支控制、现金持有量决策、网上结算管理等。其中，通过合理编制现金预算，控制企业稳定的现金流成为现金管理的核心内容。

3) 预算控制及管理

预算是计划工作的成果，它既是决策的具体化，又是控制生产经营活动的依据。在财务管理活动中，实际上它已成为联系财务决策与财务控制的纽带。在传统的财务管理活动中，预算往往成为控制支出的工具，而在新的观念下，预算则被认为是"使企业的资源获得最佳生产效率和获利率的一种方法"。这也是预算管理在目前备受关注的原因之一。

在信息化环境下，科学地编制预算成为财务管理的重要内容之一。合理的预算实际上是决策结果的反映。一个科学的决策要转化为高效的执行过程，必须通过计划加以落实，而计划本身又通过预算得以体现；同时，预算又是财务控制的参照体系，通过预算控制可以及时纠正执行偏差，保证决策目标的实现。

预算按其涉及的预算期分为长期预算和短期预算；按照内容可以分为销售预算、生产预算、采购预算、人力资源预算、费用预算、现金预算等。

4) 成本控制与管理

成本控制是指通过管理活动，以最低的成本达到预先规定的质量和数量。在现代企业管理中，成本控制仍然是企业提高竞争力、获取超额利润的主要途径之一。

在信息化环境下，成本控制有了更多的实现途径，也有了新的内涵。在网络技术的支持下，企业可以通过与上下游企业之间形成的供应链，及时沟通信息，并通过网上交易、网上结算提高物流效率和存货周转率，降低存货水平和企业的采购成本；通过 JIT 生产管理、车间管理，控制企业生产环节，降低企业生产成本；通过网上营销、客户管理可以减少销售费用，降低企业销售成本；摆脱传统的注重成本核算、注重单一制造成本管理的束缚，建立基于信息化平台的成本控制与管理过程。

5) 企业财务绩效评价

在信息化时代，单纯依靠财务度量的方法不足以对企业绩效进行合理评价并完整评估企业价值。如何合理评价企业、客户、供应商、员工、过程、技术和创新能力，预测企业未来价值，成为现代企业财务绩效评价的主要内容。在财务管理信息系统中，借助于平衡计分卡等工具的引入，将组织的目标、指标、目标值和行动方案有机地联系起来，从而保证企业战略的有效执行。

2．整体财务管理信息化的运行框架

与局部财务管理信息化实现的策略不同，在整体应用阶段，为了更好地支持企业系统化、综合性决策和控制，企业需建立完整的财务管理信息系统以确保财务管理信息化目标的实现。

在整体财务管理信息化应用阶段，企业财务管理信息化运行框架主要包括以下环节，如图 4-2 所示。

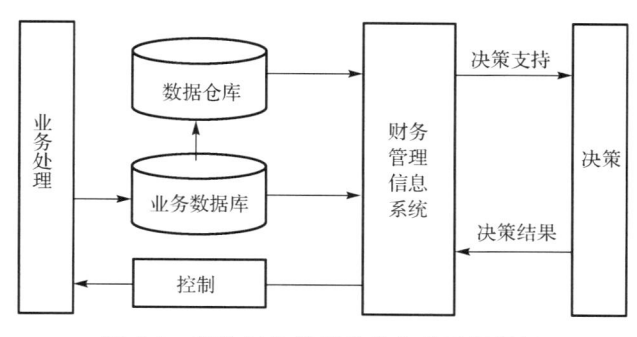

图 4-2 整体财务管理信息化的运行框架

1) 业务处理

在企业中，典型的业务过程包括"采购/支付""生产/转换"和"销售/收款"等。通过业务处理系统(TPS)，获取业务发生的基础数据，存储在业务数据库中。传统的业务处理系统仅仅完成业务数据的采集和记录，较多地强调系统的时效性和可靠性。在完整的财务管理信息化框架内，业务处理系统更多地融入业务控制功能，即不仅能够记录业务过程，而且能够在处理业务的同时判定业务本身的合规性、合法性，及时提供矫正和控制信息，实现实时控制。同时，业务处理设备更加智能化。

2) 数据与信息存储

数据仓库是基于数据库及网络技术发展的一种关系型数据库管理系统，是专为支持决策管理而设计的。它可以满足事务处理系统的需要，提供特殊的支持决策的数据库。数据仓库中存储了非常庞大的数据记录，并且能够自动更新，删除不必要的数据。数据仓库技术的出现为财务管理信息化奠定了坚实的技术基础。同时，在财务管理新系统中，数据仓库也成为不可或缺的重要组成部分。在完整的财务管理信息系统解决方案中，信息加工和存储的过程可以用图 4-3 表示。

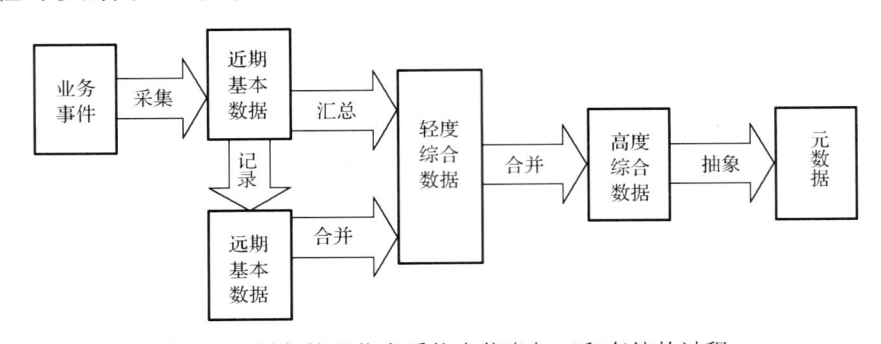

图 4-3　财务管理信息系统中信息加工和存储的过程

从图中可以看出，在企业完整的财务管理信息化框架下，数据已不再像局部应用那样，以孤立的、原始数据的形态存放，经过高度抽象得到的元数据将成为支持企业财务管理和决策的重要依据。元数据最本质、最抽象的定义为：是 data about data（关于数据的数据）。它是一种广泛存在的现象，在许多领域有其具体的定义和应用。在财务管理中的元数据可以理解为支持财务管理决策的数据。

经过抽象得到的数据是保证系统化决策的前提。因此，与局部应用最大的不同点在于整体应用阶段建立了支持财务管理决策的数据库管理系统。

3) 财务管理信息系统

在财务管理整体应用阶段，财务管理信息系统一般应具备如下功能。

首先，具备较强的数据获取能力，能够从各类信息系统中提取财务管理所需要的原始数据，同时，经过加工的数据也能够存储在相应的数据库中。例如，财务管理信息系统可以从报表管理子系统中获取报表数据，并将生成的财务分析结果数据存放在特定的数据库中。

其次，财务管理信息系统应具备较强的决策模型构建能力。财务管理系统中应支持各种统计方法、分析方法的调用，以便于财务管理分析数据的及时生成，并允许用户自定义计算方法。

最后，财务管理信息系统应提供良好的用户界面和强大的会话能力，能够对用户需求进行分析和提示，帮助用户构建或调用决策模型并有效支持决策。

4）决策

毫无疑问，财务管理信息系统并不能替代人工决策。财务管理系统所做的是将决策所需的信息提交给决策者，并能够接收决策者反馈的信息。

5）控制

在财务管理信息系统中，控制功能主要通过指标和预算的形式对业务处理过程进行控制。

3．整体财务管理信息化的实现策略

整体财务管理信息化与局部财务管理信息化相比，其构成框架发生了明显变化，主要表现在：第一，运行的核心不是依靠孤立的工具软件，而是借助较为完善的信息化平台，主要包括业务处理系统、数据库管理系统和财务管理信息系统，实现对财务管理行为的系统性支持。第二，体现决策与控制的合一。在财务管理信息化整体应用阶段，财务决策行为不再是单个的偶然性决策，而是在整体分析的基础上做出系统化决策，决策的结果可以借助计划、预算系统体现到执行层面，并保证执行目标不发生偏离。因此，整体财务管理信息化的实现策略与信息系统的实施过程类似，主要包括以下关键过程。

1）确定系统目标与规模

财务管理信息系统实施是一个较为复杂的过程，实施之前，企业应明确实施的目的，即系统要解决的主要问题是什么，以及实施后要达到什么样的管理目标。企业据此确定系统的规模，并对实现这一目的的可行性、成本效益比做出合理的估算。

2）编制实施策略和方案

在明确目标与规模的基础上，编制可行的实施方案、具体规划、实施的步骤与进度安排，设置实施机构，确定各实施阶段的任务、实施经费预算等。实施方案的编制应在咨询小组与用户充分交流的基础上产生，要以企业的实际情况（资金、人员素质、技术水平）作为编制的基础，可首先制定阶段性目标，切不可盲目追求过高的目标，以提高实施的成功率。

3）详细调查与用户需求分析

对用户业务的详细调查是必不可少的，可采用直接走访、实地考察、问卷调查等方式与各个层次的使用者进行交流，了解用户的业务流程，确定用户的需求，发现旧系统中存在的问题和效率低下的环节。

4）选择实现方案

对用户而言，在财务管理整体化运行阶段，可供选择的实现方案主要有两种：开发和外购。自行开发或委托第三方开发虽然都能够满足企业的需求，但由于其开发成本过高而很少被采用，随着商品化软件向模块化、多样化发展，软件灵活性得到进一步提高，一些软件已允许用户自定义流程、单据、信息处理模式等。因此，选择良好的商品化软件平台，并在此基础上进行改造，成为实现财务管理信息化的较好选择。

5) 优化、重组业务流程

结合软件提供的功能和用户的管理要求，对原有的业务流程进行调整和优化，制定解决方案，对各个处理环节的功能、数据处理特点、权限和职责做出规划。对一些特殊环节，可根据用户需求，对软件功能进行改造。

6) 开展不同层次的用户培训

初级培训，针对软件的操作人员，培训软件各项功能的实现及操作，使其掌握相关的计算机常识，可排除简单故障。

中层培训，以系统维护人员和各部门骨干为主，介绍软件的工作原理、软件结构和系统的工作流程，侧重于系统维护、安全管理、数据库管理系统、规划控制等方面的培训。

高层培训，以部门经理及管理人员为主，介绍软件的功能和管理方案。作为前两个层次培训的引申，高层培训使用户对软件的管理思想有深入的体会，便于在日常工作中达到人工与计算机系统的最优结合。

培训过程实际上也是一个用户管理理念与计算机管理模式融合的过程，在时间上，可贯穿实施过程的始终。这样做，一方面，可以降低培训的成本，提高实施效率；另一方面，可提高用户的学习兴趣。

7) 整理初始数据

整理初始数据的主要内容包括：确定各种参数设置、编码规则、初始数据；确定数据来源和原始数据的提供者、提供方式；制定具体的核算办法、处理过程；验证初始数据的准确性、完整性，防止实施过程中出现数据遗漏和错误的情况，降低实施风险。

8) 试运行

模拟实际运行环境，开始试运行。用户可将实际数据输入系统，考察系统处理流程是否满足既定目标，处理效率是否还有提高的可能，处理的结果是否满足管理者对数据的需求，并对制订的方案进行修订和验证。这一阶段的主要目的不是验证系统的正确性，而是发现问题、找出错误。

9) 软件安装、调试与初始化

这一阶段的工作量较大，但工作难度相对较低。应严格按照处理流程进行操作，防止意外情况的发生。各项工作步入正轨后，应进一步发现系统中存在的隐患，及时弥补。

10) 运行与信息反馈

严格运行管理与维护，在实际工作中，验证系统的各项性能，及时反馈和记录运行的效果，提出改进方案。

4. 整体财务管理信息化应用模式评价

整体财务管理信息化应用模式的优势在于能够系统性地支持企业决策，将决策结果转化为可控的指标和预算信息，并贯穿到业务处理中去，大大提高会计信息的可靠性和相关性。

但从系统实施的角度而言，其需要较高的成本和合理的规划，在企业信息化初期进行整体实施往往难以成功。财务管理信息化的实施应该是在总体规划的前提下逐步实施、逐步推广。同时，在技术层面，数据仓库的建立成为财务管理信息化实施的最大障碍。

4.2 集团及供应链级财务管理信息化应用

4.2.1 集团企业财务管理信息化应用

1. 集团企业财务管理信息化应用的主要内容

由母公司和子公司组成的企业群体，称为集团企业。企业为了实现增强竞争能力、提高市场占有份额、获得协同效应、实现长远发展战略等目的，通过合并、分立、收购、联营、直接投资等形式，拥有和控制了许多独立核算、独立经营的子公司，因此形成了由众多企业组成的集团企业。信息化环境促进了企业之间的交流和融合，一定程度上也催生了大量的集团企业。

在信息化环境下，集团企业财务管理信息化应用的主要内容包括以下几点。

1）财务战略管理

战略管理就是指为实现目标而进行的规划和控制过程，包括确定战略目标、制定战略规划、实施战略部署、进行战略业绩评价等方面的内容。现代集团企业财务战略主要包括以下几个方面的内容。

(1) 资金筹措战略，是集团企业总战略的实施及资金投放战略实施的前提。

(2) 资金投资战略，是集团企业总战略的意图表达，是集团企业总战略的重要推动力。投资决策是否科学、合理，是一个集团企业兴衰成败的关键。

(3) 企业收益分配战略。它不仅与企业资金筹措战略紧密相关，而且是协调集团企业内部各产权主体关系的重要手段。

集团企业财务战略是内部资源与外部环境相互作用的基本模式。在集团企业财务战略管理中，无论是战略的形成，还是战略的评价与实施，都应从所处的具体环境出发进行考虑。财务战略应该从整个集团企业的角度出发，在对国家政策、市场状况的情况进行充分研究的基础上，结合实际情况制定出适应本集团企业的财务战略，并使各子公司财务管理工作协调一致，都围绕集团企业总战略管理目标开展具体的工作，实现企业价值或股东权益最大化的目标。

2）报表合并

报表是企业财务经营成果的反映。报表合并是集团企业必须要处理的财务问题。而报表合并的前提是集团企业内部会计政策的统一。集团企业应按照国家会计政策法规的规定及本集团企业的特点统一制定企业集团内部会计制度，统一各项会计政策。集团企业内部各企业按统一的集团企业内部会计制度进行会计核算和会计计量，使各成员企业间会计核算口径一致，会计报表各项目反映的内容一致，有利于成员企业间相互比较，并且有利于真实准确地反映集团企业整体的财务状况及经营成果等情况。

3) 资金管理

集团企业由于所属企业众多，资金的需求、余缺各不相同，集团企业财务部门应加强资金使用的管理。在信息化环境下，可以在集团企业内部组建财务公司、内部银行、内部结算中心等内部资金融通管理机构，加强资金管理，合理调节内部企业间资金余缺，加快企业资金周转，提高资金使用效率。

4) 预算管理

预算是计划工作的成果，它既是决策的具体化，又是控制生产经营活动的依据。它是使企业资源获得最佳生产率和获利率的一种方法。集团企业的预算管理支持预算管理循环的全过程，即预算目标下达、预算的编制、预算的汇总审批、预算的审批、预算的执行与财务结果的对比、预算的分析调整、预算的考核与评价等。

5) 领导查询与决策支持

集团企业决策的重要依据是信息，领导查询与决策支持系统的主要目的在于提供集团决策所需要的相关信息。它既能够解决各业务子系统之间存在的信息孤岛问题，又能够保障各分支机构及集团总部之间数据传递的准确性和可靠性。同时，可对得到的信息进行分析和归纳，展开多种形式的比较，帮助信息使用者全面把握集团运行状态。

6) 集团企业财务绩效评价

在信息化环境下，集团企业财务绩效评价的目标在于全面衡量集团价值。传统的财务评价模型，如杜邦财务分析、沃尔评分法都是以利润指标作为衡量企业财务状况的标杆。信息化环境下的财务评价则更多地从系统角度，对企业进行综合评价，如运用平衡计分卡评价等，通过对企业的横向和纵向比较，发现集团企业管理的薄弱环节，优化流程，提高管理效率。

2. 集团企业财务管理信息化的总体运行框架

集团企业财务管理信息化的总体运行框架包括三个层次，即子公司、集团控制管理层、集团决策层，如图 4-4 所示。在子公司层面完成业务处理、财务核算和报表管理等财务相关活动。在集团控制管理层，主要完成预算管理、资金管理、报表合并等任务，也就是说，在目前的集团企业中，主要是以预算管理完成对各子公司发展层面的控制，以资金管理完成对各子公司运行状况的控制，以报表合并完成对各子公司会计政策、核算方法的控制。而在集团决策层，则以绩效评价和决策支持信息为依据，确定财务战略决策。

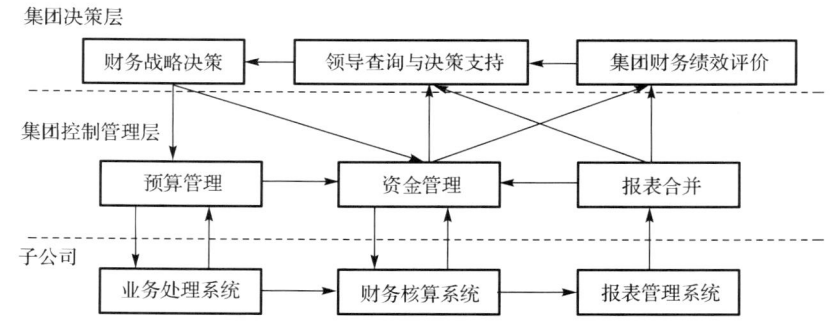

图 4-4 集团企业财务管理信息化的总体运行框架

3. 集团企业财务管理信息化的实现策略

集团企业财务管理信息化与单体企业财务管理信息化表现出诸多不同，主要表现在：在管理目标上，集团企业财务管理更侧重于宏观决策和控制，追求的不是单体最优，而是整体最优；在决策内容上，集团企业更加注重长期决策和宏观决策，并不要求实时进行决策和分析，同时，决策的效果不会在短时间内显现；在控制层面，集团企业对信息的及时性要求较高，要求及时获取相关信息并强化控制，保证集团企业战略目标的实现。

对于不同类型的集团企业，其实现策略并不相同。

1) 完全集中式

完全集中式是指集团或企业内的每个业务单位在经营业务发生时，数据通过网络同步储存在集团总部或企业总部的核算账套内，分支机构不再进行独立的业务数据储存。

这种方式效果最好，总部控制最完善，信息最及时，但要求下属企业与总部要具有良好的网络连接。这种方式的管理要求也最高，总部可以制定下属企业的财务计划和各种预算指标，并进行实时控制。这种模式是跨地域集团企业的主要选择方案。

2) 分布集中式

分布是指每个分支机构在当地建立独立的核算账套和进行独立的数据储存，日常业务的处理都在本地完成。集中是指集团或企业总部定期或非定期地将分支机构的数据账套，通过远程数据复制的方式，集中在集团或企业总部的数据服务器上。

这种方式也可以理解为定期集中式。与完全集中式相比，该方式不是实时的数据集中，而是定期进行数据的集中。为了保证这种模式的运行，必须提供有效的手段，保证数据能够及时、自动进行传递。

在这种方式下，由于数据首先存放在下属企业，上级主管如果需要实时查询下级单位的数据，可以使用远程 Web 查询模块，直接远程查询下级单位的账套数据，这就保证了查询的实时性，也可作为定期传送数据模式的补充。

但是在这种模式下，集团总部将无法对下属企业数据进行实时监控，从某种程度上讲，削弱了管理力度。

3) 混合式

这种方式应用在多层级的集团和企业中，不同的业务单位根据上级管理的需要，分别采用分布集中式和在线式集中的管理方式，对数据进行集中管理。

4.2.2 价值链级财务管理信息化应用

1. 价值链级财务管理信息化的主要内容

价值链的概念是由美国哈佛商学院的迈克尔·E. 波特(Michael E. Porter)于 1985 年在其所著的《竞争优势》一书中首先提出的。他认为："每一个企业都是用来进行设计、生产、营销、交货等过程，以及对产品起辅助作用的各种相互分离的活动的集合。"任何企业的价值链都是由一系列相互联系的创造价值的活动构成，这些活动分布于从供应商的原材料获取到最终产品消费时的服务之间的每一个环节，这些环节相互关联并相互影响。在此基础上，波特还提出了价值链分析方法，即对业务活动进行分解，通过考察这些活动本身及活动相互之间的关系来确定企业竞争优势。同时，波特指出企业价值链并不是孤立存在的，而是存在于由供应商价值链、企业价值链、渠道价值链和买方价值链共同构成的价值链系统中。企业的价值链也是动态变化的，它反映了企业的历史、战略及实施战略的方式。

随着产业内分工不断地向纵深发展，传统的产业内部不同类型的价值创造活动逐步由一个企业为主导的活动分离为多个企业的活动，这些企业相互构成上下游关系，共同创造价值。围绕服务于某种特定需求或进行特定产品生产(及提供服务)所涉及的一系列互为基础、相互依存的上下游链条关系就构成了产业链。本书所指的价值链即为基于产业链的价值链。

价值链上的财务管理主要包括以下内容。

1) 价值链成本控制

价值链的核心所在是通过上下游企业之间的协同，有效地控制成本，进而增加价值链的竞争优势，获得超额利润。因此，成本控制成为价值链上企业关注的核心问题。与单体企业关注生产成本不同的是，价值链上的企业通过供应链的合理控制和规划，降低企业采购成本，进而降低价值链成本。

2) 价值链财务协同

价值链财务协同是指价值链上的企业彼此交换财务信息，并利用电子商务平台实现网上支付。

3) 价值链财务决策

价值链财务决策不同于单体企业和集团企业的财务决策，因为它的决策主体不同，决策的目标也不同，寄希望于价值链上的企业能够按照价值链最优做出决策并不符合企业管理的基本原理，即价值链上的企业仍然会按照个体价值最大化来进行决策，只不过在决策过程中，会充分考虑其他企业的反应，因此，价值链上的财务决策属于博弈性决策。

2. 价值链级财务管理信息化的实现策略

价值链级财务管理信息化的实现策略根据价值链的特点，有以下两种形式。

1) 由核心企业主导的价值链财务管理

在价值链上，由于某个企业处于支配地位，从而确定了其在财务管理模式上的主导地位。在此模式下，一般由核心企业确定财务管理模式并搭建财务管理平台，价值链上的其他企业在加入这一价值链的同时，也必须接受核心企业财务管理的相关标准，并进行交易活动。例如，市场上某一畅销产品生产企业和销售该产品的各级销售代理企业之间，销售代理企业一般可通过登录生产企业的财务信息化平台完成产品订购、结算、销售等相关业务。

2) 无核心企业主导的价值链财务管理

在价值链上，并没有一个处于支配地位的核心企业。在这种模式下，财务管理信息化的实现更多依托于社会信息化程度的提高和信息化运行环境的改善，如信息和数据交换标准、接口标准的推行。价值链上的企业均采用这一标准进行数据的交换或处理，或采用第三方提供的财务管理平台进行财务管理相关活动。

习题

1. 简述局部财务管理信息化的基本特征。
2. 试比较整体财务管理信息化与集团企业财务管理信息化运行模式的异同。
3. 简述整体财务管理信息化的实现策略。
4. 简述不同类型集团企业财务管理信息化的实现策略。
5. 讨论题。

某集团公司拥有180多个子公司,涉及多个行业,分布于12个不同的国家。该集团企业希望通过财务管理信息化系统的实施,实现整个集团企业数据的及时查询和获取,实现资金的集中化管理。请讨论该集团企业财务管理信息化的实现策略。

第 5 章 企业财务管理信息化制度建设

本章学习目的：
- 了解财务管理信息化制度框架和内容
- 了解财务管理信息化制度的执行和完善过程

本章关键词：

财务管理信息化制度、开发设计制度、组织管理制度、安全控制制度

5.1 财务管理信息化制度概述

财务管理信息化制度是财务管理制度的一部分，它是指在应用信息技术的条件下，财务管理信息化工作需要遵守的财务制度。

5.1.1 建立财务管理信息化制度的意义

良好的财务管理工作是财务管理信息化系统顺利运行的重要保证。建立并严格执行财务管理信息化制度，是财务管理信息化工作成功的基础，也是加强企业财务基础工作的重要手段。因此，建立良好的财务管理信息化制度对企业的发展有着极其重要的意义。它主要表现为以下几个方面。

1．完善企业财务规范体系

财务规范体系是指指导和约束财务行为的各种法律法规、规章制度所组成的有机统一整体。财务规范既有反映和揭示全社会财务活动普遍性的内容，又有反映和揭示国民经济某个部门或某个单位财务活动特殊性的内容；既有指导各部门、各单位财务工作的法律法规，又有指导某个部门或某个单位财务工作的规章制度。财务制度是财务规范体系的组成内容，因此，建立财务制度，有利于进一步完善财务规范体系，使财务规范形成通用性与专用性相结合、强制性与灵活性相结合、宏观指导性与微观指导性相结合的有机统一整体。

同时，由于建立财务制度必须以具有普遍指导作用的国家财务法律法规为依据，将财务法律法规的普遍性与企业的具体财务实践紧密结合起来，因此，它能使国家财务法律法规的普遍指导意义更加具体化、形象化，为国家财务法律法规，尤其是信息化方面的内容

在企业中的施行奠定良好的基础。这也就是说，建立财务制度，特别是财务信息化制度，能够对国家财务法律法规的贯彻执行起到一定的保护和推动作用。

2．优化财务组织机构，规范企业的财务行为

财务机构是指企业内部组织中直接从事财务工作的职能部门。财务人员是指从事财务工作的各类人员。企业的财务行为是否规范、合理，很大程度上取决于财务机构和财务人员的组织。如何设置财务机构、配备财务人员，并对财务人员的职责、工作权限等做出明确的规定，直接关系到财务工作，特别是财务信息化系统能否顺利进行。企业财务制度的建立，能够促进企业选择最佳组织结构，科学配备财务人员，解决因结构不合理、组织不严密、责权不相称、手续不健全等带来的财务行为不规范的问题，为规范财务工作提供组织上的保证。

此外，通过建立财务管理信息化制度，详细具体地规定了各方面财务工作应遵守的规范。例如，进行财务分析应建立的指标项目、应采用的分析程序和分析方法；实行内部控制应符合的要求、应采用的手段等，这就为保证企业财务行为的规范化奠定了扎实的基础。所以，建立财务管理信息化制度，对优化企业财务组织机构、规范企业财务行为起着不可忽视的作用。

3．完善财务控制制度，强化企业的经营管理制度

财务控制制度是指凡涉及财产物资的增减、货币资金的收付、往来款项的结算等任何一项财务工作，都应由两人或两人以上分工掌管、相互制约的一种工作制度。实行财务控制制度，既有利于加强财务人员之间的相互制约、相互监督，防止舞弊行为发生，又有利于合理组织财务工作，防止工作失误，及时纠正差错，保证工作质量。财务控制制度作为财务管理信息化制度中的一项内容，依赖于财务管理信息化制度的建立。科学地建立财务管理信息化制度，不仅能够防止财务工作中出现漏洞，避免或减少各种不法行为，强化内部控制，完善财务内部控制体系，而且有利于健全和完善企业经营管理制度，充分发挥财务在企业管理中的作用。

4．提高企业财务工作的效率

在计算机操作形式下，财务工作效率的高低，取决于组织形式、人员素质、操作工具等多种因素，但毋庸置疑的是，作为财务工作指导规范的财务管理信息化制度也是重要的决定因素。在建立财务管理信息化制度时，对财务机构的设置、财务人员的分工协作关系、财务事项的处理办法及财务工作的许多具体方法都有合理的规定，客观上为促进财务工作效率的不断提高创造了条件。

5．保证财务工作质量，提高财务信息的使用价值

建立财务管理信息化制度，将对企业财务工作应遵守的原则、应采用的程序和方法、应达到的要求等做出具体、明确的规定。这使财务人员在进行财务管理信息化工作时有了确认依据和标准，并在这些标准的指导下，规范地完成各项工作，使财务记录具备及时性和准确性，财务报告具备完整性和可验证性，从而强化财务基础工作，提高财务工作质量，而且为财务信息使用者了解和理解财务信息提供了依据。在市场经济条件下，财务信息的

使用者分为内部使用者和外部使用者。内部使用者一般对企业的财务工作比较熟悉，了解和理解各种财务信息，进而能充分利用这些信息。而外部使用者一般不了解企业的财务工作情况，也就无法判断和相信企业财务信息的质量，财务信息的使用价值就会受到不同程度的影响。由于市场经济的发展将使财务信息外部使用者的范围不断扩大，除国家财税部门外，银行、控股公司、个人投资者、外商投资者、供应商、客户、社区等都将成为财务信息的使用者。因此，企业只有建立科学性强、透明度高的财务管理信息化制度，才能满足内外部使用者的需求，便于他们理解和利用财务信息，充分发挥财务管理信息化系统的作用。

总之，对市场经济体制下的任何一个信息化企业来说，财务管理信息化制度的建立是必不可少的。科学地建立财务管理信息化制度，不仅是做好单位财务工作的基础，而且对于开展内部审计和提高外部审计的工作效率，保证企业经济活动的合法性和合理性都是十分有利的。因此，如何建立严密完善的、高质量的财务管理信息化制度，是每一个财务工作者都应认真考虑的问题和必须掌握的知识。

5.1.2 财务管理信息化制度的建立原则

建立财务管理信息化制度是促进财务管理信息化单位的财务基础工作规范化，提高财务工作质量，提高经济效益的重要手段和有效措施，也是单位财务工作和财务管理信息化工作有序进行的重要保障。

财务管理信息化制度的建立，不仅要遵守手工方式的原则，还要考虑信息化的特点。具体说来，它的建立原则主要有以下几点。

1．应保证建立的财务管理信息化制度合法

建立企业内部财务管理信息化制度必须以国家和地方政府颁布的财经法规为依据，内容上应与《会计法》《会计准则》《企业会计信息化工作规范》等协调一致。企业在建立财务工作组织、单据、会计凭证、账簿、会计报表的格式时，必须充分考虑《会计法》《会计准则》《企业会计信息化工作规范》中的各项规定。

2．应保证财务信息的安全可靠

这要求建立详细的内部控制的操作管理制度，做到进入系统的数据要有凭有据，数据进入系统后要确保其完全可靠，能及时防错、查错、纠错，保证提供正确的财务数据；对各种意外事故，有预防与补救措施，使提供的财务信息安全可靠。

3．应做到既满足单位使用又简便易行

财务管理信息化系统功能很多，但各单位对它的要求不同，因此，建立财务管理信息化制度时应从实际出发，结合单位管理的特点和需求，制定出适合本单位使用的财务管理信息化制度。

4．应兼顾财务管理信息化系统各子系统之间的关系

财务管理信息化系统包括多个子系统，各子系统之间都有一定的联系，在建立某一子系统作业流程时，必须从逐个计算机财务系统出发，考虑与其他子系统的连接性能，使逐个实施的其他子系统全部完工后能组成高质量、完整的财务管理信息化系统,而不能只考虑单个子系统的优化,以至于影响整个系统的完美结合和质量。如各子系统没有按顺序启用,后启用子系统的一些功能可能会因其他子系统的启用而受到限制。所以,在建立财务管理信息化制度时,要合理规划本单位的各项信息内容,规范本单位的管理模式,了解各项业务活动之间的联系,制定出最佳的建立方案。

5. 应满足财会人员易学易用、操作方便的要求

财务管理信息化系统的使用者是财务人员,他们的计算机操作水平相对不高,因此,系统的作业流程的建立必须尽可能方便操作。能在一个子系统中解决的问题,就不要放到其他子系统中解决。各子系统之间过多的联系,有时不便于操作,也不利于信息化财务工作的推广。

6. 应具有一定的前瞻性

财务管理信息化制度是用来规范财务管理信息化系统操作的,它不应经常改变,因为如果它经常改变,财务信息化人员将无所适从,这样不利于财务信息化系统操作的规范性的形成。但是,随着市场经济和企业自身的发展,企业的财务管理信息化制度也会不断改进和完善,因此,它在建立时,最好留有一定的升级空间,以便在必要时及时改进而不必重新建立。只有这样,才能保证财务管理信息化制度在较长的时间内的稳定,并最大限度地发挥其作用。

5.1.3 财务管理信息化制度的建立方式

一般来说,根据企业财务人员的业务素质、知识水平的不同,财务管理信息化制度的建立可以采用不同的方式。

1. 自行建立

自行建立是指由本企业的财务人员独立组织进行的建立,这是建立财务管理信息化制度的主要方式。其优点是建立人员了解企业各方面的情况,熟悉企业供、产、销各种业务和人、财、物各种要素,并且熟悉财务管理信息化系统的特点,容易得到企业各职能部门和各有关人员的支持和配合,且能够节省建立时间和减少建立费用,便于财务管理信息化制度的贯彻落实。其缺点是建立人员容易受传统习惯的影响,不利于大胆革新,不利于借鉴吸收新知识、新经验、新做法。如果建立人员的学识水平达不到要求,则难以提高财务管理信息化制度的质量。

2. 委托建立

委托建立是指要建立财务管理信息化制度的企业委托会计师事务所等中介机构为企业建立财务管理信息化制度。无论国内还是国外,无论现在还是将来,为企业建立财务管理信息化制度都是会计师事务所的一项重要业务。委托建立的优点是建立人员对国家的法规制度理解得较深刻,业务水平较高,知识面较宽,革新意识较强,便于通过制度的建立促进企业的财务工作。缺点是不易得到企业各方面人员的配合,对企业的了解较少,其中就包括对企业财务管理信息化系统的性能了解不够,难免使制度的某些内容脱离企业的实际,从而削弱财务管理信息化制度的实用性。

3. 联合建立

联合建立是指以企业的财务人员为基础，聘请财务管理信息化制度建立专家，共同建立企业的财务管理信息化制度。这样做有利于充分发挥自行建立和委托建立的优点，克服各自的缺点，相互配合，取长补短，使企业财务管理信息化制度的建立更加科学，把财务发展的最新动向和相关知识与企业的实际情况充分体现在企业的财务管理信息化制度建立中。

5.1.4 财务管理信息化制度的建立程序

财务管理信息化制度的建立程序，是指建立财务管理信息化制度应采取什么步骤进行，它是从确定建立方式到具体建立的过程，具体包括以下几个步骤。

1. 确定建立方式

财务管理信息化制度的建立方式主要包括自行建立、委托建立和联合建立。因此，企业在进行财务管理信息化制度建立的时候，首先应根据企业财务人员的业务素质、知识水平等因素，选择适合自己的建立方式，以便进一步确定建立制度的具体内容，明确建立的目的，从而有的放矢地开展准备工作。

2. 调查研究阶段

根据建立的内容和课题，对有关的业务活动进行调查研究，特别是根据信息化系统的特点，了解与建立项目相关的各种情况，掌握第一手材料。建立人员只有做到心中有数，才能建立出质量高、适用性强的财务管理信息化制度。需要调查研究的问题包括许多方面，现概括列举如下。

- 企业的性质、所有制和规模；
- 企业的经营方式和经营范围；
- 企业财务管理信息化系统的运行情况；
- 企业的内部组织机构及职责权限规定；
- 企业的筹资方式与利润分配方式；
- 企业财务机构内部组织及岗位责任；
- 企业资本金的构成情况；
- 企业的产品生产组织方式和工艺技术特点(工业企业)；
- 企业的材料(商品)采购方式和产品(商品)销售方式；
- 企业内部的经济核算形式及要求；
- 企业普通财务制度的现状及实施情况；
- 企业财务人员的技术职称构成和理论水平及实际工作能力；
- 各种业务，包括材料(商品)采购业务、存货业务、工薪、销售业务、投资业务、货币收支业务等的处理程序；
- 企业的税金情况；
- 企业的远期规划和近期目标；
- 广大干部职工对完善企业管理制度及财务会计制度的建议和意见；

- 国家关于会计工作的一切指导性规范和财经法规制度；
- 财务、会计、统计、业务核算人员的培训计划和要求；
- 其他需要调查的内容。

调查结束后，建立人员应就所获取的资料进行分析研究，确定哪些工作可以简化，哪些程序可以改进，从而确定财务管理信息化制度的框架结构。

3．编写阶段

财务管理信息化制度的编写阶段主要包括总体设计和具体建立两个步骤。

总体设计是指在编写财务管理信息化制度时，应根据确立的建立方式、调查分析的结果与设计要求，初步拟定企业财务管理信息化制度的总体框架，如财务核算组织程序、需要采取内部控制制度的环节和业务、财务机构和财务岗位的设置及其职责分工的基本框架等，然后由有关建立人员按时分工完成。

具体建立是指当总体设计完工后，根据总体设计所拟定的各项内容，用文字和图表等形式进行详细的补充。这是编写阶段工作中的中心环节，建立时可对总体设计中没能拟定的内容进行补充，并使各个局部内容协调一致，从而使制度内容更加具体化。

总体设计和具体建立是两个紧密联系的必要环节。没有总体设计，就不能对制度的全部内容做到心中有数，容易产生顾此失彼的现象。不进行具体建立就不能形成完整的财务管理信息化制度。但企业在进行财务管理信息化制度编写的时候，要注意以下几点。

- 要符合国家的方针、政策和法规，尤其是信息化制度方面的；
- 要符合行业规则，不能顾此失彼；
- 各项财务制度要具体、全面、准确，满足本企业的需要，但不能脱离实际，更不能模棱两可；
- 要正确处理财务管理信息化制度与其他制度的关系，如财务管理信息化制度与一般的财务制度的关系。

5.2 财务管理信息化制度框架和有关设计

财务管理信息化制度主要包括系统的开发设计制度、系统的组织管理制度和系统的安全控制制度。本节主要从这三方面进行讨论。

5.2.1 财务管理信息化系统的开发设计制度

系统的开发设计制度是为保证财务管理信息化系统开发过程中各项活动的合法性和有效性而设计的控制措施，它贯穿于系统规划、系统分析、系统设计、系统实施、系统测试和维护各个阶段。主要包括：明确开发意义；明确开发相关模块的设计原则；明确相关模块的设计方法等。由于财务管理信息化系统中的资金管理模块占有重要的地位，故下面主要以资金管理模块的设计制度来具体说明财务管理信息化系统的开发设计制度，希望读者能从中得到启示。

资金管理模块的设计制度主要包括内部银行账号及代码的设计、内部银行单据的设计和资金报表的设计。

1. 内部银行账号及代码的设计

企业规模扩张到一定程度后，一般会建立企业资金结算中心或内部银行，加强企业集团内资金的调度和使用，提高企业资金利用率，发挥企业集团规模优势。企业内部银行账号是企业资金管理的重要依据。在财务管理信息化系统中，为了使工作更快、更有效率，应将企业内部银行账号分得更细一些，以便充分发挥计算机的优势，及时为企业提供所需的信息资料。

1) 代码设计的意义

由于用汉字名称表示内部银行账号具有不易识别、输入慢、彼此间难以建立计算机式的逻辑关系等缺点，故在财务管理信息化系统中，应采用数字代码表示企业内部银行账号。在财务管理信息化系统中，为企业内部银行账号设置相应的数字代码，具有如下十分重要的意义。

(1) 有利于实现财务信息系统的标准化和规范化，使计算机处理更简单、更方便。

(2) 数字代码比汉字名称占用空间小，有利于加快计算机的运行速度。在计算机中，一个数字只占用一个字节，而一个汉字占用两个字节，故数字代码比汉字名称占用系统空间要小，有利于节省系统内存，提高运算速度。

(3) 数字代码不易出错，提高信息处理的准确性。汉字名称有时容易引起歧义，而数字代码具有唯一性，不易发生误解。

(4) 数字代码有利于提高输入速度。汉字名称一般比数字输入要慢，故采用数字代码，有利于提高输入速度，提高系统的运行效率。

(5) 数字代码的设计，为企业的政府财务分析报告项目奠定了基础。数字代码之间的逻辑关系有利于加强各财务报告之间的联系，为它们后期的顺利生成奠定基础。

2) 代码设计的原则

代码设计和其他财务制度设计一样，也应具有一定的原则。

(1) 代码设计要以国家的财经法律、法规为依据。国家的法律、法规是一个国家的政策、方针的重要体现，对国家的经济工作和企业的经济活动起到了重要的指导和制约作用。代码设计以国家的财经法律、法规为依据，有利于财务管理信息化系统与国家政策接轨，同时也为系统今后的升级做准备。

(2) 代码的设计要具有统一性，即一个公司的财务信息化系统的代码要保持一致（总公司和子公司要保持统一），这样便于加强公司财务信息的分析能力。

(3) 代码的设计要具有唯一性。一个内部银行账号只能有一个代码，不允许有两个代码，这样能提高系统处理的准确性。这一点与会计科目的设计相同。对于这一点的执行，系统一般要在程序中进行控制。

(4) 代码的设计要具有便记性。内部银行账号代码既要适合计算机的处理，又要简单明了，这样有利于会计工作人员的理解，便于他们的使用。

(5) 代码的设计要具有层次性和相似性。内部银行账号一般设在具体单位下面，如子公司 1 的单位代码为 1201，则内部银行账号可以设为 1201001。结算账号和贷款账号要分设，如 1201001 代表企业内部单位的结算账号，1201101 代表企业内部单位的贷款账号。

(6) 代码的设计要具有辅助性。为了满足辅助核算和管理的需要，在为内部银行账号设置代码时，必须为一些账号设置属性，如计息时间、是否冻结等。在输入完内部银行账号后，系统自动根据内部银行账号的属性提示操作员输入不同的管理和核算数据，以便管理者能及时获取相关信息。

(7) 代码的设计要具有伸缩性。随着计算机技术和会计学科的发展，内部银行账号可能发生一些变化，因此，在为内部银行账号进行代码设计时，要为今后的修改、升级留有余地。

现在的财务管理信息化系统中，输入一般都采用内部银行账号代码为主，内部银行账号名称为辅。在一般浏览和打印中，均采用内部银行账号名称为主的方式，这样很直观方便，符合财务人员的习惯。

3) 内部银行账号编码的方法

(1) 数字顺序法，即将内部银行账号从规定号起到规定号止连续编码。如内部银行账号的连续编码：901~999 银行存款类账号；001~099 内部银行账号等。

(2) 数字层次法，即按照一级单位和二级单位、二级单位和三级单位的层次关系来编码。如 1201001 表示二级单位的结算账号，其中 12 表示一级单位，1201 表示二级单位，而 001 表示结算账号序号。

2．内部银行单据的设计

内部银行单据是企业内部银行资金活动的重要记录。内部银行单据按主要用途可以分为存款单、取款单、贷款单、利息单。在财务管理信息化系统中，由于计算机的处理特点，只有保证数据录入的准确性，才能使输出的信息无误，企业才能据此做出正确的决策。因此在设计内部银行单据时，不仅要考虑原来手动处理的需要，更要考虑数据录入的准确性和便利性。

1) 内部银行单据的设计原则

存款单、取款单等内部银行单据，它们的设计都要有一定的原则。

(1) 内部银行单据的设计能够真实地反映经济业务的真实情况。内部银行单据是对经济业务的科学分类，具有反映经济业务的作用。因此，无论手工还是财务管理信息化系统，都要遵循这一原则。

(2) 内部银行单据的设计应该简单明了。在财务信息化系统中，为了减少输入环节的错误，在进行输入格式的设计时，应力求简单，减少输入的东西，而由系统自动生成，如单据号、填制日期等。

(3) 内部银行单据的设计应该标准化。在财务管理信息化系统中，查找内部银行单据的方法很多，如按单据号查找、内部银行账号查找等。因此，内部银行单据的输入格式要尽量统一，使用标准的单据输入格式，通过统一的单据格式来区分单据的类型。这样便于查找，使财务工作更有效率。

2) 单据的设计

在财务管理信息化系统中，一般是直接将数据输入计算机中，这样既省力又不容易出错。因此，要求在设计单据时，要注意数据录入的准确性。关于数据的录入，可以考虑不同的录入方式，以此设计不同的单据格式。目前，主要的录入方式有以下两种。

(1) 直接录入法。一般是指用键盘录入的方法。这种方法下设计的原始单据，可以保持清晰完整，便于今后有关人员的审核。

(2) 间接录入法。一般是指使用机器设备编制原始单据的同时，将数据收集在机器可读的媒体上(如网上银行等)，再通过机器可读媒体输入计算机，从而省去许多数据录入前的准备工作。这种方法下的原始单据主要起到一种业务发生的书面证明的作用，因此在设计时，要力求做到便于今后的查找和审阅，如业务完成的时间可具体到分、秒等。

3. 资金报表的设计

资金报表是企业根据其资金记录及其他相关资料编制而成的，通过一定的财务指标反映其某一日期财务状况、某一期间资金流量情况的书面报告文件。财务管理信息化系统中的资金报表与手工的报表不同，比如它的设计要与资金数据文件的设计联系起来等，因此要对它进行一些特殊的设计。

1) 资金报表的设计原则

财务管理信息化系统的资金报表设计要符合以下原则。

(1) 合法性与合规性。它是指企业对外会计报表的种类、项目、格式、编制规则与要求必须符合国家相关财务制度的规定。

(2) 统一性与一致性。它是指企业各种对内、对外资金报表的项目、指标口径、填列方法与要求必须在企业内部统一，并保持前后一致；同一会计主体范围内，各分支机构或基层单位编制的基层资金报表项目、指标口径、填列方法与要求必须一致，以便总公司编制汇总资金报表。这里的"前后一致"要求，是指企业一旦依据国家统一财务制度，并结合企业本身的特点和管理要求，确定了资金报表编制的规则和要求等，就不能随意改变，以保持其相对稳定性。

(3) 系统性。它是指财务信息化系统的资金报表要与会计系统保持一体化和系统化。由于资金报表应当从财务信息化系统中的其他模块提取相应的数据自动生成资金报表的部分数据，所以应在信息化系统的各模块设置相应的接口文件，以便于数据的传输，进而自动生成资金报表所需的数据。

(4) 适用性。它是指对内和对外要设置不同的报表格式。对内提供的内部管理报表应当尽可能详细，例如，可以利用计算机的优势，制作各种分析图形，为企业管理层提供更多的帮助等。对外提供的外部报表可以相对简单一些，但也要符合用户的要求。

(5) 扩展性。它是指报表的格式设计要考虑系统升级的需要，因此要留有一定的报表升级空间，以便为今后报表格式的修改做好准备。

2) 资金报表内容的设计

资金报表需要满足多角度的报表查询需求。从资金管理系统中输出的报表应包括以下内容：资金状况表、账户余额动态表、账户资金余额明细表、账户余额日报表、报警表、序时账、贷款账、账户利息明细表、账户利息汇总表、贷款利息表、内部对账单等。每种报表都应该具有筛选、查询、打印、预览、数据输出等功能。

3）资金报表报送方式的设计

实现资金的集中管理后，企业一般按期把各内部企业的资金对账单、资金状况表等资金报表报送给各内部企业。资金报表的报送方式主要有以下几种。

(1) 打印报送。这是最原始的报送方式，是指将生成的相关资金报表打印下来，然后通过邮寄等方式进行报送。这种方式由于有速度慢、不便于使用部门采用数据等缺点，目前应用不多，故只有在有特别要求时才会采用。

(2) 软盘或光盘报送。它是指将生成的相关资金报表复制到软盘或刻录到光盘中，然后进行报送。这种方式下，由于资金报表已经存储到软盘或光盘中，相关部门可以通过计算机阅读、汇总、分析收到的财务报告，提高工作效率。目前这种方式应用较广。

(3) 网络传输报送。它是指将生成的相关资金报表通过网络直接进行报送。根据网络的不同，可以分为局域网报送和因特网报送两种方式。一般大型企业可以通过建立局域网进行报表的报送，这样可以提高企业的效率。一些企业的子公司可能分布在全国各地，因此可以通过因特网进行报表的报送。

5.2.2 财务管理信息化系统的组织管理制度

财务管理信息化系统的组织管理制度一般包括组织机构和岗位责任制、操作管理制度等，它们的具体内容和设计如下。

1. 组织机构和岗位责任制

1) 财务管理信息化系统组织机构的设计

财务管理信息化系统的应用必然引起财务部门组织机构的变化，必须在机构设置上做相应的调整，以适应财务管理信息化系统操作的需要。但由于信息化系统的使用有一个过程，需要经过试用才能最终取代手工的相关操作，所以机构的设置调整可以逐步进行。

一般来说，企业在机构调整过程中，可以将财务部门分为三个组：数据准备组、信息处理组和财务管理组，如图5-1所示。

(1) 数据准备组。它主要负责财务管理信息化系统应用后的手工处理工作，即负责与财务有关的外来原始凭证、原始单据的审核及本单位原始凭证、原始单据的设计、汇集和审核工作等。

(2) 信息处理组。它主要负责财务管理信息化系统的日常运行工作，完成所有财会数据的录入、校验和登账，按时打印输出各种报表，定期做好数据的备份、存档和管理工作，随时提供财务信息的查询服务，以及负责与系统有关的软件、硬件的日常维护工作等。

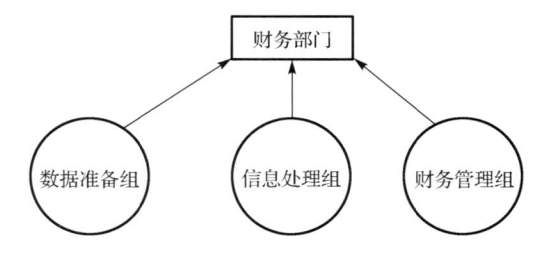

图5-1 机构调整过程中财务部门的构成

(3) 财务管理组。它主要负责财务信息的分析、整理、管理及参与决策等工作。具体来说，就是负责编制财务计划、成本计划和货币收支计划；定期检查和分析财务计划执行情况；进行经济活动分析，检查资金的占用情况，考核资金的使用效果；定期检查和分析成本计划执行情况及成本变动因素；根据产品销售利润的信息，分析市场占有情况及产品销售价格；做好资金、成本的指标分析和日常的管理控制工作；参与企业投资决策、经济效益分析、目标利润、目标成本的决策工作等。

2) 财务管理信息化系统岗位责任制

通过上述组织机构的设置，财务部门分成了数据准备组、信息处理组和财务管理组三部分。但这是远远不够的，还需将各个组的业务活动再划分为若干个具体的工作岗位，并赋予各个岗位相应的职责权限。例如，数据处理组可以划分为单据收集和稽核、单据审核等岗位；信息处理组可以划分为系统管理员、数据录入员、数据复核员、数据管理人员和系统维护人员等岗位；财务管理组可以划分为财务预测决策员、专项资金管理员、销售利润管理员、成本管理员和出纳员等岗位。岗位职责是组织机构功能的具体表现。一般来说，财务信息化系统的工作岗位可分为原始工作岗位和信息化工作岗位。原始工作岗位包括单据收集和稽核、单据编制等岗位；信息化工作岗位包括系统管理员、数据录入员和数据复核员等岗位。原始工作岗位的基本职责与手工的无大的区别，故在这里就不再介绍了。下面重点介绍数据处理组工作岗位的基本职责。

(1) 系统管理员。负责所有财务管理信息化软件数据的初始化、数据备份与恢复、系统运行错误的登记与排除工作；负责系统操作使用的组织与管理工作，分配操作人员的工作权限，并设置操作使用人员的保密字等。系统管理员一般要求具备财务和计算机知识及相关的财务信息化管理经验，可由财务主管担任，也可由指定人员担任。

(2) 数据录入员。按照操作规程录入凭证、单据数据，并负责录入数据的正确性校验，对操作中出现的问题做详细记录并及时报告系统管理员。数据录入员无权修改原始单据上的数据，不得进行单据复核操作。出纳员、系统维护人员不能担任数据录入员工作。此岗位一般可由普通财务人员担任。

(3) 数据复核员。负责对已录入计算机的单据编号及数据的完整性、正确性审核，不合格的退回有关人员更正。此岗位要求熟悉本单位的全面财务业务并具备计算机知识，一般可由财务主管兼任。

(4) 数据管理人员。负责已复核数据的入账、账页的打印输出工作，协助系统管理员定期做好数据备份工作，以及负责程序软盘、存档数据软盘、输出凭证、账页及其他资料的保管工作，还要做好软件数据资料的安全保密工作。此岗位要求有责任心，一般由能做好安全保密工作的人担任。

(5) 系统维护人员。负责对财务管理信息化硬件和软件的检查及运行故障处理工作，以保障财务管理信息化工作的正常运行。此岗位要求具有很专业的计算机知识，还应具有一定的财务知识，能够熟练编制程序，具有开发软件的能力，可由软件开发人员担任。

2. 操作管理制度

1) 操作人员的管理

操作人员的管理主要是指要进行操作人员岗位分工，其主要依据是原始工作岗位和信息化工作岗位职责中的有关规定。在使用财务管理信息化系统时，必须先指定一名系统管理员，由他进行岗位分工、操作人员授权及相关人员保密字的设定等。在进行操作人员分工时，输入的项目主要有操作人员的姓名、授权权限和保密字等。

2）操作人员的权限

在进行管理时，要对操作人员设定一定的权限，这是财务管理信息化系统安全运行的有效保证。具体如下。

(1) 系统管理员必须根据本单位财务管理信息化系统的特点设置本单位财务管理信息化体系。系统管理员的权限较大，一般可使用信息化系统的所有功能和程序，但不能调用系统的源程序和详细的技术资料等。此岗位一般不能由软件开发人员担任。

(2) 数据录入员进行数据录入操作时应严格按照单据内容输入数据。不得擅自修改单据数据，如发现单据数据错误应立即通知单据编制人员或系统管理员，并根据修正后的单据修改录入的数据。数据录入员除了可以进行数据录入操作外，还可以进行数据查询工作，但不得进行数据复核操作。复核人员亦不能进行数据录入操作。复核时发现单据录入错误，必须通知数据录入员进行修改，复核人员不得进行已录入数据的修改操作，待数据录入员修正录入数据后再进行复核签字操作。

(3) 系统维护人员除实施数据维护时，一般情况下不允许随意打开系统数据库进行操作。实施维护时不准修改数据库结构。其他操作人员一律不允许实施数据库操作。

(4) 系统维护人员、程序人员均不准实施数据录入操作。

3）上机操作管理制度

上机操作管理是指通过建立与实施各项上机操作管理制度，要求财务人员按规定录入原始数据、执行各功能模块、输出各类信息、做好系统内有关数据的备份，严格禁止越权操作、非法操作财务软件，确保财务管理信息化系统安全、有效、正常地操作运行。上机操作管理制度主要包括上机操作的规定，以及操作人员的职责、权限与操作程序等方面的规定。具体内容如下。

(1) 操作人员必须是合法有权使用人员，经过培训合格并经系统管理员正式认可后，才能上机操作。

(2) 操作人员上机操作前，应进行上机操作登记，必须填写真实姓名、上机时间、操作内容，供系统管理员检查核实。

(3) 操作人员上机前应做好各项准备工作，尽量减少占用机器时间，提高工作效率。

(4) 操作人员的操作密码应注意保密，不能随意泄露，并且要不定期变更。

(5) 操作人员必须严格按操作权限操作，不得越权或擅自上机操作。

(6) 每次上机工作完毕后都要做好工作备份，以防发生意外事故。备份的数据软盘应由财务处保管。下次上机，要将备份与机内数据复核无误后方可开始运行。

(7) 在系统运行过程中，操作人员如要离开工作现场，必须在离开前退出系统，以防止其他人员越权操作。

(8) 任何人如有伪造，非法涂改变更，故意毁坏命令程序、数据文件、账册、软盘等行为，要依照国家相关法规追究责任。

3. 财务业务处理程序管理制度

规范的财务业务处理程序是保证输入计算机的财务数据正确合法、财务软件处理正确的基础。具体有以下几个方面。

(1) 预防已输入计算机的原始单据和记账单据等财务数据未经审核而输入机内账簿,保证财务数据正确合法。

(2) 替代手工处理后,单位要做到当天发生的业务,当天登记入账。

(3) 期末要按规定时间记账、计息。

(4) 期末应及时生成和打印输出资金报表。打印输出资金报表时应防止本期还有未记账的凭证和单据。

(5) 要按有关规定装订会计原始凭证、资金原始单据、记账凭证、账簿、报表等。

(6) 要灵活运用计算机对数据进行综合分析,定期或不定期地向单位领导报告主要财务指标和分析结果。

4. 计算机软件和硬件系统维护管理

软件维护是指当企业的财务工作发生变化时进行的软件修改,以及软件操作出现故障时进行的排除修复工作。硬件维护是指在系统运行过程中,出现硬件故障时的检查修复,以及在设备更新、扩充、修复后的调试等工作。

系统维护人员负责系统的硬件设备和软件的维护工作,及时排除故障,确保系统的正常运行。系统维护一般由系统维护员或指定的专人负责。

5.2.3 财务管理信息化系统的安全控制制度

虽然目前财务管理信息化系统已经逐步走向成熟,但它同样会面临着各种各样的安全问题,以至于影响它的正常使用。因此,设计一套完整的安全控制制度是十分必要的。

1. 财务风险的成因

财务管理信息化系统的风险是指由于人为或非人为的因素使财务管理信息化系统保护安全的能力减弱,从而产生系统信息的失真、失窃,使单位的财产遭受损失,以及系统的软件、硬件无法正常运行等结果发生的可能性。财务管理信息化系统的风险成因主要分为以下几个方面。

1) 计算机硬件的风险

计算机硬件是指计算机系统中所有看得见、摸得着的机械、电、磁、光设备。计算机硬件都是精密的机械电子设备。计算机硬件可以构建进行财务管理信息化工作的单机环境和网络环境,供财务软件运行,满足不同财务软件对不同的计算机环境的要求。

然而,计算机硬件却可能带来信息化系统的风险,如系统硬件选配不当等。系统硬件选配不当是指选用的硬件质量低劣、功能欠缺、工作不稳定等造成的系统功能不能充分发挥,软件无法正常运行或运行不稳定,从而制约财务信息化系统的正常运行的现象。

2)计算机软件的风险

计算机软件是管理计算机资源和支持应用程序运行的程序。财务软件是在计算机上运行的,它的物质基础是计算机。财务软件在不同的应用情况下要进行必要的调整和修改,要不断地进行升级更新。财务管理信息化后,财务信息必须通过财务软件进行管理。财务软件具有数据量大、数据结构复杂、数据处理和软件操作方法要求严格的特点。

同样,计算机软件也可能带来信息化系统的风险,如计算机软件未正确安装等。由于计算机软件未正确安装,导致软件的运行出现差错,从而给企业财务工作带来风险,进而影响企业的经济效益。

3)信息化处理风险

手工作业时分工明确、责任也明确,每一个步骤都有文字记录,包括经手人、审核人、负责人等,并且有专人保管。而信息化系统中,所有数据提交电脑后,全部责任集中于电脑系统,一旦出现错误,将无法直接追查责任者,并且资料保管也可能出现问题。

4)计算机病毒风险

计算机病毒实际上是一段小程序,它具有自我复制功能,常驻留于内存或磁盘文件中,在计算机系统中传播,常常在特定的时刻破坏计算机内的程序、数据甚至硬件。

随着电子计算机技术的广泛应用,计算机病毒的传播逐渐呈现渠道多样化、速度快捷化的特点,危害也逐渐加剧,可能造成死机、数据破坏或删除、硬盘格式化等,对信息化系统的安全造成很大威胁。

5)工作环境风险

工作环境是指计算机所处的具体空间。由于计算机是十分精密的电子设备,对环境的要求较高,要求防潮、防干、防水、防火、防震等,并要求适当的温度条件。如达不到这些要求,计算机运行将会出错,进而影响财务管理信息化系统的正常运行。

2. 几种安全制度的设计

针对以上财务管理信息化系统风险的成因,可以从以下几个方面进行安全制度设计,分别为:计算机硬件安全制度设计、计算机软件安全制度设计、财务档案管理制度设计、病毒预防安全制度设计和环境安全控制制度设计。

1)计算机硬件安全制度设计

计算机硬件安全制度设计主要包括以下几个方面。

(1)要找专业人员购买合格、匹配的计算机硬件,并配备相应的辅助设备。

(2)组装设备后,要检查它的可用性和兼容性。

(3)在系统运行过程中,出现硬件故障时,及时报告,及时进行故障分析并做好记录,及时修复。

(4)硬件设备更新、扩充、修复的时间,应由系统管理员和系统维护人员共同研究决定,并由系统维护人员实施安装和调试。

(5)硬件维护工作中,小故障的维护可以由各种软件工具解决,一般由本单位的维护人员来做。对于较大的故障，如果本单位的技术人员没有能力解决，一般需要与硬件的生产方和销售方联系解决。

2) 计算机软件安全制度设计

计算机软件安全制度设计主要包括以下几个方面。

(1) 要找专业人员进行软件的安装，保证它能正常运行。

(2) 要由专业人员对软件的通用性、质量等进行检测，保证会计软件的高质量、高性能。

(3) 安装其他软件时，要找专业人员进行检查，保证其兼容性。

(4) 在系统运行过程中，出现软件故障时，系统维护人员应及时进行故障分析，并尽早修复。如不能修复，应马上求助本单位的软件开发人员或其他技术人员。

(5) 对于使用商品化财务软件的单位，软件的修改、版本的升级等维护是由软件开发方负责的。单位的软件维护人员的主要任务是与软件开发方或销售方进行联系，及时得到新版的财务软件。

(6) 对正在使用的财务软件进行修改、升级和计算机硬件的更换等工作要有一定的审批手续。

(7) 在软件修改、升级和硬件设备更换过程中，要保证实际财务数据的连续和安全，并由专门人员进行监督。

(8) 由于财务数据的重要性，必须经常进行备份工作。

3) 财务档案管理制度设计

实现财务电算化后，财务档案的磁性化和不可见性，要求对电算化档案管理做好防磁、防火、防潮和防尘工作，重要财务档案应准备双份。

(1) 为保证备份数据的安全，备份软盘或光盘必须贴上保护标签，装入盘套，放进硬盒，存放在安全、洁净、防热、防潮、防磁的场所。

(2) 打印输出的单据、凭证、报表等书面形式的财务档案按规定的保管期限和管理办法管理。

(3) 随计算机配置而来的操作系统、各类应用程序软件和购买的商品化财务软件及以上软件的备份磁盘或光盘，应作为财务档案保管。

4) 病毒预防安全制度设计

病毒预防安全制度设计主要包括以下几个方面。

(1) 建立网络防火墙以抵御外来病毒或"黑客"对网络系统的非法侵入。

(2) 经常使用防病毒软件对计算机系统进行检查，以防止病毒对计算机系统的破坏。

(3) 不断进行数据备份，从而将病毒可能造成的损失降低到最低。

5) 环境安全控制制度设计

环境安全控制制度设计主要包括以下几个方面。

(1) 系统配备不间断电源，以保证万一断电时，系统能够正常运行。

(2) 机房配备稳压电源，保证系统电压的稳定。

(3)机房安置空调及防水、防干、抽湿设备,以保证机房温度、湿度达到规定标准,保证信息化系统的正常运行。

5.3 财务管理信息化制度的执行与完善

财务管理信息化制度建立以后,就要开始执行,同时要对执行过程中出现的问题进行分析。如果是制度方面的问题,要及时对其进行修正和完善。

财务管理信息化制度的执行与完善过程主要包括以下方面。

1. 财务管理信息化制度的学习和培训

财务管理信息化制度建立后,公布日期与实施日期应有一定的时间间隔,在公布前应由制度建立部门向相关部门提交应认真学习和培训该制度的人员名单,如财务部门人员、计算机维护人员等。将制度向这部分人员进行公布,并要求逐条学习,必要时可以进行一定的培训,并要在规定的时间内将意见反馈至制度建立部门。制度建立部门根据意见进行修订后,再正式发布实施,并同时对要重点学习、一般了解的部门和人员做出要求。

2. 财务管理信息化制度的执行监督

由相关监督管理部门对财务管理信息化制度的执行情况进行定期的检查和抽查,但因该制度覆盖面大、监督人员较少或监督人员的素质问题,有可能出现监督不力的情况。针对这一情况,可考虑在单位内或网上设立"制度执行不力投诉栏",让员工有权对监督管理部门执行制度考核的情况进行监督并在此提出异议。相关监督管理部门应在及时对投诉栏中有事实基础的意见进行跟踪核实后,对应考核未考核的部门及人员实行追究并考核。

3. 财务管理信息化制度执行监督的监控

对于这一方面,可设立"考核执行监控组"。监控组是一个虚拟团队,由员工自己选举出能够大胆对不良行为提出异议的人组成。该监控组的作用有两个:一方面是对执行情况进行监督,其监督内容包括是否对员工在投诉栏中提出的异议进行跟踪,是否有应考核未考核的。监督结果可采用网络公布或考核的方式进行披露。另一方面是针对考核过程中的弹性问题,负责对考核结果的事后监督,提高考核执行到位率及准确性。

4. 财务管理信息化制度的定期完善

经过一段时间执行后,通过对财务管理信息化制度的监督和监控,很可能会发现现有的制度方面存在不足。此时要及时进行反馈,由制度建立部门对现有制度进行修订和完善,以适应现阶段财务管理信息化系统操作的要求。所以,财务管理信息化制度的定期完善是十分必要的。

以上几方面的执行,不但对信息化企业提高财务管理信息化制度的管理和提升其执行力有一定的督促作用,同时也有利于全体员工对该制度的认同和履行。这样无疑会有利于企业财务管理信息化的建设和完善。

习题

1. 简述会计核算制度和财务管理制度的相同点和不同点。
2. 简述财务管理信息化制度所包含的基本内容。
3. 在组织管理制度设计中,如何划分财务人员的权限?试分析原因。
4. 简述财务管理信息化系统风险的成因,并试着说明几种安全制度设计过程。
5. 简述财务管理信息化制度建立的意义。
6. 试说明财务管理信息化制度执行和完善的基本内容。

第6章 企业财务分析与评价

本章学习目的：

- 掌握财务分析的主要内容，利用 Excel 进行财务分析的步骤和获取分析数据的方法
- 熟练掌握进行比率分析的主要指标，编制比率分析工作表和更新分析表数据的方法
- 掌握杜邦分析模型的原理，项目框设计方法，项目名称、公式、数据链接的定义方法及杜邦分析图的编辑

本章关键词：

财务分析、杜邦分析模型、比率分析模型、Microsoft Query

6.1 财务分析业务概述

财务分析是以企业的财务报告等财务资料为依据，采用一定的标准，运用科学系统的方法，对企业的财务状况和经营成果、财务信用和财务风险，以及财务总体情况和未来发展趋势等进行的分析与评价。

6.1.1 财务分析概述

财务分析是企业的管理人员、投资人、债权人及国家财税等职能部门了解、评价一个企业的重要手段和方法，它为改进企业财务管理工作、帮助有关人员做出相关经济决策提供了重要的财务信息和依据，因此，财务分析无论是对企业内部人员还是外部相关人员都是非常重要的。

财务分析的依据主要是企业的财务报告，所以有时也称为财务报表分析。

财务分析的方法很多，在实际工作中常用的方法主要有以下 4 种。

1. 比较分析法

比较分析法是指通过主要项目或指标数值变化的对比，确定差异，从而分析和判断企业经营及财务状况的一种方法。比较分析法在财务分析中运用得最为广泛。按比较对象的不同，比较分析法可以分为绝对数比较分析、绝对数增减变动比较分析、百分比增减变动分析及比率增减变动分析。比较分析法一般通过编制比较报表、共同比报表等形式进行。

2．指标分析法

指标分析法是利用指标间的相互关系，通过计算比率来考察、计量和评价企业经济活动效益的一种方法。比率是一种相对数，它揭示了指标间的某种关系，把某些用绝对数不可比的指标转化为可比的指标。借助财务比率分析，可以有效地发现企业财务管理中的问题，同时使分析者准确、简单、快速地掌握企业财务状况。指标分析法在财务分析方法中的地位日趋重要，现在已经建立了完整的财务比率指标体系，财务比率运用的程序和方法及基本规范。

3．趋势分析法

趋势分析法是根据企业连续数期的财务报表，以第一期或特别选择的某一期为基础，计算每一期各项目对基期同一项目的趋势百分比，或计算趋势比率及指数，形成一系列具有可比性的百分数或指数，以揭示企业总体财务状况和经营成果或分项内容的发展趋势。

4．因素分析法

因素分析法是通过顺序变换影响某一经济指标的各个因素的数量，来计算各个因素的变动对该经济指标总的影响程度的一种方法。因素分析法主要用于寻找问题的成因，为下一步有针对性地解决问题和进行企业内部考核提供依据。

6.1.2 利用 Excel 进行财务分析的步骤

财务分析是一项比较复杂的工作，应该按一定的程序来进行。采用 Excel 进行财务分析时，应该遵循以下步骤。

1．确定分析目标和分析范围

财务分析目标是整个财务分析的出发点，它决定着分析范围的大小、收集资料的详细程度、分析标准及分析方法的选择等整个财务分析过程。

分析者在确定分析目标的基础上，要确立分析范围，做到有的放矢，这样可以节约收集分析资料、选择分析方法等环节的成本，将有限的精力放在分析的重点上。

2．收集、获取分析资料

收集分析资料是根据分析目标和分析范围，收集、分析所需数据资料的过程。财务分析的资料主要是企业的财务报表和报表附注，除此以外还包括反映企业内部产供销各方面经济活动的资料及企业外部的宏观经济形势信息、行业情况信息、其他同类企业的经营状况等其他财务信息。

利用 Excel 进行财务分析时，如何获取数据成为分析的关键问题。图 6-1 所示是在 Excel 中进行财务分析时获取数据的模型。

如果企业没有建立信息系统，即会计核算和其他业务都是手工处理的，则数据的获取可以通过人工输入的方式，将需要的数据输入财务分析模型中。

如果企业已经建立了信息系统，会计核算或其他业务数据存储在该信息系统的数据库文件中，则可以通过一定的方法从机内直接调用获取数据。在 Excel 中调用外部数据库数据的方法主要有三个。

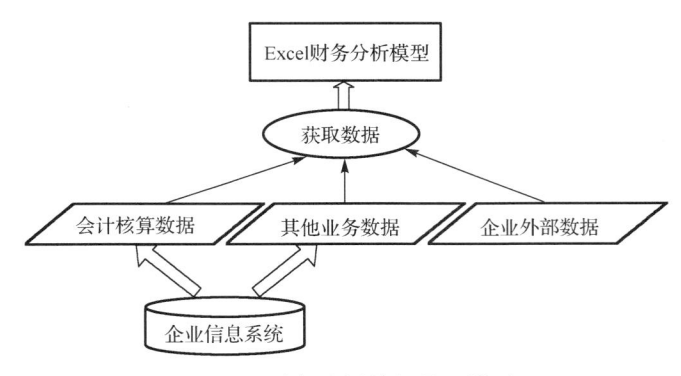

图 6-1　财务分析数据获取模型

（1）利用 Microsoft Query 访问外部数据库。可访问的数据库包括 SQL Server 数据库、Microsoft Access 数据库、dBASE 数据库、Microsoft FoxPro 数据库、Oracle 数据库、Paradox 数据库、文本文件数据库等多种数据库中的数据文件。

（2）使用 Microsoft Visual Basic 中的 DAO 检索 Microsoft Exchange 或 Lotus 1-2-3 数据源中的数据。

（3）使用其他制造商的 ODBC（Open Data Base Connectivity）驱动程序或数据源驱动程序获取其他类型数据库中的信息等。

有关获取数据的具体方法可以参阅相关章节。

企业外部数据如果能够通过网络获得，则数据获取方法与企业内部数据的获取方法相同。如果不能通过网络获得，则可以通过人工输入的方式输入财务分析模型中。

3．选择分析方法并建立相应的分析模型

财务分析中常用的分析方法有比率分析法、趋势分析法等，在进行财务分析时可以组合使用。局部的分析可以选择其中的某一种方法；全面的财务分析则可综合运用各种方法，进行客观、全面的分析。

分析方法选定之后，就要把这些方法在 Excel 中建立起相应的分析模型。模型一旦设置完成，以后再进行有关分析时，只需要改变原始分析数据，分析模型则无须改变。

4．确定分析标准并得出分析结论

财务分析计算完成后，为了得出分析结论，必须将企业的真正财务状况和经营业绩与一定的分析标准相比较，进行判断，因而需要选择分析标准并输入分析模型中。

6.2　Excel 财务分析模型

6.2.1　财务指标分析

1．指标分析中的主要指标

不同的分析人员进行指标分析时采用的指标体系是不完全相同的，下面给出的是本模型采用的相关财务指标的计算方法。

财务报表中有大量的数据，可以根据需要计算出很多有意义的比率指标，从而揭示企业经营管理各个方面的情况。这些指标可以划分成以下四类：偿债能力指标、资产管理能力指标、盈利能力指标和成长能力指标等。其中，偿债能力指标一般分为短期偿债能力指标和长期偿债能力指标。下文重点介绍前三类指标。

1) 短期偿债能力指标

短期偿债能力取决于在近期可以转变为现金的流动资产的多少。反映短期偿债能力的财务比率主要有流动比率、速动比率、现金比率等。

(1) 流动比率。流动比率是流动资产除以流动负债的比值，其计算公式为：

$$流动比率 = \frac{流动资产}{流动负债}$$

流动比率是用来衡量企业短期偿债能力的一个重要的财务指标。根据国际惯例，生产企业合理的最低流动比率是 2:1。

(2) 速动比率。速动比率也称为酸性测试比率，它是从流动资产中减去存货部分，再除以流动负债的比率。速动比率的计算公式为：

$$速动比率 = \frac{流动资产 - 存货}{流动负债}$$

速动比率反映的企业的短期偿债能力比流动比率更可信。通常认为，正常的速动比率为 1:1。

(3) 现金比率。现金比率反映一定时点上现金清偿流动负债的能力。现金比率的计算公式为：

$$现金比率 = \frac{现金}{流动负债}$$

2) 长期偿债能力指标

长期偿债能力指标是指反映债务和资产、净资产关系的指标。它反映了企业偿付到期长期债务的能力。它主要包括资产负债率、产权比率、有形净值债务率、已获利息倍数等指标。

(1) 资产负债率。资产负债率是负债总额与资产总额的比例关系。它反映的是在总资产中有多大比例是通过借债来筹集的，也可以衡量企业在清算时保护债权人利益的程度。计算公式为：

$$资产负债率 = \frac{负债总额}{资产总额} \times 100\%$$

(2) 产权比率。产权比率是负债总额与所有者权益总额的比率，它反映了债权人所提供资金与股东所提供资金的相对关系。计算公式为：

$$产权比率 = \frac{负债总额}{股东权益} \times 100\%$$

(3)有形净值债务率。有形净值债务率是企业负债总额与有形净值的百分比。它是产权比率的延伸，也更为谨慎、保守地反映在企业清算时债权人投入的资本受到所有者权益的保障程度。计算公式为：

$$有形净值债务率 = \frac{负债总额}{股东权益 - 无形资产净值} \times 100\%$$

(4)已获利息倍数。已获利息倍数是企业经营业务收益与利息费用的比率，反映的是企业的经营所得支付债务利息的能力。计算公式为：

$$已获利息倍数 = \frac{息税前利润}{利息费用}$$

公式中的"息税前利润"是利润表中未扣除利息费用和所得税之前的利润。我国现行利润表中利息费用没有单列，外部报表使用者只能用"利润总额"加"财务费用"估计。

3) 资产管理能力指标

资产管理能力指标是用来衡量企业在资产管理方面效率的财务比率指标。资产管理能力指标主要包括存货周转率、应收账款周转率、流动资产周转率、总资产周转率等。这些指标与反映盈利能力的指标结合在一起使用，可以全面评价企业的盈利能力。

(1)存货周转率。存货周转率反映了存货的流动性。它是销货成本除以平均存货的比率，用时间表示的存货周转率就是存货周转天数。计算公式为：

$$存货周转率 = \frac{主营业务成本}{平均存货}$$

$$存货周转天数 = \frac{平均存货 \times 360}{主营业务成本}$$

公式中的"主营业务成本"数据来自利润表，"平均存货"来自资产负债表中的"期初存货余额"与"期末存货余额"的平均数。

(2)应收账款周转率。应收账款周转率是企业赊销收入净额与应收账款平均额的比率。用时间表示的应收账款周转率就是应收账款周转天数。计算公式为：

$$应收账款周转率 = \frac{主营业务收入}{平均应收账款}$$

$$应收账款周转天数 = \frac{平均应收账款 \times 360}{主营业务收入}$$

公式中的"主营业务收入"数据来自利润表，"平均应收账款"来自资产负债表中的"期初应收账款余额"与"期末应收账款余额"的平均数。

(3)流动资产周转率。流动资产周转率是一个分析流动资产周转速度的综合性指标，它是主营业务收入与全部流动资产的平均余额的比值。计算公式为：

$$流动资产周转率 = \frac{主营业务收入}{平均流动资产}$$

公式中的"平均流动资产"来自资产负债表中的"期初流动资产余额"与"期末流动资产余额"的平均数。

(4) 总资产周转率。总资产周转率是分析企业全部资产使用效率的一个重要指标。它是主营业务收入与平均资产总额的比值。计算公式为：

$$总资产周转率 = \frac{主营业务收入}{平均资产总额}$$

公式中的"平均资产总额"来自资产负债表中的"年初资产总额"与"年末资产总额"的平均数。

4) 盈利能力指标

盈利能力是企业赚取利润的能力。不论是投资人、债权人还是企业经理人员，都非常重视和关心企业的盈利能力。评价企业盈利能力的财务比率主要有销售净利率、销售毛利率、资产净利率、净资产收益率等。

(1) 销售净利率。销售净利率是净利润与主营业务收入的百分比。计算公式为：

$$销售净利率 = \frac{净利润}{主营业务收入} \times 100\%$$

(2) 销售毛利率。销售毛利率是毛利占主营业务收入的百分比。计算公式为：

$$销售毛利率 = \frac{主营业务收入 - 主营业务成本}{主营业务收入} \times 100\%$$

(3) 资产净利率。资产净利率是企业净利润与平均资产总额的百分比。计算公式为：

$$资产净利率 = \frac{净利润}{平均资产总额} \times 100\%$$

$$平均资产总额 = \frac{期初资产总额 + 期末资产总额}{2}$$

(4) 净资产收益率。净资产收益率也叫净值报酬率，它是净利润与平均净资产的百分比，也称权益报酬率。计算公式为：

$$净资产收益率 = \frac{净利润}{年末股东权益} \times 100\%$$

(5) 市盈率。市盈率是普通股每股市价与每股盈余的比率。计算公式为：

$$市盈率 = \frac{普通股每股市价}{普通股每股收益}$$

(6) 每股股利。每股股利是股利总额与年末普通股流通股数的比率。计算公式为：

$$每股股利 = \frac{股利总额}{年末普通股流通股数}$$

(7) 股票获利率。股票获利率是普通股股票每股股利与每股市价的比率。计算公式为：

$$股票获利率 = \frac{普通股每股股利}{普通股每股市价} \times 100\%$$

2. 用 Microsoft Query 获取数据

无论采用什么模型进行财务分析，也不管是进行单项分析还是综合分析，获取分析数据都是财务分析的基础。由于绝大部分会计核算和其他业务数据都存储在一定的数据库中，因此，如何从数据库中获得分析需要的数据是财务分析的重要环节。Excel 提供了多种从数据库中取得数据的方法，利用 Microsoft Query 从外部数据库获取数据是其中重要的方法之一。

Microsoft Query 是一种将外部数据源中的数据引入 Excel 的程序。使用 Microsoft Query 可以直接检索企业数据库和文件中的数据，而不必重新输入需要在 Excel 中进行分析的数据。当数据库更新数据时，在 Excel 中建立的分析报表和汇总数据可以实现数据的自动更新。

通过 Microsoft Query 向 Excel 中引入外部数据需要三个步骤：建立数据源以连接数据库；选择所需数据；将数据返回到 Excel 中，在 Excel 中设置数字格式、进行汇总计算并根据数据创建报表。

1）启动 Microsoft Query，连接数据库

选择"数据"→"获取外部数据"→"自其他来源"→"来自 Microsoft Query"命令，即启动 Microsoft Query，并显示"选择数据源"对话框，如图 6-2 所示。根据原始数据实际存储的数据库，选择数据源。

（1）选择"MS Access Database"数据源类型，根据所找的数据存储的路径，如图 6-3 所示，找到所选择的数据库文件"财务系统.mdb"，单击"确定"，则与该数据库建立了数据连接。

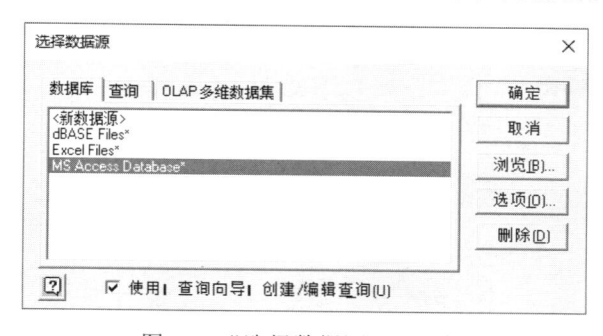

图 6-2 "选择数据源"对话框

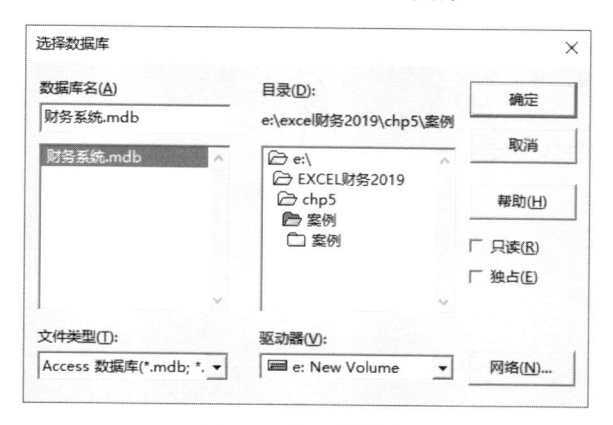

图 6-3 选定数据库

(2) 如果数据源是"OLAP 多维数据集",则单击"OLAP 多维数据集"选项卡。OLAP(联机分析处理)多维数据集是一种组织数据的方法,适合于分析和管理数据。使用 OLAP 可以花费较少的时间和精力来创建报表,可以在 Excel 中创建需要的 OLAP 多维数据集。

(3)"查询"是指为了回答对保存在数据源中的数据所提出的特定问题而进行查找记录。在 Microsoft Query 或 Microsoft Access 中,可以利用高级条件特性创建复杂的查询,也可以在"数据透视表和数据透视图向导"中创建查询。如果数据源是系统中已经建立的查询,则打开"查询"选项卡选择用于检索数据的查询。

2) 检索、取得财务分析所需数据

与有关数据库建立连接以后,系统将列示该数据库中所有的表、视图等数据结构,以及每一个表或视图包括的字段,如图 6-4 所示。选择分析数据所在的表,选择分析数据的字段,并将检索到的数据调入指定的 Excel 工作表中。

需要说明的是,作为分析模型的设计者,事先一定要明确知道分析数据所在数据库的类型、数据库文件、数据结构的名称及每个字段的意义。如本例中,字段 kjnd、kjqj 分别表示会计年度、会计期间等。若设计者事先对此不知情,则无法取得所需分析的数据。

选择了相关字段后,还可以在图 6-5 所示的对话框中,通过设置数据筛选条件对数据记录进行筛选,并进一步设置关键字。

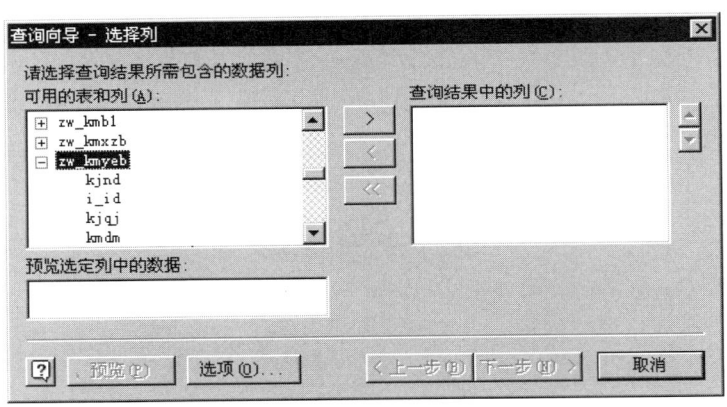

图 6-4 选择数据结构中的字段

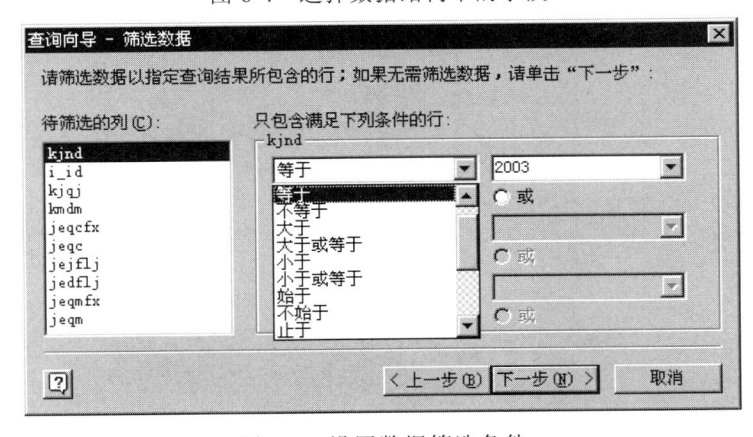

图 6-5 设置数据筛选条件

3)将选择的数据返回到 Excel 指定的工作表中

完成指定关键字等操作之后,就可以将获取的数据保存到 Excel 中,如图 6-6 所示。在 Excel 中可以对返回到 Excel 指定工作表中的数据进行数字格式设置、汇总计算,并在此基础上可以进行指标分析、趋势分析、比较分析、综合分析等处理,然后创建相应的分析报表。

A	B	C	D	E
		资产负债表		单位:元
ID	科目	2016/12/31	2017/12/31	2018/12/31
1	货币资金	10098119515.96	12888270252.98	16283769901.77
2	交易性金融资产			
3	应收票据	7060548322.64	7939389122.39	11004078056.44
4	应收账款	2141519625.34	3081828050.72	4196720339.90
5	预付款项	555731068.86	1075227290.22	719010128.47
6	其他应收款	101887941.42	256469777.45	267414308.11
7	应收关联公司款			
8	应收利息	43624935.98	72517490.96	59117038.94
9	应收股利	12665919.76	3274215.51	
10	存货	3557067650.22	5969111117.43	7098645195.69
11	其中:消耗性生物资产			
12	一年内到期的非流动资产			
13	其他流动资产		47911863.07	70932442.51
14	流动资产合计	23571164980.18	31333999180.73	39699687411.83
15	可供出售金融资产	13561534.73	9297639.72	10022434.32
16	持有至到期投资			
17	长期应收款			
18	长期股权投资	1078317683.37	1700888490.75	2201823654.12
19	投资性房地产	20800129.00	64949188.37	54303757.31
20	固定资产	3172289232.83	4536601196.26	5282765216.81
21	在建工程	644716619.29	944671593.56	1063821471.16
22	工程物资			
23	固定资产清理			
24	生产性生物资产			
25	油气资产			
26	无形资产	363255177.23	532311421.95	564593266.71

图 6-6 获取的部分数据

获得外部数据库中的数据并建立分析模型之后,如果对作为外部数据来源的数据库数据进行更新,可以在 Excel 中运用刷新功能实现分析数据的自动更新。这就代表分析模型一旦建立,可以永久用其进行分析。

3. 建立表与表之间的数据链接

在财务分析中,由于用于分析的原始数据种类多、数量大,为了便于对这些数据进行管理和共享使用,一般从数据库系统获取分析需要的数据后都要存储到专门的工作表甚至专门的工作簿中。因此实际工作中,需要在不同的工作表之间建立联系,以引用其他工作表甚至其他工作簿的数据。

1)同一工作簿中工作表之间的链接

在同一工作簿中引用其他工作表中数据的方法是:在单元格引用前加上工作表的名字,并用感叹号(!)将工作表引用和单元格引用分开,链接格式:

工作表引用!单元格引用

例 6-1 恒昌公司 2018 年的资产负债表数据存放在名称为"资产负债表"的工作表中,进行偿债能力分析时,分析模型中需要计算 2018 年流动比率、速动比率,则需要在"财务指标分析"工作表中引用"资产负债表"工作表的数据,如图 6-7 所示。

	A	B	C	D	E	F
1	财务指标分析
2	偿债能力分析
3		2016	2017	2018	2017比2016	2018比2017
4	流动比率	1.26	1.21	1.27	-0.05	0.06
5	速动比率	1.07	0.98	1.04	-0.09	0.06
6	现金比率	0.92	0.80	0.87	-0.12	0.07
7	资产负债率	0.68	0.71	0.69	0.03	-0.02
8	利息保障倍数	449.55	36.21	-236.95	-413.33	-273.16

图 6-7　指标分析模型中工作表之间的引用

流动比率=流动资产/流动负债，速动比率=(流动资产-存货)/流动负债，如果 2018 年公司的流动资产、流动负债、存货分别存放在 E15、E48 和 E11，则分别定义分析模型中的计算公式。

- 选择 D4 单元，输入公式=资产负债表!E15/资产负债表!E48
- 选择 D5 单元，输入公式=(资产负债表!E15-资产负债表!E11)/资产负债表!E48。
- 系统自动计算出恒昌公司 2018 年的流动比率和速动比率分别为 1.266 691 78、1.040 196 407。可以进一步在单元格格式设置中设置 D4、D5 单元格保留 2 位小数。则流动比率和速动比率结果变为 1.27 和 1.04。

一般情况下，引用别的工作表的单元格数据时都采用绝对引用，这样即使将该公式移到其他单元格，所引用的单元格也不会发生变化。

2）不同工作簿中工作表的链接

当不同工作簿中的工作表链接时，格式为：

[工作簿名字]工作表引用！单元格引用

例 6-2　假如恒昌公司 2018 年资产负债表数据存放在名称为"会计报表"的工作簿中的"资产负债表 2013"上，其"流动资产"数据在 D17 单元格，"流动负债"在 D39 单元格，则在"财务分析"工作簿中计算流动比率时，其计算公式应为：=[会计报表.xls]资产负债表 2018!D17/[会计报表.xls]资产负债表 2018!D39。

如果引用的工作簿未打开，则引用中应写出该工作簿存放位置的绝对路径，并用引号括起来，如，="D:\Excel\[会计报表.xls]"资产负债表 2018!D17/[会计报表.xls]资产负债表 2018!D39。

3）三维引用

如果需要同时引用工作簿中的多个工作表的单元格或单元格区域时，可以使用三维引用。尤其是多个工作表上的同一单元格或同一区域的数据相关，且要对它们进行统计计算时，三维引用会带来很多便利。

例 6-3　恒昌公司 2018 年度 1～12 月全年的利润表、资产负债表数据分别存放在文件名为"会计报表"的工作簿中的 24 张工作表上，工作表名分别为：syb1～syb12 和 zcfzb1～zcfzb12。在"财务分析"工作簿中进行财务比率分析时，需要计算 2018 年的年平均存货。为了计算更为精确，我们可以采用如下年平均存货的计算公式，此时需要同时调用 zcfzb1～zcfzb12 这 12 张工作表的数据，如图 6-8 所示。

$$\text{年平均存货} = \frac{1}{24}\sum_{i=1}^{12}(\text{第}i\text{月期初存货余额} + \text{第}i\text{月期末存货余额})$$

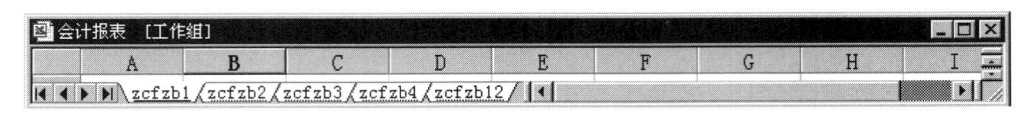

图 6-8 形成引用工作组

假设各月期初存货余额、期末存货余额数据分别存放在各工作表的 C16 和 D16 单元格，下面使用三维引用完成上述计算。

- 在"财务分析"工作簿的"财务指标分析"工作表中，单击需要输入"年平均存货"公式的单元格 D7。
- 键入等号(＝)，输入函数名称 SUM 及左圆括号。
- 单击需要引用的"会计报表"工作簿中的第一个工作表标签"zcfzb1"。
- 按住 SHIFT 键，再单击需要引用的最后一个工作表标签"zcfzb12"。
- 选定需要引用的单元格 C16。
- 输入分隔符(,)，然后重复上述第三、四步，再选定需要引用的单元格 D16。
- 最后完成"年平均存货"公式=(SUM([会计报表.xls]zcfzb1:zcfzb12!$C$16,[会计报表.xls]zcfzb1:zcfzb12!$D$16))/24

可以使用三维引用创建公式的函数主要包括：SUM、AVERAGE、AVERAGEA、COUNT、COUNTA、MAX、MAXA、MIN、MINA、PRODUCT、STDEV、STDEVA、STDEVP、STDEVPA、VAR、VARA、VARP 和 VARPA。

需要注意：三维引用不能用于数组公式、智能引用公式中，也不能与交叉引用运算符(空格)一起使用。

4．编制指标分析工作表

进行财务指标分析时依据的数据主要来源于资产负债表、利润表等会计报表，因此，应该从会计核算系统中获取总账数据，并分别存放在"资产负债表"和"利润表"工作表中。

1) 分类输入各财务比率指标及计算公式

建立指标分析工作表，在该工作表中设计和安排好整个表的布局，然后按照前面介绍的方法分类输入所有需要计算的财务比率名称，并画好表格线，同时在表中相应的位置输入各项财务比率指标的计算公式，建立比率分析模型。

2) 对工作表格式进行编排

模型中所有比率指标建立完成之后，可以进一步对工作表进行编排、修饰，使其更美观、形象和清晰。比如不同的区域采用不同的颜色，加上边框和格线，调整字体、单元格，根据不同的要求设定数值显示类型等，直到形成一张完整的模型表。

5．更新分析表数据

在 Excel 中，通过使用 Microsoft Query 创建的查询、Web 查询或文本文件方式可以从某个外部数据库中导入数据，这些数据与 Excel 中直接输入的数据一样，可以为其设置格式或是在计算中使用这些数据。同时，如果源数据库中的数据发生了变化，在 Excel 中还可以更新外部数据区域，使用这些外部数据的工作表也可以实现自动更新。

下面以财务分析为例，说明更新分析表数据的方法。

财务指标分析模型设计、完成之后，各种比率分析指标的数据就可以自动地计算出来。如果会计期间发生改变，作为数据源的会计核算系统的数据库数据也会进行更新。此时，由于已经建立了会计核算数据库与财务分析模型中存放原始数据的工作表——"资产负债表"和"利润表"工作表之间的数据链接、"财务指标分析"工作表与"资产负债表"工作表和"利润表"工作表之间的动态数据链接，因此不需要改变分析模型就可以实现 Excel 中数据源的更新，并自动更新分析的结果。更新的方法如下。

(1) 选择与会计系统数据库建立链接的工作表（"资产负债表"工作表），单击要刷新的外部数据区域中的某个单元格。

(2) 单击"数据"→"全部刷新"→"刷新"命令，系统将自动运行，完成"资产负债表"工作表的更新。

"资产负债表"工作表、"利润表"工作表的数据会随之自动更新，"财务指标分析"工作表中指标分析公式的计算结果也会进行自动更新。

进行数据更新还需要注意以下几点。

(1) 如果"查询"运行于后台且需要很长时间才能返回数据，数据更新过程中可以检查其状态。方法是在"查询"运行时，选择"数据"→"全部刷新"命令。

(2) 通过设置自动刷新属性，可以在打开工作簿时自动刷新外部数据区，并在保存工作簿时有选择地不保存外部数据，以缩减文件大小。方法如下。

第一，单击"数据"→"全部刷新"→"连接属性"命令，打开如图 6-9 所示的"连接属性"对话框。

第二，在对话框中选择"打开文件时刷新数据"复选框；如果要保存带有查询定义但无外部数据的工作簿，可选择"保存工作簿前，删除来自外部数据区域中的数据"复选框；如果要定期刷新数据，可选择"刷新频率"复选框，然后输入刷新的间隔时间（单位：分钟）。

图 6-9　"连接属性"对话框

还可以通过"数据"→"属性"命令中的选项,设置外部数据区域的格式和布局,如图 6-10 所示。

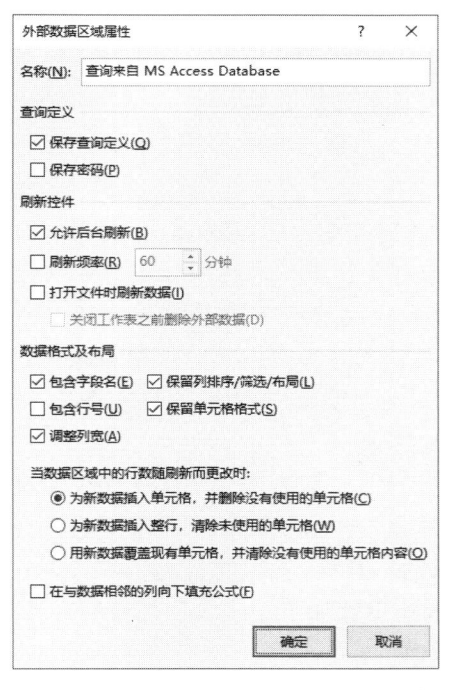

图 6-10 "外部数据区域属性"对话框

(3)如果工作表中包含多个需要刷新的外部数据区域,那么可单击"数据"→"全部刷新"命令,这样就可以同时更新工作簿中的所有外部数据区域。如果有多个打开的工作簿,则需要在每个工作簿中都单击"全部刷新"命令,才能刷新外部数据。

6.2.2 杜邦分析

企业的各项财务活动、各项财务指标是相互联系、相互影响的,因此,对企业的财务活动进行分析时,除了对企业的资产管理、盈利能力、偿债能力、发展趋势等各方面进行深入的分析、评价,还必须把企业的财务活动作为一个大系统,对系统内相互依存、相互作用的各种因素进行综合分析和评价。杜邦分析就是利用各个主要财务比率指标之间的内在联系,来综合分析企业财务状况的方法。在 Excel 中可以通过建立杜邦分析模型来完成企业财务状况的杜邦分析。

1．杜邦分析原理

杜邦分析是一种分解财务比率的方法,它将相关分析指标按内在联系排列起来,形成"杜邦图",从而解释指标变动的原因和变动趋势,为采取措施指明方向。

杜邦图中主要采用的比率指标及其相互关系的计算公式如下。

$$权益净利率 = 资产净利率 \times 权益乘数$$

$$资产净利率 = 销售净利率 \times 资产周转率$$

$$权益乘数 = \frac{1}{1-资产负债率}$$

由前两个公式可得：权益净利率＝销售净利率×资产周转率×权益乘数。决定权益净利率的因素有三个：销售净利率、资产周转率和权益乘数。这样一来，就可以把权益净利率这个综合性指标发生升、降变化的原因具体化。

销售净利率可以进一步分解为：销售净利率＝税后净利润/主营业务利润。其中，税后净利润＝主营业务收入–成本总额+其他利润–所得税；成本总额＝制造成本+管理费用+销售费用+财务费用。因此，销售净利率升降变化的原因可以从销售额和销售成本两个方面进行分析。

资产周转率可以进一步分解为：资产周转率＝主营业务收入/平均资产总额。其中，资产总额＝流动资产+长期资产；流动资产＝货币资金+有价证券+应收及预付款+存货+其他流动资产。因此，除了可以从资产的各构成部分占用量是否合理进行分析，还可以通过对流动资产周转率、存货周转率、应收账款周转率等有关资产组成部分的使用效率进行分析，从而判明影响资产周转率的原因所在。

利用 Excel 进行杜邦分析，主要是通过在 Excel 中建立起杜邦体系的各项分析指标模型，达到在企业的相关财务数据发生改变后，系统能够自动计算出这些指标的结果，从而帮助财务分析人员更好地了解企业财务状况的目的。

在 Excel 中进行杜邦分析的步骤如下。

(1)设计并建立杜邦分析模型。

(2)系统自动计算。

(3)财务分析人员根据杜邦分析模型提供的指标计算结果对企业财务状况进行分析和评价。

2．设计并建立杜邦分析模型

建立杜邦分析模型之前，首先要在财务分析工作簿中增加一个新工作表，用于设计杜邦分析模型，并将工作表命名为"杜邦分析"。

1)设计项目框

杜邦图是由项目框和连线组成的，每个项目框包括项目名称、计算公式和计算结果。由于计算公式和计算结果占用一个单元格，因此，每个项目框中包括上下相邻的两个单元格(有的项目需要分别反映年初数、年末数，因而包括三个单元格)；用连线把项目框连接起来，可以反映各项目之间的关系。

2)定义项目名称和数据链接

在每个项目框上面的单元格中直接输入项目名称，然后定义数据链接。由于杜邦图中的"主营业务收入""其他利润""所得税""制造成本""管理费用""销售费用""财务费用""长期资产""货币资金""有价证券""应收及预付款""存货"和"其他流动资产"项目直接来源于资产负债表和利润表，因此，可以通过工作簿内表间引用的方法建立杜邦分析工作表与资产负债表和利润表的数据链接，并直接获得上述这些项目的数据。

3)定义项目计算公式

对不能直接取得数据的项目，需要定义项目计算公式，放在项目框下面的单元格中。

公式定义的方法参照表内数据链接的定义。

为了使设计出的模型更直观、清晰和美观，还可以选择"图案"标签，为项目的单元区域加上颜色和底纹。按照此方法，根据杜邦图项目的数量，在杜邦分析工作表中设计好所有的项目框，并利用绘图工具画上连线。

6.3 财务分析模型应用

6.3.1 财务指标分析模型

例 6-4 恒昌公司 2016 年、2017 年、2018 年三年的资产负债表和利润表已经从公司的会计数据库中引入 Excel 财务分析文件里的"资产负债表"和"利润表"两个工作表中，如表 6-1 和表 6-2 所示。

其中"资产负债表"放置在"资产负债表"工作表的 A1:E67 单元格区域，"利润表"放置在"利润表"工作表的 A1:E25 单元格区域。

要求：建立比较资产负债表模型和比较利润表模型，对该公司的相关财务状况和经营成果进行总量分析。

表 6-1 资产负债表

ID	科目	2016 年 12 月 31 日	2017 年 12 月 31 日	2018 年 12 月 31 日
1	货币资金	10 098 119 515.96	12 888 270 252.98	16 283 769 901.77
2	交易性金融资产			
3	应收票据	7 060 548 322.64	7 939 389 122.39	11 004 078 056.44
4	应收账款	2 141 519 625.34	3 081 828 050.72	4 196 720 339.90
5	预付款项	555 731 068.86	1 075 227 290.22	719 010 128.47
6	其他应收款	101 887 941.42	256 469 777.45	267 414 308.11
7	应收关联公司款			
8	应收利息	43 624 935.98	72 517 490.96	59 117 038.94
9	应收股利	12 665 919.76	3 274 215.51	
10	存货	3 557 067 650.22	5 969 111 117.43	7 098 645 195.69
11	其中：消耗性生物资产			
12	一年内到期的非流动资产			
13	其他流动资产		47 911 863.07	70 932 442.51
14	流动资产合计	23 571 164 980.18	31 333 999 180.73	39 699 687 411.83
15	可供出售金融资产	13 561 534.73	9 297 639.72	10 022 434.32
16	持有至到期投资			
17	长期应收款			
18	长期股权投资	1 078 317 683.37	1 700 888 490.75	2 201 823 654.12
19	投资性房地产	20 800 129.00	64 949 188.37	54 303 757.31
20	固定资产	3 172 289 232.83	4 536 601 196.26	5 282 765 216.81
21	在建工程	644 716 619.29	944 671 593.56	1 063 821 471.16
22	工程物资			

续表

ID	科目	2016年12月31日	2017年12月31日	2018年12月31日
23	固定资产清理			
24	生产性生物资产			
25	油气资产			
26	无形资产	363 255 177.23	532 311 421.95	564 593 266.71
27	开发支出			
28	商誉			
29	长期待摊费用	391 366.02	11 640 106.64	76 839 238.22
30	递延所得税资产	402 659 469.00	589 125 265.53	734 460 245.94
31	其他非流动资产			
32	非流动资产合计	5 695 991 211.47	8 389 484 902.78	9 988 629 284.59
33	资产总计	29 267 156 191.65	39 723 484 083.51	49 688 316 696.42
34	短期借款	861 136 338.00	1 143 766 000.00	1 097 959 250.00
35	交易性金融负债			
36	应付票据	4 437 085 684.49	6 829 723 541.55	7 961 103 013.96
37	应付账款	6 399 534 654.84	10 090 494 599.78	13 117 026 894.48
38	预收款项	1 912 291 687.15	2 210 145 368.45	2 499 991 333.26
39	应付职工薪酬	639 174 709.92	1 023 319 058.17	1 199 693 897.64
40	应交税费	819 299 792.15	667 630 951.28	972 602 643.49
41	应付利息	16 935 042.08	8 803 031.87	7 487 285.61
42	应付股利	352 825 594.69	576 509 357.63	46 036 246.03
43	其他应付款	3 235 064 909.43	3 357 266 556.60	4 439 336 542.54
44	应付关联公司款			
45	一年内到期的非流动负债			25 000 000.00
46	其他流动负债			
47	流动负债合计	18 673 348 412.75	25 932 658 465.33	31 341 237 107.01
48	长期借款			59 536 790.97
49	应付债券		669 849 052.60	699 642 611.95
50	长期应付款			
51	专项应付款			
52	预计负债	1 011 188 840.23	1 492 322 768.63	2 054 834 062.02
53	递延所得税负债	10 097 068.29	9 483 629.36	12 987 400.31
54	其他非流动负债	83 734 439.31	80 221 424.77	93 939 712.67
55	非流动负债合计	1 105 020 347.83	2 251 876 875.36	2 920 940 577.92
56	负债合计	19 778 368 760.58	28 184 535 340.69	34 262 177 684.93
57	实收资本(或股本)	1 339 961 770.00	2 685 127 540.00	2 685 127 540.00
58	资本公积	1 780 902 468.97	271 275 201.97	426 721 414.68
59	盈余公积	1 461 577 982.87	1 667 412 210.58	1 727 375 073.05
60	减:库存股			
61	未分配利润	2 429 017 390.24	3 695 505 793.52	6 270 265 162.62
62	少数股东权益	2 468 862 188.21	3 201 259 833.85	4 297 592 524.00

续表

ID	科目	2016年12月31日	2017年12月31日	2018年12月31日
63	外币报表折算价差	8 465 630.78	18 368 162.90	19 057 297.14
64	非正常经营项目收益调整			
65	所有者权益合计	9 488 787 431.07	11 538 948 742.82	15 426 139 011.49
66	负债和所有者合计	29 267 156 191.65	39 723 484 083.51	49 688 316 696.42

表6-2 利润表

ID	科目	2016年度	2017年度	2018年度
1	一、营业收入	60 588 248 129.75	73 662 501 627.24	79 856 597 810.97
2	减：营业成本	46 420 009 145.90	56 263 081 343.94	59 703 870 817.98
3	营业税金及附加	160 226 116.51	331 881 010.10	429 872 234.17
4	销售费用	7 815 461 209.67	9 099 342 578.93	9 628 798 167.66
5	管理费用	3 416 664 435.09	4 053 202 612.90	5 188 995 999.97
6	勘探费用			
7	财务费用	6 658 266.14	115 380 434.91	-22 147 108.29
8	资产减值损失	46 350 410.47	157 570 433.07	199 880 785.72
9	加：公允价值变动净收益			
10	投资收益	263 666 041.69	420 764 850.88	542 586 538.35
11	其中：对联营企业和合营企业的投资权益			
12	影响营业利润的其他科目			
13	二、营业利润	2 986 544 587.66	4 062 808 064.27	5 269 913 452.11
14	加：补贴收入			
15	营业外收入	737 470 704.78	369 722 503.94	197 365 194.82
16	减：营业外支出	11 708 789.80	18 988 725.84	39 010 123.54
17	其中：非流动资产处置净损失	3 892 986.26	4 633 281.56	
18	加：影响利润总额的其他科目			
19	三、利润总额	3 712 306 502.64	4 413 541 842.37	5 428 268 523.39
20	减：所得税	888 022 311.38	765 879 164.87	1 067 657 942.46
21	加：影响净利润的其他科目			
22	四、净利润	2 824 284 191.26	3 647 662 677.50	4 360 610 580.93
23	归属于母公司所有者的净利润	2 034 594 665.84	2 690 022 207.41	3 269 459 401.22
24	少数股东损益	789 689 525.42	957 640 470.09	1 091 151 179.71

进行财务指标分析时依据的数据主要来源于资产负债表、利润表等会计报表，因此应该首先从会计系统中获取相应的报表并存放在"资产负债表"和"利润表"工作表中。利用所讲方法建立的财务指标分析模型如图6-11所示。模型中主要比率指标的计算公式如表6-3所示。

财务指标分析界面（偿债能力分析）：

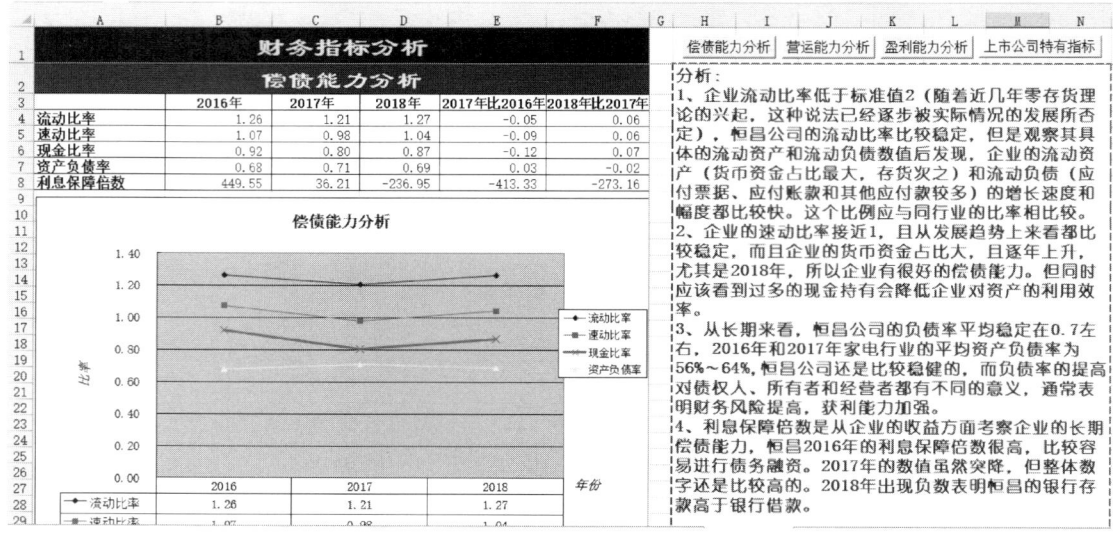

	A	B	C	D	E	F
1	财务指标分析					
2	偿债能力分析					
3		2016年	2017年	2018年	2017年比2016年	2018年比2017年
4	流动比率	1.26	1.21	1.27	-0.05	0.06
5	速动比率	1.07	0.98	1.04	-0.09	0.06
6	现金比率	0.92	0.80	0.87	-0.12	0.07
7	资产负债率	0.68	0.71	0.69		-0.02
8	利息保障倍数	449.55	36.21	-236.95	-413.33	-273.16

分析：
1、企业流动比率低于标准值2（随着近几年零存货理论的兴起，这种说法已经逐步被实际情况的发展所否定）。恒昌公司的流动比率比较稳定，但是观察其具体的流动资产和流动负债数值后发现，企业的流动资产（货币资金占比最大，存货次之）和流动负债（应付票据、应付账款和其他应付款较多）的增长速度和幅度都比较快。这个比例应与同行业的比率相比较。
2、企业的速动比率接近1，且从发展趋势上来看都比较稳定，而且企业的货币资金占比大，且逐年上升，尤其是2018年，所以企业有很好的偿债能力。但同时应该看到过多的现金持有会降低企业对资产的利用效率。
3、从长期来看，恒昌公司的负债率平均稳定在0.7左右，2016年和2017年家电行业的平均资产负债率为56%～64%，恒昌公司还是比较稳健的，而负债率的提高对债权人、所有者和经营者都有不同的意义，通常表明财务风险提高，获利能力加强。
4、利息保障倍数是从企业的收益方面考察企业的长期偿债能力，恒昌2016年的利息保障倍数很高，比较容易进行债务融资。2017年的数值虽然突降，但整体数字还是比较高的。2018年出现负数表明恒昌的银行存款高于银行借款。

图6-11 财务指标分析模型界面

表6-3 偿债能力分析指标计算公式表

2016年流动比率	B4=资产负债表!C15/资产负债表!C48
2016年速动比率	B5=(资产负债表!C15−资产负债表!C11)/资产负债表!C48
2016年现金比率	B6=(资产负债表!C2+资产负债表!C4)/资产负债表!C48
2016年资产负债率	B7=资产负债表!C57/资产负债表!C34
2016年利息保障倍数	B8=(利润表!C14+利润表!C8)/利润表!C8
2017年流动比率	C4=资产负债表!D15/资产负债表!D48
2017年速动比率	C5=(资产负债表!D15−资产负债表!D11)/资产负债表!D48
2017年现金比率	C6=(资产负债表!D2+资产负债表!D4)/资产负债表!D48
2017年资产负债率	C7=资产负债表!D57/资产负债表!D34
2017年利息保障倍数	C8=(利润表!D14+利润表!D8)/利润表!D8
2018年流动比率	D4=资产负债表!E15/资产负债表!E48
2018年速动比率	D5=(资产负债表!E15−资产负债表!E11)/资产负债表!E48
2018年现金比率	D6=(资产负债表!E2+资产负债表!E4)/资产负债表!E48
2018年资产负债率	D7=资产负债表!E57/资产负债表!E34
2018年利息保障倍数	D8=(利润表!E14+利润表!E8)/利润表!E8
流动比率2017年比2016年	E4=C4−B4
速动比率2017年比2016年	E5=C5−B5
现金比率2017年比2016年	E6=C6−B6
资产负债率2017年比2016年	E7=C7−B7
利息保障倍数2017年比2016年	E8=C8−B8
流动比率2018年比2017年	F4=D4−C4
速动比率2018年比2017年	F5=D5−C5
现金比率2018年比2017年	F6=D6−C6
资产负债率2018年比2017年	F7=D7−C7
利息保障倍数2018年比2017年	F8=D8−C8

由于每股市价、每股盈余、流通在外的普通股股数等数据无法在报表中直接取得，需要人工输入，因此模型中专门有区域存放输入的数据，而调用这些数据的财务比率的计算公式中需要引用这些单元的绝对地址，如计算市盈率的 B25 单元。这样，即使数据发生改变，比率指标的公式仍保持不变。

6.3.2 杜邦分析模型

例 6-5 续上例。恒昌公司的资产负债表和利润表仍见表 6-1 和表 6-2，要求通过建立杜邦分析模型对该公司的财务状况和经营成果进行分析。

按照 6.2.2 节介绍的步骤，建立杜邦分析模型。

1．定义项目名称

在每个项目框内上面的单元格中直接输入项目名称。

2．定义数据链接

由于杜邦分析模型中的"营业收入""销售费用""投资收益""所得税""所有者权益""资产价值损失""营业成本""营业税金及附加""财务费用""管理费用""销售费用""营业外收入""营业外支出"等项目直接来源于资产负债表和利润表，因此可以通过工作簿内表间引用的方法建立起杜邦分析工作表与资产负债表和利润表的数据链接，并直接获得上述这些项目的数据。

本模型中上述项目的计算公式如下。

"营业收入"项目的 2017 年计算公式 B27 单元：=利润表!D2
"销售费用"项目的 2017 年计算公式 C31 单元：=利润表!D5
"投资收益"项目的 2017 年计算公式 H27 单元：=利润表!D11
"所得税"项目的 2017 年计算公式 K27 单元：=利润表!D4
"所有者权益"项目的 2017 年计算公式 K22 单元：=资产负债表!D66
"资产价值损失"项目的 2017 年计算公式 G35 单元：=利润表!D9
"营业成本"项目的 2017 年计算公式 G39 单元：=利润表!D3
"营业税金及附加"项目的 2017 年计算公式 G31 单元：=利润表!D4
"财务费用"项目的 2017 年计算公式 C39 单元：=利润表!D8
"管理费用"项目的 2017 年计算公式 C35 单元：=利润表!D6
"销售费用"项目的 2017 年计算公式 C31 单元：=利润表!D5
"营业外收入"项目的 2017 年计算公式 N27 单元：=利润表!D16
"营业外支出"项目的 2017 年计算公式 Q27 单元：=利润表!D17

3．定义项目计算公式

对其他不能直接取得数据的项目，需要定义项目计算公式，放在项目框内下面的单元格中。公式定义的方法参照表内数据链接的定义。

杜邦分析模型中主要的项目公式如下。

"净资产收益率（ROE）"的计算公式 E7 单元：=C12*G12。

"总资产收益率"的计算公式 D7 单元：=B17*E17。

"权益乘数"的计算公式 F7 单元：=H22/K22。

"销售净利率"的计算公式 B17 单元：=B22/E22。

"总资产周转率"的计算公式 E17 单元：=E22/H22。

"平均资产总额"的 2017 年计算公式 H22 单元：=(资产负债表!D34+资产负债表!C34)/2。

"全部成本"的计算公式 E27 单元：=C31+C35+C39+G31+G35+G39。

"税后净利润"的计算公式 B22 单元：=B27-E27+H27-K27+N27-Q27。

所有公式定义完成之后，就形成了杜邦分析模型，如图 6-12 所示。

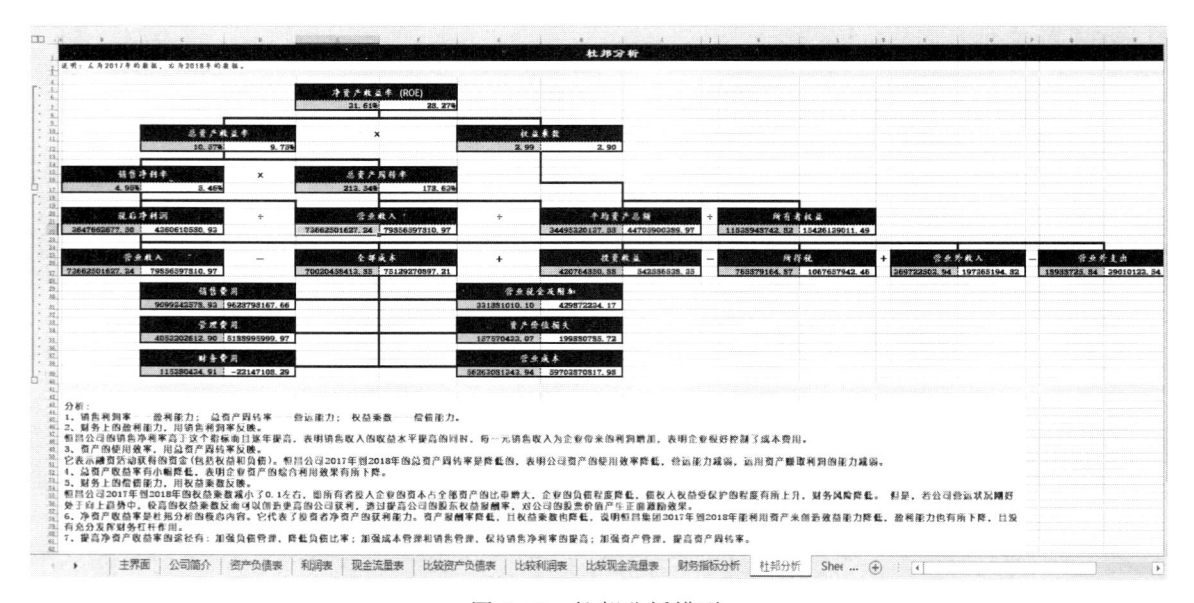

图 6-12 杜邦分析模型

习题

1．试论述企业进行财务分析时是如何用 Excel 收集、获取分析资料的，并画出模型。
2．财务比率分析指标主要分几类？有哪些主要指标？作用如何？
3．在 Excel 中应该怎样通过 Microsoft Query 引入外部数据，并上机实践。
4．如何在 Excel 中建立财务分析模型？

实习案例

上市公司 Novial Smart 的资产负债表和利润表见表 6-4 和表 6-5，试通过创建模型的方法对该公司进行财务比率分析和杜邦分析。

表6-4 资产负债表

报告期	2018年12月31日	2019年12月31日	2020年12月31日
报表类型	母公司报表	母公司报表（调整）	母公司报表
货币资金	57 625 471.44	121 835 249.4	190 849 224.7
短期投资	472 000	0	0
短期投资净额	472 000	0	0
应收票据	530 000	600 000	942 562.6
应收股利	0	0	14 988 400
应收账款	18 047 981.06	0	13 218 862.71
应收账款净额	16 959 083.56	15 340 433.35	12 425 730.95
其他应收款	707 476.91	0	74 102.1
其他应收款净额	665 028.3	386 243.37	69 655.97
减：坏账准备	1 131 346.11	0	797 577.89
应收款项净额	17 624 111.86	15 726 676.72	12 495 386.92
预付账款	624 156.56	1 015 940.55	249 160.86
存货	13 355 372.14	0	0
存货净额	13 355 372.14	11 452 633.54	9 238 649.71
待摊费用	17 889.9	0	0
流动资产合计	90 249 001.9	150 630 500.2	228 763 384.7
长期投资			
长期股权投资	2 316 986 994.1	145 750 837	64 281 071.64
长期投资合计	231 698 694.1	0	64 281 071.64
长期投资净额	231 698 694.1	145 750 837	64 281 071.64
固定资产原价	74 350 423.18	68 609 189.26	55 554 934.4
减：累计折旧	13 114 208.48	9 780 547.22	7 045 858.81
固定资产净值	61 236 214.7	58 828 642.04	48 509 075.59
固定资产净额	61 236 214.7	58 828 642.04	48 509 075.59
在建工程	14 495 777.35	0	0
在建工程净额	14 495 777.35	1 150 267.4	9 891 910
固定资产合计	75 731 992.05	59 978 909.44	58 400 985.59
无形资产	890 431.38	0	0
长期待摊费用	405 620.54	513 786.14	621 951.74
无形资产及其他资产合计	1 296 051.92	1 423 787.48	1 551 523.04
资产总计	398 975 740	357 784 034.1	352 996 965
短期借款	0	0	10 000 000
应付账款	4 793 421.24	4 255 107.83	2 045 913.29
预收账款	692 171.37	456 352.6	230 224.54
应付工资	96 435	0	0
应付福利费	1 064 108.57	766 477.15	634 262.23
报表类型	母公司报表	母公司报表（调整）	母公司报表
应交税金	6 082 152.86	4 755 694.18	3 748 556.1
其他应交款	53 060.85	38 208.85	14 994.03

续表

报告期	2018年12月31日	2019年12月31日	2020年12月31日
其他应付款	1 665 874.72	3 366 764.26	237 558.07
预提费用	0	0	17 350
流动负债合计	14 447 224.61	13 638 604.87	16 928 858.26
长期借款	6 000 000	0	0
专项应付款	3 160 000	2 790 000	2 420 000
长期负债合计	9 160 000	2 790 000	2 420 000
负债合计	23 607 224.61	16 428 604.87	19 348 858.26
股本	140 250 000	82 500 000	68 750 000
股本净额	140 250 000	82 500 000	68 750 000
资本公积金	113 112 477.7	161 017 808.8	175 298 402.4
盈余公积金	40 937 591.98	33 570 750.26	27 934 458.64
其中：公益金	0	0	9 311 486.21
未分配利润	81 068 445.66	64 266 870.2	61 665 245.67
股东权益合计	375 368 515.4	341 355 429.2	333 648 106.8
负债及股东权益总计	398 975 740	357 784 034.1	352 996 965

表6-5 利润表

报告期	2018年12月31日	2019年12月31日	2020年12月31日
一、营业收入	89 447 363.65	76 541 217.14	60 457 682.78
销售收入	89 447 363.65	76 541 217.14	60 457 682.78
减：营业成本	25 197 790.1	24 098 041.83	21 606 264.71
营业税金及附加	1 206 503.23	1 008 898.86	638 865.58
加：其他业务收入	1 051 582.17	439 279.63	348 526.2
减：营业费用	6 950 857.75	3 371 257.52	1 835 939.56
管理费用	10 779 428.49	8 693 155.51	6 426 661.74
财务费用	-1 124 938.84	-3 802 039.97	-451 216.2
二、营业利润	47 489 305.09	43 611 183.02	30 749 693.59
加：投资收益	33 139 524	17 927 596.84	14 922 070.44
补贴收入	544 000	1 723 000	1 316 100
营业外收入	10 734.55	2 000	0
减：营业外支出	1 341.5	100 000	0
营业外收支净额	9 393.05	-980 00	0
三、利润总额	81 182 222.14	63 163 779.86	46 987 864.03
减：所得税	7 513 804.96	6 800 863.71	4 790 914.97
四、净利润	73 668 417.18	56 362 916.15	42 196 949.06
加：年初未分配利润	64 266 870.2	61 665 245.67	25 797 838.97
五、可分配利润	137 935 287.4	118 028 161.8	67 994 788.03
减：提取法定盈余公积	7 366 841.72	5 636 291.62	4 219 694.91
提取法定公益金	0	0	2 109 847.45
六、可供股东分配的利润	130 568 445.7	112 391 870.2	61 665 245.67
应付普通股股利	41 250 000	48 125 000	0
默认和股本的普通股股利	8 250 000	0	0
七、未分配利润	81 068 445.66	64 266 870.2	61 665 245.67

第 7 章

投资决策分析

本章学习目的：
- 掌握投资决策指标函数及投资指标决策分析模型的编制方法
- 掌握利用函数进行折旧分析的方法，并会熟练地建立折旧函数分析对比模型
- 掌握固定资产更新决策的方法，并能够熟练地建立固定资产决策模型
- 掌握投资风险分析的方法，并能够熟练地创建投资风险分析模型

本章关键词：

投资决策、固定资产更新模型、投资指标决策模型、投资风险分析模型、折旧模型

7.1 投资决策业务概述

投资决策的内容很多，在此主要利用 Excel 提供的丰富的投资决策分析函数，进行投资项目的决策、投资风险分析、固定资产更新决策、折旧分析等。

7.1.1 投资决策指标函数

投资决策指标是评价项目是否可行和优劣的标准，其中以考虑时间价值的分析为主。这些指标主要包括净现值、内含报酬率、修正内含报酬率、现值指数等。

为了帮助财务管理人员建立投资决策模型，为决策提供依据，Excel 提供了 NPV、IRR、MIRR、XIRR、XNPV、现值指数等函数，可以直接使用这些函数进行投资决策分析。

1. 净现值函数 NPV()

投资的净现值是指某一方案未来各期现金流入的现值和未来现金流出现值之间的差额。

语法：NPV(rate,value1,value2, …)。

功能：在已知一系列现金流和固定的各期贴现率的条件下，返回某项投资的净现值。

参数说明：

rate 是各期现金流量折为现值的贴现率，是一个固定值，一般取投资项目的最低报酬率或资金成本率。

value1，value2，… 代表流出及流入的现金流量。其中，现金流入用正数表示，现金流出用负数表示。value 参数最少为 1 个，最多为 29 个。对参数 value 的要求如下。

（1）value1,value2,…所属各期间的长度必须相等，而且流出及流入的时间都发生在期末。

（2）函数 NPV()按次序使用 value1,value2,…参数，即 value1 表示第一期期末发生的现金流；value2 表示第二期期末发生的现金流，依次类推。所以一定要保证流出及流入数额按正确的顺序输入。

（3）只要 value1,value2,…参数位置是数值、空白单元格、逻辑值或表示数值的文字表达式，则计算净现值时都会计算在内。

（4）如果 value1,value2,…参数位置是一个数组或引用，则只有其中的数值部分在计算净现值时计算在内。

（5）函数 NPV()假定投资开始于 value1 现金流所在日期的前一期，并结束于最后一笔现金流的当期。如果第一笔现金流发生在第一个周期的期初，则第一笔现金必须添加到函数 NPV()的结果中，而不应包含在 value 参数中。函数 NPV()计算的是未来的现金流的总现值。

例 7-1 假设某项目第一年年末投资 10 000 元，未来三年中各年年末的收入分别为 3 000 元、4 200 元和 6 900 元。如果每年的贴现率是 8%，计算该项目的净现值。

（1）单击"公式"→"财务"命令下的函数 NPV()，如图 7-1 所示，弹出如图 7-2 所示的对话框。

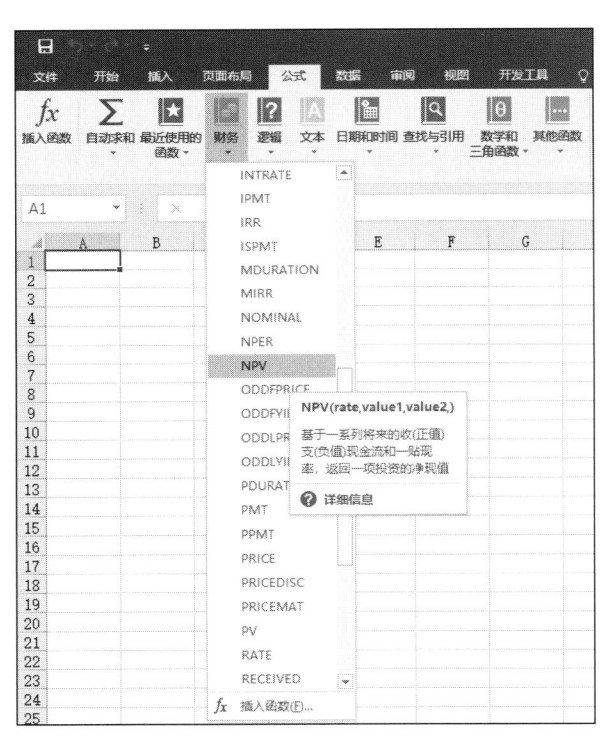

图 7-1 函数 NPV()

（2）按照图 7-2 所示输入各参数，单击"确定"按钮，即可得出计算结果。该投资的净现值是：NPV=NPV(8%, -10000, 3000, 4200, 6900)=1 718.56（元）。

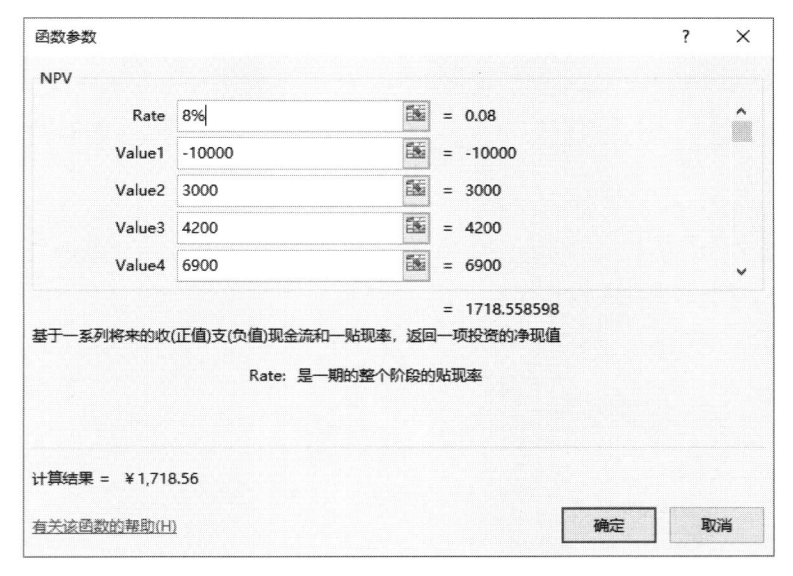

图 7-2　NPV()对话框

本例中，因为付款发生在第一期的期末，因此，将开始投资的 10 000 作为 value 参数的一部分。

例 7-2　假如年初投入资金 400 万元购买一家百货店，希望前五年的营业收入为 80 万元、92 万元、100 万元、120 万元和 145 万元。每年的贴现率为 8%。计算该投资项目的净现值。

在工作表中，如果百货店的投资成本及收入分别存储在 B1 到 B6 单元格中，该项投资的净现值如下。

$$NPV= NPV(8\%,B2:B6)+B1=19.22（万元）$$

本例中，因为一开始投资的 400 万元发生在第一期的期初，因此计算时不包含在 value 参数中，而是放在函数后作为函数值的减项。

2．内含报酬率函数 IRR()

内含报酬率是指能够使未来现金流入量现值等于未来现金流出量现值的贴现率，或者说是使投资方案的 NPV 为零的贴现率。

语法：IRR(values, guess)。

功能：返回连续期间的现金流量的内含报酬率。

参数说明如下。

（1）values 为数组或含有数值的单元格的引用。其中现金流入用正数，现金流出用负数表示。values 必须包含至少一个正值和一个负值，否则无法计算内含报酬率。

（2）函数 IRR()是根据 values 参数的顺序来解释现金流量的顺序的，因此应按需要的顺序输入现金流入量和现金流出量，而且这些现金流必须是按固定的间隔发生的，如按月或按年。

（3）values 参数中的数组或引用的若是文本、逻辑值或空白单元格，则忽略不计。

（4）guess 是对函数 IRR 计算结果的估计值。Excel 使用迭代法计算函数 IRR。从 guess

开始，函数 IRR()不断反复计算，直至计算结果的误差率小于 0.000 01%。如果经过 20 次计算，仍未找到结果，则系统返回错误值#NUM!。在大多数情况下，并不需要提供参数 guess 值。如果省略 guess 值，则系统自动假设它为 0.1(10%)。如果函数 IRR 返回错误值#NUM!，或结果没有靠近期望值，可以换一个 guess 值重新计算。

例 7-3 假设要开办一家饭店，估计需要 70 万元的投资，并预期今后五年的净收益为 12 万元、15 万元、18 万元、21 万元和 26 万元。计算该项目的内含报酬率。

在工作表中，把该项目的投资成本和净收益值分别存储在 A2 到 F2 单元格中，计算结果存在 B3 单元格，如图 7-3 所示。采用内含报酬率函数的计算过程如下。

图 7-3 内含报酬率计算示例

(1)单击"公式"→"财务"命令下的 IRR 函数，弹出如图 7-4 所示的 IRR()对话框。

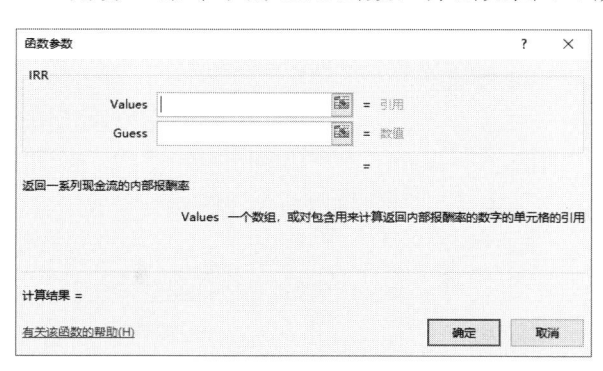

图 7-4 IRR()对话框

(2)输入各参数，单击"确定"按钮，即可得出计算结果，如图 7-5 所示。该项目投资五年后的内含报酬率：IRR(A2:F2)= 8.66%。

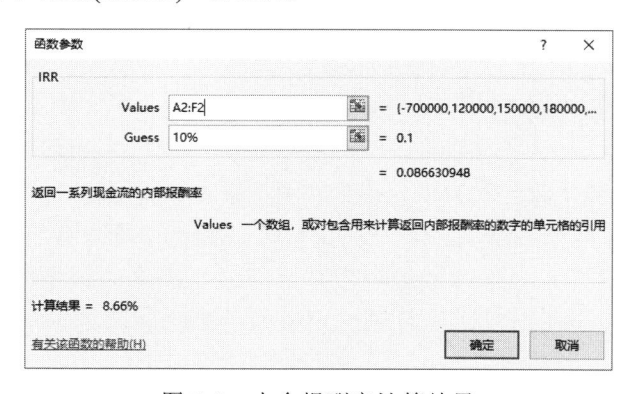

图 7-5 内含报酬率计算结果

如果计算此项投资两年后的内含报酬率，则必须在函数中包含 guess 参数，否则返回错误值"#NUM!"。比如给定 guess 为–10%，则投资两年后的内含报酬率=IRR(A2:B2,–10%)= –44.35%。

3. 修正内含报酬率函数 MIRR()

内含报酬率虽然考虑了时间价值，但未考虑现金流入的再投资机会。修正内含报酬率指标在内含报酬率指标基础上，考虑了投资的成本和再投资的报酬率。

语法：MIRR(values,finance_rate,reinvest_rate)。

功能：返回某一连续期间内现金流量的修正内含报酬率。

参数说明如下。

(1) values 为一个数组，或对数字单元格区的引用。数组或单元格中的数值代表各期的现金流入量及现金流出量。参数 values 中必须至少包含一个正数和一个负数，才能计算修正后的内含报酬率。否则函数 MIRR()会返回错误值#DIV/0!。

(2) 因为函数 MIRR()是根据 values 中各值的次序来理解现金流量的次序的，所以必须按照现金流量发生的实际顺序输入各项流入和流出的数额，其中现金流入用正数表示，现金流出用负数表示。

(3) 如果数组或引用中包括文字串、逻辑值或空白单元格，计算时这些值将被忽略不计，但包括数值零的单元格将被计算在内。

(4) finance_rate 为投入资金的资金成本率或必要的报酬率。

(5) reinvest_rate 为各期现金流入再投资的报酬率。

假设 n 代表 values 参数表中现金流的次数，frate 代表参数 finance_rate，rrate 代表参数 reinvest_rate，则函数 MIRR()的计算公式如下。

$$\text{MIRR} = \left(\frac{-\text{NPV}(\text{rrate, values1}) \times (1+\text{rrate})}{\text{NPV}(\text{frate, values2}) \times (1+\text{frate})} \right)^{\frac{1}{n-1}} - 1$$

式中，分子 values1 取 values 参数中所有现金流入量的值；分母中 values2 取 values 参数中所有现金流出量的值。

例 7-4 假设某企业五年前以年利率 10%从银行借款 12 万元投资一个项目，这五年间该项目每年的净收入分别为 3.9 万元、3 万元、2.1 万元、3.7 万元和 4.6 万元。其间又将所获利润用于重新投资，每年的再投资报酬率为 12%。要求：计算修正内含报酬率；如果每年的再投资报酬率为 14%，计算修正内含报酬率。

在工作表的单元格 A2 中输入贷款总数 120000，在单元格 B2:F2 中按顺序分别输入这五年的年净收益，如图 7-6 所示。

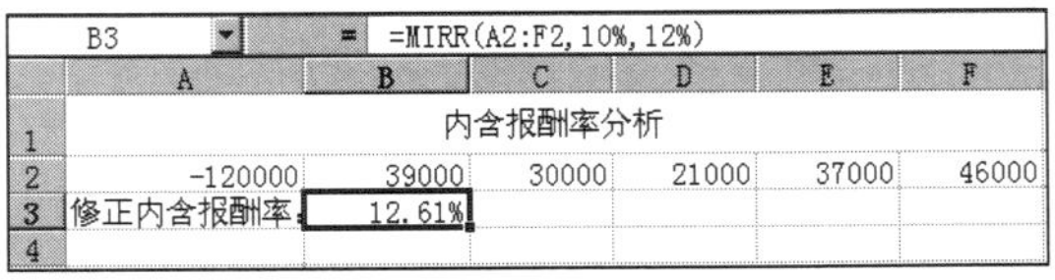

	A	B	C	D	E	F
1	内含报酬率分析					
2	–120000	39000	30000	21000	37000	46000
3	修正内含报酬率	12.61%				
4						

B3 = =MIRR(A2:F2,10%,12%)

图 7-6 修正内含报酬率计算示例

(1)单击"公式"→"财务"命令下的MIRR(),弹出如图7-7所示的对话框。

(2)输入各参数,单击"确定"按钮,即可得出五年后的修正内含报酬率为:MIRR(A2:F2,10%,12%)=12.61%。

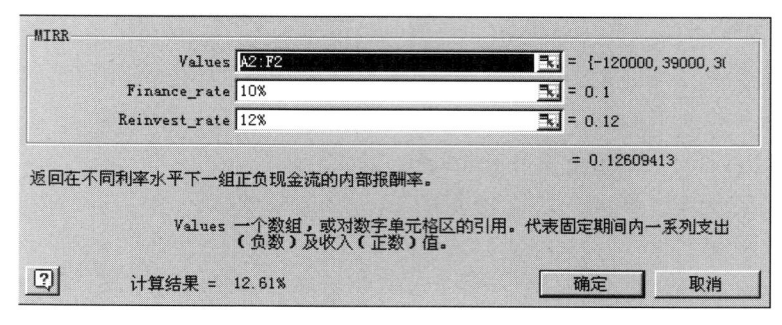

图7-7 MIRR()对话框

如果每年的再投资报酬率为14%,则五年后的修正内含报酬率为:修正内含报酬率=MIRR(A2:F2,10%,14%)=13.48%。

4．现值指数

现值指数是指某一方案未来各期现金流入的现值和未来现金流出现值之间的比率。Excel并没有专门提供现值指数的函数,但可以利用净现值函数来计算一个项目的现值指数。计算方法如下。

$$现值指数 = \frac{NPV}{现金流出量的现值} + 1$$

式中:现金流出量的现值 $= \sum_{j=0}^{n} \frac{O_j}{(1+rate)^j}$,$O_j$ 为第 j 期的现金流出量,rate 为贴现率,n 为发生现金流出的期数。

例7-5 假设某项目第一年年末投资 10 000 元,未来三年中各年年末的收入分别为 3 000 元、4 200 元和 6 800 元。假定每年的贴现率是10%,计算该项目的现值指数,如图7-8所示。

该投资的现值指数如下。

现值指数= B3/ABS(B2)+1=1.12

图7-8 现值指数计算示例

由于各项目现金流出的期数不同,现金流出量的现值的计算有很大差异。本例中,因为现金流出发生在第一期的期末,计算公式较为简单。

5．非周期流量内含报酬率函数 XIRR()

内含报酬率、修正内含报酬率的分析都要求用于计算的现金流量必须是按固定的间隔发生的，如按月或按年。而实际工作中，投资项目的现金流量常常是非周期性的，因此为了对这些项目也能计算其内含报酬率，Excel 提供了函数 XIRR()。

语法：XIRR(values,dates,guess)。

功能：返回一组非定期发生的现金流的内含报酬率。

参数说明如下。

(1) values 是与 dates 中的支付时间相对应的一系列现金流量值。如果第一个值是投资成本或现金流出量，则它必须是负数；所有后续现金流都基于 365 天/年贴现。

(2) dates 是与现金流相对应的现金流发生的日期表。第一个日期代表开始，其他日期应迟于该日期，但可按任何顺序排列。计算时 dates 中的数值将被截尾取整。

(3) guess 是对函数 XIRR()计算结果的估计值。

对参数 values 的要求如下。

(1) values 中必须包含至少一个正数和一个负数，否则函数 XIRR()返回错误值#NUM!。

(2) 如果 dates 中的任一数值不是合法日期，则函数 XIRR()返回错误值#NUM!。

(3) 如果 dates 中的任一数字先于开始日期，则函数 XIRR()返回错误值#NUM!。

(4) 如果 values 和 dates 所含数值的数目不同，函数 XIRR()返回错误值#NUM!。

Excel 使用迭代法计算函数 XIRR()。从 guess 开始，函数 XIRR()不断反复计算，直至计算结果的误差率小于 0.000 001%。如果函数 XIRR()运算 100 次，仍未找到结果，则返回错误值#NUM!；在大多数情况下，并不需要提供参数 guess 值，如果省略 guess 值，则系统自动假设它为 0.1(10%)。如果函数 XIRR()返回错误值#NUM!，或结果没有靠近期望值，可以换一个 guess 值重新计算。

函数 XIRR()的计算公式如下：

$$0 = \sum_{j=1}^{n} \frac{p_j}{(1+\text{rate})^{\frac{d_j-d_1}{365}}}$$

式中：d_j——第 j 个发生日期；

d_1——第 1 个发生日期；

P_j——第 j 笔现金流量金额。

满足上式要求的 rate 即为所求的非周期流量内含报酬率 XIRR。

例 7-6 假设一项投资要求在 2019 年 1 月 1 日支付现金 10 000 元，2019 年 3 月 1 日回收 2 750 元，2019 年 10 月 30 日回收 4 250 元，2020 年 2 月 15 日回收 3 250 元，2020 年 4 月 1 日回收 2 750 元。计算该项目的内含报酬率。

因为现金流量的发生是不定期的，因此采用 XIRR()计算项目净现值。函数 XIRR()的操作方法有下面两种。

1) 操作方法 1

- 将-10 000、2 750、4 250、3 250、2 750 分别放到单元格区域 A1:E1 中，将日期数据 2019-1-1、2019-3-1、2019-10-30、2020-2-15、2020-4-1 分别放到单元格区域 A2:E2 中，如图 7-9 所示。

- 单击"公式"→"财务"命令下的函数XIRR()，弹出图7-9所示的函数XIRR()对话框。

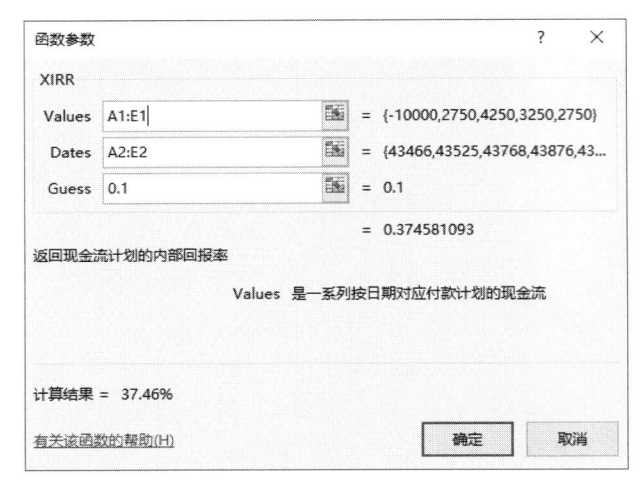

图 7-9　XIRR()对话框

- 按照图7-9所示输入参数，单击"确定"按钮，即可得出计算结果。如果guess给定10%，则该项投资的内含报酬率为0.374 581(37.488 1%)。

2）操作方法2

在存放内含报酬率的单元格中直接输入公式如下。

"=XIRR({-10000,2750,4250,3250,2750},{41275,41334,41577,41685,41730}),0.1)"，然后按Enter键，计算结果就显示在输入公式的单元格中，结果是0.374 581(37.488 1%)。

6．非周期流量净现值函数XNPV()

用净现值NPV分析时要求项目的现金流量必须是按固定的间隔发生的，如按月或按年，而实际工作中，投资项目的现金流量常常是非周期性的，因此为了计算这些项目的净现值，Excel提供了函数XNPV()。

语法：XNPV(rate,values,dates)。

功能：返回非周期性发生的现金流的净现值。

参数说明如下。

（1）rate 各期现金流量折为现值的贴现率。

（2）values 是与dates中的发生时间相对应的一系列现金流量值。如果第一个值是投资成本或现金流出量，则它必须是负数；所有后续现金流都基于365天/年贴现。

（3）dates 是与现金流相对应的现金流发生的日期表。第一个日期代表开始，其他日期应迟于该日期，但可按任何顺序排列。计算时dates中的数值将被截尾取整。

对参数dates的要求如下。

（1）如果任一参数为非数值型，函数XNPV()返回错误值#VALUE！。

（2）如果dates中的任一数值不是合法日期，函数XNPV()返回错误值#NUM！。

（3）如果dates中的任一数值先于开始日期，函数XNPV()返回错误值#NUM！。

（4）如果values和dates所含数值的数目不同，函数XNPV()返回错误值#NUM！。

例 7-7 假设一项投资要求在 2019 年 1 月 1 日支付现金 10 000 元,2019 年 3 月 1 日回收 2 750 元,2019 年 10 月 30 日回收 4 250 元,2020 年 2 月 15 日回收 3 250 元,2020 年 4 月 1 日回收 2 750 元。假设贴现率为 9%。计算该项投资的净现值。

因为现金流量的发生是不定期的,因此采用函数 XNPV()计算项目净现值。函数 XNPV()的操作方法有下面三种。

1)操作方法 1

(1)如前所述,"公式"→"财务"命令下的 XNPV()函数,弹出如图 7-10 所示的 XNPV 函数对话框。

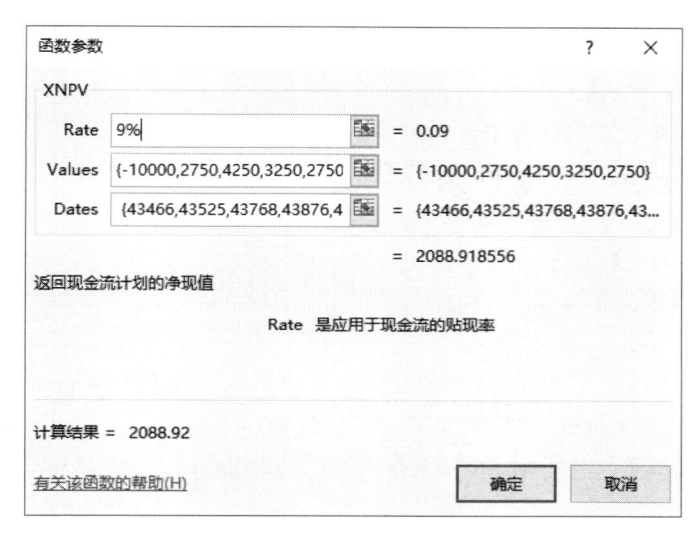

图 7-10 XNPV()对话框

(2)输入各参数项,单击"确定"按钮,即可得出计算结果。如贴现率为 9%,该项目的净现值为 2 088.92 元。

2)操作方法 2

在单元格中直接输入公式:"=XNPV(9%,{-10000,2750,4250,3250,2750},{41275,41334,41577,41685,41730})",然后按 Enter 键,计算结果就显示在输入公式的单元格中。结果是 2 088.92。

3)操作方法 3

(1)将−10 000、2 750、4 250、3 250、2 750 分别放到单元格区域 A1:E1 中,将 2019-1-1、2019-3-1、2019-10-30、2020-2-15、2020-4-1 分别放到单元格区域 A2:E2,如图 7-11 所示。

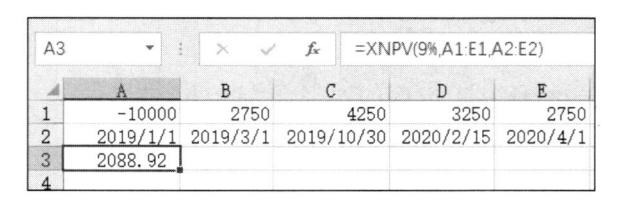

图 7-11 XNPV()对话框

(2)在单元格 A3 中输入公式"=XNPV(9%,A1:E1,A2:E2)",然后按 Enter 键,并保留两位小数,计算结果就显示在输入公式的单元格中。结果是 2 088.92。

7.1.2 折旧函数

1. 直线折旧函数 SLN()

直线折旧法是根据固定资产的原始价值、预计残值和预计清理费用,按照预计使用年限平均计算折旧的一种方法。用该方法计算出来的折旧额每个年份或月份都是相等的。计算公式如下。

$$年折旧额 = \frac{原始价值 - 预计净残值}{折旧年限}$$

直线折旧函数语法:SLN(cost,salvage,life)。

功能:返回一项固定资产每期的按照直线法计算的折旧费。

参数说明如下。

(1)cost 是固定资产原值。

(2)salvage 是预计的固定资产净残值。

(3)life 是折旧期限。

例 7-8　某企业购买了一辆价值 30 000 元的卡车,其折旧年限为 10 年,预计残值为 7 500 元,采用直线法计算每年的折旧额,如图 7-12 所示。

$$每年的折旧额 = SLN(30\,000, 7\,500, 10) = 2\,250(元)$$

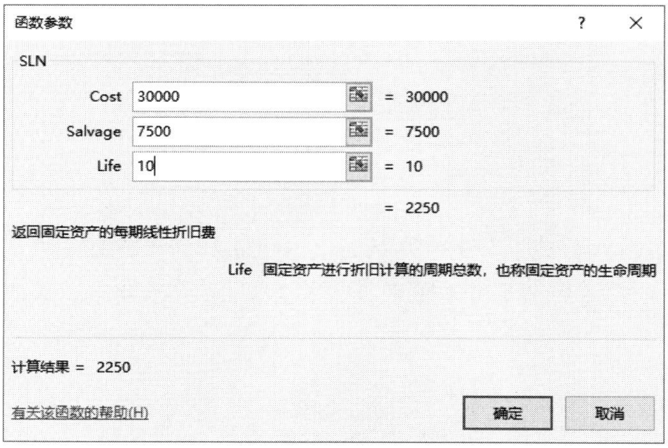

图 7-12　SLN()对话框

2. 双倍余额递减函数 DDB()

双倍余额递减法是用直线法折旧率的两倍作为定率乘以该资产的账面净值来计算折旧额的方法。采用该方法时需要在固定资产折旧年限到期前两年内,将固定资产净值扣除预计净残值后的净额平均摊销。双倍余额递减法是一种加速折旧的方法,即折旧在第一阶段是最高的,在后继阶段中逐渐减少。计算公式如下。

$$年折旧率 = \frac{2}{折旧年限} \times 100\%$$

$$年折旧额 = 年初固定资产账面净值 \times 年折旧率$$

双倍余额递减函数语法：DDB(cost,salvage,life,period,factor)。

功能：计算一项固定资产在给定期间内的折旧额。公式中 5 个参数都必须为正数。

参数说明如下。

(1) cost 为固定资产原值。

(2) salvage 为预计的固定资产净残值。

(3) life 是折旧期限，如果要计算年折旧额则为折旧年限数，如果要计算月折旧额则为折旧月份数。

(4) period 为需要计算折旧额的期间。period 必须使用与 life 相同的单位。

(5) factor 为余额递减速率。如果 factor 被省略，则为 2，即为双倍余额递减法。可以改变此参数的值。

例 7-9 某工厂购买了一台新设备，价值为 24 000 元，使用期限为 10 年，残值为 3 000 元。采用双倍余额递减法计算各年折旧额。

(1) 在工作表的连续单元区域输入折旧年份，如图 7-13 所示，A3:A12 单元格区域内输入年份 1～10。

(2) 在存放第一年折旧额的单元格 B3 中输入公式"=DDB(24000,3000,10,$A3,2)"，如图 7-11 所示，则计算出第一年的年折旧额。

(3) 选中 B3 单元，单击工具栏中的"复制"按钮。

(4) 选中 B4:B10 单元格区域，然后单击工具栏中的"粘贴"按钮，于是系统自动复制公式，如 B4 单元为"=DDB(24000,3000,10,$A4,2)"，B5 单元为"=DDB(24000,3000,10,$A5,2)"等，并计算出第 2 年到第 8 年的折旧额。

(5) 在 B11 单元输入公式"=(24000−SUM($B$3:$B$10)−3000)/2"，计算第 9 年的折旧。

(6) 选中 B11 单元，单击工具栏中的"复制"按钮。

(7) 选中 B12 单元，然后单击工具栏中的"粘贴"按钮，于是系统自动复制公式，并计算出第 10 年的折旧额。

	A	B
2	年份	年折旧额
3	1	4,800.00
4	2	3,840.00
5	3	3,072.00
6	4	2,457.60
7	5	1,966.08
8	6	1,572.86
9	7	1,258.29
10	8	1,006.63
11	9	513.27
12	10	513.27

图 7-13 DDB()应用示例

采用双倍余额递减函数DDB()计算折旧时需要注意以下几点问题。

(1)因为本方法要求在固定资产折旧年限到期的最后两年，将固定资产净值扣除预计净残值后的净额平均摊销，因此后两年的折旧额需要单独输入公式计算。

(2)在折旧额计算公式中，参数 period 应采用单元格引用，而不能直接输入期数，同时根据年份所在的单元格区域确定单元格引用的形式。如果是存放在一列内，如本例所示，则列为绝对引用，行为相对引用，如本例中的"$A3"；如果是存放在一行内，则行为绝对引用，列为相对引用，比如若年份数据在从A3开始的第三行内，则period应为"A$3"。

(3)如果计算月折旧额，则年份数据应改为月份数据，即life参数为月份数，本例中为120；period参数中引用的单元格的值也相应地改为第几个月。

(4)在最后两年的折旧计算公式中，已提到累计折旧的计算采用绝对引用"$B$3:$B$10"，这样复制时，引用的单元格将不改变。

3. 年限总和函数SYD()

年限总和法是根据折旧总额乘以递减分数来计算年折旧额的一种方法。它也是一种递减加速折旧法。计算公式如下：

$$递减分数 = \frac{固定资产尚可提折旧的年数}{固定资产折旧年限的各年年数之和} \times 100\%$$

$$= \frac{折旧年限 - 已使用年数}{折旧年限 \times (折旧年限+1) \div 2} \times 100\%$$

$$年折旧额 = (固定资产原值 - 预计净残值) \times 该年折旧率$$

年限总和函数语法：SYD(cost,salvage,life,per)。

功能：返回某项固定资产某期按年限总和法计算的折旧额。

参数说明如下。

(1)cost 为固定资产原值。

(2)salvage 为预计的固定资产净残值。

(3)life 是折旧期限，如果要计算年折旧额则为折旧年限数，如果要计算月折旧额则为折旧月份数。

(4)per 为需要计算折旧额的期间。period 必须使用与 life 相同的单位。

例7-10 假设购买一台设备，价值300 000元，使用期限为5年，残值为35 000元。把折旧年份1~5放在工作表的A3:A7单元，则采用年限总和法计算的各年折旧额如图7-14所示。

第1年折旧额=SYD(300 000,35 000,5,$A3)= 88 333.33。

第2年折旧额=SYD(300 000,35 000,5,$A4)= 70 666.67。

第3年折旧额=SYD(300 000,35 000,5,$A5)=53 000.00。

第4年折旧额=SYD(300 000,35 000,5,$A6)=35 333.33。

第5年折旧额=SYD(300 000,35 000,5,$A7)=17 666.67。

与双倍余额递减法函数相同，在折旧额计算公式中，参数 per 应采用单元格引用，而不直接输入期数，同时根据年份所在的单元格区域确定单元格引用的形式。如果是存放在一列内，则列为绝对引用，行为相对引用；如果是存放在一行内，则行为绝对引用，列为相对引用。如果计算月折旧额，则年份数据应改为月份数据。即 life 参数为月份数据，本例中为 60，per 参数中引用的单元格的值也相应地改为第几个月。

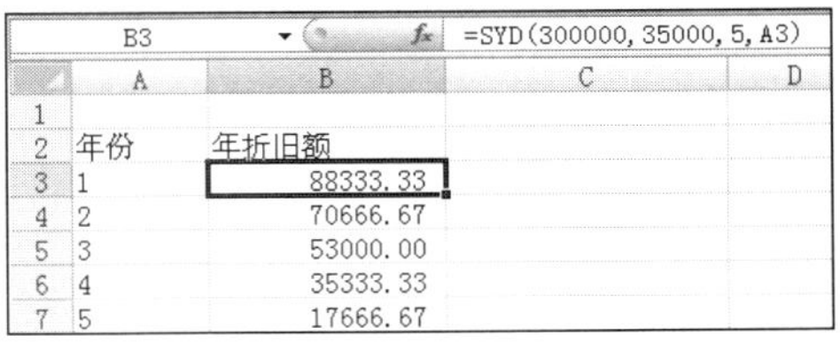
B3　=SYD(300000,35000,5,A3)

	A	B	C	D
1				
2	年份	年折旧额		
3	1	88333.33		
4	2	70666.67		
5	3	53000.00		
6	4	35333.33		
7	5	17666.67		

图 7-14　函数 SYD()应用示例

4．可变余额递减函数 VDB()

语法：VDB(cost,salvage,life,start_period,end_period,factor,no_switch)。

功能：返回指定期间内或某一时间段内的固定资产折旧额。

可变余额递减函数 VDB()与双倍余额递减函数 DDB()类似。双倍余额递减函数是 factor 参数为 2 时的可变余额递减函数，是可变余额递减函数的特例。但双倍余额递减函数只能计算各期的折旧额，而可变余额递减函数可以计算某一期间的折旧额。

参数说明如下。

(1) cost 为固定资产原值。

(2) salvage 为预计的固定资产净残值。

(3) life 是折旧期限，如果要计算年折旧额则为折旧年限数，如果要计算月折旧额则为折旧月份数。

(4) start_period 为需要计算折旧额的起始期次。start_period 必须使用与 life 相同的单位。

(5) end_period 为需要计算折旧额的截止期次。end_period 必须使用与 life 相同的单位。

(6) factor 为余额递减速率。factor 等于 2 时即为双倍余额递减法。

(7) no_switch 为逻辑值，如果为 False 或省略，则直线法折旧值大于余额递减计算值时，Excel 将转换到直线折旧法；否则不转换。

公式中除 no_switch 外的所有参数都必须为正数。

例 7-11　沿用例 7-9 的数据，当 factor 为 1.5 和 2 时用可变余额递减函数 VDB 计算第 1 年、第 1 个月、第 6 个月到第 18 个月的折旧额；假定机器购买于某一财政年度的第 1 季度的中期，并假设税法限定递减余额按 150%折旧。计算购置资产后的第一个财政年度的折旧额。

factor=2 时：

第 1 年折旧额=VDB(24 000,3 000,10,0,1,2)=4 800；

第 1 月折旧额=VDB(24 000,3 000,120,0,1,2)=400；

第 6 个月到第 18 个月的折旧额=VDB(24 000,3 000,120,6,18,2)= 3 963.06。

factor=1.5 时：

第 1 年折旧额=VDB(24 000,3 000,10,0,1,1.5)=3 600；

第 1 个月折旧额=VDB(24 000,3 000,120,0,1,1.5)=300；

第 6 个月到第 18 个月的折旧额=VDB(24 000,3 000,120,6,18, 1.5)=3 118.09；

购置该设备后第 1 个财政年度的折旧额=VDB (24 000,3 000,10,0,0.875,1.5) =3 150。

7.2 Excel 投资决策模型

7.2.1 投资指标决策分析

前面讨论了投资决策函数及其应用方法，利用这些函数可以建立投资指标决策分析模型，并利用该模型对各种投资方案进行分析，做出投资决策。

1．设计模型

根据投资指标决策分析的特点，在模型设计时应该划分功能区，主要包括已知变量区、数据区、决策指标区和分析结论区几部分。各个功能区单元格的多少根据实际需要确定。

其中，已知变量区主要存放贴现率、再投资收益率、guess 估计值等已知量。把这些公式中需要用到的常量存放在独立的单元格中，而不是直接在指标计算公式中输入的好处主要是：这些量的值一旦改变，只需修改该单元格的值，而无须修改指标的计算公式，通过单元格引用就可以实现所有指标计算结果的自动更新，提高了模型的通用性，同时减少了输入量和模型维护工作量。

数据区用来存放业务数据。建立模型时还可以根据实际需要进一步划分。比如如果决策时各期净现金流量的计算与投资指标分析在同一个工作表中，则可以进一步划分为现金流量计算数据区和决策指标计算数据区。

决策指标区用来存放决策指标计算公式和结果。

分析结论区用来存放对上述计算结果所做的分析、说明和得出的结论。

此外，还可以设置备注区，对模型中需要的部分进行备注说明。

2．投资指标决策模型

按照上述的方法，建立投资方案的决策模型，并根据需要进一步对模型进行编辑，使其更清晰、美观、直观和实用。

需要注意的是，建立模型时一定要考虑模型的通用性。比如为了适应不同投资项目的不同期数，数据区可以预先留出足够的单元格，同时在决策指标的公式中要把这些单元格计算在内（没有数据发生的作为 0 处理），这样即使决策的项目变了，模型公式仍可保持不变。

7.2.2 折旧函数对比分析

实际工作中企业最常用的折旧方法是直线法、年数总和法和余额递减法。这些折旧方法都可以利用 Excel 提供的函数 SLN、SYD、DDB 和 VDB 计算得到。通过不同折旧方法的计算比较，可以定量了解折旧对企业的影响。选择合适的折旧方法既符合谨慎原则又可以减少企业税负，达到合理避税的目的。

下面仍以例 7-10 说明如何设计折旧分析模型，并利用模型进行不同折旧方法的比较分析。

1．设计模型

在"折旧分析"工作表的 B3、B4、E3 单元格中分别输入固定资产原值、使用年限和净残值，B5:F5 单元分别输入年份 1～5，如图 7-15 所示。

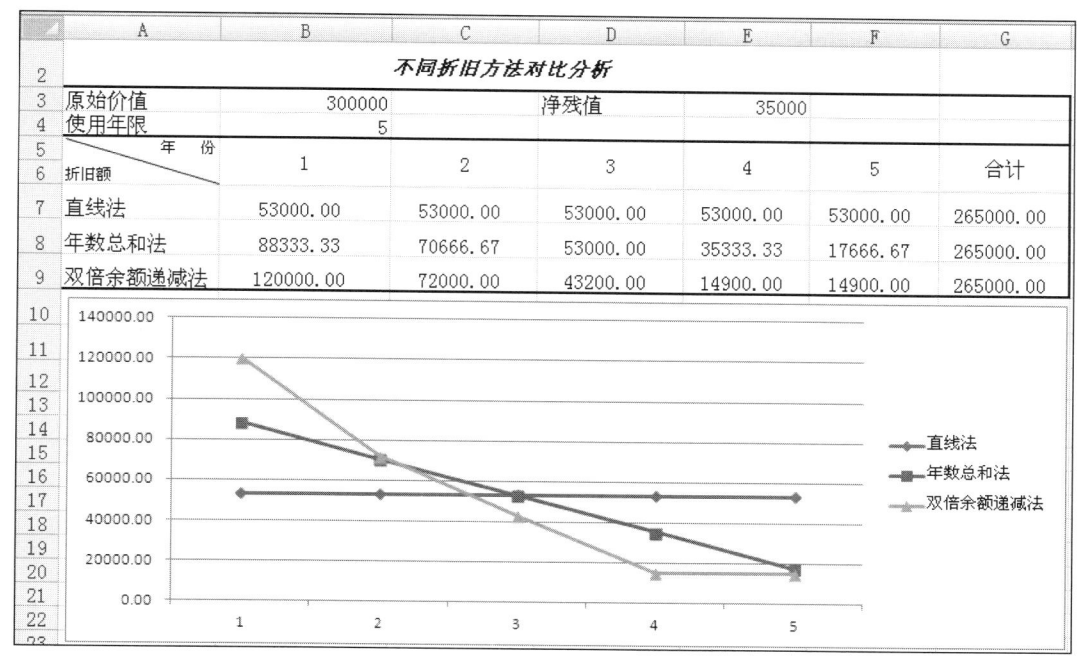

	A	B	C	D	E	F	G
1							
2			不同折旧方法对比分析				
3	原始价值	300000		净残值	35000		
4	使用年限	5					
5	年 份	1	2	3	4	5	合计
6	折旧额						
7	直线法	53000.00	53000.00	53000.00	53000.00	53000.00	265000.00
8	年数总和法	88333.33	70666.67	53000.00	35333.33	17666.67	265000.00
9	双倍余额递减法	120000.00	72000.00	43200.00	14900.00	14900.00	265000.00

图 7-15 不同折旧方法分析比较模型

B7:F7 单元分别存放直线法折旧的公式与计算结果，如图 7-15 所示。
B8:F8 单元分别存放年数总和法折旧的公式与计算结果，如图 7-15 所示。
B9:F9 单元分别存放双倍余额递减法折旧的公式与计算结果，如图 7-15 所示。
同时计算各种折旧方法下的折旧合计，计算公式见表 7-1。

表 7-1 三种折旧方法的计算公式表

折旧额	年数总和法	双倍余额递减法	直线法
1	=SYD($B$3,$E$3,$B$4,B5)	=DDB($B$3,$E$3,$B$4,B5,2)	=SLN($B$3,$E$3,$B$4)
2	=SYD($B$3,$E$3,$B$4,C5)	=DDB($B$3,$E$3,$B$4,C5,2)	=SLN($B$3,$E$3,$B$4)
3	=SYD($B$3,$E$3,$B$4,D5)	=DDB($B$3,$E$3,$B$4,D5,2)	=SLN($B$3,$E$3,$B$4)
4	=SYD($B$3,$E$3,$B$4,E5)	=($B$3-SUM($B$9:$D$9)-$E$3)/2	=SLN($B$3,$E$3,$B$4)
5	=SYD($B$3,$E$3,$B$4,F5)	=($B$3-SUM($B$9:$D$9)-$E$3)/2	=SLN($B$3,$E$3,$B$4)
合计	=SUM(B8:F8)	=SUM(B9:F9)	=SUM(B7:F7)

2．绘制折旧比较分析图

（1）选中 A7:F9 中单元区域，单击"插入"菜单下的"折线图"按钮，如图 7-15 所示。
（2）绘制出折线图。
（3）输入图表标题、X 轴、Y 轴和图例项标识。
（4）形成折旧比较分析图，如图 7-15 所示。

因为表内数据之间已经建立了链接，表中数据与分析图之间也建立了链接，因此计算不同固定资产的折旧时，只需要改变固定资产原值、使用年限和净残值 3 个单元格的值，其对应各期折旧额将自动计算出来，分析图表也将随着数据的变化而自动更新。

7.2.3 投资风险分析

投资风险分析的常用方法主要是风险调整贴现率法和肯定当量法。本节将以风险调整贴现率法为依据，讨论如何建立投资风险分析模型。

1. 风险调整贴现率法

风险和报酬的基本关系是风险越大、要求的报酬率越高。这一关系可以用以下公式表示。

期望投资报酬率＝无风险报酬率＋风险报酬率

风险报酬率＝风险报酬斜率×风险程度

风险调整贴现率法的基本思想是针对投资项目风险的不同，选用不同的贴现率计算其净现值。该方法的关键是如何根据风险的大小来确定风险因素的贴现率，即风险调整贴现率。

风险和期望风险调整贴现率之间的关系用公式表达如下。

$$K = r + b \times Q$$

式中：K 代表风险调整贴现率；

r 代表无风险贴现率；

b 代表风险报酬斜率；

Q 代表风险程度。

风险调整贴现率法计算的关键是 r 已知的情况下，确定 Q 和 b。

1) 确定风险程度 Q 的计算步骤

(1) 计算现金流量的期望值 E。某期现金流量的期望值可按下列公式计算。

$$E = \sum_{i=1}^{n} CFAT_i \times P_i$$

式中：E 为某期的现金流量期望值；

$CFAT_i$ 为某期第 i 种可能的现金流量；

P_i 为第 i 种可能现金流量出现的概率；

n 为可能现金流量的个数。

(2) 计算各期现金流量期望值的现值 EPV。

$$EPV = \frac{E_1}{(1+r)^1} + \frac{E_2}{(1+r)^2} + \cdots + \frac{E_n}{(1+r)^n}$$

式中：EPV 为各期现金流量期望值的现值；

E_n 为第 n 期现金流量期望值；

r 为无风险贴现率。

(3) 计算各期现金流量的标准离差 d。某期现金流量标准离差的计算公式如下。

$$d = \sqrt{\sum_{i=1}^{n}(CFAT_i - E)^2 \times P_i}$$

式中各符号的意义同上。

(4)计算各期现金流量综合标准离差 D。

$$D = \sqrt{\sum_{i=1}^{n} \frac{d_i^2}{(1+r)^{2i}}}$$

(5)计算标准离差率——风险程度 Q。

通过上述步骤的计算可以求出 Q。

2)确定风险报酬斜率 b

$$K = r + b \times Q$$

$$Q = \frac{综合标准离差}{现金流量期望值现值} = \frac{D}{EPV}$$

风险报酬率是直线方程的斜率 b，它可以根据企业的历史资料通过统计的方法来测定，也可由投资者分析判断得出。

3)用风险调整贴现率 K 计算方案的净现值

Q 和 b 确定后，风险调整贴现率 K 也确定了，用风险调整贴现率去计算净现值，然后根据净现值法的规则选择方案。净现值 NPV 的计算公式如下。

$$\mathrm{NPV} = \frac{E_1}{(1+K)^1} + \frac{E_2}{(1+K)^2} + \cdots + \frac{E_n}{(1+K)^n}$$

2．创建投资风险分析模型

建立模型之前首先应在"投资决策分析"工作簿插入一张工作表，并更名为"投资风险分析"。

1)建立基本数据区

基本数据区存放企业投资方案的基本数据及无风险报酬率、风险报酬斜率等基本数据。对于不同的企业或同一企业的不同方案，可以根据具体方案改变基本数据区的数据。

建立基本数据区的方法是：在"投资风险分析"工作表中的适当位置输入有关方案的已知数据及资料；进行编排和编辑，如改变字体、字号、设置对齐方式、加上边框等，如图7-16所示。

为了与计算分析区区别开，还可以进行其他设置，本例中为该区域加上了数据条，方法如下。

(1)选中想加阴影的单元格区域，如 A2:G15。

(2)单击"条件格式"按钮中的"数据条"命令，出现所有的数据条颜色样式，如图7-17所示。

(3)鼠标指向希望的样式并单击鼠标，则选中的区域中数据部分加上了颜色，如图7-18所示。如果不满意还可以按照上述步骤重新设置。

2)建立计算分析区

按照风险调整贴现率法，我们需要在分析区域建立每个方案、每期的现金流量期望值 E_i、标准离差 d_i 的计算公式；建立每种方案的期望现值 EPV、综合标准离差 D、风险程度 Q 以及风险调整贴现率 K 的公式。

图 7-16 投资风险分析模型——基本数据

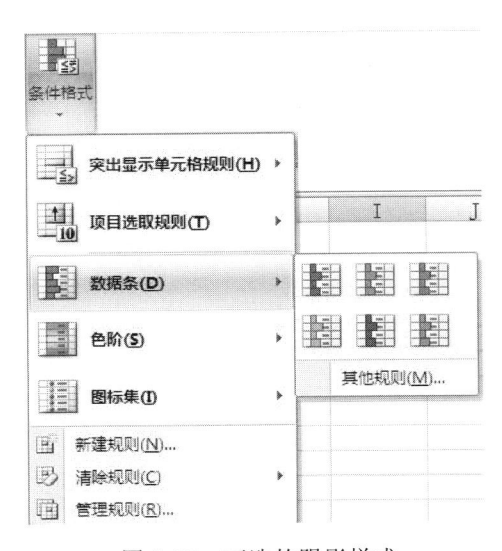

图 7-17 可选的阴影样式

图 7-18 给数据列加色

(1)现金流量期望值 E 和现金流量标准离差 d 的公式的建立方法。首先建立方案1的第1年现金流量期望值和现金流量标准离差的公式：
- 选择 B20 单元，输入 E 的公式：=B7*C7+B8*C8+B9*C9。
- 选择 C20 单元，输入 d 的公式：=SQRT(SUMSQ(B7-B20)*C7+SUMSQ(B8-B20)*C8+SUMSQ(B9-B20)*C9)。

使用复制和粘贴或者通过使用拖动填充，建立方案 2、方案 3 的公式。使用复制和粘贴方法如下。
- 选择 B20: C20 单元区域。
- 单击"开始"菜单中的"复制"工具 。
- 选择 D20: G20 单元区域。
- 单击"开始"菜单中的"粘贴"工具 。

拖动填充柄的方法如下。
- 选择 B20: C20 单元区域。
- 拖动填充柄至 G20 单元。

(2)期望现值 EPV、综合标准差 D、风险程度 Q、调整风险贴现率 K 的公式的建立方法。首先建立方案 1 的公式。
- 选择 C23 单元，输入 EPV 的公式：=B20/(1+$B$2)+B21/POWER(1+B2,2)+ B22/POWER(1+B2,3)。
- 选择 C24 单元，输入 D 的公式：=SQRT(POWER(C20,2)/POWER(1+$B$2,2) +POWER(C21,2)/POWER(1+$B$2,4)+POWER(C22,2)/POWER(1+$B$2,6))。
- 选择 C25 单元，输入 Q 的公式：=C24/C23。
- 选择 C26 单元，输入 K 的公式：=$B$2+$B$3*C25。
- 选择 C27 单元，输入 NPV 的公式：=NPV(C26,B6,B20,B21,B22)。

然后使用复制和粘贴或者通过使用拖动填充，建立方案 2、方案 3 的公式，方法同上。

3)编辑计算分析区

为了使计算分析区的重要指标更加醒目，可以进行编辑设置。本例中将对净现值指标小于 0 的值进行标示，方法如下。

(1)选中三个项目净现值所在的单元格区域，如 B27:G27。

(2)打开"开始"选项卡，单击"条件格式"→"突出显示单元格规则"按钮中的"小于"命令，如图 7-19 所示。

(3)弹出如图 7-20 所示的对话框，设置条件和突出的颜色，单击"确定"，完成设置。于是，满足条件的单元格将被添加所选的颜色，如图 7-21 所示。

一旦计算的净现值发生改变，突出显示的部分也会自动改变。

如果要删除已经定义的条件格式，只需要单击"条件格式"按钮中的"清除规则"→"清除所选单元格的规则"或"清除整个工作表的规则"命令，如图 7-22 所示，相应规则便被删除。

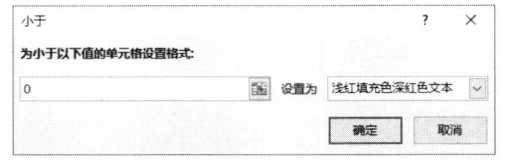

图 7-19　突出显示单元格规则　　　　　图 7-20　突出显示单元格规则设置

		计算分析区				
17						
18		方案1		方案2		方案3
19	T（年）| 现金流量期望值E	标准离差D	现金流量期望值E	标准离差D	现金流量期望值E	标准离差D
20	1	3900.00	1337.91	0.00	0.00	0.00	0.00
21	2	6800.00	979.80	0.00	0.00	0.00	0.00
22	3	4300.00	1187.43	8400.00	3826.23	8300.00	1676.31
23		期望现值EPV	12854.49	期望现值EPV	6668.19	期望现值EPV	6588.81
24		综合标准差D	1768.84	综合标准差D	3037.38	综合标准差D	1330.71
25		风险程度Q	0.14	风险程度Q	0.46	风险程度Q	0.20
26		调整风险贴现率R	0.15	调整风险贴现率R	0.31	调整风险贴现率R	0.18
27		净现值NPV	¥1,204.31	净现值NPV	¥-186.73	净现值NPV	¥879.81

图 7-21　突出显示满足条件的单元格

图 7-22　删除条件格式

完成上述步骤之后，就建立了投资风险分析模型的计算分析区。

7.3 投资决策模型应用

7.3.1 投资指标决策分析模型

例 7-12 某企业有三个投资方案，资金成本为 10%。有关数据如表 7-2 所示。

表 7-2 三种投资方案的净现金流量

期间	A方案净现金流量	B方案净现金流量	C方案净现金流量
0	−20 000	−9 000	−12 000
1	11 800	1 200	5 000
2	14 000	5 000	4 500
3		6 000	4 800

试进行投资指标分析，确定最优方案。

按照 7.2.1 节的方法，建立例 7-12 投资方案的决策模型。图 7-23 所示为已知变量区，图 7-24 所示为数据区，图 7-25 所示为指标区。

	A	B	C	D
1	投资决策			
2	资本成本	再投资报酬率		
3	10%	14%		

图 7-23 投资指标决策模型——已知变量区

	A	B	C	D
4	期间	A方案净现金流量	B方案净现金流量	C方案净现金流量
5	0	−20000	−9000	−12000
6	1	11800	1200	5000
7	2	14000	5000	4500
8	3		6000	4800

图 7-24 投资指标决策模型——数据区

	A	B	C	D
9	净现值	¥2,088.66	¥664.57	¥−117.48
10	内含报酬率	18.21%	13.73%	9.38%
11	修正内含报酬率	17.16%	13.79%	11.04%
12	现值指数	1.10	1.07	0.99

图 7-25 投资指标决策模型——指标区

模型中各个决策指标的计算公式见表 7-3。

表 7-3 模型中各个决策指标的计算公式

指标	计算公式
方案 A 净现值	B9=NPV(A3,B5:B8)
方案 B 净现值	C9=NPV(A3,C5:C8)
方案 C 净现值	D9=NPV(A3,D5:D8)

续表

指标	计算公式
方案 A 内含报酬率	B10=IRR(B5:B8)
方案 B 内含报酬率	C10=IRR(C5:C8)
方案 C 内含报酬率	D10=IRR(D5:D8)
方案 A 修正内含报酬率	B11=MIRR(B5:B8,A3,B3)
方案 B 修正内含报酬率	C11=MIRR(C5:C8,A3,B3)
方案 C 修正内含报酬率	D11=MIRR(D5:D8,A3,B3)
方案 A 现值指数	B12=1+B9/ABS(B5)
方案 B 现值指数	C12=1+C9/ABS(C5)
方案 C 现值指数	D12=1+D9/ABS(D5)

基于上述模型，可以对该项目进行决策分析，其结论如图 7-26 所示。

	A
13	***结论：***
14	依据净现值进行分析，A、B两方案的净现值均大于0，方案可行，最优方案为A。
15	依据内含报酬率看，A、B两方案的内含报酬率均大于资金成本率，方案可行，最优方案为A；
16	根据修正内含报酬率看，A、B、C三方案的内含报酬率均大于资金成本率，最优方案为A；
17	依据现值指数分析，A、B两方案的现值指数大于1，方案可行，最优方案为A。
18	由上述分析可以得出结论：A方案最优

图 7-26　投资指标决策模型——结论区

7.3.2　投资风险分析模型

例 7-13　某公司现有三个投资方案，公司要求的最低报酬率为 8%，有关方案资料如图 7-27 所示。要求用风险调整贴现率法进行投资决策。

	方案1		方案2		方案3	
t（年）	税后现金流量CFAT	概率	税后现金流量CFAT	概率	税后现金流量CFAT	概率
0	-10000	1	-4000	1	-4000	1
1	6000	0.2				
	4000	0.55				
	2000	0.25				
2	8000	0.2				
	7000	0.6				
	5000	0.2				
3	6000	0.3	3000	0.2	6000	0.1
	4000	0.4	8000	0.6	8000	0.8
	3000	0.3	15000	0.2	13000	0.1

图 7-27　三个方案的资料

1. 基本数据区(如图 7-28 所示)

	A	B	C	D	E	F	G
1	投资风险分析						
2	无风险报酬率	8%	资本成本	8%			
3	风险报酬斜率	0.5					
4		方案1		方案2		方案3	
5	t(年)	税后现金流量CFAT	概率	税后现金流量CFAT	概率	税后现金流量CFAT	概率
6	0	-10000	1	-4000	1	-4000	1
7	1	6000	0.2				
8		4000	0.55				
9		2000	0.25				
10	2	8000	0.2				
11		7000	0.6				
12		5000	0.2				
13	3	6000	0.3	3000	0.2	6000	0.1
14		4000	0.4	8000	0.6	8000	0.8
15		3000	0.3	15000	0.2	13000	0.1
16							

图 7-28　投资风险分析模型——基本数据区

2．计算分析区

利用前面介绍的方法，输入各项计算公式，形成投资风险分析模型的计算分析区，如图 7-29 所示。

	方案1		方案2		方案3	
T（年）	现金流量期望值E	标准离差D	现金流量期望值E	标准离差D	现金流量期望值E	标准离差D
1	3900.00	1337.91	0.00	0.00	0.00	0.00
2	6800.00	979.80	0.00	0.00	0.00	0.00
3	4300.00	1187.43	8400.00	3826.23	8300.00	1676.31
期望现值EPV	12854.49		期望现值EPV	6668.19	期望现值EPV	6588.81
综合标准差D	1768.84		综合标准差D	3037.38	综合标准差D	1330.71
风险程度Q	0.14		风险程度Q	0.46	风险程度Q	0.20
调整风险贴现率R	0.15		调整风险贴现率R	0.31	调整风险贴现率R	0.18
净现值NPV	¥1,204.31		净现值NPV	¥-186.73	净现值NPV	¥879.81

图 7-29 投资风险分析模型——计算分析区

模型中各年的现金流量期望值和现金流量标准离差的公式如表 7-4 所示。

表 7-4 现金流量期望值和现金流量标准离差公式

单元	公式
B20	=B7*C7+B8*C8+B9*C9
C20	=SQRT(SUMSQ(B7-B20)*C7+SUMSQ(B8-B20)*C8+SUMSQ(B9-B20)*C9)
B21	=B10*C10+B11*C11+B12*C12
C21	=SQRT(SUMSQ(B10-B21)*C10+SUMSQ(B11-B21)*C11+SUMSQ(B12-B21)*C12)
B22	=B13*C13+B14*C14+B15*C15
C22	=SQRT(SUMSQ(B13-B22)*C13+SUMSQ(B14-B22)*C14+SUMSQ(B15-B22)*C15)
D20	=D7*E7+D8*E8+D9*E9
E20	=SQRT(SUMSQ(D7-D20)*E7+SUMSQ(D8-D20)*E8+SUMSQ(D9-D20)*E9)
D21	=D10*E10+D11*E11+D12*E12
E21	=SQRT(SUMSQ(D10-D21)*E10+SUMSQ(D11-D21)*E11+SUMSQ(D12-D21)*E12)
D22	=D13*E13+D14*E14+D15*E15
E22	=SQRT(SUMSQ(D13-D22)*E13+SUMSQ(D14-D22)*E14+SUMSQ(D15-D22)*E15)
F20	=F7*G7+F8*G8+F9*G
G20	=SQRT(SUMSQ(F7-F20)*G7+SUMSQ(F8-F20)*G8+SUMSQ(F9-F20)*G9)
F21	=F10*G10+F11*G11+F12*G12
G21	=SQRT(SUMSQ(F10-F21)*G10+SUMSQ(F11-F21)*G11+SUMSQ(F12-F21)*G12)
F22	=F13*G13+F14*G14+F15*G15
G22	=SQRT(SUMSQ(F13-F22)*G13+SUMSQ(F14-F22)*G14+SUMSQ(F15-F22)*G15)

模型中各方案的计算公式如表 7-5 所示。

表 7-5 模型中各方案的计算公式

项目	公式
方案 2 期望现值 EPV	=D20/(1+$B$2)+D21/POWER(1+B2,3)+D22/POWER(1+B2,3)
方案 2 综合标准差 D	=SQRT(POWER(E20,2)/POWER(1+$B$2,2)+POWER(E21,2)/POWER(1+$B$2,4)+POWER(E22,2)/POWER(1+$B$2,6))

续表

项目	公式
方案 2 风险程度 Q	=E24/E23
方案 2 调整风险贴现率 K	=$B$2+$B$3*E25
方案 2 净现值 NPV	=NPV(E26,D6,D20,D21,D22)
方案 3 期望现值 EPV	=F20/(1+$B$2)+F21/POWER(1+$B$2,2)+F22/POWER(1+$B$2,3)
方案 3 综合标准差 D	=SQRT(POWER(G20,2)/POWER(1+$B$2,2)+POWER(G21,2)/POWER(1+$B$2,4)+POWER(G22,2)/POWER(1+$B$2,6))
方案 3 风险程度 Q	=G24/G23
方案 3 调整风险贴现率 K	=$B$2+$B$3*G25
方案 3 净现值 NPV	=NPV(G26,F6,F20,F21,F22)

习题

1．投资指标决策分析模型中应该划分哪几个功能区，其作用是什么？
2．采用双倍余额递减函数 DDB 计算折旧时需要注意哪些问题？
3．试论述建立固定资产投资决策模型的方法。
4．试论述关于 XIRR 函数参数的注意事项。
5．上机实践题。

资料：某公司有一投资项目，需要投资 60 000 元(54 000 元用于购买设备，6 000 元用于追加流动资金)。预期该项目可使企业销售收入增加，第一年为 30 000 元，第二年为 40 000 元，第三年为 60 000 元，付现成本增加每年为 10 000 元，第三年年末项目结束，收回流动资金 6 000 元。假设公司适用的所得税税率为 40%，固固定资产按 3 年用不同方法折旧并不计残值。公司要求的最低投资报酬率为 10%。

要求：计算该项目的净现值。如果不考虑其他因素请据此进行决策。

第 8 章

筹资决策分析

本章学习目标

- 了解筹资决策的目的和内容
- 掌握利用 Excel 建立筹资决策模型的原理和方法
- 了解筹资决策模型在企业中的应用过程和方法

本章关键词：

筹资决策、模拟运算表、贷款分析模型

8.1 筹资决策概述

筹资是企业资本运动的起点。筹资决策的主要内容包括企业资金需要量的确定、企业筹资方式的优选，以及通过企业资本结构的规划，合理控制企业财务风险。随着市场经济的发展与完善，企业筹资渠道逐步扩宽，企业筹资的渠道可以分为内部筹资和外部筹资两大类。筹资决策的关键在于确定合理的筹资组合，使企业筹资成本最低，财务风险得到有效控制。Excel 软件中提供了较为丰富的筹资决策相关函数，可以帮助企业建立筹资决策模型，准确、高效地完成各项筹资决策工作。

8.1.1 资金成本计量模型

企业的资本可以分为债务资本和权益资本两大类。权益资本可以进一步划分为优先股、普通股和留存收益三部分。相应地，企业筹资方式主要有长期借款筹资、债券筹资、股票筹资等。在筹资过程中，资本成本为重要的考虑因素。资本成本的通用计算公式为：

$$资本成本 = 每年的用资费用 \div (筹资数额 - 筹资费用)$$

1. 长期借款成本计量模型

长期借款成本的计算公式为：

$$K_l = R_l(1-T)/(1-F_l)$$

式中：K_l 表示长期借款资本成本；

R_l 表示长期借款利率；

T 表示企业所得税税率；

F_l 表示长期借款筹资费用率。

当长期借款筹资费用率较低时，可以忽略不计，则上述公式可以简化为：

$$K_l = R_l(1-T)$$

例 8-1 某公司取得 5 年期长期借款 200 万元，年利率为 11%，每年付息一次，到期一次还本，筹资费用率为 0.5%，企业所得税税率为 33%。计算该项长期借款的资本成本。

在 Excel 中，建立计算模型的过程如下。

(1) 建立 Excel 工作表，并输入计算模型所需的各项参数，如图 8-1 所示。

(2) 在 C7 单元格输入公式“=C4*(1-C5)/(1-C6)”，计算得到最终结果。

	A	B	C
1			
2		长期借款成本计量模型	
3			
4		长期借款利率	11.00%
5		所得税率	33.00%
6		长期借款筹资费用率	0.50%
7		长期借款资本成本	7.41%

图 8-1 长期借款成本计量模型

2. 债券成本计量模型

发行债券的成本主要指债券利息和筹资费用。债券的筹资费用一般比较高，不可在计算资本成本时忽略。按照一次还本、分期付息的方式，债券资本成本的计算公式如下。

$$K_b = I_b(1-T)/B(1-F_b)$$

式中：K_b 表示债券资本成本；

I_b 表示债券年利息；

T 表示企业所得税税率；

B 表示企业筹资额；

F_b 表示债券筹资费用率。

或 $K_b = R_b(1-T)/(1-F_b)$，其中 R_b 表示债券利率。

例 8-2 某公司发行总面额为 800 万元的 10 年期债券，票面利率为 12%，筹资费用率为 0.5%，公司所得税税率为 33%。计算该债券的成本。

在 Excel 中，可以建立的计量模型如图 8-2 所示。

C9　　=C7*(1-C5)/(1-C6)

	A	B	C	D
1				
2		债券成本计量模型		
3				
4		发行总面额	800	
5		所得税率	33.00%	
6		债券筹资费用率	0.50%	
7		票面利率	12.00%	
8				
9		债券成本	8.08%	
10				
11				

图 8-2 债券成本计量模型

3. 留存收益成本计量模型

留存收益是企业缴纳所得税后形成的，其所有权属于股东。股东将这一部分未分配的税后利润留存于企业，实质上是对企业追加投资。留存收益成本的计算方法较多，本书介绍主要的三种计量模型。

1）股利增长模型法

股利增长模型法依照股票投资的收益率不断提高的思路计算留存收益成本。一般假定收益以固定的年增长率递增，则留存收益成本的计算公式如下。

$$K_s = \frac{d_1}{p_0} + G$$

式中：K_s 为留存收益成本；

d_1 为预期年股利额；

p_0 为普通股市价；

G 为普通股利年增长率。

2）资本资产定价模型法

按照资本资产定价模型法，留存收益成本的计算公式如下。

$$K_s = R_f + \beta(R_m - R_f)$$

式中：R_f 为无风险报酬率；

R_m 为平均风险股票必要报酬率；

β 为股票的贝塔系数。

3）风险溢价法

根据某项投资"风险越大，要求的报酬率越高"的原理，普通股股东对企业的投资风险大于债券投资者，因而会在债券投资者要求的收益率上再要求一定的风险溢价。依照这一理论，留存收益成本的计算公式如下。

$$K_s = K_b + \text{RP}_c$$

式中：K_b 为债务成本；

RP_c 为股东比债权人承担更大风险所要求的风险溢价。

4．普通股成本的计算

普通股成本可以按照前述股利增长模型的思路计算，但需要调整发行新股时发生的筹资费用对资本成本的影响。普通股成本的计算公式如下。

$$Ks = \frac{D_1}{P_0(1 - F_c)} + G$$

式中：F_c 为普通股筹资费用率。

8.1.2　Excel 中现金流量时间价值函数的应用

在财务管理中，货币的时间价值是现代财务管理的基础概念之一，是指货币经历一定时间的投资和再投资所增加的价值，也称资金的时间价值。

在 Excel 中，对于计算较为简单的复利现值、复利终值、永续年金等的计算，可以直接通过公式定义来完成；对于较为复杂的年金、利率、年金现值、年金终值等资金时间价值的计算，则提供了相应的函数。在这些函数中，公用的参数及其含义说明如表 8-1 所示。

表 8-1　时间价值函数参数一览表

参数	参数说明
rate	各期利率
per	计算利息或本金期次，介于 1 和总期数 nper 之间
nper	年金收付的总期数
pmt	年金，指等额、定期的系列收支
pv	现值，如果省略，则默认值为 0
fv	终值，如果省略，则默认值为 0
type	年金类型，其值可以是 0 或 1，若为 0，则表示普通年金或后付年金，是指付款时间在各期期末；若为 1，则表示预付年金，是指付款时间在每期的期初。默认值为 0
guess	对利率的猜测，默认值为 10%

需要注意的是，在上述参数中，若为现金流入，则以正数表示；若为现金流出，则用负数表示。同时，还要注意应确认所指定的 rate 和 nper 单位的一致性。例如，同样是四年期年利率为 12%的贷款，如果按月支付，则 rate 应为 12%÷12，nper 应为 4×12；如果按年支付，则 rate 应为 12%，nper 为 4。

1. 年金终值函数 FV()

语法：FV(rate,nper,pmt,pv,type)。

功能：基于固定利率及等额分期付款方式，返回某项投资的未来值。

例 8-3　在连续 5 年中，每年年初存入银行 1 000 元，存款利率为 8%，计算第 5 年年末年金终值。若在连续 5 年中，每年年末存入银行 1 000 元，存款利率为 8%，计算第 5 年年末年金终值。

在 Excel 中建立模型，如图 8-3 所示。

	A	B	C
1			
2		年金终值计算模型	
3			
4		年利率	8.00%
5		年金期数	5
6		年金	1000
7		年金类型	预付年金
8		年金终值	￥5,866.60
9			

图 8-3　年金终值计算模型

在 C7 单元格中，可以选用"窗体"工具栏中的"组合框"选项，设置下拉列表，用于在普通年金和预付年金中做出选择。具体设置过程如下。

选择"开发工具"菜单下的"插入"菜单，弹出如图 8-4 所示的窗口，选择"窗体"工具栏。

图 8-4　窗体工具栏

在窗体中，包括标签、编辑框、分组框、按钮、复选框、选项按钮、列表框、组合框等多种可编辑控件，可以帮助用户完成类似 Windows 中的相关操作。在本例中，选择"组合框"选项，并将"组合框"拖放至指定位置，按照单元格调整"组合框"大小。单击右键，在弹出的快捷菜单中选择"控件格式设置"，弹出"设置控件格式"对话框，如图 8-5 所示。

图 8-5　"设置控件格式"对话框

在"设置控件格式"对话框中，完成对控件格式的设置。在数据源区域指定组合框显示内容的区域地址。在本例(E7:E8)区域中输入备选项"普通年金""预付年金"；单元格链接指定选中内容的返回值所在单元格，若用户选择第一个选项，则该单元格返回值为 1，若用户选择第二个单元格，则该单元格返回值 2，依次类推。下拉显示项数表示每次单击该控件，弹出的备选项数。

在 C8 单元格中，单击"公式"→"插入函数"命令，在弹出的"粘贴函数"对话框中，选择"财务"分类下的 FV 函数，在弹出的 FV()对话框中定义 FV 函数，如图 8-6 所示。

其中，在 Type 参数中，嵌套了 IF 函数，用以判断当前用户的选项，即用户选择是普通年金还是预付年金。

2．年金现值函数 PV()

语法：PV(rate,nper,pmt,fv,type)。

功能：返回某项投资的一系列等额分期偿还额当前值之和(或一次性偿还额的现值)。

167

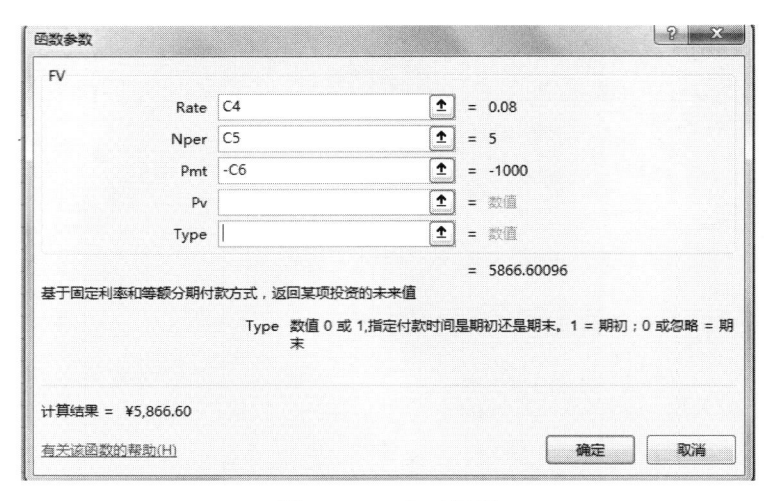

图 8-6　FV()对话框

例 8-4　某公司每年年末(年初)偿还借款 12 000 元，借款期为 10 年，银行存款利率为 10%，则该公司目前银行存款至少应为多少元？

在 Excel 中建立年金现值计算模型，如图 8-7 所示。

图 8-7　年金现值计算模型

其中，年金现值所在单元格 C7 公式的定义如图 8-8 所示。

图 8-8　PV()对话框

定义过程参照例 8-3。

3．等额还款函数 PMT()

语法：PMT(rate,nper,pv,fv,type)。

功能：返回在固定利率下，投资或贷款的等额分期偿还额。

例 8-5　某公司从银行贷款 5 000 元，年利率为 10%，借款期为 5 年，偿还条件为每年年末等额偿还，则公司每年还款额为多少？

在 EXCEL 中建立等额还款计算模型，如图 8-9 所示。

	A	B	C
1			
2		年金现值计算模型	
3			
4		年利率	10.00%
5		借款期	5
6		初始贷款	5000
7		偿付方式	年初偿还
8		等额还款额	¥-1,318.99
9			

图 8-9　等额还款计算模型

在本例中，仍然使用了"组合框"控件，以对还款方式进行选择。

4．年金中的本金函数 PPMT()

语法：PPMT(rate,nper,pv,fv,type)。

功能：返回在给定期次内，某项投资回报（或贷款偿还）的本金部分。

5．年金中的利息函数 IPMT()

语法：IPMT(rate,nper,pv,fv,type)。

功能：返回在给定期次内，某项投资回报（或贷款偿还）的利息部分。

例 8-6　某公司银行贷款 5 000 元，年利率 10%，还款期限为 5 年，偿还条件为每月月初等额偿还，则第 8 个月的本金支付额和利息支付额各为多少？

在 Excel 表中建立还款本金及利息计算模型，如图 8-10 所示。

	A	B	C	D
1				
2		还款本金及利息计算模型		
3				
4		年利率	10%	
5		借款期	5	
6		初始贷款	5000	
7		偿付方式	月初还款	
8		偿还期次	8	
9		偿还本金	¥-67.86	
10		偿还利息	¥-37.49	

图 8-10　还款本金及利息计算模型

其中，C9 单元格本金函数定义如图 8-11 所示。

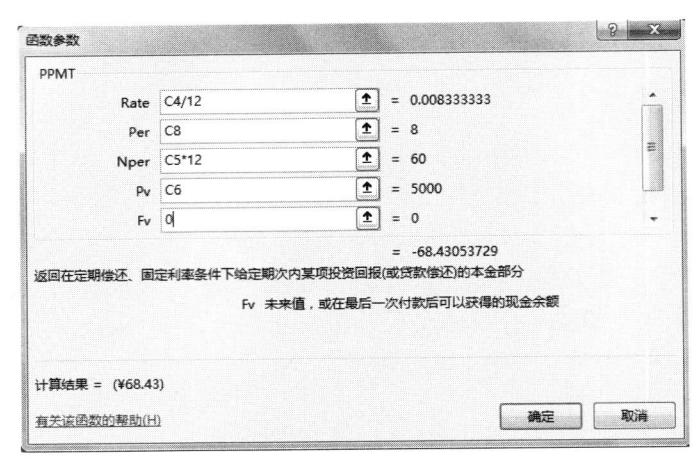

图 8-11　PPMT()对话框

C10 单元格利息函数定义如图 8-12 所示。

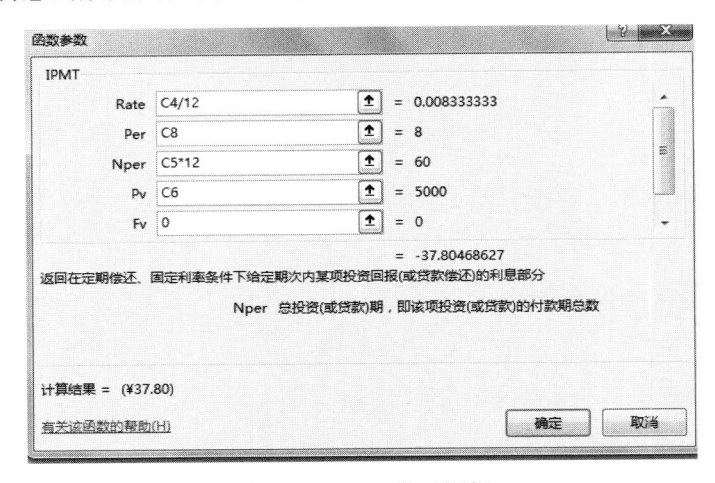

图 8-12　IPMT()对话框

在本例中,可以发现,等额还款函数 PMT()与年金中的本金函数 PPMT()、年金中的利息函数 IPMT()存在下述关系:

PMT()=PPMT()+IPMT()

6．利率函数 RATE()

语法：RATE(nper,pmt,pv,fv,type,guess)。

功能：基于等额分期付款方式(或一次性付款)方式,返回投资或付款的实际利率。

例 8-7　某公司取得 5 年期贷款 5 000 元,每月月初支付 100 元,则该笔贷款的实际利率是多少?

按照利率函数的基本格式,在单元格中输入公式"=rate(5*12,−100,5000,0,1)"后,按回车键,则可得出该笔贷款的实际月利率为 0.64%;计算该笔贷款的年利率为 0.64%×12=7.68%。

7. 计息期函数 NPER()

语法：NPER(rate,pmt,pv,fv,type)。

功能：基于固定利率和等额分期付款方式，返回一项投资或贷款的期数。

例 8-8 某公司贷款 5 000 元，年利率为 10%，每年年末支付 1 000 元，则需要还款的年数为多少？

按照利率函数的基本格式，在单元格中输入公式"nper(10%,1000,5000)"，则可得出还款的期数为 7.27 年。

8.2 Excel 筹资决策模型

8.2.1 企业加权平均资本成本分析模型的建立

企业筹资过程中，往往通过多种方式筹集资金，这时，需要计算企业全部长期资金的总成本——加权平均资本成本。加权平均资本成本一般是以各种资本占全部资本的比重为权数，对个别资本成本进行加权平均确定的。

其计算公式如下。

$$k_w = \sum_{j=1}^{n} k_j w_j$$

式中：k_w 为加权平均资本成本；

k_j 为第 j 种个别资本成本；

w_j 为第 j 种个别资本占全部资本的比重(权数)。

例 8-9 某企业账面反映的长期资金共 600 万元，其中长期借款 100 万元，应付长期债券 80 万元，普通股 300 万元，保留盈余 120 万元；其成本分别为 6.8%、9.23%、11.58%、12%。计算该企业的加权平均资本成本。

在 Excel 中建立企业加权平均资本成本分析模型，如图 8-13 所示，其过程如下。

	A	B	C	D	E	F
1						
2		企业加权平均资本成本分析模型				
3		筹资方式	金额（万元）	资本成本%	权重	权重*资本成本%
4		长期借款	100	3.8	0.17	1.13
5		长期债券	80	9.23	0.13	1.23
6		普通股	300	11.58	0.5	5.79
7		保留盈余	120	12	0.2	2.4
8						
9						
10		加权平均资本成本			10.55	

图 8-13 企业加权平均资本成本分析模型

(1)建立基础数据表:将参与运算的基础数据输入设计的表格中,包括筹资方式、金额、资金成本。

(2)计算各项资本权重。在 E5 单元格输入公式"=C5/SUM(c5:c8)",计算长期借款权重。在 E5:E8 区域内,使用公式填充,自动生成 E6:E8 区域的公式。

(3)在 F5 单元格中,输入公式"= D5*E5",并使用公式填充,计算出 F6:F8 区域的各种筹资方式加权后的资本成本。

(4)在单元格 D11 中,输入公式"=SUM(F5:F8)",计算出该企业加权平均资本成本。

在上述模型中,可以通过改变各种筹资方式的筹资金额或资金成本,来考察对加权平均资本成本的影响,从而选择出最佳的筹资组合方式。

在实际应用中,可以将该模型和前述的个别资金成本计算模型联用,由个别资金成本计算模型提供基础的数据。

8.2.2 长期借款基本模型的建立

取得长期借款是各类企事业单位筹集长期资金必不可少的方式。企业在进行长期贷款之前,需要对贷款金额、贷款利率、贷款期限及偿还期限等因素进行多种测算,以便从多种方案中选择一种比较合理的贷款方案。

长期借款模型通过建立窗体来调整借款年利率、借款年限和每年还款期数。总付款期数通过借款年限和每年还款期数计算,每期偿还金额利用函数 PMT() 来计算。把借款金额、借款年利率、借款年限、每年偿还期数等与每期偿还金额之间通过使用函数 PMT() 建立动态链接。

在 Excel 中建立该模型的过程如下。

(1)建立基本分析表格,如图 8-14 所示。

	A	B	C
1			
2		长期借款等额还款基本模型	
3			
4		借款类型	贷款
5		借款金额	100000
6		借款年利率	10%
7		借款年限	5
8		每年还款期数	1
9		还款总期数	5
10		分期等额偿还金额	¥26,379.75
11			
12			

图 8-14 长期借款等额还款基本分析表格

在图 8-14 中,C9=$C$7*$C$8;C10 =PMT(C6/C8,C9,-C5);C6/C8 表示求出各期利率。

(2)建立通用模型。为了增强模型的通用性,特别是在考察某一个变量变化对决策结果的影响时,可以在模型中通过窗体工具栏添加"滚动条""微调按钮"等工具,由用户控制参数的变化。建立的模型如图 8-15 所示。

	A	B	C	D
1				
2		长期借款等额还款基本模型		
3				
4		借款类型	贷款	
5		借款金额	100000	
6		借款年利率	10%	
7		借款年限	5	
8		每年还款期数	1	
9		还款总期数	5	
10		分期等额偿还金额	¥26,379.75	
11				

图 8-15　添加了窗体控件后的长期借款等额还款基本模型

在该模型中，对借款年利率和借款年限设置了微调按钮，对每年还款期数设置了滚动条。在设置控件格式过程中，控件设置步长最小值为 1，即每次按动按钮，链接单元格数值变动幅度为 1。在 C6 单元格中，要求变动的步长为 0.01，则可以将链接单元格指向 D6，定义 C6 单元格公式为 "=D6/100"。

8.2.3　利用模拟运算表建立筹资分析模型

在长期借款分析中，财务人员希望能够考察模型中多个变量的共同作用对决策结果的影响。在 Excel 中，提供了"数据表"的功能，帮助财务人员完成上述分析。

模拟运算表是一组命令的组成部分，这些命令有时也称假设分析工具。模拟运算表是一个单元格区域，用于显示公式中某些值的更改对公式结果的影响。模拟运算表提供了一种快捷手段，它可以通过一步操作计算出多种情况下的值；同时，它还是一种有效的方法，可以查看和比较由工作表中不同变化所引起的各种结果。因此，人们常常以此为工具，进行灵敏度分析。

在 Excel 中，提供了两种模拟运算表，即单变量模拟运算表和双变量模拟运算表。单变量模拟运算表考察在一个变量发生变化时，对结果的影响和变化程度。双变量模拟运算表考察在两个变量共同作用下，对结果的影响程度。

1. 单变量模拟运算表的运用

例 8-10　在上节长期借款等额还款分析模型中，应用单变量数据表，分析不同利率对分期等额偿还金额的影响。

模型建立过程如下。

(1) 建立基础数据表。在本例中，要考察借款年利率对分期等额偿还金额的影响，因此，可以将借款金额、借款年限、每年还款期数、还款总期数等基础数据在一张表中列示，将借款年利率、分期等额偿还金额在另一张表中列示。

(2) 定义计算公式。在还款总期数单元格 C8 中，定义公式："=C6*C7"。在 C11 中，定义分期等额偿还金额公式为："=PMT(B11/C7,C8,-C5)。计算出在利率为 5%的情况下分期等额偿还金额。

(3) 进行单变量模拟运算。选中区域（B11：C21）后，选择"数据"菜单下的"模拟运算表"二级菜单，弹出如图 8-16 所示的对话框。

由于变量的替换值排在一列中，因此在"输入引用列的单元格"后的文本框中输入"B11"。单击"确定"按钮，得到计算结果，如图 8-17 所示。

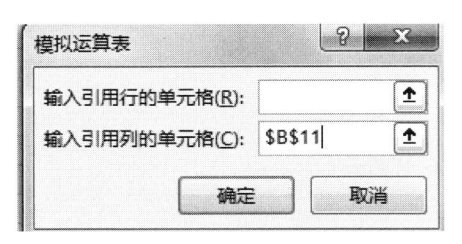

图 8-16　单变量模拟运算表对话框

图 8-17　单变量模拟运算表模型

需要注意的是，自变量区域和因变量区域之间必须通过公式联系起来，才能进行单变量模拟运算。

单变量模拟运算模型建立后，用户可以随时改变自变量区域的值，模型将自动计算得到相应结果。

2．双变量模拟运算表的运用

如果要考察两个变量共同作用对目标结果的影响程度，则可以使用双变量模拟运算表，建立分析模型。

承上例，若要考察在借款利率和借款年限同时变化的情况下，对每期偿还金额的影响，则可以使用双变量模拟运算表。

模型建立过程如下。

（1）建立基础数据表，如图 8-18 所示。

图 8-18　双变量模拟运算表模型

（2）输入公式。在数据表中定义公式"B10=PMT(C8/C6,C6*C7,-C5)"。要注意的是不同的利率值输入在一列中，列输入项必须在公式的正下方，不同年限输入在一行中，行输入项必须在公式的右侧。

（3）进行双变量模拟运算。在模型中，选定包含公式及输入值的行和列的单元格数据。在本例中为区域（B10:H21）。选择"数据"菜单下的"模拟运算表"二级菜单，弹出如图8-19所示的对话框。

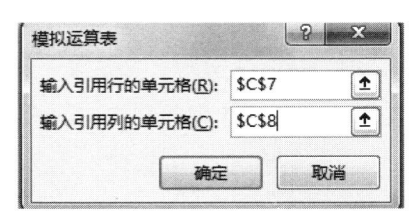

图 8-19　双变量模拟运算表对话框

由于借款年限被编排成行，因此在"输入引用行的单元格"后的文本框中输入"C7"，年利率被编排成列，在"输入引用列的单元格"后的文本框中输入"C8"。单击"确定"按钮，即可得到如图8-18所示的运算结果。

8.3　筹资决策模型应用

8.3.1　借款筹资决策模型

如前所述，取得长期借款是各类企事业单位筹集长期资金必不可少的方式。企业在进行长期贷款之前，需要对贷款金额、贷款利率、贷款期限及偿还期限等因素进行测算，以便从多种方案中选择一种比较合理的贷款方案。该模型包括两部分：分期偿还借款基本模型及分期偿还分析表。

分期偿还借款基本模型通过建立窗体来调整借款年利率、借款年限和每年还款期数。总付款期数通过借款年限和每年还款期数计算。每期偿还金额利用函数 PMT() 来计算。把借款金额、借款年利率、借款年限、每年偿还期数等与每期偿还金额之间通过函数 PMT() 建立动态链接。

分期偿还分析表因为要考虑净现金流量，所以需要使用函数 IPMT() 计算各期应偿还的利息。利用折旧函数计算折旧，把偿还利息加上折旧乘以税率就可计算出税款节约额。净现金流量是每期偿还金额减去税款节约额，现值通过公式计算。定义了相应的公式后，计算出整个贷款期间的现金流量的现值，从而帮助企业管理人员做出决策。

偿还贷款的基本模型及贷款分期偿还分析表模型如图 8-20 所示。

年	还款额	偿还本金	偿还利息	折旧	税款节约额	净现金流量	现值
			分期付款分析模型				
			借款金额	2000000			
			借款年利率	5%			
			借款年限	8			
			每年还款期数	1			
			总付款期数	8			
			每期偿还金额	¥309,443.63			
			折旧方法	年数总和法		所得税率	33%
1	309443.6273	209443.6	100000	444444	179666.52	129777.1073	125570.5
2	309443.6273	219915.8	89527.81864	388889	157877.5502	151566.0771	141899.56
3	309443.6273	230911.6	78532.02821	333333	135915.4593	173528.1679	157194.93
4	309443.6273	242457.2	66986.44825	277778	113772.2679	195671.3593	171508.38
5	309443.6273	254580	54863.5893	222222	91438.24447	218005.3828	184890.59
6	309443.6273	267309	42134.58741	166667	68904.52384	240539.1034	197388.93
7	309443.6273	280674.5	28769.13541	111111	46160.44469	263283.1826	209049.8
8	309443.6273	294708.2	14735.41082	55556	23196.16557	286247.4617	219916.49
合计	2475549.018	2000000	475549.018	2000000	816931.176	1658617.84	1407419

图 8-20　贷款分析模型

该模型制作过程如下。

1. 分期偿还借款基本模型的制作

该模型涉及贷款金额、贷款年限、年利率、每年还款次数、总付款次数、每年偿还金额等。因为需要考虑不同折旧方法对现金流量的影响，所以增加了折旧方法。

(1) 贷款金额可直接输入。

(2) 贷款年利率通过设置滚动条窗体来调整，设置方法是：选择"视图"菜单下的"工具栏"子菜单下的"窗体"，在窗体中选择滚动条，然后在适当的位置(利率旁)拖动鼠标确定其大小。单击鼠标右键，选择"设置控件格式"，在弹出的对话框中，输入单元格可能变化的最大值(3 000)、最小值(0)和步长(1)、页步长(10)，以及单元格连接的位置。这里选择单元格连接为 A6(模型空白处)，然后在单元格 E6 中输入公式"=$A$6/10000"。

(3) 贷款年限和每年还款期数可以设置微调按钮，其设置方法是在窗体中选择微调按钮，在设置控件格式中，输入最大值、最小值和步长，单元格连接分别为 E7 和 E8。

(4) 总付款次数输入公式"=E7*E8"。

(5) 每期偿还金额输入公式"=ABS(PMT(E6/E8,E9,E5))"。

(6)计算折旧的方法是在窗体中选择组合框▦，在设置控件格式中输入"数据源区域(折旧方法名称的位置)"和"单元格连接(E11)"即可。

2．分期偿还分析表的编制

为了使模型在不同贷款年限下分别计算出各期的具体项目，需要设置当还款期数变动时，分析表中的数据相应增减，所以在编写公式时要考虑还款期数的问题。下面分别列出各单元格的公式(因考虑公式的复制，所以第一行公式和下面的公式不同)。

(1)年(期)：

A14：=IF($E$9>=1,1,"")

A15：=IF(A14="","",IF(A14="合计","",IF($E$9>A14,A14+1,"合计")))

(2)还款额：

B14：=IF(A14="","",IF(A14="合计","",ABS(PMT($E$6/$E$8,$E$9,$E$5))))

B15：=IF(A15="","",IF(A15="合计",SUM($B$14:B14),ABS(PMT($E$6/$E$8,$E$9,$E$5))))

(3)偿还本金：

C14：=IF(A14="","",IF(A14="合计","",ABS(PPMT($E$6/$E$8,A14,$E$9,$E$5))))

C15：=IF(A15="","",IF(A15="合计",SUM($B$14:B14),ABS(PMT($E$6/$E$8,$E$9,$E$5))))

(4)偿还利息：

D14：=IF(A14="","",IF(A14="合计","",ABS(IPMT($E$6/$E$8,A14,$E$9,$E$5))))

D15：=IF(A15="","",IF(A15="合计",SUM($D$14:D14),ABS(IPMT($E$6/$E$8,A15,
　　　$E$9,$E$5))))

(5)折旧：

E14：=IF(A14="","",IF(A14="合计","",CHOOSE($E$11,SLN($E$5,0,$E$9),SYD($E$5,0
　　　$E$9.A14),VDB(E5.0.$E$9.A14-1.A14.2.TRUE))))

E15：=IF(A15="","",IF(A15="合计",SUM($E$14:E14),CHOOSE($E$11,SLN($E$5,0,
　　　$E$9),SYD(E5.0.$E$9.A15).VDB(E5.0.$E$9.A15-1.A15.2.TRUE))))

(6)税款节约额：

F14：=IF(A14="","",IF(A14="合计","",(D14+E14)*$H$12))

F15：=IF(A15="","",IF(A15="合计",SUM($F$14:F14),(D15+E15)*$H$12))

(7)净现金流量：

G14：=IF(A14="","",IF(A14="合计","",B14-F14))

G15：=IF(A15="","",IF(A15="合计",SUM($G$14:G14),B15-F15))

(8)现值：

H14：=IF(A14="","",IF(A14="合计","",G14/(1+$E$6*(1-$H$12))^A14))

H15：=IF(A15="","",IF(A15="合计",SUM($H$14:H14),G15/(1+$E$6*(1-$H$12))^A15))

把第 15 行的公式定义好后，用复制柄向下复制公式到需要的行数以完成模型的制作。

在本例中，使用了大量的逻辑判断函数，目的是增强模型的通用性，简化用户操作，这也是利用 Excel 建立财务分析模型的通用思想。

财务管理人员可以通过改变借款金额或拖动滚动条来调整借款利率，通过调整微调按钮改变借款年限和每年还款期数，来观察每期应偿还金额的变化、各期的现金流量以及总现值。根据模型，企业可以选择一种当前能力所及的固定偿还金额进行贷款或与其他筹资方式进行比较。

8.3.2 租赁筹资模型

租赁是指出租人在承租人给予一定报酬的条件下，在契约或合同规定的期限内，将财产租让给承租人使用的行为。现在，有很多企业将租赁业务作为筹措长期资金的一项重要来源，依据租赁合同，企业只需支付租金就可以按计划使用急需的设备，而不必立即支付购置设备的全部价款。租赁公司提供的可承租设备较多，不同设备的租赁条件又不尽相同，因此，通过建立租赁模型，设置图形接口，可以使租赁决策变得简单。

1. 模型的建立

首先建立租赁公司价格基础数据表，如图 8-21 所示。租赁公司价格基础数据表应该包括从租赁公司或市场上获得的关于待租赁设备名称、租金、租金的支付方法、租赁期限和租赁年利率等，以便在租赁筹资决策分析模型中使用。

生产厂家	设备名称	租金总额	支付方法
德国	aaa	2500000	先付
美国	aaa	2300000	先付
日本	aaa	2100000	先付
美国	bbb	20000	后付
美国	bbb	10000	后付
美国	ccc	1000000	先付

图 8-21 租赁公司价格基础数据表

建立了租赁公司价格基础数据表以后，就可以根据相应的价格条件及 Excel 的多种图形控制项工具，确定控件的位置、格式及相应的链接建立各种控件，限定每个参数的选择范围。利用函数 INDEX() 从租赁公司价格基础数据表中检索获取所选设备的租金及支付租金的方式。因为租赁设备的租金在税前支付，所以在计算租赁设备的净现金流量及现值时，须扣除税款节约额。利用现值函数，就可以建立租赁分析模型。租赁分析模型如图 8-22 所示。

2. 租赁分析模型的应用

根据租赁分析模型，通过单击下拉框列表，选择其中的某一设备，则该设备的名称、租金及租金的支付方式将自动从租赁公司价格表中获取，并填入分析模型中，然后用鼠标调整微调按钮和拖动滚动条，就可以在合理的范围内选择每年付款次数、利率、租赁年限。进行每个不同的修改后，都可以及时看到相应的每期应付租金。如果需要列示其他设备的每期应付租金，则重复以上操作，就可以比较各种设备的每期应付租金。当租赁设备发生改变时，只需改变租赁公司价格表，而租赁分析模型不用改变，不需要编写任何程序，就可以轻松得到分析结果。通过计算出各种设备每期应付租金及选取不同设备条件下的净现值，以选取净现值最低的方案。

该模型对于租金的计算只设定了 5 年，如果增加年限，只需要把公式向下复制，结果即可自动计算出来。

租赁分析模型

租赁项目名称	aaa
租金	¥ 2,300,000.00
支付租金方法	先付
每年付款次数	5
租赁年利率	4.37%
租赁年限	5
总付款次数	5
每期应付租金	¥ -460,402.04

租金摊销分析表

			所得税税率	33%
年	租金支付	税款节约额	租赁净现金流量	现值
0	460,402.00	151,933.00	308,469.00	308,469.00
1	460,402.00	151,933.00	308,469.00	308,469.00
2	460,402.00	151,933.00	308,469.00	308,469.00
3	460,402.00	151,933.00	308,469.00	308,469.00
4	460,402.00	151,933.00	308,469.00	308,469.00
5	-			
合计	2,302,010.00	759,665.00		1,542,345.00

图 8-22 租赁分析模型

3. 租赁模型和借款模型的分析比较

企业进行设备更新，可以借款购买，也可以采用租赁的方法，那么，通过借款模型、租赁模型能否确定应该采用何种决策呢？我们可以建立借款与租赁比较分析模型进行对比分析，如图 8-23 所示。

租赁分析模型

租赁项目名称	aaa
租金	¥ 2,300,000.00
支付租金方法	先付
每年付款次数	4
租赁年利率	4.37%
租赁年限	5
总付款次数	5
每期应付租金	¥ -460,402.04

租金摊销分析表

			所得税税率	33%
年	租金支付	税款节约额	租赁净现金流量	现值
0	460,402.00	151,933.00	308,469.00	308,469.00
1	460,402.00	151,933.00	308,469.00	308,469.00
2	460,402.00	151,933.00	308,469.00	308,469.00
3	460,402.00	151,933.00	308,469.00	308,469.00
4	460,402.00	151,933.00	308,469.00	308,469.00
5	-			
合计	2,302,010.00	759,665.00	1,542,345.00	1,542,345.00

借款分析模型

借款类型	贷款
借款金额	¥ 2,000,000.00
借款年利率	4.75%
借款年限	4
每年还款期数	2
总付款期数	8
每期偿还金额	¥ 277,449.99

贷款分期偿还分析表

年	每期偿还金额	偿还利息	折旧	税款节约额	净现金流量
1	277,450.00	47,500.00	400,000.00	147,675.00	129775
2	277,450.00	42,039.00	400,000.00	145,873.00	131577
3	277,450.00	36,448.00	400,000.00	144,028.00	133422
4	277,450.00	30,724.00	400,000.00	142,139.00	135311
5	277,450.00	24,864.00	400,000.00	140,205.00	137245
合计	1,387,250.00	181,575.00	2,000,000.00	719,920.00	667,330.00

图 8-23 借款与租赁比较分析模型

在借款与租赁比较分析模型中，由于租赁模型中的租金在税前支付，因此可以计算出其税款节约额；借款模型的折旧费用及偿还的利息也可以节约税款。通过确定其折旧额(利用相应的折旧函数)、利息，分别计算出其净现金流量。

该模型的应用：通过在屏幕上开新窗口的办法，可以同时看到借款及租赁条件下的净现值。若借款的净现值较小时，可以在租赁分析模型中选择同种不同价格的设备，以选取净现值较低的筹资方法。如果要进行其他方案的对比分析，则采用开新窗口的办法同样可行。

财务管理人员根据企业的具体管理要求建立了完整的用于投资、筹资决策分析的财务管理模型后，在进行筹资、投资决策时，可以先分析与决策有关的外部信息，如国家的政策、金融信息、本行业的相关财务信息等，作为企业进行筹资、投资的参考，然后利用模型进行决策，从中找出最优方案。

习题

1. 试举例说明 Excel 中现金流量时间价值函数的应用方法。
2. 试说明利用 Excel 建立筹资决策模型的一般步骤。
3. 利用双变量模拟运算表，建立可变的借款分析模型。该模型要求考察在借款利率和借款年限同时变化的情况下，对每期偿还金额的影响。
4. 某企业拟采用融资租赁方式于 2006 年 1 月 1 日从租赁公司租入一台设备，该设备价款为 50 000 元，租期为 5 年，到期后设备归企业所有。双方商定，如果采用后付等额租金方式付款，则折现率为 16%；如果采用先付等额租金方式付款，则折现率为 14%。企业的资金成本率为 10%。

要求利用 Excel 建立分析模型。
(1) 计算后付等额租金方式下的每年等额租金额。
(2) 计算后付等额租金方式下的 5 年租金终值。
(3) 计算先付等额租金方式下的每年等额租金额。
(4) 计算先付等额租金方式下的 5 年租金终值。
(5) 试比较上述两种方案，哪种方案对企业更有利。

第 9 章 利润规划分析

本章学习目标：
- 了解利润规划在财务管理信息化中的作用和地位
- 掌握利用 Excel 工具软件进行利润规划的思路及方法
- 掌握利润规划模型的分析和制作

本章关键词：

财务预测、利润规划、线性规划

9.1 利润规划业务概述

在财务管理工作中，收入预测及利润规划是重要的内容之一。收入是指企业在日常经营活动中形成的，会导致所有者权益增加的、与所有者投入资本无关的经济利益的总流入。利润规划是现代企业科学管理方法之一。它通过对企业未来一段时间内，经过努力应达到的最优化利润即目标利润进行科学的预测，控制、规划、掌握其影响因素及变化规律，为管理者提供决策信息。

企业进行目标利润规划主要适用的方法是本量利分析法。这种方法能通过业务量、成本利润之间的关系对企业生产经营活动进行规划和控制。它是目标利润管理的基础方法。Excel 中提供了多种方法支持企业利润规划模型的建立和使用。

9.1.1 预测及预测方法

财务管理的关键在于决策，决策的基础在于预测。预测分析是根据相关资料的信息，运用专业知识、经验和科学的方法，对事件的未来趋势做出估计和推测的过程。

预测分析的方法较多，但基本方法可以归纳为两类，即定量分析法和定性分析法。

1. 定量分析法

定量分析法主要应用数据方法和现代化的计算工具，对经济信息进行科学的加工和处理，建立预测分析数学模型，揭示各有关变量之间的规律性联系，并做出预测结论。定量分析法可以分为以下两种类型。

(1)趋势预测分析法，亦称时间序列分析法，是将预测对象的历史数据按照时间序列排列，应用数学方法处理、计算，借以预测其未来发展趋势的分析方法。具体计算方法有算术平均法、移动加权平均法、指数平滑法、回归分析法、二次曲线法等。

(2)因果预测分析法，是根据预测对象与其他相关指标之间的相互依存、相互制约的规律性联系，建立相应的因果分析数学模型进行预测分析的方法。它的实质是根据事物发展的相关性原则，推测事物发展的趋势。具体方法有本量利分析法、投入产出法等。

2．定性分析法

定性分析又称经验判断法，是主要依靠预测人员的经验、知识、判断和分析能力，推断事物的性质和发展趋势的方法。在缺乏历史数据或影响历史数据的环境发生重大变化时，可以采用定性分析的方法。但定性分析法并不适合采用工具软件建立模型来进行分析和预测，一般情况下主要采用讨论、推理等方法实现。

在实际工作中，常常将两种方法结合起来，以定性分析法为指导，以定量分析法为验证。在财务管理信息化工作中，主要利用 Excel 强大的数据处理功能，运用定量分析法，进行财务趋势预测和因果预测。

9.1.2　利用 Excel 实现趋势预测

1．趋势分析图形的制作

利用 Excel 强大的图形制作功能，可以对分析对象建立图表，以观察其变化趋势。但这种方法只能简单地观测对象变化的趋势，精确程度不高。因此，趋势分析图形常常用作简单的趋势预测。

例 9-1　某企业各年的主营业务收入如图 9-1 所示，制作图表预测该公司未来三年的主营业务收入的变化趋势。

制作步骤如下：

(1)建立原始数据表，输入各年度主营业务收入数据。

	A	B	C	D	E	F	G	H	I	J	K
2	年份	2012	2013	2014	2015	2016	2017	2018	2019	2020	2021
3	主营业务收入	21000.00	25000.00	18000.00	30000.00	28000.00	29000.00	35000.00	42000.00	36000.00	38000.00

图 9-1　基础数据表

(2)打开"插入"选项卡，单击"查看所有图表"按钮，在"插入图表"对话框中选择"带数据标志的折线图"，即在工作表中出现一个销售收入图，如图 9-2 所示。

(3)单击"确定"按钮，可以得到粗略的主营业务收入折线图，如图 9-3 所示。

(4)鼠标指向图中折线并单击鼠标右键，在弹出的快捷菜单中选择"添加数据标签"，如图 9-4 所示。数值会显示在折线的样本点上。

(5)为了进一步体现主营业务收入的变化趋势，可以添加趋势线。右击图 9-4 中数据线的任意位置，在弹出的快捷菜单中选择"添加趋势线"命令，弹出"设置趋势线格式"对话框，如图 9-5 所示。

图 9-2 图表类型选择

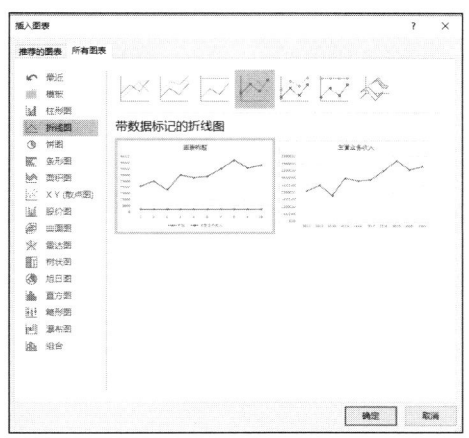

图 9-3 主营业务收入折线图

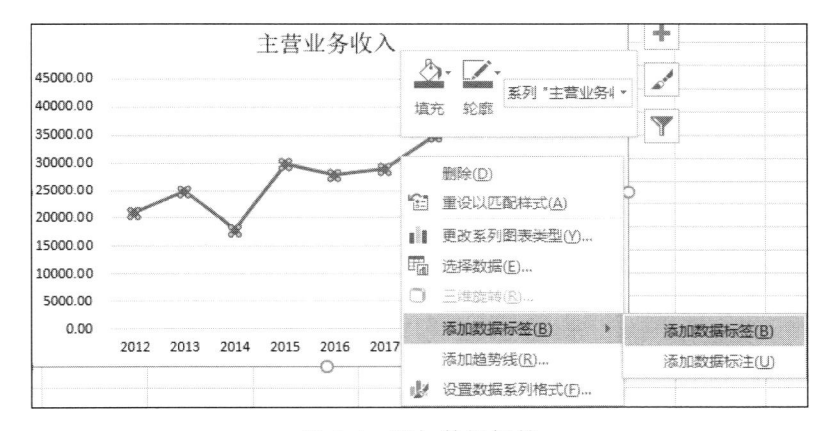

图 9-4 添加数据标签

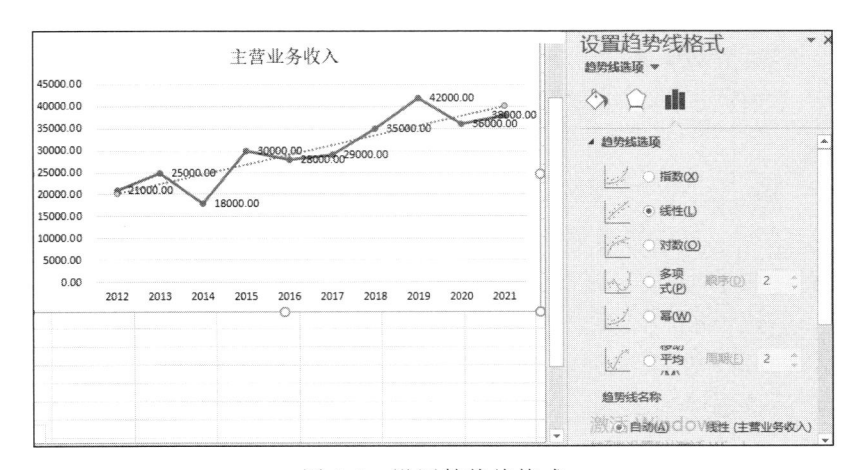

图 9-5 设置趋势线格式

(6)在"设置趋势线格式"对话框中选择"线性"图形;在"选项"中的"趋势预测"选项组中调节"向前",设置为3,如图9-6所示。回车之后可以得到如图9-7所示的趋势线分析图,并可据此预测以后三年的主营业务收入。

183

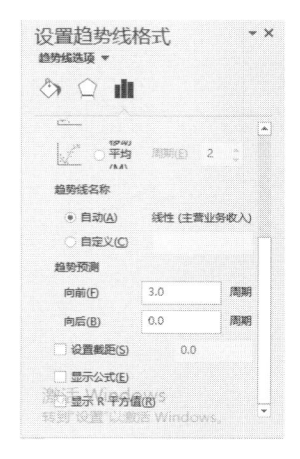

图 9-6　趋势线选项　　　　　　　图 9-7　趋势线分析图

2．算术平均法的应用

算术平均法的计算公式如下。

$$预计销售收入 = 各期销售收入之和 \div 期数$$

这种方法计算简单，但忽略了各期数据波动对预测结果的影响，适用于预测对象波动不大、比较稳定的企业。

例 9-2　某商品 1~11 月份销售额如表 9-1 所示，按照算术平均法预计 12 月份销售额。

表 9-1　算术平均法预测销售额

月份	1	2	3	4	5	6	7	8	9	10	11	12
销售额	23	25	26	26	27	24	26	27	27	28	25	

在 12 月份销售额单元格内定义公式"=SUM(B3:L3)/11"，得到 12 月份预测结果为 24。

3．移动平均法的应用

移动平均法是根据近期数据推测对预测值影响较大的事实，把平均期逐期移动的方法。其计算模型如下。

$$预测值\ X_t = (X_{t-1}+X_{t-2}+\cdots+X_{t-n})/N$$

如果时间序列没有明显的趋势变动，使用一次移动平均就能够准确地反映实际情况，那么就可以进行预测了。具有线性趋势的时间序列数据，通过一次移动平均后，比原始曲线平滑了很多，但还不能满足要求，必须在一次移动平均的基础上再作二次移动平均，找出曲线发展的方向和趋势，然后建立直线趋势的预测模型进行预测。

该直线趋势的预测模型如下。

$$y_{t+T} = a_t + b_t T$$

式中：t 表示目前周期；

T 表示由目前周期需要预测的周期数，即 t 以后模型外推的时间；

y_{t+T} 表示 $t + T$ 周期的预测值。

式中截距 $a_t = 2M_t^{(1)} - M_t^{(2)}$，斜率 $b_t = \dfrac{2}{N-1}(M_t^{(1)} - M_t^{(2)})$。

例 9-3 已知 2020 年 1～11 月的主营业务收入，使用移动平均法预测 2021 年 1 月份的主营业务收入。模型制作过程为：

(1) 在 Excel 中，建立基础数据表，如图 9-8 所示：

	A	B	C	D
1				
2		移动平均预测收入		
3	月份	销售收入	一次平均	二次平均
4	1	676		
5	2	825		
6	3	774		
7	4	716		
8	5	940		
9	6	1159		
10	7	1384		
11	8	1524		
12	9	1668		
13	10	1671		
14	11	1895		
15				
16	a:			
17	b:			
18	2021年1月预测值			

图 9-8　建立基础数据表

(2) 定义截距 *a* 和斜率 *b* 的公式。在 B16 单元格定义公式"=C14*2 - D14"，在 B17 单元格输入公式"=（C14-D14）*2/3"。

(3) 在 B18 单元格内输入预测值公式"=B16+B17*2"，其中的系数 2 表示 11 月与预测月之间相距两个月。其中，由于尚未使用移动平均，则 *a,b* 的值均为 0。

(4) 第一次计算移动平均数

第一步，单击"数据"|"数据分析"菜单，弹出"数据分析"对话框，选择"移动平均"命令，如图 9-9 所示。

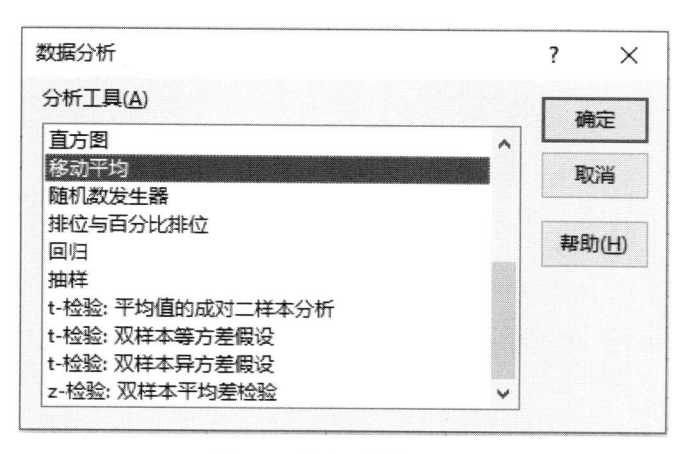

图 9-9　数据分析对话框

如果"数据"菜单下没有"数据分析",则必须在 Excel 中安装"分析工具库"。操作过程为:在"文件"菜单下选择"选项",在弹出的对话框中选择"加载项",单击"转到"后弹出如图 9-10 所示的对话框。

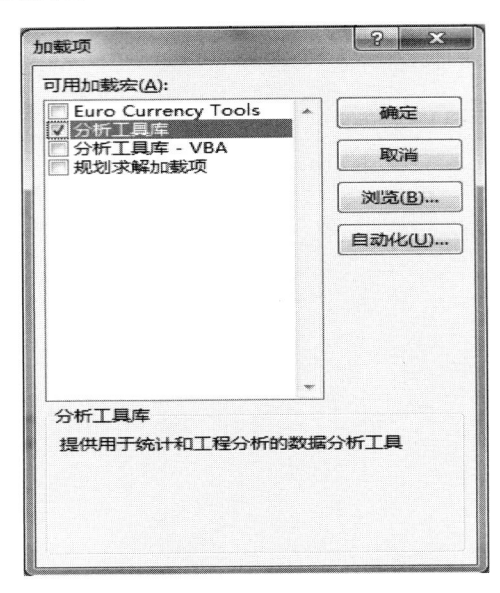

图 9-10　加载宏对话框

选择分析工具库后,单击"确定"返回,则可以在"数据"菜单下找到"数据分析"命令。如果在"加载宏"下没有"分析工具库",则需要单击"浏览"按钮,定位到"分析工具库"所在文件夹(默认 Microsoft Office\Office\Library\Analysis)中加载宏文件 Analys32.xll,加载该功能。若没有找到该文件,则应补充安装该功能。

第二步,在弹出的"移动平均"对话框中,确定相关参数,如图 9-11 所示。

图 9-11　移动平均对话框

在输入区域中选择区域 b4:b14,间隔为 4,输出区域为 c4:c14,勾选图表输出,单击"确定"按钮,则可生成第一次移动平均后的数据结果,如图 9-12 所示。

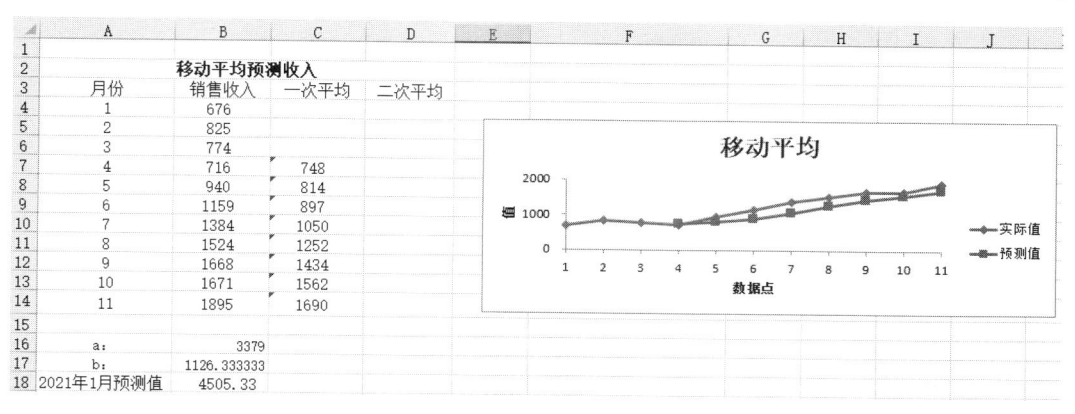

图 9-12 移动平均法预测模型

第三步，从图 9-12 可以看出，主营业务收入具有明显增长的趋势，因此，要进行预测，必须先做二次移动平均。二次移动平均是在一次移动平均的基础上进行的。可以按照上述方法进行，得到二次移动平均结果，如图 9-13 所示。

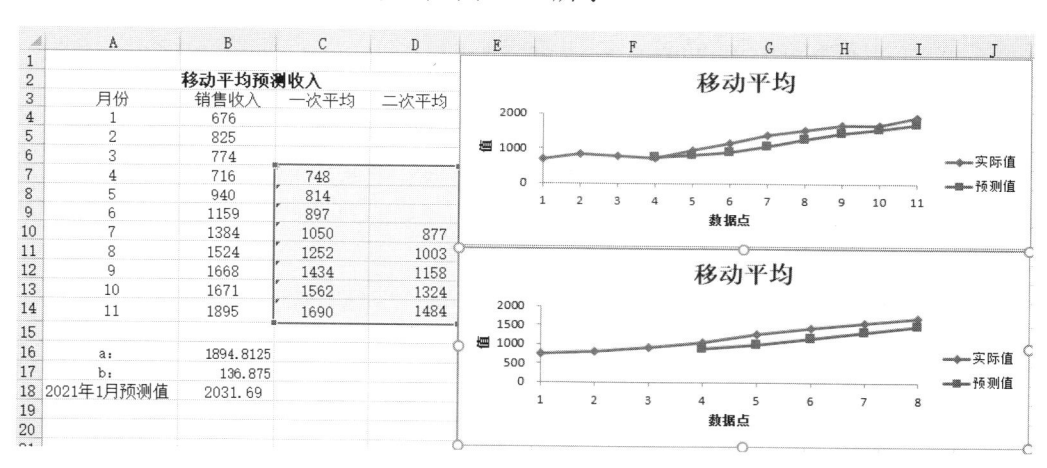

图 9-13 二次移动平均预测收入

二次移动结果生成后，自动得到 2021 年 1 月的预测值。

4．预测函数的应用

Excel 中提供的预测函数有以下几个.
（1）FORECAST()。

功能：根据已有的数值计算或预测未来值。此预测值为基于给定的 x 值推导出的 y 值。已知的数值为已有的 x 值和 y 值，再利用线性回归对新值进行预测。可以使用该函数对未来销售额、库存需求或消费趋势进行预测。

语法：FORECAST(x,known_y's,known_x's)

参数说明如下。

x 为需要进行预测的数据点。

known_y's 为因变量数组或数据区域。

known_x's 为自变量数组或数据区域。

如果 x 为非数值型，则函数 FORECAST() 返回错误值 #VALUE!。

如果 known_y's 和 known_x's 为空或含有不同个数的数据点，则函数 FORECAST() 返回错误值 #N/A。

如果 known_x's 的方差为零，则函数 FORECAST() 返回错误值 #DIV/0!。

函数 FORECAST() 的计算公式为 $a+bx$，式中：

$$a = \overline{Y} - b\overline{X}$$

且

$$b = \frac{n\sum xy - \left(\sum x\right)\left(\sum y\right)}{n\sum x^2 - \left(\sum x\right)^2}$$

式中，x 和 y 为样本平均数 AVERAGE(known_x's) 和 AVERAGE(known_y's)。

（2）TREND()。

功能：返回一条线性回归拟合线的值，即找到适合已知数组 known_y's 和 known_x's 的直线（用最小二乘法），并返回指定数组 new_x's 在直线上对应的 y 值。

语法：TREND(known_y's,known_x's,new_x's,const)

参数说明如下。

known_y's 是关系表达式 $y = mx + b$ 中已知的 y 值集合。

如果数组 known_y's 在单独一列中，则 known_x's 的每一列被视为一个独立的变量。

如果数组 known_y's 在单独一行中，则 known_x's 的每一行被视为一个独立的变量。

known_x's 是关系表达式 $y = mx + b$ 中已知的可选 x 值集合。

数组 known_x's 可以包含一组或多组变量。如果只用到一个变量，那么只要 known_y's 和 known_x's 维数相同，它们就可以是任何形状的区域。如果用到多个变量，则 known_y's 必须为向量（必须为一行或一列）。

如果省略 known_x's，则假设该数组为 {1,2,3,…}，其大小与 known_y's 相同。

new_x's 为需要函数 TREND() 返回对应 y 值的新 x 值。

new_x's 与 known_x's 一样，每个独立变量必须为单独的一行（或一列）。因此，如果 known_y's 是单列的，则 known_x's 和 new_x's 应该有同样的列数。如果 known_y's 是单行的，则 known_x's 和 new_x's 应该有同样的行数。

如果省略 new_x's，则假设它和 known_x's 一样。

如果 known_x's 和 new_x's 都省略，则假设它们为数组{1,2,3,…}，大小与 known_y's 相同。

const 为一个逻辑值，用于指定是否将常量 b 强制设为 0。

如果 const 为 TRUE 或省略，则 b 将按正常计算。

如果 const 为 FALSE，则 b 将被设为 0（零），m 将被调整以使 $y = mx$。

例 9-4 承例 9-2，预测 12 月份的销售收入，步骤如下。

第一步，建立基础数据表，如图 9-14 所示。

	A	B	C	D	E	F	G	H	I	J	K	L	M
1	利用TREND（预测销售额）													
2	月份	1	2	3	4	5	6	7	8	9	10	11	12
3	销售额	23	25	26	26	24	27	26	27	27	28	25	

图 9-14　利用函数 TREND()预测销售额时的基础数据表

第二步，在 M3 单元格，定义 TREND 公式。单击 *fx* 图标，在统计函数类别中，选择函数 TREND()，如图 9-15 所示。

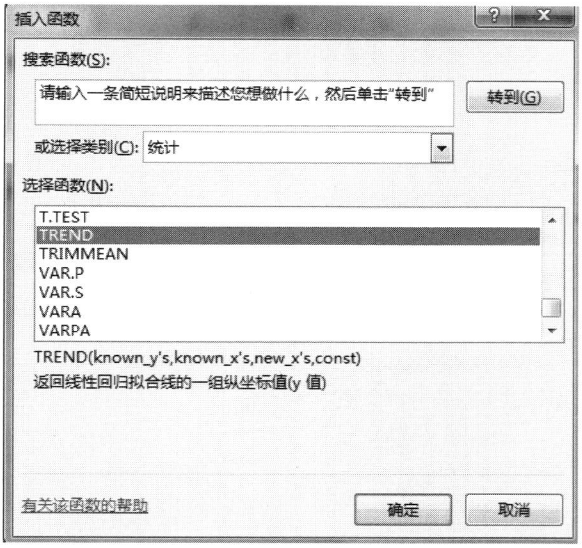

图 9-15　"插入函数"对话框

第三步：单击"确定"按钮，在弹出的参数选择对话框中，选择对应的参数，如图 9-16 所示。其中 known_y's 参数选择区域 B3:L3，为各月销售额；known_y's 参数选择区域 B2:L2，为对应的月份（时间序列数）；new_x's 为 M2，表示对应的预测月份值；const 参数可以省略。

参数选择完毕后，单击"确定"按钮，生成最后的结果为 12 月份预测值 27.4。

(3) LINEST()。

功能：使用最小二乘法对已知数据进行最佳直线拟合，并返回描述此直线的数组。因为此函数返回数值数组，所以必须以数组公式的形式输入。

直线的公式为：
$$y = mx + b$$
或
$$y = m_1x_1 + m_2x_2 + \cdots + b \text{（如果有多个区域的 } x \text{ 值）}$$

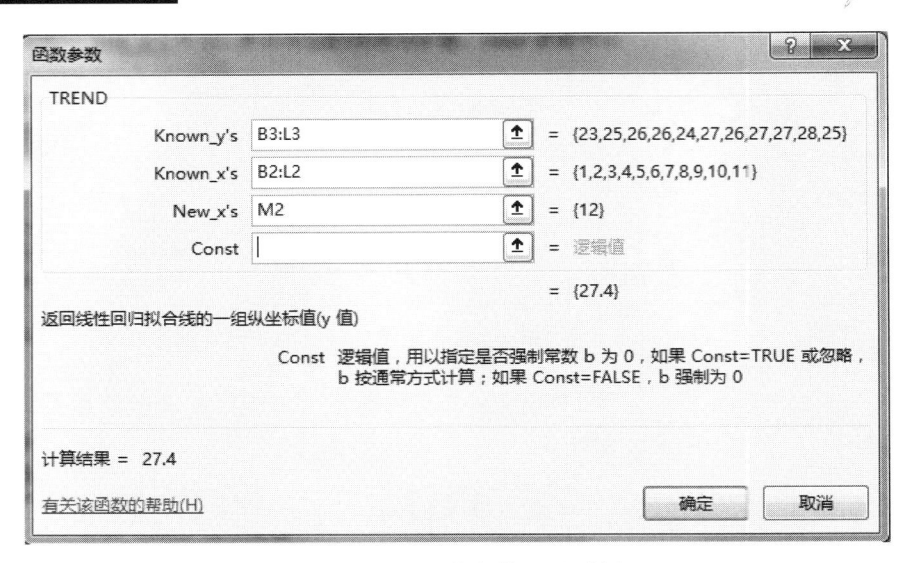

图 9-16 "函数参数"对话框

式中,因变量 y 是自变量 x 的函数值。m 值是与每个 x 值相对应的系数,b 为常量。注意,y、x 和 m 可以是向量。LINEST 函数返回的数组为 $\{mn,mn-1,...,m1,b\}$。LINEST 函数还可返回附加回归统计值。

语法:LINEST(known_y's,known_x's,const,stats)。

参数说明同 TREND()。

9.1.3 利用 Excel 进行因果分析

1. 单变量求解

"单变量求解"是一组命令的组成部分,这些命令有时也称作假设分析工具。如果已知单个公式的预期结果,而用于确定此公式结果的输入值未知,则可使用"单变量求解"功能,通过单击"工具"菜单上的"单变量求解"即可使用"单变量求解"功能。当进行单变量求解时,Excel 会不断改变特定单元格中的值,直到依赖此单元格的公式返回所需的结果为止。

例 9-5 利用单变量求解计算盈亏平衡点。

某公司生产电子元件,固定成本为 3 000 元,单位可变成本为 2 元,单位售价为 5 元。计算该公司生产该元件的盈亏平衡点。

Excel 中的单变量求解功能常用来考查在目标值一定的情况下,影响该目标值的要素的取值。计算盈亏平衡点时,实际上是假设利润为零的情况下,考查产量信息。根据上述资料,可以在 Excel 中建立表格,如图 9-17 所示。可定义相关单元格公式,如表 9-2 所示。

表 9-2 定义相关单元格公式

单元格	公式	单元格	公式
B8	=b3+b4*b7	B9	=b5*b7
B10	=b9-b8		

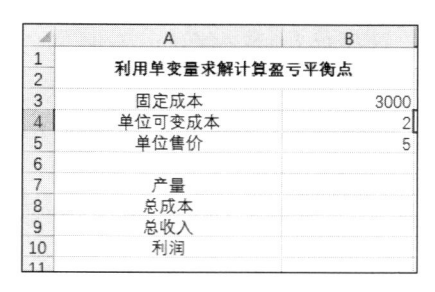

图 9-17　单变量求解应用模型

在上述表格中，应用单变量求解。单击"数据"菜单下"模拟分析"菜单，选择单变量求解，弹出如图 9-18 所示的对话框。

在该对话框中，确定目标单元格为利润所在单元格，目标值为 0，可变单元格为产量所在单元格，单击"确定"按钮，弹出单变量求解状态窗口，确定后生成盈亏平衡点数据。计算结果为产量 1 000，如图 9-19 所示。

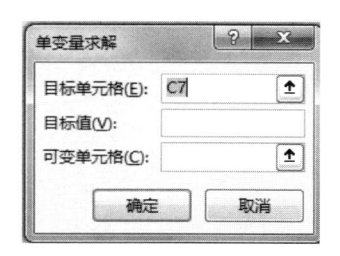

图 9-18　"单变量求解"对话框　　　　图 9-19　单变量求解状态

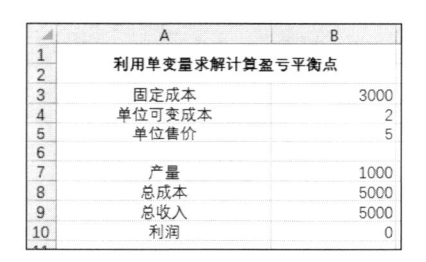

2．模拟运算表的应用

运算表是一个单元格区域，用于显示公式中某些值的更改对公式结果的影响。运算表提供了一种快捷手段，它可以通过一步操作计算出多种情况下的值；同时，它还是一种有效的方法，可以查看和比较由工作表中不同变化所引起的各种结果。根据影响目标结果的变量的数量，可以分为单变量模拟运算表和双变量模拟运算表。

1）单变量模拟运算表

单变量模拟运算表可以考查单个变量的变动，对目标结果的影响。承例 9-5，企业管理者想了解当单位变动成本对利润的影响程度，则可以通过单变量模拟运算表进行分析。

第一步，建立基础数据表，如图 9-20 所示。

图 9-20　单变量模拟运算表模型的基础数据表

在图 9-20 中，首先建立变量变动数据区域 D4:D14，并采用自动填充，按照等差数列填入单位可变成本的变动数据范围。同时，在 E4 单元格定义公式"=(B5-B4)*B7-B3"。一般来讲，目标单元格应该与变动数据区域单元格存在直接的公式联系。

第二步，选择模拟运算区域为 D3:E14。

第三步，单击"模拟分析"菜单下的"模拟运算表"，弹出如图 9-21 所示的对话框。

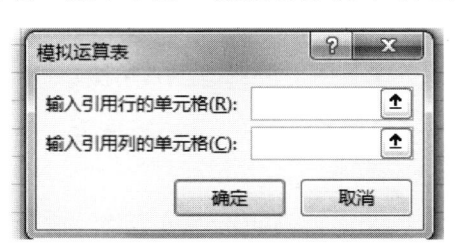

图 9-21 "模拟运算表"对话框

目前，模拟数据是按列组织的，因此，在"输入引用列的单元格"文本框中指定单元格地址为单位变动成本所在单元格地址 B4。单击"确定"按钮，生成最终结果，如图 9-22 所示。

图 9-22 单变量模拟运算结果

2) 双变量模拟运算表

双变量模拟运算表考查两个变量对目标值的影响。承上例，可将单位售价作为第二个变量。双变量模拟运算表实际上是建立以变量为维度的二维表格。在上例中，即生成横向为不同单位售价、纵向为不同单位可变成本的二维表格，表格中每一个单元格的值，即为在不同单位售价和单位可变成本组合下利润的值。其制作过程如下。

第一步，建立基础数据表格，列方向按照单位变动成本展开，行方向按照单位售价展开，形成二维表格。数据均可使用自动填充方式得到。同时在 B12 单元定义利润计算公式"=(B5-B4)*B7-B3"。注意，该公式定义时，必须和行、列数据通过公式相联系。

第二步，选择模拟单元格区域，即 B12:H23。

第三步，单击"数据"菜单下的"模拟运算表"，在弹出的对话框中，设置"输入引用行的单元格"地址为 B5，设置"输入引用列的单元格"地址为 B4。单击"确定"按钮，生成最终结果，如图 9-23 所示。

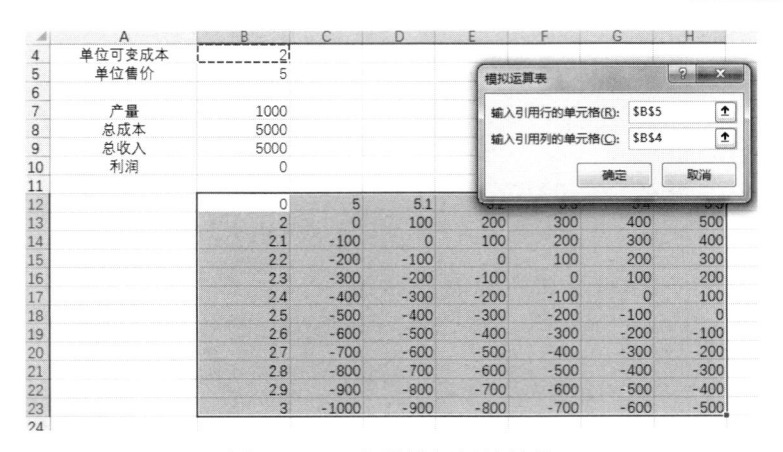

图 9-23 双变量模拟运算结果

3. 规划求解

规划求解是一组命令的组成部分，这些命令有时也称假设分析工具。借助规划求解，可求得工作表上某个单元格（被称为目标单元格）中公式的最优值。规划求解将对直接或间接与目标单元格中公式相关联的一组单元格中的数值进行调整，最终在目标单元格公式中求得期望的结果。规划求解通过调整所指定的可更改的单元格（可变单元格）中的值，从目标单元格公式中求得所需的结果。在创建模型过程中，可以对规划求解模型中的可变单元格数值应用约束条件，而且约束条件可以引用其他影响目标单元格公式的单元格。使用规划求解，可通过更改其他单元格来确定某个单元格的最大值或最小值。规划求解实际上是在一系列约束条件下，实现对方程的求解过程。

例 9-6　某公司生产和销售 A、B 两种产品，它们的生产与销售数据如表 9-3 所示。

表 9-3　某公司 A、B 两种产品的生产和销售数据

项目	产品 A	产品 B
单价(元)	11.3	16.4
单位可变成本(元/件)	6.3	10
固定成本(元)	300	700
所需单位机器(小时/件)	76	120
所需单位人工(小时/件)	85	60

该公司在机器与人工两种资源上的每月生产能力分别为 68 250 机器小时和 47 250 人工小时。假定所有产品只要生产出来都能按照预定价格销售出去。

要求：在限定的生产条件下，确定使公司利润达到极大时，对两种产品销售量的最优安排。采用规划求解对该问题求解如下。

1）问题分析

设产品 A、产品 B 的销售量为 x_1 和 x_2，销售总利润为 y，则根据上述条件，可以列出求利润极大值的方程如下。

$$\text{Max } y = (11.3-6.3) x_1 + (16.4-10) x_2 - 300 - 700$$

$$\text{Max } y = 5x_1 + 6.4x_2 - 1\,000$$

约束条件为：

$$76x_1 + 120x_2 \leqslant 68\,250$$
$$85x_1 + 60x_2 \leqslant 47\,250$$
$$x_1 \geqslant 0, x_2 \geqslant 0$$

2）建立求解问题的 Excel 表格（如图 9-24 所示）

	A	B	C	D	E	F
1						
2		项目	产品A	产品B	需要量	可提供量
3		所需单位机器小时/件	76	120		0
4		所需人工机器小时/件	85	60		0
5		单价（元）	11.3	16.4		0
6		单位可变成本（元/件）	6.3	10		0
7		固定成本（元）	300	700		
8		产品销售数量			0	
9		总成本		-700	0	
10		销售收入		0	0	
11		利润		700		
12						
13		利润总额		700		
14						
15						

图 9-24　模型基础数据表

定义相关公式如表 9-4 所示。

表 9-4　定义相关公式

单元格	公式	说明
C9	=C8*C6 − C7	求产品 A 总成本
D9	=D8*D6 − D7	求产品 B 总成本
C10	=c8*c5	求产品 A 销售收入
D10	=D8*D5	求产品 B 销售收入
C11	=C10- C9	求产品 A 利润
D11	=D10-D9	求产品 B 利润
E5	=C3*C8+D3*D8	求产品 A、B 总机器小时数
E6	=C4*C8+D4*D8	求产品 A、B 人工小时数
C13	=C11+D11	利润总额

在本模型中，产品销售数量 C8:D8 是可变单元格，E3:E4 是约束条件所在单元，C13 是目标单元格。

3）采用规划求解

单击"数据"菜单下"规划求解"命令，弹出"规划求解参数"对话框，如图 9-25 所示。如果菜单中没有"规划求解"，则需要单击"选项"菜单下的"加载宏"命令，添加"规划求解"菜单进行调用，或运行补充安装。

在该对话框中，设置目标单元格为 C13，即利润总额单元格。在使用规划求解时，目标单元格必须定义公式，目标单元格的值与变动单元格之间直接或间接连接，并选择最大值。可变单元格定义为 C8:D8。

图 9-25 "规划求解参数"对话框

单击"添加"按钮，可以添加约束条件。弹出"添加约束"对话框，如图 9-26 所示。

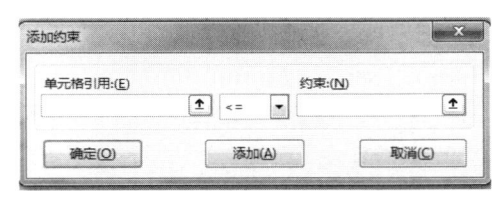

图 9-26 "添加约束"对话框

选择"单元格引用"位置 E3，"约束"值单元格为 F3，表示两种产品生产所需的总机器小时数不超过总机器小时数。由于在单元格引用位置不允许进行公式计算，因此在进行表格设计时，应添加辅助运算的单元格，以完成约束条件值的计算。

单击"添加"按钮，可以继续添加新的约束条件。单击"确定"按钮可以返回规划求解定义状态。在本例中，需要定义的约束条件有四个。定义完毕后，规划求解参数如图 9-27 所示。

图 9-27 设置规划求解参数

4)结果生成

在图 9-27 中,单击"求解"按钮,可以生成最终的运算结果,如图 9-28 所示。

	A	B	C	D	E
1					
2	项目	产品A	产品B	需要量	可提供量
3	所需单位机器小时/件	76	120	68250	68250
4	所需人工机器小时/件	85	60	47250	47250
5	单价(元)	11.3	16.4		
6	单位可变成本(元/件)	6.3	10		
7	固定成本	300	700		
8	产品销售数量	279.26	391.86		
9	总成本	2059.31	4618.88		
10	销售收入	3155.59	6426.504		
11	利润	1096.28	1807.624		
12					
13	利润总额		2904.36		

图 9-28 规划求解结果

5)变更规划求解条件

企业经营环境的变化,必将带来企业决策条件的变化。规划求解提供了对约束条件的修改能力。用户可以使用该功能实现对决策约束条件的维护。

(1)修改约束条件。上例中,假定可提供的单位机器小时数提高到 70 000,单位人工机器小时数提高到 50 000,则可以直接修改对应单元格数据,并重新运行规划求解生成结果,如图 9-29 所示。

	A	B	C	D	E
1					
2	项目	产品A	产品B	需要量	可提供量
3	所需单位机器小时/件	76	120	70000	70000
4	所需人工机器小时/件	85	60	50000	50000
5	单价(元)	11.3	16.4		
6	单位可变成本(元/件)	6.3	10		
7	固定成本(元)	300	700		
8	产品销售数量	319.15	381.21		
9	总成本	2310.64	4512.06		
10	销售收入	3606.38	6251.844		
11	利润	1295.74	1739.784		
12					
13	利润总额		3035.46		

图 9-29 修改约束条件后的规划求解结果

(2)修改规划求解的限制式。上例中,主管希望 A 产品至少生产 300 件,其余的资源用于生产 B 产品,则需要修改规划求解的限制式。

单击"工具"菜单下的"规划求解"命令,弹出规划求解参数对话框,修改参数,如图 9-30 所示。

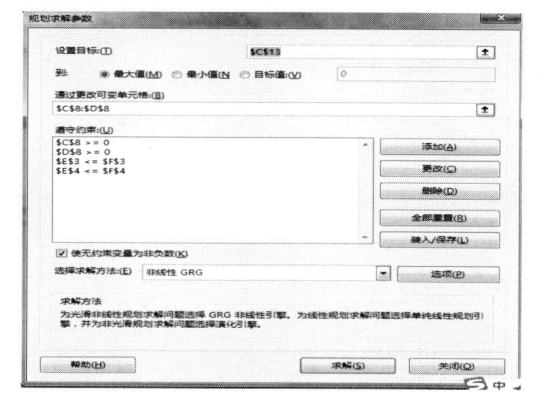

图 9-30 修改规划求解参数

选择需要修改的限制式，并单击"更改"按钮，弹出如图 9-31 所示的对话框。

图 9-31 "改变约束"对话框

输入修改后的约束值，单击"确定"按钮返回。重新求解，即可生成最终结果。

（3）设置整数约束。假定上例中，要求 A、B 两种产品的最终产量均以整数表示，则需要在约束条件中，增加"取整"的约束。如图 9-32 所示，在打开的"改变约束"对话框中，添加 C8:D8 单元取整的约束条件，并重新求解。

图 9-32 设置整数约束

6）规划求解报表的生成

规划求解得出最优解后，可以生成相应的报告，提交给企业的管理者。Excel 中提供了三种可供选择的报表：运算结果报告、敏感性报告和极限值报告。

在"规划求解结果"对话框中，可以选择生成报告的类型，如图 9-33 所示。

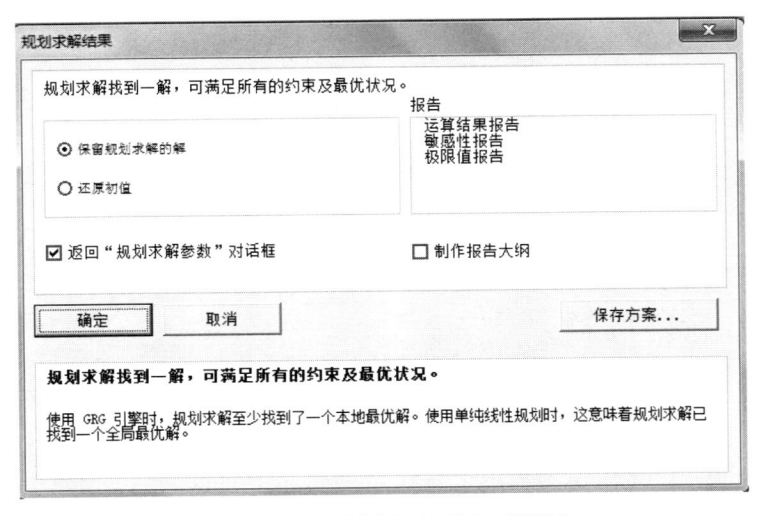

图 9-33 "规划求解结果"对话框

（1）运算结果报告。运算结果报告列出了目标单元格、可变单元格及约束条件的取值情况，如图 9-34 所示。

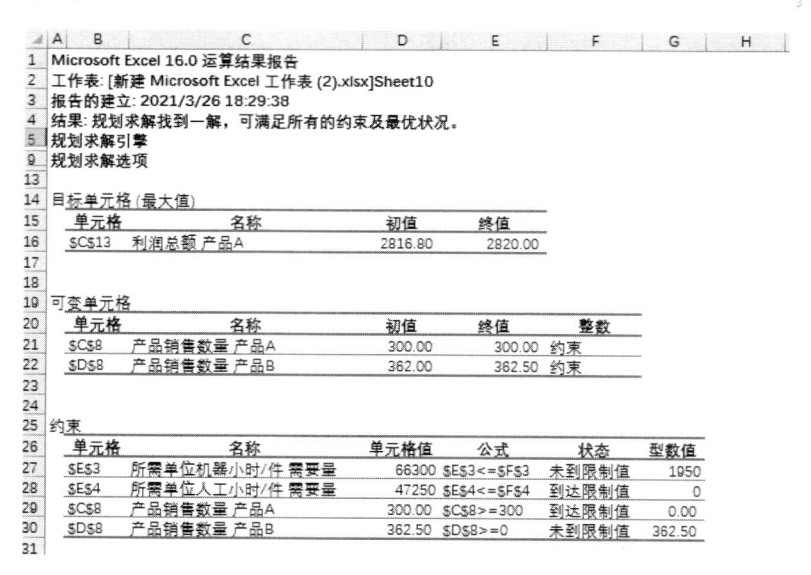

图 9-34 运算结果报告

(2) 敏感性报告。如图 9-35 所示，敏感性报告提供的是求解结果对"规划求解参数"中指定的公式或约束条件的一些变化的敏感程度信息。含有整数约束条件的模型不能生成该报告。对于非线性模型，该报告提供递减梯度和拉格朗日乘数；对于线性模型，该报告中将包含递减成本、阴影价格、目标式系数（允许的增量和允许的减量）及约束右侧的区域。

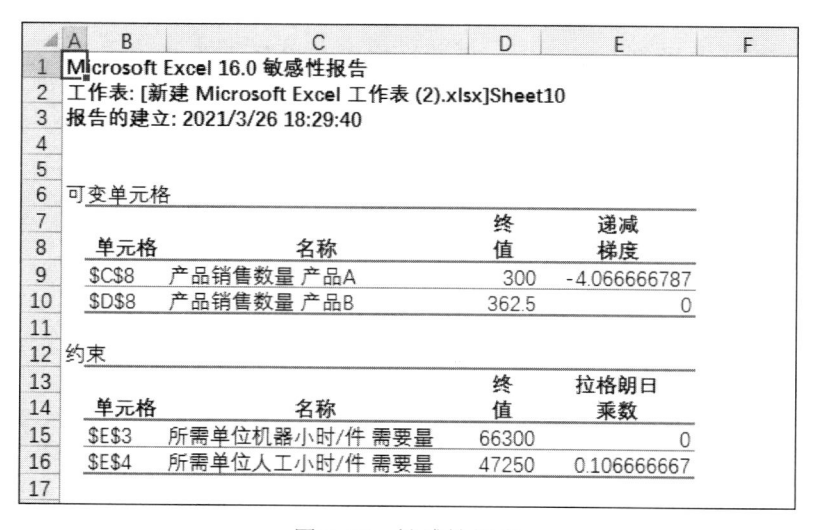

图 9-35 敏感性报告

(3) 极限值报告。极限值报告列出了目标单元格和可变单元格及其各自的数值、上下限极限和目标值。含有整数约束条件的模型不能生成该报告。下限极限是在保持其他可变单元格数值不变并且满足约束条件的情况下，某个可变单元格可以取到的最小值。上限极限是在这种情况下可以取到的最大值。如图 9-36 所示为极限值报告。

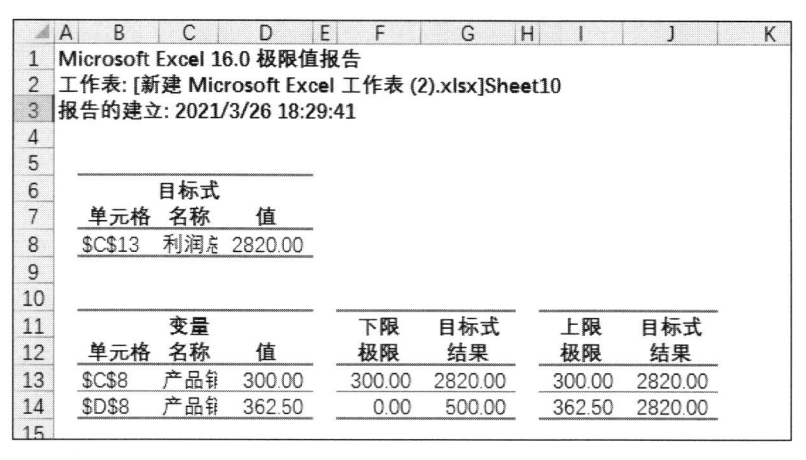

图 9-36 极限值报告

9.2 利润规划模型应用

9.2.1 销售额预测应用案例

例 9-7 某超市连锁公司是一家拥有 10 家连锁店的零售企业。该公司拟在一居民小区附近新开一家连锁店,需要对该店的销售额进行预测。为此,该公司整理了已开的 10 家连锁店的销售额和附近居民数量的数据,希望能够发现两者之间的联系,并作为预测新店销售收入的依据。

10 家连锁店的销售额与附近居民数量的数据表如表 9-5 所示。

表 9-5 销售额与附近居民数量的数据表

零售店	销售额	居民数	零售店	销售额	居民数
1	58	2	6	137	16
2	105	6	7	157	20
3	88	8	8	169	20
4	118	8	9	149	22
5	117	12	10	202	26

说明:销售额为单位表示,每单位销售额表示 1 000 元;居民数每单位表示 1 000 人。解题步骤如下。

制作基础数据表,并根据基础数据表绘制趋势分析图。

观察表 9-5 不难发现,周围居民较多的店销售量较大,但两者之间是怎样的关系呢?可以通过绘制趋势分析图,初步判定两个变量之间的关系。

选择散点图,可以初步判断各变量之间的关系。将居民数作为横坐标,将销售额作为纵坐标,得到如图 9-37 所示的散点图。

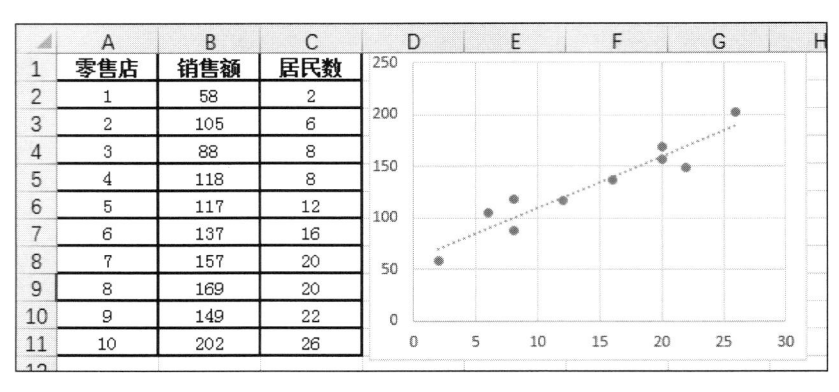

图 9-37 销售额与附近居民数预测模型

为该图形添加趋势线，可以看出居民数与销售额之间基本上是线性相关，即居民数较多的区域销售量较大。仔细观察发现，很少有数据可以直接落在直线上，但我们可以使用最小二乘法，推导回归方程如下。

$$\hat{y} = b_0 + b_1 x$$

式中：

$$b_0 = \overline{Y} - b_1 \overline{X}$$

$$b_1 = \frac{n \sum x_i y_i - (\sum x_i)(\sum y_i)}{n \sum x_i^2 - (\sum x_i)^2}$$

也就是说，上述预测可以使用函数 FORECAST() 来进行。假定，需要预测居民数为 30 时的销售额，则可得出预测结果，如图 9-38 所示。

图 9-38 利用函数 FORECAST() 进行预测

为了进一步增强模型的通用性，可以通过增加"开发工具"工具框中的微调按钮，建立动态分析模型，帮助用户使用。建立好的模型如图 9-39 所示。

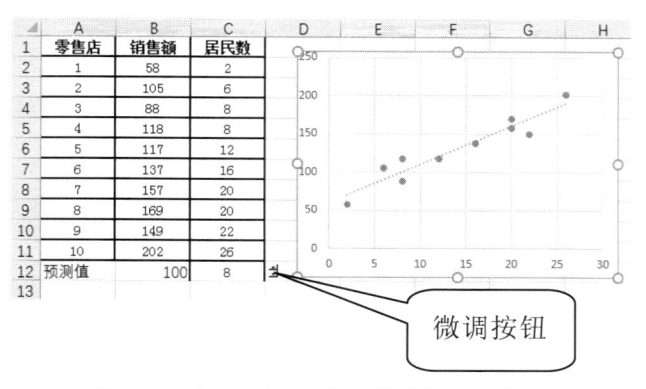

图 9-39　添加了微调按钮的销售预测模型

9.2.2　利润规划应用案例

例 9-8　利民公司是一家生产化工产品的公司，该公司生产和销售甲、乙两种产品。在生产研讨会议之后，预计每月可使用的原料总额为 1 200 千克，可占用的人工工时为 800 小时。从制造部门目前的生产效率角度，每生产 1 千克的甲产品，需要消耗人工工时 2 小时，耗费原料 4.5 千克，并能获得 260 元毛利，其他成本费用不计；每生产 1 千克的乙产品，需要消耗人工工时 3 小时，耗用原料 3.5 千克，并可获得 300 元毛利，其他成本费用不计。

利民公司要获得最大利润，每个月应各生产多少千克的甲产品和乙产品？

解题步骤如下。

1）明确给定问题的求解模型

设甲产品与乙产品每月生产量分别为 X_1、X_2 千克，预期总利润为 y，则可以列出利润求解方程：

$$\max(y) = 260 X_1 + 300 X_2$$

约束方程组为：

$$\begin{cases} 4.5 X_1 + 3.5 X_2 \leqslant 1\,200 \\ 2 X_1 + 3 X_2 \leqslant 800 \\ X_1 \geqslant 0 \\ X_2 \geqslant 0 \end{cases}$$

2）根据上述模型构建基础数据表（如图 9-40 所示）

图 9-40　两种产品利润最大化生产规划模型的基础数据表

(1) 在图 9-40 所示的数据表中，定义相关计算公式如表 9-6。

表 9-6 定义相关计算公式

单元格	公式	说明
C9	=C7*C8	求甲产品毛利
D9	=D7*D8	求乙产品毛利
C13	=C5*C8+D5*D8	求甲、乙两种产品实际原料用量总和
C14	=C6*C8+D6*D8	求甲、乙两种产品实际用时总和
C16	=C9+D9	利润总额

(2) 应用规划求解，确定规划求解相关参数，如图 9-41 所示。

图 9-41 确定规划求解参数

在本例中，设置目标单元格为 C16，即总收益所在单元格；设定可变单元格为 $C$8:$D$8，表示求解甲、乙两种产品所在单元格。约束条件即约束方程表示内容。

(3) 返回求解结果，如图 9-42 所示。

图 9-42 产品利润最大化的生产规划结果

(4)结论:经规划求解可知,本月生产计划做如下安排可保证利润最大:安排甲产品生产 123.08 千克,安排乙产品生产 184.62 千克。当表中相关参数发生变化时,可修改相关参数,重新运行规划求解即可。

习题

1. 某饭店拥有近三年的各月销售数据如表 9-7 所示。

表 9-7 某饭店近三年的各月销售数据

月份	1	2	3	4	5	6	7	8	9	10	11	12
第一年	242	235	217	178	234	179	180	345	234	231	233	233
第二年	251	241	234	200	233	234	190	231	231	231	231	245
第三年	267	256	234	234	213	233	200	234	222	241	231	236

分别使用移动平均法、趋势分析法、指数平滑法预测第四年各月的销售额,并分析各种预测方法之间的差异。

2. 某公司制造甲、乙两种产品。两种产品均需经过两个车间的加工过程。表 9-8 为两种产品的生产时间及对利润的贡献。

表 9-8 两种产品的生产时间及对利润的贡献

产品	单位利润	生产时间(一车间)	生产时间(二车间)
甲产品	25	6	12
乙产品	20	8	10

在下一个生产周期内,公司有 900 小时可用生产时间分配到两个车间。确定最佳的生产计划及生产时间分配方案,使得该公司获得的利润最大。

3. 试分析利用线性规划方法进行财务计划和投资组合分析的可行性及一般方法。

第 10 章

成 本 管 理

本章学习目的：

- 了解成本管理过程的目的和内容
- 理解成本管理与其他业务流程之间的关系
- 理解并掌握成本管理过程的处理流程
- 掌握成本管理系统的构成和系统的应用流程
- 掌握成本管理系统的使用方法

本章关键词：

成本管理、成本控制、成本核算流程

10.1 成本管理概述

现代财务管理信息系统中，成本管理是核心内容之一。通过成本管理与控制，企业可以有效地降低企业成本，增强产品竞争力。在信息化环境下，成本管理与控制往往和生产管理、供应链管理一起，面向客户，实现产品成本的优化和控制。同时，成本管理过程并不像其他信息系统那样具有较高的标准化程度，而是对企业的生产流程、生产工艺具有较强的依赖性，因此，成本的管理与控制也是企业财务管理信息化的薄弱环节之一。

10.1.1 成本管理的目标及主要内容

传统的成本会计往往注重成本的核算，而在信息化环境下，成本管理将实现成本控制与管理的结合。它根据成本核算及其相关资料，通过数量模型和数理统计的原理与方法，帮助企业管理者有效控制各项经营活动，完成预测、决策、控制、分析、考核，促进企业资源的最优化配置，提高企业核心竞争力。

1．成本管理的目标

在信息系统环境下，成本管理将与预算管理、供应链管理、生产管理等内容融合在一起，共同服务于企业目标。成本管理的目标具体体现在以下几个方面。

(1)合理预测和控制企业生产成本，摆脱传统的单纯完成成本核算的束缚，合理配置资源，降低企业生产成本。

(2) 有效寻求降低成本的途径，通过事前预防，合理规避成本。

(3) 基于信息化平台，完成成本预测、成本分析、成本控制、成本核算、成本决策、成本计划及成本考核等内容。

2．成本管理的主要内容

1) 成本预测

成本预测是指根据历史成本数据和其他相关资料，运用科学的方法，对未来的成本水平和变化趋势做出科学评估的过程。成本预测包括对新的成本项目(如新产品、新技术、新市场等)的成本进行预测，以及对未来一段时间环境因素(如原材料、运输、职工薪资)变化对成本的影响进行预测。

成本预测必须基于一定的历史数据展开，同时也要了解同行业、同类型企业有关的成本资料和信息，为企业决策提供可靠的预测信息。

2) 成本决策

成本决策是指根据成本预测及其他相关资料，在多种方案中，选择最优化方案或达到决策满意度方案的过程。成本决策过程往往和其他决策过程结合在一起，如零部件自制及外购决策、产成品出售决策等。成本决策是制定成本计划的前提，也是提高经济效益的重要途径。

3) 成本计划

成本计划是根据成本决策所确定的目标，具体规定在一定时期内为完成生产任务所需的生产费用，确定各种产品的成本水平，并提出保证成本计划顺利实现所应采取的措施。具体而言，成本计划应根据材料计划、人工计划、销售计划、产量计划、产能计划等信息编制。编制单位不应仅局限于财务部门，相反，必须实现与生产部门、供应部门、技术部门、设计部门和销售部门之间的协同，并与预算编制过程相结合。

4) 成本控制

成本控制是指根据预先设定的成本标准对生产经营活动中发生的各项费用进行严格控制，限制超额费用的发生，计算实际费用与标准费用之间的差异，并分析原因。在信息系统环境下，实时成本控制将成为应用的主流。通过成本控制，可以有效控制成本，防止浪费，同时，对成本计划进行反馈和校正。现行的标准成本会计制度，对费用开支的"零基预算""滚动预算"，对材料采购的批量控制，在责任会计中实行责任中心并加以考核等，都是成本控制的有效措施。

5) 成本核算

成本核算是指对生产经营活动中所产生的各种费用，按照一定的对象和标准进行归集与分配，以计算和确定各核算对象的总成本和单位成本的过程。"归集"是指通过其他相关的信息系统，收集成本核算所需的各类成本数据，包括工资、存货、固定资产、生产等；"分配"是指将整理得到的成本数据在不同产品、不同期间、不同成本对象之间进行分配，以确定单位成本的过程。这是传统的成本核算系统的基本功能,也是成本管理的基础内容。

6) 成本分析

成本分析是指以成本核算数据为基础,与目标成本、实际成本、同类产品成本进行比较分析;对不同产品的成本构成、成本变动等进行比较分析,发现企业成本节约的源泉,了解成本变动的规律。

3. 信息化环境下成本管理理论的发展

1) 成本管理空间范围的扩展

在知识经济下,高新企业层出不穷,传统以制造成本为主要管理对象的成本管理已不能准确表达其真实的成本概念。成本概念将贯穿产品的整个生命周期,主要包括产品研发、产品设计、制造、管理、销售和售后服务等。

2) 战略成本管理的引入

战略成本管理包括两个层面的内容:一是从成本角度分析、选择和优化企业战略;二是对成本实施控制战略。前者是企业战略中的成本层面,后者是在前者的基础上,为了提高成本管理的有效性而对成本管理制度、方法和措施等所进行的谋划。成本领先战略的核心是企业通过一切可能的方式和手段,降低企业的成本,成为市场竞争参与者中成本最低者,并以低成本为竞争手段获取竞争优势。成本领先战略实质上是以成本战略作为企业的基本竞争战略。信息化环境为企业实现以成本领先为核心的发展战略提供了新的理论和方法。基于信息化环境下的业务流程重组、精益制造、敏捷生产、车间即时管理等,都是帮助企业以成本领先作为核心竞争力的关键手段。

3) 成本管理导向的转变

传统成本管理的基本立足点是生产,是一种"生产导向型"成本管理。现实经济管理要求成本管理的目标不能仅局限于控制"价值牺牲"层面,而应上升为"企业价值最大化"。成本管理的出发点是以最小的成本最大限度地满足市场需求。

10.1.2 与其他业务之间的关系

成本管理系统与其他业务系统之间存在较为复杂的联系。成本计算的首要任务是对各种"费用的归集"。在信息系统环境下,"费用的归集"主要靠各相关子系统完成:通过生产管理子系统,提供成本计算所需的产量数据、质量数据、生产进度数据及制造费用;通过库存管理子系统,提供材料发出和材料消耗及成本差异等数据;通过产成品及销售子系统提供产品入库信息;通过固定资产管理子系统提供折旧数据;通过工资管理子系统提供人工费用数据等。因此,成本管理系统在数据接口设计方面较其他子系统更为复杂。与此同时,在信息化环境下,孤立地进行成本预测、成本决策、成本控制是不可取的。成本预测与决策过程往往和生产预测、采购预测、销售预测相结合;成本控制往往和预算控制、车间作业管理、出入库管理等相结合;成本分析同时也是企业财务分析的重要内容。在战略成本管理中,成本分析更是构成企业决策的关键信息。

具体而言,成本管理与其他业务子系统的关系如图10-1所示。

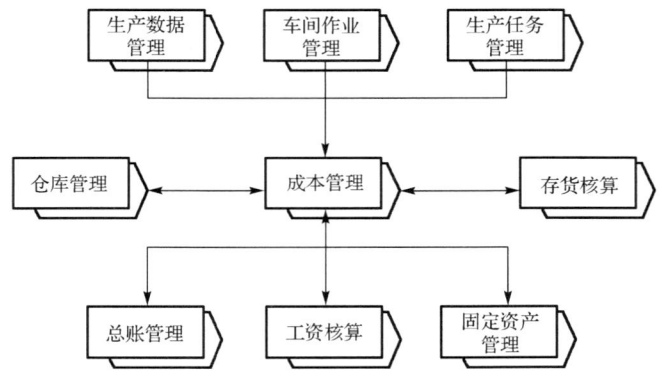

图 10-1 成本管理与其他业务子系统的关系

生产数据管理子系统为成本管理系统提供与物料清单（BOM）有关的数据和信息，用于确定成本计算对象。

仓库管理子系统的生产领料单为成本管理子系统提供材料费用数据，并通过产成品入库单提供完工产品数量信息。

生产任务管理子系统和车间作业管理子系统为成本管理子系统提供投入产量、废品产量、工时数、计件工资数据等相关信息。

存货核算子系统可以提供存货核算的相关资料，包括材料出库、产成品出库和自制半成品出入库等核算信息。

成本管理系统通过与固定资产管理子系统的接口获取折旧费用信息。

成本管理系统通过工资核算子系统接口获取工资信息。

成本管理系统通过与总账管理子系统的凭证传递，可以将成本核算的结果传递给账务系统。

10.1.3 成本管理典型流程

1．典型成本管理流程

在计算机环境下，典型的成本管理流程如图 10-2 所示。

传统的手工成本核算流程主要包括各项费用的归集与分配任务，而在计算机成本管理系统中，主要的任务是成本分配。费用归集的大多数任务通过其他的子系统已经完成，比如工资费用、材料费用、折旧费用分别由工资核算子系统、存货核算子系统和固定资产管理子系统归集，并自动提供给成本管理系统。

2．作业成本法管理流程

20 世纪末，作业成本法的研究全面兴起。当时，以计算机为主导的生产自动化、智能化程度日益提高，直接人工费用普遍减少，间接成本相对增加，明显突破了制造成本法中"直接成本比例较大"的假定。制造成本法中按照人工工时、工作量等分配间接成本的思路，严重扭曲了成本的本来含义。另外，传统管理会计的分析，重要的立足点是建立在传统成本核算基础上的，因而其得出的信息对实践的反映和指导意义不大，相关性大大减弱。虽然当时流行许多模型，但是除所依据的信息相关性值得商榷外，还很抽象、难懂，甚至一些专家都看不懂，其实践意义就更差了。在这种背景下，哈佛大学的卡普兰教授（Robert S.

Kaplan)在其著作《管理会计相关性消失》一书中提出,由于传统管理会计的相关性和可行性下降,应有一个全新的思路来研究成本,即作业成本法。由于卡普兰教授等专家对于作业成本法的研究更加深入、具体而完善,作业成本法上升为系统化的成本和管理理论并被广泛宣传,卡普兰教授本人则被认为是作业成本法的集大成者。其理论观点如下。

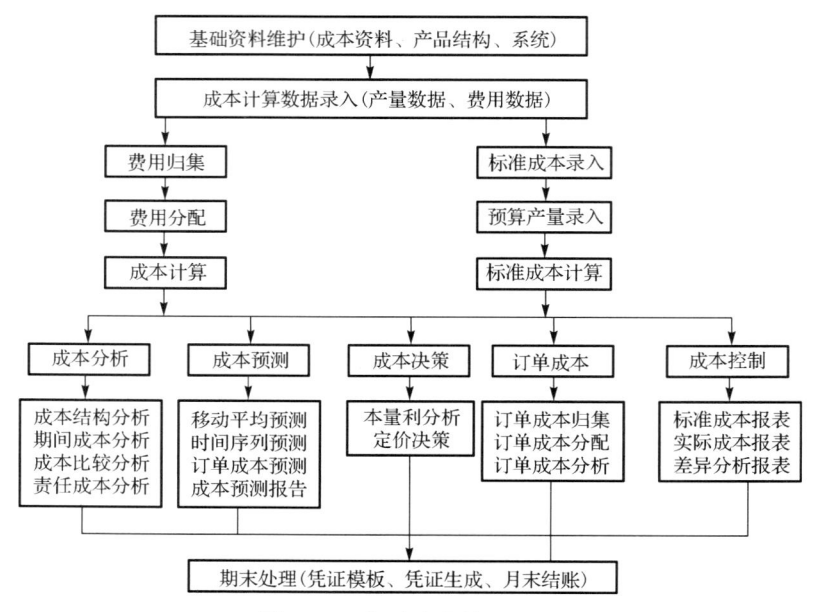

图 10-2 典型成本管理流程

产品成本是制造和运输产品所需全部作业的成本总和。成本计算的最基本对象是作业。ABC 作业成本法赖以存在的基础是产量耗用作业,作业耗用资源,即对价值的研究着眼于"资源→作业→产品"的过程,而不是传统的"资源→产品"的过程。

作业成本法的本质就是以作业作为确定分配间接费用的基础,引导管理人员将注意力集中在成本发生的原因及成本动因上,而不只是关注成本计算结果本身。通过对作业成本的计算和有效控制,可以较好地克服传统制造成本法中间接费用责任不清的缺点,并且使以往一些不可控的间接费用在作业成本法系统中变得可控。所以,作业成本法不仅是一种成本计算方法,更是一种成本控制和企业管理手段。在其基础上进行的企业成本控制和管理,称为作业基础管理法(Activity-Based Management,ABM)。

从根本上来讲,作业成本法是一种间接成本分配方法,它以作业为中心,根据作业对资源耗费的情况将资源的成本分配到作业中。其理论基础是认为生产过程应该描述为:生产导致作业发生,产品耗用作业,作业耗用资源,从而导致成本发生。这与传统的制造成本法中产品耗用成本的理念是不同的。作业成本法以作业成本的核算追踪了产品形成和成本积累的过程,对成本形成的"前因后果"进行追本溯源:从"前因"上讲,由于成本因作业引起,对成本的分析应该是对价值链的分析,而价值链贯穿于企业经营的所有环节,所以成本分析首先从市场需求和产品设计环节开始;从"后果"上讲,要搞清作业的完成实际耗费了多少资源,这些资源是如何实现价值转移的,最终向客户(市场)转移了多少价值、取得了多少价值,成本分析才算结束。由此出发,作业成本法使成本的研究更加深入,成本信息更加详细化、更具可控性。

一般来讲，作业成本管理的基本思路如下。首先，确定企业资源。企业资源不仅包括传统成本核算意义上的直接成本和间接费用，还涉及贯穿企业经营的各个环节。在作业成本管理中，并不是考虑该产品耗用了多少成本，而是考虑某作业占用了多少资源，并根据资源耗用和价值收回的比例关系确定作业的盈亏。其次，定义作业活动，作业不能简单地等同于产品，其本质是价值中心，它以作业为中心，而作业的划分是从产品设计开始的，涉及物料供应、生产工艺流程（各车间）、质量检验、销售的全过程。最后，归集资源费用，并通过作业分配到产品上。因此，作业成本法与传统成本核算的最大差别在于对间接费用的确认、归集和分配环节。

通过对作业及作业成本的确认，最终计算出相对真实的产品成本。企业可以识别"非增值作业"，优化企业价值链，提高决策、计划、控制的科学性，提高企业的市场竞争力，进而实现增加企业价值的目的。

作业成本法典型应用流程如图 10-3 所示。

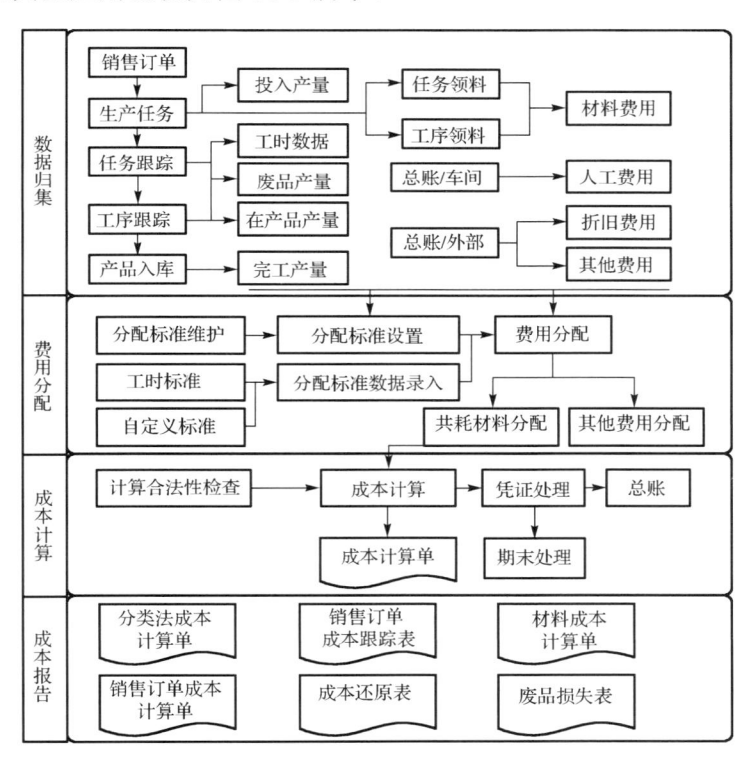

图 10-3 作业成本法典型应用流程

10.2 成本管理系统分析

成本管理系统具有较强的特殊性，一般要求系统具有较强的灵活性，能够根据用户的需求进行二次开发或通过灵活的定义和设置功能，实现成本管理流程的客户化。相应地，成本管理系统模块标准化程度较低。一般来讲，成本管理系统要求具备系统初始设置、成本数据归集、成本费用分配、成本计算、成本分析、成本控制预测和成本报表等功能。

10.2.1 成本管理系统的主要功能模块

成本管理系统的主要功能结构，如图 10-4 所示。

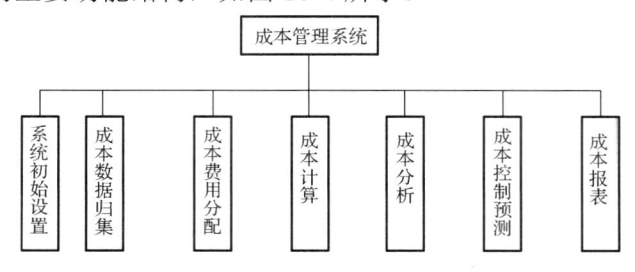

图 10-4 成本管理系统功能结构图

1．系统初始设置

系统初始设置是成本管理系统运行的前提。本阶段完成两方面的工作，一方面通过相关参数和基础信息的设置定义成本管理系统的运行流程；另一方面将整理好的手工数据或旧系统数据输入新系统。具体来讲，成本管理系统初始设置包括三个阶段，即基础资料设置、分配标准设置、期初数据录入。

基础资料设置包括物料、会计科目、部门、职员、客户、供应商、仓库、工作中心、计量单位、成本对象、劳务、成本项目、要素费用等相关信息的设置。

分配标准设置实际上设定了成本费用分配的计算方法，也就是确定了成本核算的方法。较好的成本管理系统应允许用户根据自己的生产流程和工艺，选择或设置合适的成本核算方法，如品种法、分步法、分批法等。较为先进的软件能够支持作业成本法的应用。

期初数据录入则根据基础资料和分配标准录入期初余额，并与总账进行对账，完成初始化任务。

需要特别说明的是，成本管理系统运行环境的不同，对初始化的要求也不尽相同。由于成本管理系统与其他子系统有着密切的联系，因此当用户选择不同的子系统运行时，成本管理系统初始化的内容是不同的。例如，在完整的 ERP 环境下，成本核算初始化的内容相对较少，主要是成本对象、成本费用、要素费用的确定。在不完善的环境下，成本管理所需的基础信息则不得不单独设置，增加了成本管理初始化的工作量。

2．成本数据归集

成本数据归集是成本日常核算的第一步。在手工环境下，成本归集工作量较大，而在信息化环境下，成本数据的归集任务大多由其他相关的信息系统承担。成本管理系统只需要获取相关数据即可，或有少量数据采用手工录入方式。因此，成本管理系统的应用依托于其他子系统的使用。鉴于企业运行的系统可能会有很多种，采用的技术平台也较为复杂，因此，要求成本管理系统具备较强的数据获取能力或提供较强的数据接口能力，能够获得不同数据源的基础数据。

3．成本费用分配

成本费用分配包括要素费用的分配、共耗费用的分配、辅助生产费用的分配、制造费用的分配、生产费用在产品和完工产品之间的分配。根据不同的成本计算方法，其成本费用分配的过程也不相同。在该功能中,需要首先录入各种费用分配的标准或比例,并由计算机自动进行相关费用的分配。

4．成本计算

成本计算由计算机自动完成。在成本计算前,首先要进行成本计算合法性检测,用以检查各项参数及相关信息的一致性和正确性,保证成本计算数据的准确,并生成产品成本计算单、成本计算汇总表、产品完工成本汇总表、成本还原表等相关数据。

5．成本分析

成本分析从三个主要的角度提供分析成本升降的原因,为企业的成本决策提供重要的信息:通过成本结构的分析,可以掌握企业成本的构成情况,掌握指导企业控制成本的重心;通过成本类型之间的分析,可以掌握企业成本控制的力度;通过提供不同期间成本的分析,可以掌握企业成本的重大影响因素。成本分析主要包括成本结构分析、成本比较分析、期间成本分析、成本性态分析、本量利分析等。

6．成本控制与预测

在目前的成本管理系统中,成本控制仍然是薄弱环节。成本控制功能主要局限在对标准成本和实际成本进行比较与分析,发现材料、人工、间接费用等成本差异,并进行分析和比较,进而提供控制参考。

成本预测主要利用移动平均、时间序列等方法进行。

7．成本报表

成本报表提供多层次的成本报表数据,并允许用户自定义报表格式,以制作生产所需的成本报表。

此外,成本管理系统中还包括月末凭证生成、月末结账等相关功能。

10.2.2 成本管理系统的应用流程

典型的成本管理系统的应用流程如图 10-5 所示。

10.3 金蝶 K/3 成本管理系统

10.3.1 总体功能介绍

金蝶 K/3 成本管理系统面向工业企业财务部门的成本核算人员及相关部门的管理人员,对企业的车间产品成本核算及分析业务进行全面管理,包括产品成本核算基础设置、数据归集、费用分配、成本计算等功能,能够帮助企业完成月度产品生产成本核算工作,并在此基础上进行成本管理工作。该系统通常与仓存管理、存货核算模块配合使用,配合成本分析系统构建完整的成本管理体系;可与生产任务管理、车间作业管理、总账、固定资产、工资管理等模块结合使用,提供更完整、全面的数据集成及分析方案。金蝶 K/3 成本管理系统框架如图 10-6 所示。

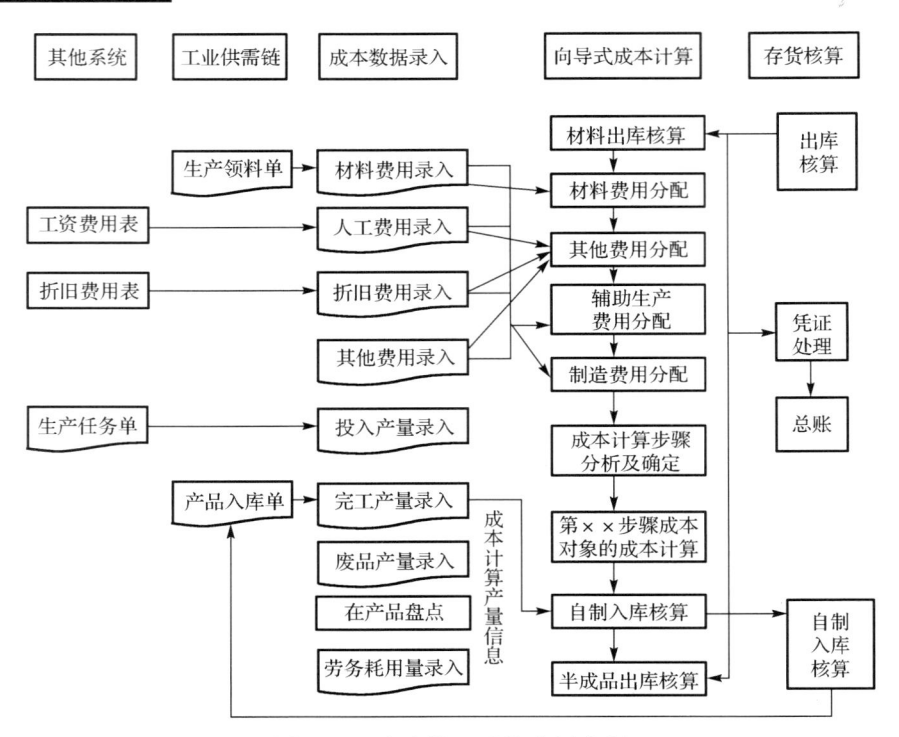

图 10-5 成本管理系统应用流程

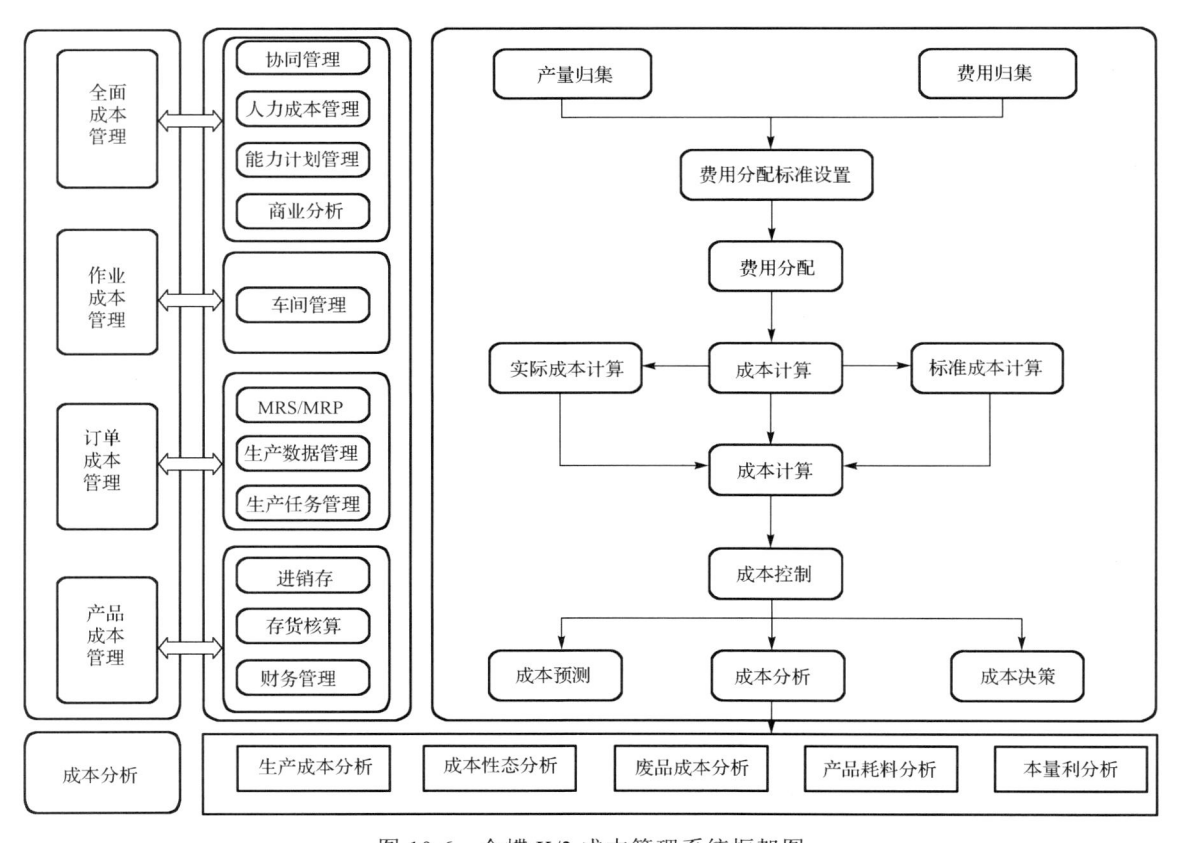

图 10-6 金蝶 K/3 成本管理系统框架图

10.3.2 系统特点介绍

金蝶 K/3 成本管理系统在蕴含国内外最前沿的成本管理思想的基础上，充分体现了金蝶产品的先进性、集成性、灵活性、可扩展性，在极大地提高成本核算效率的前提下，保证了成本核算结果的准确性、精确性、及时性、有效性，为发挥财务部门的决策支持职能提供了保障，也为财务人员实现职能的转变提供了条件。

金蝶 K/3 成本管理系统特点如下。

(1) 实现了成本预测、成本决策、成本控制、成本核算、成本分析、成本考核的全过程管理，体现了成本管理的核心思想，给系统的应用提供了坚实的理论基础保障。

(2) 集成业务、总账、固定资产等数据源，及时、高效地完成产品产量及费用的自动化归集。金蝶 K/3 成本管理系统可以自动采集仓存、生产、总账、工资、固定资产等系统的数据，同时，也可实现外部数据的引入，减少重复工作；实现产量及费用的自动归集，减轻了成本核算前的准备工作量，保证了数据源的准确性；灵活的凭证生成功能，减轻了财务人员制作凭证的工作量，实现了成本系统与总账系统的无缝集成。

(3) 系统预置了多种费用分配标准，并结合灵活的自定义功能，实现了更加丰富的分配标准，让费用分配更加合理化；借助向导式的分配与计算过程，帮助财务人员轻松进行成本核算。

(4) 实用的计算分析报告，让成本计算过程透明化，帮助财务人员分析计算错误产生的原因及解决方法。系统提供的黑匣子，可以将自动化分配及计算过程予以透明化，详细记录和描述过程信息，并提供了解决问题的建议和方法，让财务人员的工作效率更高。该系统配合成本分析系统，实现标准成本与实际成本的对比分析，查明影响成本费用升降的原因，寻找降低成本、节约费用的潜力和途径；通过成本性态分析、本量利分析等成本分析手段，提高成本管理水平，有效进行管理决策；通过品种法、分步法、分批法、分类法等多种成本核算方法的组合，以及灵活的费用分配方法，准确核算产品成本，提高成本核算的效率；实行订单生产成本跟踪，帮助订单驱动型生产企业加强产品订单成本分析，及时调整生产和销售决策，并可以通过系统实现接单前的赢利预评估，为正确选择订单提供了有力的依据。

10.3.3 金蝶 K/3 成本管理系统应用

1. 基础资料设置

基础资料设置将完成所有与成本计算相关的各项基础资料的设置工作，便于系统完成成本的自动核算。除系统共用的基础资料，如会计科目、存货目录、产品结构等外，金蝶 K/3 成本管理系统所需设置的基础资料信息包括部门间费用分配标准、费用分配标准、在产品成本分配标准、分类法成本分配标准及成本类型，如图 10-7 所示。上述分配标准的设置实际上是定义了成本计算所需的计算字段及企业采用的费用分配的算法。该定义过程也是成本管理子系统应用的关键所在。如图 10-8 所示，实际成本可以自定义费用分配标准，以实现更加多样、更加科学的分配标准，从而保证产品成本的精确度。

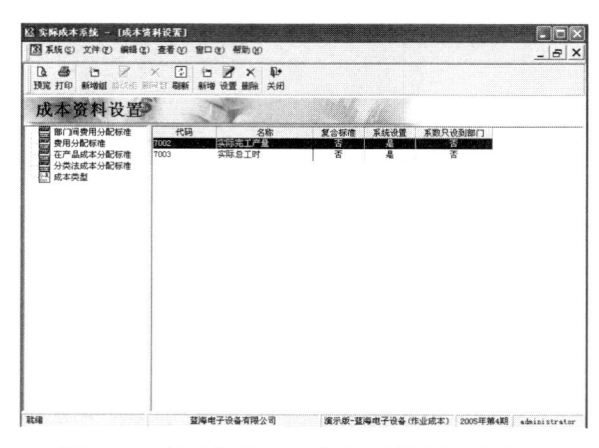

图 10-7　基础资料——分配标准设置界面

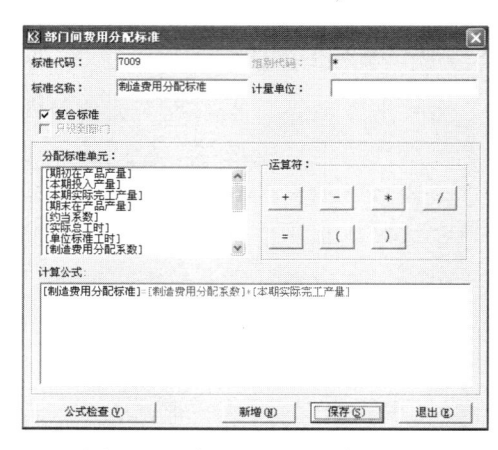

图 10-8　自定义分配标准界面

2．产量归集

产量归集主要是指完成投产量、完工产量、在产品产量、废品产量的收集工作，如图 10-9 所示。金蝶 K/3 成本管理系统实现了与金蝶其他系统的无缝集成，此处的投入产量可手工录入，也可来自其他金蝶系统或外部数据源，完工产量来自仓存系统。

图 10-9　投入产量录入界面图

除可以引入金蝶其他系统的相关数据外，金蝶 K/3 成本管理系统还提供了灵活的外部数据引入功能，如图 10-10 所示。可从多种渠道实现相关费用数据的采集，减少重复工作，保证数据源的准确性，以提高成本核算的工作效率和质量。

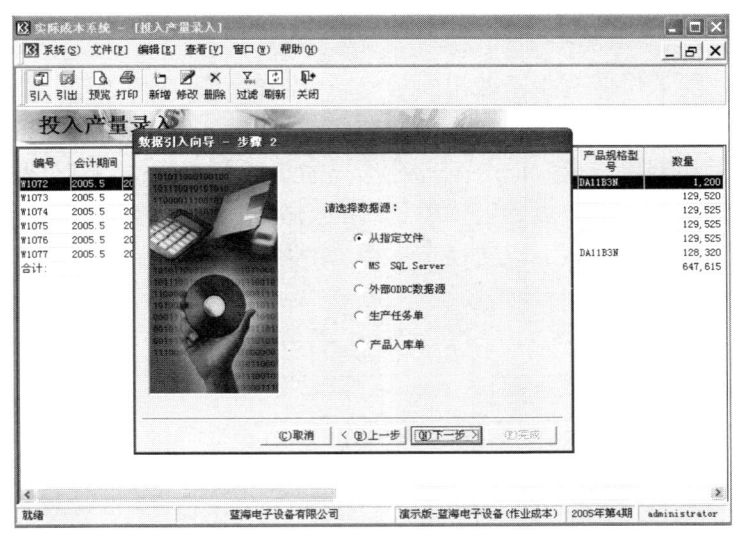

图 10-10　灵活的外部数据引入功能

3．费用归集

及时准确的费用归集是成本核算的前提。材料费用可从仓存系统自动采集；人工费用可从工资系统或总账系统引入；制造费用可从总账系统引入。材料费用归集功能展示图，如图 10-11 所示。

图 10-11　材料费用归集功能展示图

4．费用分配

成本管理系统提供了所有生产费用的分配功能。以材料费用为例，可根据用户录入的领料单内容自动判定直接费用与间接费用。若是直接费用，则无须调用费用分配标准；若是间接费用，则需根据用户设定的分配标准选择的费用分配方式进行分配，并生成费用分配报表供用户查询。由于实际成本区别于传统的完全成本，故实际成本的费用分配可细化到成本中心、工作中心、工序，以实现工序成本的核算。金蝶K/3成本管理系统实际成本费用分配流程如图10-12所示。

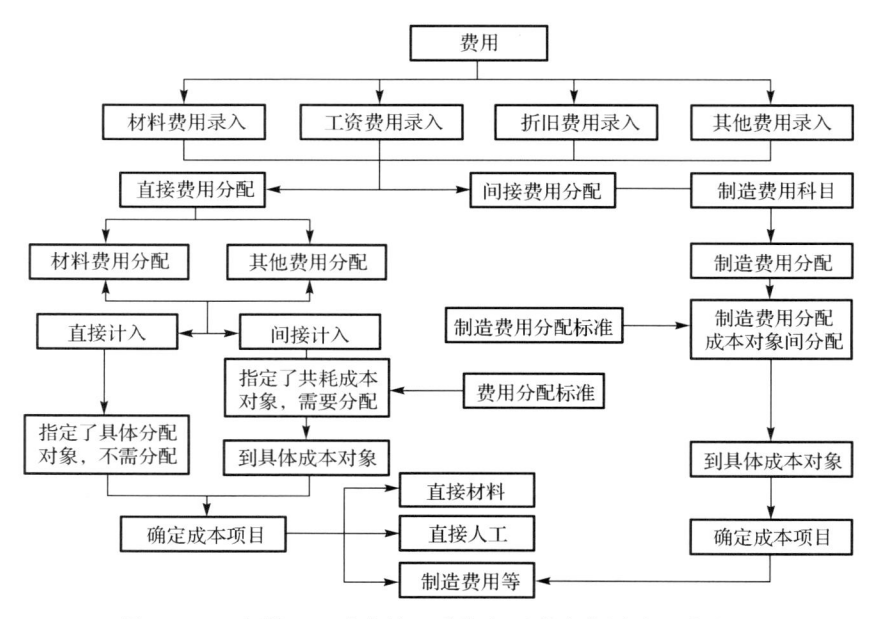

图10-12 金蝶K/3成本管理系统实际成本费用分配流程图

金蝶K/3成本管理系统提供了三种费用分配方法，即手工、自动、向导。三种方法灵活运用，可满足不同客户对费用分配功能的需求。

5．成本计算

将分配完成的费用按照基础资料中指定的成本计算方法加以计算，最终计算出每个成本对象的成本，为企业进行作业有效性及效率的分析提供准确数据。在开始计算前，系统会首先检查成本计算合法性，以保证各项成本计算的有效性，如图10-13所示，然后通过简洁高效的向导式计算模式，帮助用户完成最终的成本核算。在整个计算执行过程中也可随时返回上一操作步骤或取消计算，操作简便，实用性强。

6．成本分析与考核

成本分析提供"盈亏临界点分析"和"目标利润分析"两个分析模型，以计算盈亏平衡点和达到预计利润时的销量等数据，从而分析成本费用、销量、销价变化与利润之间的内在关系。标准成本与实际成本的对比分析提供了产品标准生产成本核算功能，其标准成本计算结果与实际成本计算结果按具体产品进行数量及金额的对比分析，形成各成本项目的量差及价差分析报表，从而加强成本控制。生产成本分析与考核提供了大量分析报表，包括产品成本结构分析、产品成本趋势分析、产品料耗分析等报表，从不同角度透视产品成本结果，并结合成本中心实现成本责任考核。

通过手工录入或自动从其他系统提取的方式，对标准成本的源数据进行归集。对归集后的源数据进行计算，基于计算结果出具各类分析报表。主要分析报表包括：直接材料价差与量差分析、本量利分析报表、本量利分析报表、成本差异多级展开表。

图 10-13　成本计算合法性检查

金蝶 K/3 成本管理系统提供的成本预测功能，可以通过系统预置的成本预测模型，按成本项目进行产品成本的预测，为制定有竞争力的产品价格及分析成本走势提供了数据支撑。

通过成本分析功能，可以将成本核算的结果加以充分运用，以达到辅助决策的目的，从而强化企业基础管理与成本控制，实现降本增效的目标，帮助企业获取更大的利润。

7．其他相关报表

金蝶 K/3 成本管理系统提供的相关报表还有实际成本计算单、材料成本计算单、订单成本计算单、订单成本分析表、完工产品分级汇总表等。成本计算单展示如图 10-14 所示。

8．凭证生成功能

为了与账务系统进行更好的数据交换，金蝶 K/3 成本管理系统的凭证处理功能可将各事务类型反映的各业务流程单据按凭证模板生成凭证，如图 10-15 所示。该功能可根据凭证模板上选定的科目属性生成不同的凭证，如数量金额凭证、外币凭证等，单据上的核算项目(包括自定义的核算项目类型字段)信息也可传递到凭证上。该功能还可对生成的凭证进行查询和修改，并实现单据和凭证之间的连查，物流和资金流也在本模块实现同步。

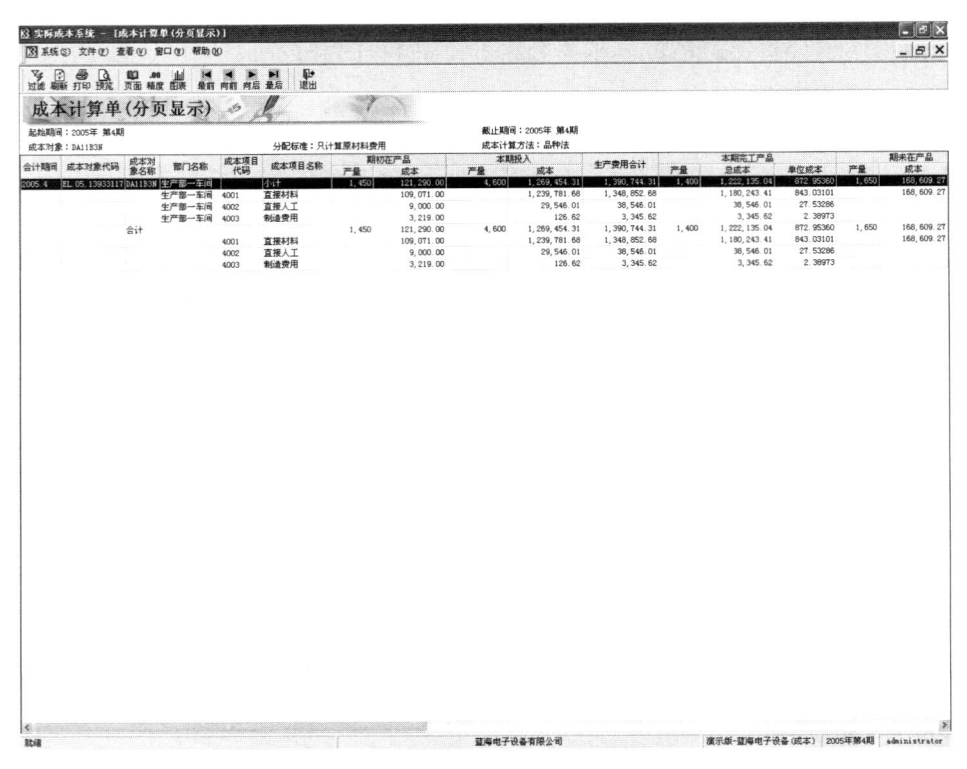

图 10-14 成本计算单展示

图 10-15 凭证生成功能

习题

1. 简述传统成本管理与计算机环境下的成本管理系统的异同。
2. 试描述成本管理系统的主要功能结构。
3. 试描述成本管理系统初始化的主要内容。
4. 试分析成本管理系统与其他子系统之间存在的数据联系。
5. 试描述成本管理系统日常应用的主要流程。
6. 试分析作业成本法在成本管理中的应用前景。

【案例】

成都机车车辆厂(以下简称"成都机车")是1952年创建的国有大型企业,历经几十年的发展,目前已成为中国机车与客车检修及电机制造的主要基地。2006年,成都机车在应用金蝶K/3生产管理系统的基础上,又开始应用金蝶K/3成本管理系统,以有效应对铁道部机车检修技术标准的提高。在主要原材料价格大幅上涨,以及企业实行精益生产与精细化管理等内外部环境的挑战和压力下,成都机车克服重重困难,取得了明显的应用绩效。该案例的主要特点有以下三个方面。

1. 成都机车在应用成本管理系统的同时引入业务流程重组,力求将ERP应用与业务流程重组实行有机的结合,从而提高ERP应用水平,推动企业管理创新。为此,成都机车将成本核算方法由原来的计划成本法改变为实际成本法,有利于企业产品成本核算的准确性和对产品成本的分析控制;制订了"事先计划、事中控制、事后分析"的成本管理原则,有利于企业加强产品成本管理;制订全面预算和成本计划,加强成本差异分析,有利于企业分析影响产品成本的各种因素,进而科学地揭示了产品成本水平和赢利水平。

2. 成都机车通过K/3系统的集成应用,实现了信息流、物流、资金流与业务流的整合与集成,既可从业务源头开始分析控制产品成本,又可实时监控企业生产经营过程中各项业务活动的科学性和合理性,为企业优化资源配置、解决个性化产品成本管理问题、降低产品成本创造了必要的条件。

3. 成都机车借助K/3系统,促使财务部门进一步强化成本分析监控职能,使成本管理人员的工作重点,由以往的忙于成本核算等事务性工作转向多维度的成本分析监控工作,不仅有效地提高了成本管理人员的工作效率和工作能力,为企业决策和日常管理提供了准确、及时的成本信息,同时也推动了企业相关部门实行业务流程重组,进一步提高了企业管理效率、生产效率和竞争力。

要求:
根据该案例,分析信息化在企业成本管理和控制中的作用,并说明通过信息化手段强化成本控制的具体做法。

第 11 章 资产管理

本章学习目的：
- 了解和掌握应收账款管理系统
- 了解和掌握存货管理系统
- 了解和掌握固定资产管理系统

本章关键词：

应收账款管理系统、存货管理系统、存货核算系统、固定资产管理系统

11.1 应收账款管理系统

根据企业对客户往来款项核算和管理需求程度的不同，应收账款管理一般有两种应用解决方案可供选择：一种方案是利用应收子系统进行应收账款的核算和管理；另一种方案是不细分应收、应付，而是将所有往来款项作为一个整体在总账系统进行核算和管理。

在前一种方案下，所有的客户应收核算都在应收账款系统完成，相应的往来凭证也由应收账款系统生成，然后传递到总账系统进行总分类核算，其他系统不再生成该类凭证。

11.1.1 应收账款管理概述

1．应收账款管理的目标和内容

1）应收账款管理的目标

应收账款管理的目标应该包括以下几点。

(1) 准确、及时收款，采用多种收款方式，加速货款收回。

(2) 核算销售与收款过程中发生的收入、成本、费用。

(3) 分析薄弱环节，提升应收账款管理过程的效率和效益。

2）应收账款管理的内容

应收账款核算与管理的主要工作内容包括以下几点。

(1) 完成应收账款业务的日常核算，全面反映企业各项债权的时点状况，及时催款。

(2)及时反映和监督各项赊销业务的货款收回情况,尽量减少坏账损失,并对可能发生的坏账数额进行估计。

按照企业既定的计提方法进行计提坏账处理,及时处理确实无法收回的款项,以及已确认并已转销为坏账损失后又收回的款项。

及时记录客户资料,对客户的欠款情况、资信程度等进行动态跟踪管理,及时评价各客户的偿债能力和信用,确定信用政策,准确完成账龄分析。

实现其他有关业务的管理,如合同管理、客户管理、票据管理等工作。

完成有关分析、统计工作,输出各种需要的台账、报表,将信息按照需求传递到其他业务系统。

2．与其他业务系统之间的关系

应收账款管理系统与其他业务系统之间的关系可以用图11-1简单表示。

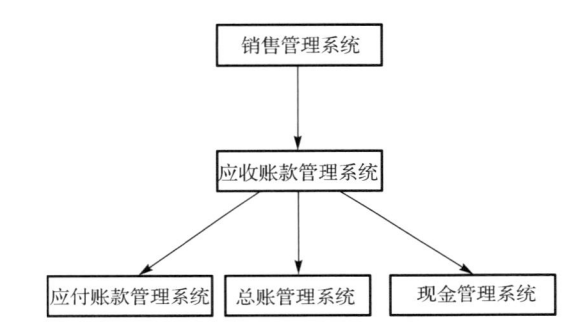

图 11-1 应收账款管理系统与其他业务系统之间的关系

关系说明如下。

(1)销售管理系统的销售发票直接传递到应收账款管理系统作为确认应收的依据,应收类型的销售费用发票传递到应收账款管理系统转换为其他应收单。

(2)对应付账款管理系统中的采购发票和其他应付单与应收账款管理系统中的相应单据进行应收冲应付的核算。

(3)应收账款管理系统生成的往来款凭证传递到总账系统。

(4)现金管理系统与应收账款管理系统中的应收票据互相传递,现金管理系统中的收款单可以传递到应收账款管理系统中。

11.1.2 应收账款管理系统分析

1．应收账款管理系统的功能模块和应用流程

1)主要功能模块

应收账款管理以销售发票、费用单、其他应收单、应收票据等原始单据为依据,记录销售业务及其他业务所形成的往来款项,处理应收账款的收取、核销、转账、坏账处理等,同时进行票据管理、合同管理、信用管理。如图11-2所示,应收账款管理系统主要包括以下几个功能模块。

(1) 系统初始设置。应收账款管理系统的初始设置主要包括参数设置、基础信息设置、业务流程设置、期初数据输入、启动系统等几个方面。

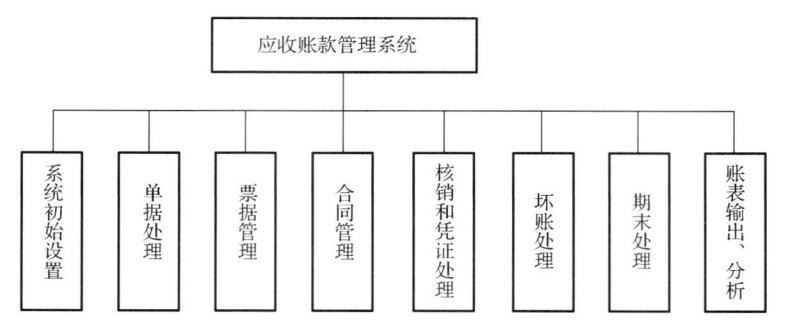

图 11-2 应收账款管理系统的功能模块

(2) 单据处理。单据处理主要对销售发票、其他应收单、收款单、退款单进行各种维护。

(3) 票据管理。应收票据用来核算公司因销售商品、提供劳务等收到的商业汇票，包括银行承兑汇票和商业承兑汇票。票据管理主要对应收票据进行新增、背书、贴现、收款、转出等进行跟踪管理。

(4) 合同管理。对合同的建立、执行和关闭过程进行管理。

(5) 核销和凭证处理。核销处理就是确定收款单与原始发票、应收单之间对应关系的操作。凭证处理则是根据业务单据生成记账凭证的操作。

(6) 坏账处理。坏账处理是对计提坏账准备、坏账损失的发生、坏账收回进行处理。

(7) 期末处理。主要包括期末调汇、期末对账、期末结账操作。

(8) 账表输出、分析。

2) 应用流程

应收账款管理系统的应用流程如图 11-3 所示。

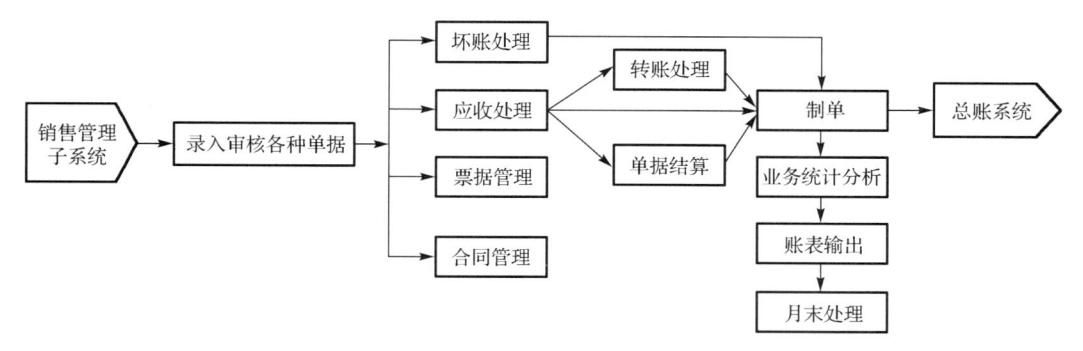

图 11-3 应收账款管理系统的应用流程

流程解析如下。

(1) 从销售管理子系统的数据库取得或在本系统直接输入发票、应收单、预收单、应收票据等原始单据，然后进行审核。

(2) 将已收到的款项做收款单录入应收账款管理系统进行收款结算，由该系统对前面已经存在的销售发票或应收单进行核销，或将收款金额形成预收款。

(3) 对日常业务中涉及的预收账款冲抵应收账款、应收账款冲抵应付账款等业务进行转账处理。

(4) 企业在对应收账款进行全面检查的基础上合理地进行计提坏账准备，做坏账计提及处理。

(5) 对企业的银行承兑汇票和商业承兑汇票等应收票据进行管理，记录票据详细信息及票据处理情况。对销售合同进行管理，随时掌握合同执行情况及合同的收款情况。

(6) 对应收发生、应收结算、转账处理、坏账处理等需要登记有关总账和明细账的业务进行制单处理，编制相关凭证并传递到总账管理系统，据以登记有关账簿。

当期录入、审核、生成凭证及核销、坏账的所有业务处理完成后，进行月末处理、年末处理，结束本月或本会计年度业务，开始下一期间处理。

统计分析可以实现单据、业务账表、科目账表的查询分析，并可以根据需要进行应收账龄、收款账龄、欠款的统计分析。

2．应收账款管理系统初始化

应收款管理系统的初始化主要包括参数设置、录入基础资料、录入期初数据和启用系统几个部分。

(1) 参数设置。应收账款管理的系统参数包括公司信息、会计期间、坏账处理方法、单据控制、合同控制、核销控制等方面的内容。参数设置阶段需要设置应收票据科目代码和应交税金科目代码，并选择核算项目类别。参数设置阶段可以设置的单据类型有其他应收单、销售发票、收款单、预收单、退款单。系统提供了直接转销法、备抵法两种坏账处理方法。如果选择直接转销法，则坏账计提模块不能使用；如果选择备抵法，则可以按销货百分比法、账龄分析法、应收账款百分比法中的任何一种方式进行计提坏账准备。

(2) 录入基础资料。应收账款管理的基础资料包括结算方式、类型维护、凭证模板、信用管理、价格资料和折扣资料几部分。录入每一种结算方式时，都要指定对应的会计科目，以便收款单、预收单、退款单生成凭证时能够自动找到对应的会计科目。类型维护中对票据类型、合同类型、偿债等级、现金折扣、担保类型、应收单类型、收款单类型进行维护，以实现不同类型业务的分类管理。凭证模板中定义各种业务类型的凭证模板，包括模板编号、模板名称、凭证字号、科目来源、金额来源、摘要等内容。信用管理对信用管理资料进行维护。价格资料对价格方案进行维护。折扣资料对折扣方案进行维护。

(3) 录入期初数据。系统启用前，需要录入的期初数据包括应收账款科目的期初余额、本年借方累计发生数、本年贷方累计发生数、预收账款科目的期初贷方余额、本年贷方累计发生数、未进行票据处理(背书、贴现、转出或已收款)的应收票据、以后有可能收回的坏账等信息。

(4) 启用系统。成功执行初始数据检查和初始数据对账操作后，就可启用系统以开始日常业务处理。

3．应收账款管理系统的处理

应收账款管理系统对包括应收账款、其他应收账款、预收账款和应收票据等在内的应收账款项进行全面核算、管理、分析、预测和决策。

1) 单据处理

单据处理是应收账款系统处理的起点，它是根据业务类型输入、审核相应原始单据的过程。应收账款核算的原始单据包括销售发票与应收单。销售发票是指销售业务中的各类普通发票和专用发票。应收单是非销售业务(如代垫运费等)产生的应收原始凭证。

如果同时使用应收子系统和销售管理子系统，则销售发票和代垫费用产生的单据由销售系统录入、审核，自动传递到应收系统，在应收系统可以对这些单据进行查询、核销、制单，此时应收系统需要录入的单据只有应收单。如果没有使用销售子系统，则各类发票和应收单均应在应收系统录入并审核。

2) 单据结算

单据结算是将已收到的款项以收款单的形式录入应收系统中，它是应收业务处理的一项重要内容。单据结算包括录入收款单和退款单、进行核销处理、形成预收账款。一般，核销方式的不同会影响账龄分析的精确性。

(1) 收款单是收到款项(包括货款、预收账款、代付款)所输入的单据。退款单是因销售退回而填制的付款单据。

(2) 核销就是确定收、付款与原始发票、应收单之间对应关系的操作，即指明每一次收款是收的哪几笔销售业务款项。系统应收款核销的方式主要有三种，即按余额核销、按单据核销和按存货核销。

(3) 形成预收账款是指如果预收了客户的货款，当时还没有发生销售业务，则可以先录入收款单，然后将该笔款项作为预收账款处理。

3) 转账处理

在应收业务的日常处理中经常会发生预收冲应收、应收冲应付、红字单据冲蓝字单据、应收冲应收几种冲抵业务的情况。转账处理就是对这些冲抵业务进行处理。转账处理过程中，需要转账的每一笔金额不能大于其余额。如果企业往来科目设置时将预收和应收设为一个科目，则不能进行预收冲应收处理。处理应收冲应付业务时，可以进行不等额对冲，即如果应收账款转账金额大于应付账款的转账金额，则系统可将剩余金额作为预付账款；如果应收账款转账金额小于应付账款的转账金额，则系统可将剩余金额作为预收账款。

4) 票据管理

应收票据用来核算公司因销售商品、产品、提供劳务等而收到的商业汇票，包括银行承兑汇票和商业承兑汇票。一般情况下企业都有应收票据。因此应收子系统都提供票据管理功能，可以对银行承兑汇票和商业承兑汇票进行管理，记录票据详细信息、票据处理情况，包括票据贴现、背书、计息、结算、转出等处理。

(1) 应付票据新增、保存、审核后，系统即自动生成一张收款单。该收款单的单据金额为应收票据的票面金额，同时也决定了以后冲销应收账款的金额。如果收到的应收票据是背书后的票据，背书金额与应收票据的票面金额又不一致，则可以把收款单金额修改为实际背书金额。应根据审核后的收款单进行凭证处理，生成收款业务凭证。

(2)收到票据后,票据到期可以收取现金或银行存款,此时要进行收款处理。

(3)背书。如果票据没有到期,由于急需资金,可以对票据进行背书处理。应收票据背书需要输入背书日期、背书金额、被背书单位、利息、费用和对应科目。其中背书金额应是应收票据的票面金额;对应科目是生成凭证时对应的会计科目。

(4)票据转出。应收票据到期不能收到钱款时,可以对应收票据进行转出处理。转出时,需要输入转出日期、转出金额、转出单位信息。应收票据减少的同时,系统自动产生一张应收单,该应收单对应的凭证字号自动取应收票据转出凭证的凭证字号。

(5)票据贴现。在票据未到期又急需资金时,还可以对其进行贴现处理。此时应输入贴现日期、贴现银行、贴现率、结算科目等,系统会自动根据票面金额与贴现率计算净额与利息。票据贴现完成后应进行凭证处理,生成票据贴现业务凭证。

5)合同管理

应收账款管理系统的合同管理主要是对销售合同及其完成情况进行管理,即实现合同的新增、输出、统计分析等处理。处理时,每一份销售合同可以分成基本资料、合同明细、合同数量完成汇总情况、合同收款情况、担保资料几部分进行管理。其中基本资料指合同名称、合同号、对方单位、签订合同日期、币别、汇率、折扣方式、销售时的商业折扣率、合同的补充条款,以及包括应收日期、收款金额在内的收款计划明细等;合同明细、合同数量完成汇总情况、合同收款情况从不同的角度反映合同的完成情况;担保资料是指担保金额、担保类型、担保期限、担保事项、担保标的、存放保管地以及到期解除等信息。

6)坏账处理

坏账处理包括坏账发生、坏账收回和坏账计提。系统根据用户在初始设置中定义的坏账核算会计科目及定义并选择的计提坏账方法,自动进行相应的处理。如图11-4所示是坏账损失处理的操作界面。

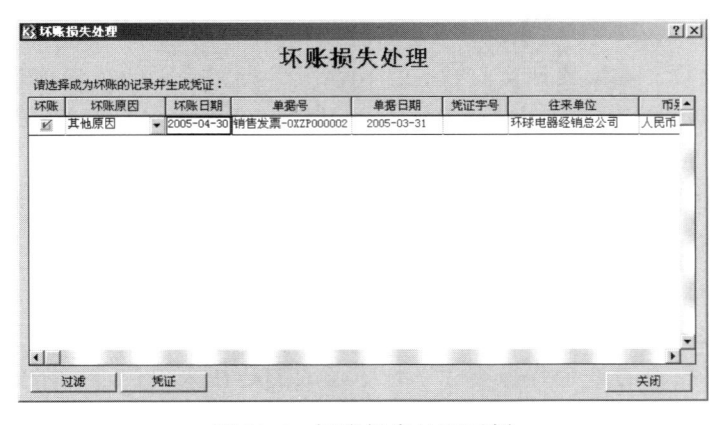

图11-4 坏账损失处理示例

7)凭证处理

业务处理完成后要利用制单功能生成相应的记账凭证,并传递到总账系统。凭证处理功能主要包括定义凭证、生成凭证和查询凭证。

(1)定义凭证。由于应收业务的类型和凭证类型比较固定，为了简化凭证生成操作，可预先按照核算的币种设置好各业务类型凭证中的常用科目。这些科目包括核算应收、预收、销售收入、应交增值税、销售退回、银行承兑、商业承兑、现金折扣、票据利息、票据费用和汇兑损益所采用的会计科目。为了确保数据入账正确，还可以定义相应的控制科目。

应收系统需要定义凭证的业务包括单据处理、转账处理、票据处理及坏账处理。定义凭证就是录入各项业务核算涉及的会计科目、摘要、凭证字号、金额来源等。定义凭证可以在系统初始设置的凭证模板处进行。

(2)生成凭证，即根据用户的定义系统生成凭证的过程。一般有如下三种凭证生成方式。

一为新增单据时，在单据序时簿或单据新增时即生成凭证。

二为预先按不同的事务类型定义好凭证模板，凭证处理时，根据不同的事务类型，系统自动套用相应的凭证模板进行生成凭证处理。

三为凭证处理时随机定义凭证科目生成凭证。

(3)查询凭证。用于查询应收子系统传递到总账系统中的凭证记录，并可以对这些凭证进行删除、红字冲销等操作。

8) 月末处理

如果确认当月的各项处理已经结束，可以进行月末结账处理。结账后本月不能再进行单据、票据、合同、转账等业务的增、删、改、审等处理。对于有外币业务的企业，在会计期末如有汇率变化，通常要进行期末调汇的业务处理。如果启用了销售子系统，那么只有在销售子系统本月业务全部完成后，应收系统才能结账。

4．应收账款管理系统的输出

应收账款管理系统的输出包括业务报表和统计分析报表两类。

1) 应收账款管理的主要业务报表

(1)应收账款汇总表。它主要是用来反映往来单位在某段时间的本期应收数、本期实收数、本年累计应收数、本年累计实收数、期初余额、期末余额等，以方便与总账对账。

(2)应收账款明细表。它是反映往来单位在某段时间内往来账款的详细情况日报表，以此作为应收账款汇总表的补充报表。

(3)往来对账单。它主要用来与客户进行对账。往来对账单中主要包括销售发票、其他应收单的单据金额、本期实收金额、折扣金额和未核销单据金额等数据。

(4)到期债权列表。它是反映截至指定日期已经到期的未核销应收账款及过期天数、未到期的应收账款及未到期天数的报表。

(5)月结单。它反映的是企业在实际工作中形成的与往来单位进行账务核对、单据核对、账龄核对的情况。月结单反映业务流水、未结算单据、账龄分析三大内容。其中"业务流水"是从整个业务角度，按业务发生的时间顺序，逐笔反映业务流水情况，同时提供往来账款的余额情况；"未结算单据"是从每张单据的角度出发，列示尚未结算（未核销）的单据明细，同时提供基于每张单据未结算余额的累计情况，累计余额应与业务流水的余额相符；"账龄分析"则是基于上述余额，往来款的到期或未到期天数所对应的余额。

(6)应收计息表。它是反映到截止日期已经到期应收款的应计利息情况的报表。

(7)调汇记录表。它反映指定期间的调汇历史记录。

2)应收账款管理的主要统计分析报表

(1)账龄分析表。它主要用来对未核销的往来账款进行分析。

(2)周转分析表。它主要用来反映往来单位在某段时间的应收账款周转率及周转天数。

(3)欠款分析表。它主要用来反映往来单位在某段时间的应收账款欠款情况。

(4)坏账分析表。它主要用来分客户、行业、地区等统计坏账发生的金额。

(5)回款分析表。它主要用来统计往来单位(或地区、行业)回款的金额及其占总的回款金额的比例。

(6)收款预测表。它主要根据应收账款及已收款金额来统计将来的收款金额。

(7)信用余额分析表。它主要用来统计客户的应收账款余额、信用额度及两者之间的差额。

(8)信用期限分析表。它主要用来统计客户各个信用期限段的应收账款余额。

11.2 存货管理系统

存货是企业在生产经营过程中为销售或耗用而储存的各种资产，是保证企业生产经营过程顺利进行的必要条件。为了保障生产经营过程连续不断地进行，企业需要不断地购入、耗用或销售存货。存货管理由库存管理和存货核算两部分完成。库存管理系统对企业存货的流动、循环进行动态控制和管理，是企业物流管理的核心。存货核算系统对存货价值进行核算。从财务管理的角度看，目前存货管理系统主要是完成存货实物的管理和存货价值核算，而对企业最佳存货的确定等管理内容基本没有涉及。本书存货管理系统分析中主要对存货核算进行分析。

11.2.1 存货管理概述

1. 存货管理的目的和内容

商业企业、工业企业及工商一体化企业的存货管理业务是不同的。比如商业企业的存货都称为商品；而一般供应链管理系统中，存货统称为物料。本书所指是基于工业企业的供应链的一个环节。

1)存货管理的目标

为了完成对库存的管理和存货核算的业务处理，存货管理的主要目标如下。

(1)及时完成库存的日常业务处理，包括入库业务、出库业务、库存调拨、库存调整等日常处理工作，及时、准确、全面地反映库存出、入、现存情况。

(2)实现其他有关业务的处理。库存管理还应提供批次、存货、库存盘点、质量检验、赠品、虚仓等管理，从而真正实现对企业仓储信息的全面管理，达到对库存业务物流和成本的有效控制与跟踪。

(3)完成存货的核算，包括存货出入库核算、存货出入库凭证处理、库存余额对账和调整等，从而反映和监督存货的收发、领退和保管情况；反映并监督存货资金的占用情况，促进企业提高资金的使用效率。

(4)完成库存分析、统计工作，输出各种需要的台账、报表和存货核算账表。

2)存货管理的内容

供应链管理以独立于工业企业和企业集团物流的单据流作为纽带，将整个物流业务流程统一为一个有机的整体。因此，存货管理是按照库存业务流程中的库存单据划分业务处理阶段，设置不同的连接轨迹和业务流转方法的。其主要内容如下。

(1)根据采购管理业务过程提供的收货通知单、生产部门提供的生产订单及其他入库凭证，根据实际入库数量分别填制外购入库单、产品入库单、委托加工入库单、其他入库单进行入库处理。

(2)根据销售管理业务过程提供的发货通知单、生产部门提供的领料单及其他出库凭证和实际出库数量分别填制销售出库单、领料单、委托加工出库单、其他出库单进行出库处理。

(3)发生采购退货时，根据采购系统传入的退货通知单输入红字外购入库单。发生销售退货时，根据销售系统传入的退货通知单输入红字销售出库单。

(4)库存盘点发生盘盈入库、盘亏毁损时进行库存调整处理。

(5)仓库之间发生存货转库业务或部门之间有存货调拨业务时进行库存调拨处理。

(6)根据出库单、入库单，核对有关发票，核算入库成本、出库成本并制作记账凭证，记入存货明细账，进行存货核算。

(7)管理人员和有关业务人员随时输出其所关心的库存信息和有关的存货成本及业务分析信息。

2．与其他业务流程之间的关系

存货管理是供应链的重要信息中心，不断传递和接收着来自其他业务过程的各种业务信息。业务信息、财务信息和管理信息之间紧密结合，形成了一个统一的整体，提高了整个供应链的运作水平和效率。库存管理和存货核算与其他业务流程之间的关系如图11-5所示。

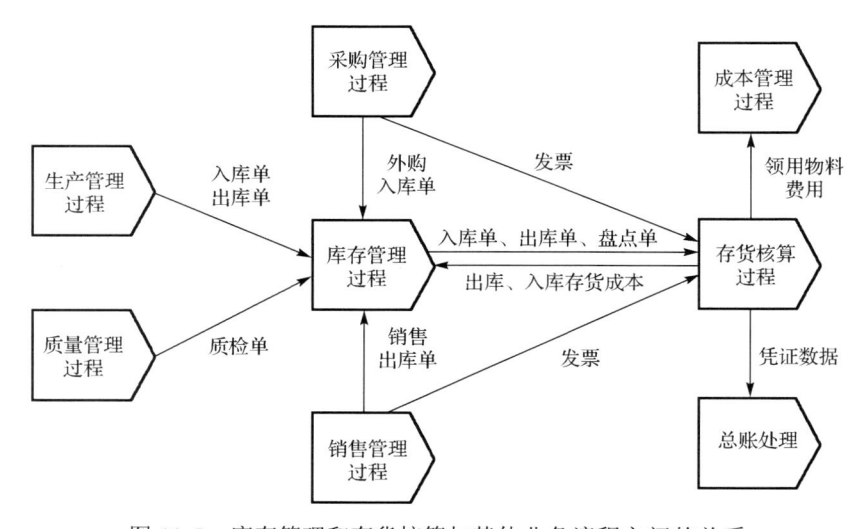

图11-5 库存管理和存货核算与其他业务流程之间的关系

关系说明如下。

(1) 接收采购系统产生的采购订单、收料通知单、退料通知单生成外购入库单。

(2) 根据质量管理的采购检验的物料、合格数量和采购让步接受数量进行采购入库。根据采购之外的各种检验的物料、合格数量进行相应的出入库处理。

(3) 根据销售系统输入的销售订单、发货通知单、退货通知单生成销售出库单。

(4) 依据生产任务管理和重复生产计划流程的投料，以及单产品/自制半成品入库单、委托加工入库单、其他入库单、生产领料单、委托加工发出单、其他出库单等单据填制入库单和出库单，进行生产领料和产品入库；依据委托加工管理的委托生产任务单和投料单进行委托加工生产领料和委托加工入库。

(5) 接收采购系统已审核（核销）的采购发票和外购入库单，进行外购入库核算和凭证处理；接收库存管理所有的其他出入库、盘点单据，进行相应出入库核算、盘盈、盘亏核算和凭证处理；接收销售管理产生的已审核（核销）的销售发票和销售出库单，进行销售出库核算和销售收入、销售成本凭证处理，并且把采购成本、出入库存货成本、销售收入、销售成本信息传递给有关业务环节。

(6) 将材料出库核算结果传递给成本管理，成本管理将计算出的半成品、产成品入库成本传递到存货核算，进行半成品、产成品出库核算。

(7) 将应计入外购入库成本的采购费用（运费、装卸费等）和应计入委托加工入库成本的加工费分别生成其他应付单传递到应付账款系统。

(8) 生成的存货核算凭证传递到总账处理。

3．存货核算的业务处理流程

存货的日常管理实行的是归口分级管理方法：财务部门对企业的存货资金实行集中统一管理，掌握整个企业存货资金的占用、耗费和周转情况；各归口管理部门根据本部门的具体情况，实行存货资金的分级管理。

信息系统方式下，企业不再设立多套存货明细账，而是作为一个整体，由不同部门处理同一存货账中的不同数据。存货核算系统在接收库存、采购、销售产生的入库单、出库单、采购发票、销售发票等核算单据数据基础上，核算存货的出入库成本、库存金额和余额，确认采购成本，分配采购费用，确认销售收入，确认销售成本和费用，并将应计入存货成本的采购费用与加工费用汇总后传递到成本核算系统，计入外购入库成本的采购费用、委托加工入库成本的加工费和不计入外购入库成本的税金合并生成其他应付单传递到应付系统；将生成的凭证传递到总账系统登记存货总分类账。其处理流程如图11-6所示。

流程解析如下。

(1) 取得库存系统输入的外购入库单，与采购发票核对后进行外购入库核算，确认采购成本，分配采购费用，如果发票未到则做暂估入库核算；取得生产系统的产品入库单，进行自制入库核算；委托入库单和委托出库单核销进行委托加工核算。上述核算完成生成入库会计凭证，记入存货明细账，并传递到总账处理登记存货总分类账。

(2) 根据委托出库单和生产领料单进行材料出库核算；销售出库单与销售发票核对后进

行产品出库核算，确认销售收入、成本和费用。上述核算完成生成出库会计凭证，计入存货明细账，并传递到总账处理登记存货总分类账。

（3）进行存货跌价准备、计划价调整和存货成本调整处理，处理完成后生成其他会计凭证传递到总账处理登记相关存货总分类账。

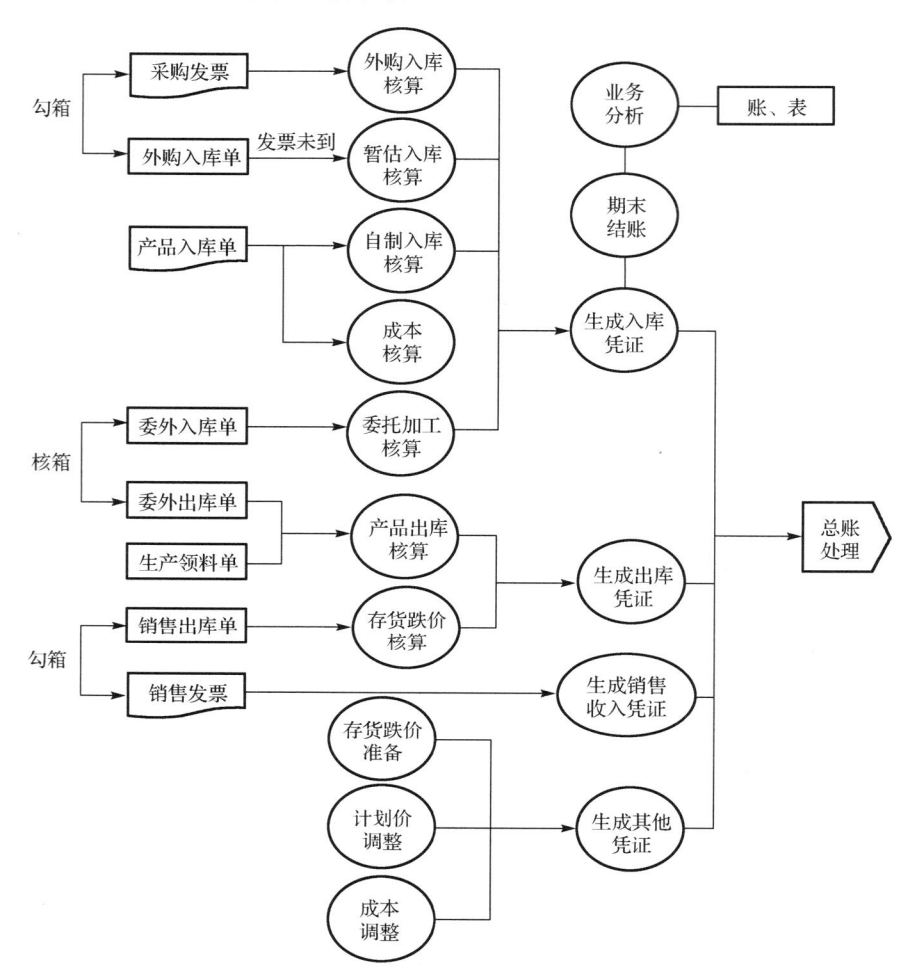

图 11-6　存货核算业务流程

（4）当期录入、审核、生成凭证及核算等所有业务完成后，进行月末处理、年末处理，结束本月或本会计年度业务，开始下一期间处理。

（5）根据需要进行统计分析。

11.2.2　存货管理系统分析

1．存货管理系统的主要功能和应用流程

1）存货管理系统的主要功能模块

存货管理系统的主要功能模块可以用图 11-7 表示。

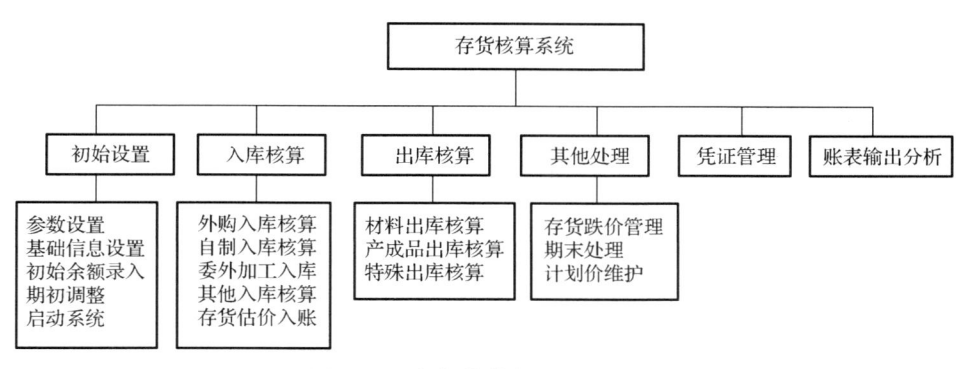

图 11-7 存货核算主要功能模块

2）应用流程

存货核算系统的应用主要包括系统初始化和日常存货核算处理两部分。其中系统初始化是在第一次使用该系统或存货初始设置涉及的数据发生改变时执行。系统的应用流程可以用图 11-8 表示。

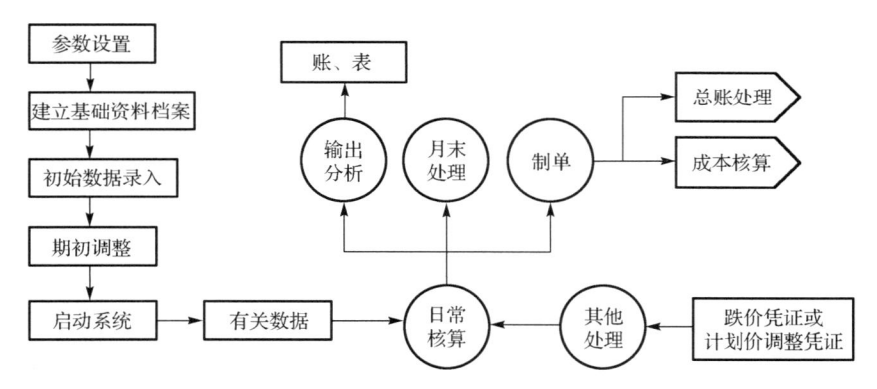

图 11-8 存货核算系统的应用流程

2．存货核算系统初始化

存货核算系统初始化包括参数设置、建立基础资料档案、初始余额录入、期初调整、启动系统几部分。

1）参数设置

存货核算设置的参数主要有核算流程类参数、出库核算类参数、关账参数三类。图 11-9 给出了核算流程类参数。出库核算类参数主要有无原单的红字出库单单价来源、负结存单据单价来源、调拨单单价来源；关账参数主要有本期还有未审核的核算单据时是否允许关账，本期还有单据未生成凭证时允许关账，关账后允许对本期的核算单据进行修改、作废和反审核等。

2）建立基础资料档案

存货核算需要用到的基础资料除存货科目外，都可以直接从其他相应子系统调用。存货科目设置要根据成本计价方法而变化。

[核算系统选项]:

	参数	值
1	期末结账时检查未记账的单据	☐
2	暂估凭证冲回方式	月初一次冲回
3	存货核算方式	总仓核算
4	无原单的红字出库单单价来源	手工录入
5	负结存单据单价来源	手工录入
6	调拨单单价来源	手工录入
7	本期还有未审核的出入库单据时允许关账	☑
8	本期还有单据未生成凭证时允许关账	☑
9	关账后允许对本期的核算单据进行修改、作废和反审核	☑
10	调拨单生成凭证	☐
11	仓库分组设置	
12	红字出库单参与加权平均法核算规则设置	
13	有单价调拨单出库核算时重新取得单价	☑
14	存货跌价准备计提方式	按物料类别计提

图 11-9　核算流程类参数

(1) 按照实际成本计价时，为了反映企业材料物资的增减变动和结存情况，存货收发核算应设置“原材料”“产成品”等资产类总账账户。存货明细账应按材料、产成品的保管仓库、类别、品种和规格，设置明细账(或材料卡片)，进行明细分类核算。

(2) 按计划成本计价时，材料按计划成本核算，应设置“原材料”“材料成本差异”“产成品”“产成品成本差异”等资产类账户。差异明细账应按材料、产成品的保管仓库、类别、品种和规格，设置差异明细账，并根据材料成本差异明细账计算成本差异率，计算填列发出存货时应负担的存货成本差异额，并把本月发出存货的计划成本调整为实际成本。

3) 初始余额录入

初始余额录入时，不同的存货核算方法需要准备的数据是不同的：采用计划价核算时应准备存货的结余数量和结余差异数据；采用加权平均法和移动平均法核算时应准备存货的结余数量和结余金额；采用个别计价法、先进先出法和后进先出法核算时应准备存货的每笔入库结余数量和结余金额，以便出库时进行出库成本核算。

4) 期初调整

由于种种原因，企业存货在数量账存、实存一致的情况下，金额仍会账实不符，此时则需要单独对库存余额进行期初调整。

3. 存货核算系统日常处理

1) 存货入库核算

由于不同类型入库业务核算的特点不同，因此存货入库核算提供了不同的核算流程。

(1) 外购入库核算。外购入库核算主要用来核算外购入库的实际成本，包括买价和采购费用两部分。买价由与外购入库单相钩稽的发票决定。采购费用直接录入，并且可以按数量、按金额或手工先分配到发票上每一条物料的金额栏，再进行核算，从而将买价与采购费用之和根据钩稽关系分配到对应的入库单上，作为外购入库的实际成本。

外购入库核算主要包括费用录入、费用分配、入库成本核算几部分功能。当期的外购入库单和发票经审核之后就可以进行外购入库核算了。

第一，费用录入。如图 11-10 所示，选择本期已审核、未生成凭证的需要分配采购费用的采购发票，可以录入运费、能抵扣的税金、其他采购费用，系统自动计算采购费用总额。录入之前应首先选择分配方式，如果按数量分配，则以单据上各行物料的基本计量单位数量作为权重对采购费用进行分配；若按金额分配，则以单据上各行物料的金额为权重进行分配。如果采取手工分配，则直接录入采购费用。

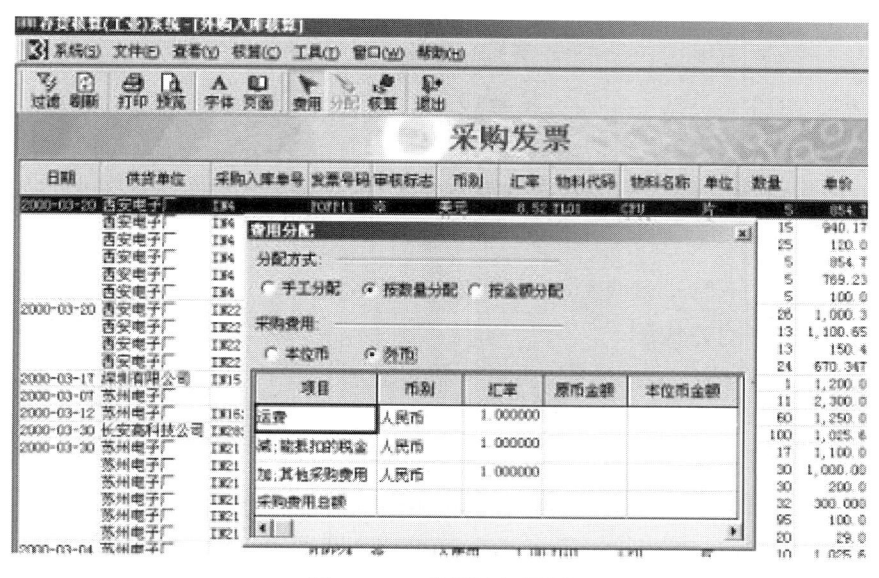

图 11-10 费用录入界面

第二，费用分配。费用录入完毕并确信选择的发票无误后，执行分配，系统会自动将分配后的采购费用及相应的运费税金填入采购发票中。系统执行分配时，将采购费用总额和税金，分别先除以分配标准之和(选定发票上所有物料的数量或金额之和)，然后分别乘各自的分配标准(数量或金额)，得到各行物料的采购费用和运费税金。

第三，入库成本核算。完成费用录入和费用分配后，执行核算，系统便开始核算外购入库实际成本。若无采购费用，可直接进行核算处理。核算时系统严格依据钩稽关系，先将发票上某一物料的全部金额和采购费用合计除以入库单上该物料的数量，计算出单位成本。因为只有经过核算才能保证采购发票与外购入库单金额平衡，所以核算成功是正确生成外购入库凭证的前提。

(2) 自制入库核算。自制入库核算主要用于处理产品入库和盘盈入库核算业务。需要录入或引入产品入库成本、盘盈入库成本，然后系统自动将汇总计算出的单价、金额回填到入库单据上。

(3) 委托加工入库核算。委托加工入库核算主要用来核算委托加工入库实际成本，它由材料费和加工费两部分组成。委托加工入库核算主要包括核销材料费、分配加工费、核算入库成本几部分。

核销材料费是将当期、已审核、未生成凭证的委托加工入库单中需核销材料费的委托加工产品与尚未关闭的委托加工出库单中的有关物料进行核销。处理时，只需录入本次核销的数量，系统自动按先出库先核销的原则计算出本次出库数量、本次核销金额、未核销数量和未核销金额，同时给委托加工入库单相应的行打上已核销标志。

分配加工费是指按某种分配方式(如按数量或按材料费等),将委托加工费用和应纳税额进行分配,并把分配结果回填入入库单的对应栏目中的处理过程。

核算入库成本,即把材料费与加工费之和作为金额,倒算出单位成本的过程。

(4)其他入库核算。其他入库核算主要是对组装核算和非组装核算的处理。组装件由多个物料组成,不在生产环节进行组合,而在仓库进行组装,组装后在仓库又可以拆开用于其他组装件或生产领用出库用于其他产品或单独销售。其他入库单是处理其他类型产品入库的单据,也是财务人员据以记账、核算成本的重要原始凭证。其他入库确认后,需要手工填入成本。

(5)存货估价入账。存货估价入账主要对本期发票未到的入库单进行估价处理。

2)存货出库核算

存货出库核算处理时一般会提供计算报告和出错报告,反映出库核算的过程。出库核算的处理是由系统自动完成的。

(1)确定核算物料或产品的范围。可以结转本期所有物料的出库成本,也可以指定物料,只核算某一个物料的出库成本。分仓库核算时,要选择核算的仓库。若存在调拨业务,应根据仓库中物料的调拨顺序决定仓库的核算顺序,先核算调出仓库,再核算调入仓库。

(2)出库核算。系统按照确定的物料或产品的范围,逐个物料、仓库计算其成本。计算时需要用到的资料有:期初余额、本期入库数量及入库成本、用户选定的该物料计价方法、出库数量。

(3)输出结转报告。核算完成后,系统将把结转结果生成相应的结转报告,包括成本计算表和出库报告,记录出库核算过程,供用户分析使用。

3)凭证处理

(1)定义凭证。定义凭证就是预先对存货的每一种业务核算所涉及的会计科目、摘要、凭证字号、金额来源等进行定义,并保存为模板。涉及存货的经济业务发生时,系统可以根据事先定义的凭证模板自动生成相关核算的记账凭证,并登记于有关账簿。由于采用实际成本法和计划成本法的存货核算内容是不同的,因此不同的核算方法下需要分别进行处理。

企业采用实际成本法核算存货时,需要定义凭证的经济业务包括外购入库、存货估价入账、产品入库、盘盈入库、其他入库、委托加工入库、现销销售出库、赊销销售出库、分期收款销售出库、委托代销销售出库、生产领用、委托加工发出、其他出库、盘亏/毁损、现销销售收入、赊销销售收入、分期收款发出销售收入、委托代销销售收入、期初余额调整等。图11-11是采用实际成本法进行外购入库核算时定义的凭证模板。

采用计划成本法核算存货时,需要定义凭证的经济业务包括外购入库、存货估价入账、产品入库、盘盈入库、其他入库核算、委托加工入库核算、现销销售出库、赊销销售出库、分期收款销售出库、委托代销销售出库、生产领用、委托加工发出、其他出库、盘亏/毁损、现销销售收入、赊销销售收入、分期收款发出销售收入、委托代销销售收入、期初余额调整、计划价调价等。图11-12是采用计划成本法进行外购入库业务核算时定义的凭证。

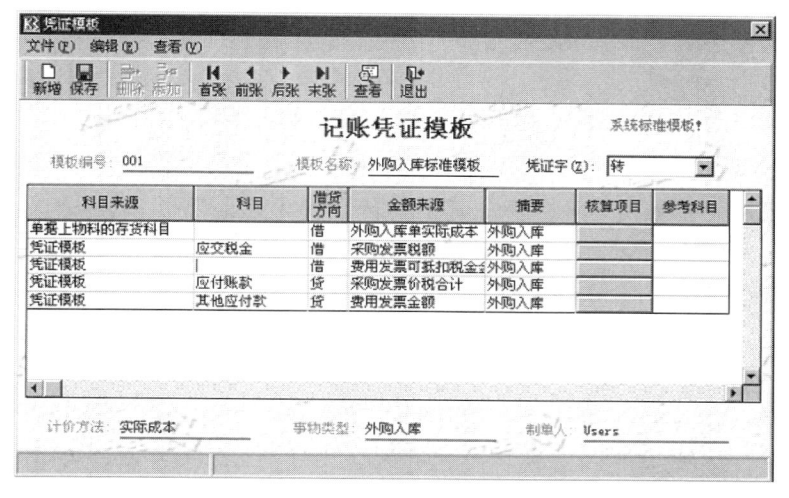

图 11-11 采用实际成本法核算时凭证模板定义界面

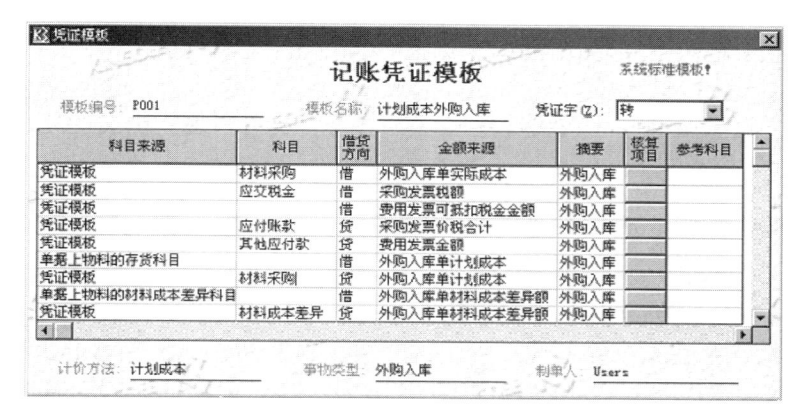

图 11-12 采用计划成本法核算时定义的凭证模板

凭证定义过程主要包括以下几步。

一是选择要定义凭证的事务类型,然后在如图 11-11 或图 11-12 所示的界面上录入模板编号、模板名称及该凭证的凭证字。模板编号必须是唯一的,否则系统不允许保存。

二是选择科目来源,确定核算科目。各种科目来源及其用法如表 11-1 所示。

表 11-1 各种科目来源及其用法

科目来源	用法说明
单据上物料的存货科目	用于所有的出入库单据,反映对应存货科目的增加和减少
凭证模板	选择此来源时,需要录入核算的会计科目
单据上部门的核算科目	主要用于生产领料、其他出库等凭证模板
单据上物料的销售收入科目	主要用于销售收入凭证模板的贷方
单据上物料的销售成本科目	主要用于现销、赊销等销售出库凭证模板的借方
单据上物料的材料成本差异科目	用于计划成本法凭证模板
生产领料单上的核算科目	用于生产领料凭证模板的借方

三是定义金额来源,录入摘要。此时应注意配合相应的科目及借贷方向,并保证借贷方金额相等。

四是设置核算项目与单据字段的对应关系。如果该科目需要进行辅助核算,此时应选择填入辅助核算的项目,系统生成凭证时会根据核算项目与单据字段的对应关系,自动将对应字段值填入科目的核算项目栏中。其中科目来源为凭证模板时,需指定具体会计科目。

五是保存、继续新增或退出。保存时,系统先检查所有的项目是否完整,若不完整,系统会给出相应的提示,不允许保存。完整性检查完毕后,系统还会进行借贷方金额平衡检查,若不平衡,系统会给出提示,不允许保存。对于多金额字段的单据,系统按单据特定的平衡关系检查,因此,即使个别金额字段暂不使用,如采购入库凭证模板中的采购费用,也应预定义,以保证金额始终平衡。

(2) 生成凭证。生成凭证是某一笔经济业务发生后,系统根据用户定义的凭证模板或即时定义的空白凭证生成该业务核算记账凭证的过程。基于通过对物流单据处理实现对物流管理的思想,存货核算生成凭证主要是在核算单据已完成入库或出库核算的条件下将各种核算单据生成记账凭证的过程。

生成凭证处理时,首先选择需要生成凭证事务的核算单据,然后录入过滤条件,如本期、已审核、金额不为空等。系统将根据核算单据的数据和事先定义的凭证模板生成该业务凭证。

4) 存货核算的期末处理

(1) 对账。对账是指存货核算系统的存货余额及发生额,与总账系统存货科目余额及发生额进行核对,对账成功可以生成对账报告。

(2) 关账。物流系统在期末结账前,往往需要对本期的出入库单据进行后续处理,如出入库核算、生成凭证、与财务系统对账等,但此时本期的核算单据录入尚未截止,可能会造成对账结果的不确定。为了解决此类问题,存货核算系统设置了关账功能,关账后不允许再录入当前期间的出入库单据、计划价调价单和金额调整单等,为期末结账前的核算处理创造稳定的数据环境。

(3) 期末结账。期末结账就是结束本期核算单据的处理,计算本期存货余额,并将其转入下一期。

4. 存货核算系统的输出

存货核算信息主要通过账表的形式输出。这些账表主要有以下三类。

1) 存货账簿

存货账簿包括材料明细表、产品明细账、材料成本差异明细账、分期收款发出商品明细账、委托代销发出商品明细账、存货暂估明细账等。这些账簿反映了一段时间内材料、产品、分期收款发出商品、委托代销发出商品、暂估入库材料的收入、发出明细数量和金额及核销、结存等的明细情况。

其与总账子系统账簿的主要区别是:存货账簿是从单据的角度反映存货情况,而总账子系统的账簿是从科目的角度反映存货情况。

2）业务报表

存货核算的业务结果可以按照不同的存货种类、出入库业务等以一定格式反映出来，形成采购成本汇总表、采购成本明细表、存货暂估汇总表、生产领料汇总表、生产领料明细表、销售出库明细表、销售收入明细表、进项税额汇总表、销项税额汇总表、委托加工材料汇总表、委托加工材料明细表、委托加工核销明细表等报表。

3）统计分析

存货核算提供的统计分析主要有以下几点。

(1) 存货周转率分析。进行某一种存货、某一类存货、全部存货的存货周转率分析。

(2) ABC 分析。它是以某个时段内库存总金额为标准，通过每种物料余额占库存总余额的比例，进行 ABC 分类排序。

(3) 库存资金占用分析。分析实际库存资金的占用与计划之间的差额。

(4) 入库成本分析。不同期间或不同入库类别的存货的平均入库成本统计、分析。

(5) 暂估材料余额表。不同期间的暂估单据入库及报销情况分析。

(6) 对已记账单据的差异分摊的差异分摊表。

11.3 固定资产管理系统

企业不分性质、大小和业务规模，其固定资产的核算和管理都存在很大的共性，固定资产管理的数据量大，核算和管理的内容与方法相对单一、规范，数据处理的频率较低等特点使通用化固定资产管理系统成了应用最普遍、最成功的部分之一。传统手工会计对固定资产的管理采用账、卡同时管理的方式，即设置"固定资产"账户进行总分类核算，同时设立固定资产登记簿和固定资产卡片进行明细核算与管理。一般固定资产账簿在财务部门，固定资产卡片一式两份，资产使用部门和资产管理部门各一份，并定期核对。

11.3.1 固定资产管理概述

固定资产管理主要包括固定资产增减业务的核算、折旧核算、固定资产修理和改良核算及固定资产的报废、出售、清理等处置的核算。

1. 固定资产管理的目标

固定资产管理以固定资产卡片信息管理为基础，帮助企业实现对固定资产的全面管理，包括固定资产的新增、清理、变动，按国家会计准则的要求进行计提折旧，以及与折旧相关的基金计提和分配的核算工作。它帮助管理者全面掌握企业当前固定资产的数量与价值，追踪固定资产的使用状况，加强企业资产管理，提高资产利用率。固定资产管理的目标可以概括为以下几个方面。

(1) 固定资产的多类别、多层级管理。

(2) 固定资产业务处理。包括核算和监督固定资产的增、减、变动情况；核算固定资产折旧，汇总、分配折旧费用。

(3)实现与相关业务过程的数据共享。

(4)输出固定资产的有关信息。

2．与其他业务流程之间的关系

固定资产管理是一体化财务处理系统的一部分。日常的固定资产管理对增加资产、减少资产及原值和累计折旧的调整、折旧计提等的处理都要将有关数据传输到总账处理过程中，并为成本管理等提供数据支持。其与其他业务流程之间的关系如图 11-13 所示。关系说明如下。

(1)固定资产管理中，固定资产初始化产生的初始余额可以传递到总账处理过程，作为固定资产相关科目的初始余额；固定资产新增、变动、清理、折旧计提与费用分摊均可自动生成凭证，并传递到总账处理。固定资产管理通过定义应用服务函数从总账处理读取有关累计折旧、固定资产的发生额和余额等数据。

(2)成本管理可以从固定资产管理中引入折旧费用的数据，形成成本对象的折旧要素费用。

(3)报表处理过程可以利用取数公式从固定资产管理过程中取数，编制用户需要的固定资产管理报表。同时，固定资产数据也是了解企业固定资产状况、资金占用情况的重要来源。

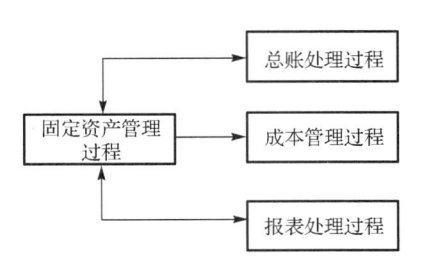

图 11-13　固定资产管理与其他业务流程的关系

11.3.2　固定资产管理系统分析

1．固定资产管理系统的主要功能模块和应用流程

1)固定资产管理系统的主要功能模块

固定资产管理系统要完成固定资产的核算和管理。为此，固定资产管理系统一般应具备系统初始设置、变动资料录入、折旧处理、凭证处理及报表定义与分析等功能，如图 11-14 所示。

(1)系统初始设置。初始设置是使用固定资产系统进行资产管理和核算的基础。设置内容包括卡片项目、卡片样式、折旧方法、部门、资产分类、使用状况、增减方式等。录入系统启用之日前所有固定资产的卡片内容也是初始设置的基本内容。

(2)变动资料录入。当企业固定资产发生变动，如资产增加、资产减少、资产所属部门变动等情况下要进行相应的处理。新增固定资产时输入固定资产原始卡片。

(3)折旧处理。对采用工作量法计提折旧的固定资产，如运输工具等输入当月该项固定资产的工作量。月末计算该月所有固定资产折旧费并登入有关账簿。

(4) 凭证处理。凭证处理是把固定资产系统处理的结果数据以转账凭证的形式存储并传递到总账系统，据此登记有关总账和明细账。

(5) 报表定义与分析。用户可以自定义报表，也可以进行直观的图形分析，还可以对报表(账簿、折旧表、统计表、分析表和一览表等)进行固定资产的核算、分析和管理。

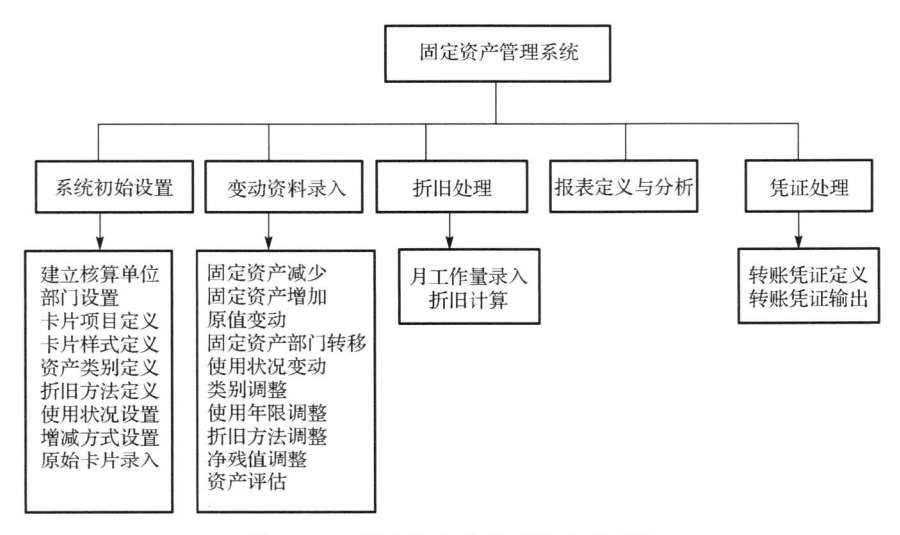

```
                    固定资产管理系统
    ┌───────────┬──────────┬────────┬──────────┬─────────┐
  系统初始设置  变动资料录入  折旧处理  报表定义与分析  凭证处理
  ┌────────┐  ┌────────┐  ┌────────┐              ┌────────┐
  建立核算单位 固定资产减少  月工作量录入             转账凭证定义
  部门设置    固定资产增加  折旧计算                 转账凭证输出
  卡片项目定义 原值变动
  卡片样式定义 固定资产部门转移
  资产类别定义 使用状况变动
  折旧方法定义 类别调整
  使用状况设置 使用年限调整
  增减方式设置 折旧方法调整
  原始卡片录入 净残值调整
              资产评估
```

图 11-14 固定资产管理系统功能结构

2) 固定资产管理系统的应用流程

固定资产管理系统的业务处理可以划分成初始设置和日常业务处理两部分。初始设置中所做的设置主要包括建立部门档案、定义固定资产卡片样式和卡片项目、定义资产类别、定义折旧方法及设置资产增减方式。日常业务处理主要是对资产增、减、变动的核算，折旧核算，系统的凭证处理，数据输出和月末处理。

固定资产管理系统的业务处理可以用图简单地表示，如图 11-15 所示。

流程解析如下。

(1) 第一次使用系统时，首先建立核算单位，在已有的核算单位上建立部门档案、定义固定资产卡片项目和卡片样式、定义资产类别、定义折旧方法及设置资产增减方式。

(2) 初始设置完成，启用系统之后可以开始每月的日常处理。日常处理的顺序如下。

- 录入系统启用之日前所有固定资产卡片内容及企业新增固定资产卡片内容。
- 根据所选折旧方法的计算模型，系统自动将对已经存在的固定资产计提折旧。
- 固定资产在使用过程中，如果有资产原值变动、资产在不同部门间转移、资产使用状况变动、大修理、资产使用年限调整、折旧方法调整、净残值(率)调整、工作总量调整、累计折旧调整、资产类别调整等发生时，系统将相应地做资产变动处理。
- 定义凭证，生成转账凭证，检查凭证的正确性并传递到总账系统的凭证文件。
- 输出固定资产卡片、固定资产账户等信息，并根据需要进行分析。
- 进行月末处理。

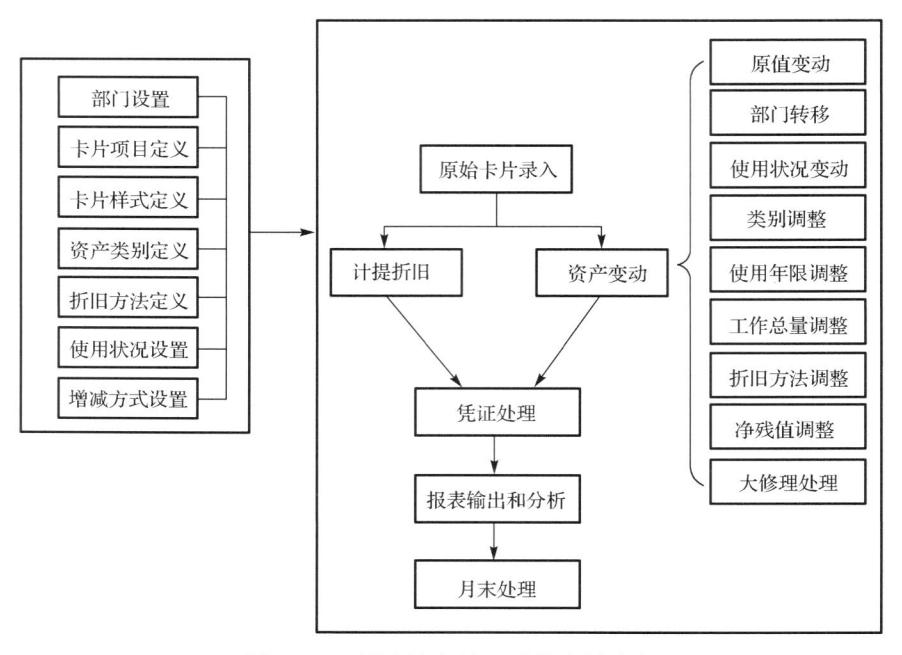

图 11-15　固定资产管理系统应用流程

2. 固定资产管理系统应用

1) 初始设置

固定资产管理系统初始设置是根据单位的具体情况，建立一个适合需要的固定资产账套的过程。固定资产管理系统的初始设置包括设置账套参数、输入基础资料。设置账套参数主要是选择确定本账套核算和管理的基本原则及方法。基础资料主要包括：建立核算单位、部门设置、定义折旧方法、定义固定资产卡片、定义资产类别、使用状况和增减方式等。

(1) 固定资产卡片的定义。固定资产卡片是固定资产管理系统处理的起点，其定义主要是设置卡片项目和样式。卡片项目是资产卡片上要显示的用来记录资产资料的栏目。不同单位的卡片项目差异很大，即使同一个单位，采用不同的核算方法和管理时其卡片项目也会不同。因此，除固定资产核算和管理必不可少的项目，如固定资产原值、固定资产编码、资产名称、使用年限、折旧方法等外，应该根据单位对资产管理的实际需要定义需要的项目。卡片样式是卡片的外观，即卡片的格式和卡片上包含的项目及项目的位置。不同资产管理的内容和侧重点是不同的，所设的卡片样式可能不同。图 11-16 是金蝶 K/3 的固定资产卡片样式。

(2) 折旧方法设置。折旧核算是固定资产核算的重要内容。固定资产管理系统的折旧计提是由系统根据定义的折旧方法自动计算的，因此折旧方法设置是系统计算折旧的基础。目前，常用的折旧方法主要有平均年限法、工作量法、年数总和法、双倍余额递减法及不提折旧。如果上述折旧方法不能满足要求，系统一般提供自定义功能允许企业在不违反国家有关规定的前提下确定并定义其他折旧方法，定义时需要按要求定义折旧方法的名称和计算公式。折旧方法一旦选定，一般不得随意变更。

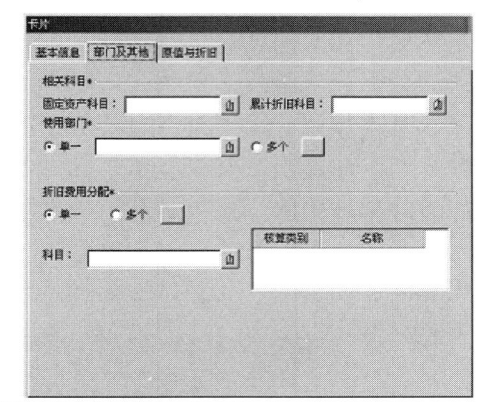

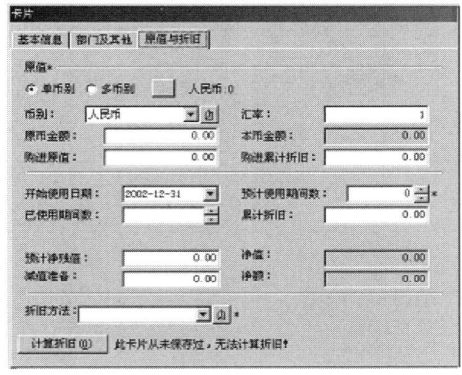

图 11-16　金蝶 K/3 的固定资产卡片样式

(3) 基本编码设置。
- 资产类别。固定资产的种类繁多，规格不一。想强化固定资产管理，及时准确地做好固定资产核算，必须科学地搞好固定资产的分类，为核算和统计管理提供依据。资产类别是根据管理和核算的需要给资产所做的分类。企业可根据自身的特点和管理要求，确定一个较为合理的资产分类方法。
- 资产增减方式。资产增减方式即资产的取得来源和减少去向。资产增加或减少方式可以用来确定资产计价和处理原则，并有助于掌握固定资产增减的汇总情况。在处理中可以分两级对资产增减方式进行管理，如 1 表示增加，101 表示直接购买，102 表示投资者投入，103 表示接受捐赠；2 表示减少，201 表示出售，202 表示投资转出等。
- 使用状况。从固定资产核算和管理的角度，需要明确资产的使用状况，一方面可以正确计算和计提折旧；另一方面便于统计固定资产的使用情况，提高资产的利用效率。固定资产主要的使用状况有使用中、不需用、未使用、封存、报废等。系统中的使用状况是采用编码分级管理的，如 1 表示使用中，2 表示未使用，3 表示不需要，4 表示封存，101 表示在用，102 表示季节性停用，103 表示经营性出租，104 表示大修理停用等。

2) 固定资产管理系统的输入

固定资产管理系统的输入主要有三部分，一是系统初始化时，原有的固定资产数据全

241

部输入系统；二是实现计算机管理后，出现资产增加或减少时输入新增资产的资料或处理减少资产的数据；三是资产变动时，输入、修改变动数据。其中第一种情况与新增资产输入处理方法基本相同。第三种情况将放在下面的资产变动处理部分说明。

固定资产卡片是固定资产管理系统处理的起点。一张卡片既代表一项固定资产，也是固定资产卡片文件中的一条记录。卡片处理是系统处理的重要内容，主要包括原始卡片录入和新卡片录入、卡片修改、卡片删除、资产减少和卡片输出几方面。图 11-17 是新增卡片的录入界面。

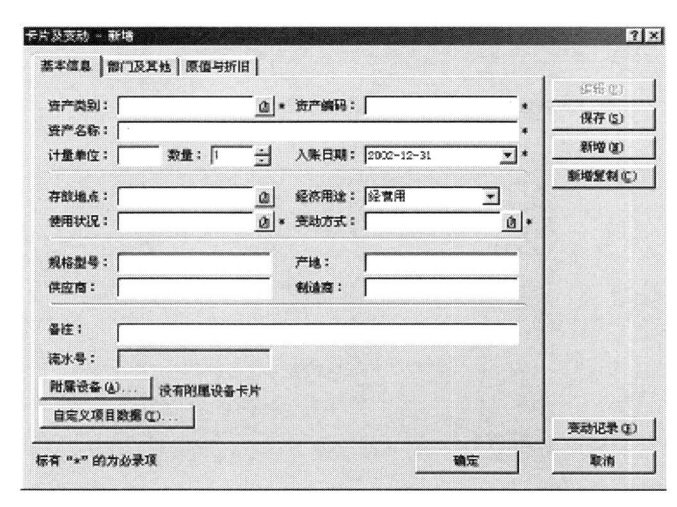

图 11-17　新增卡片录入界面

由于系统中资产类别及每类下的固定资产都以一定的编码进行管理，每一项固定资产都必须按一定的编码要求进行编码，因此编码设计尤为重要。一般固定资产编码结构主要有这几种设计：资产类别编号+序号；部门编号+序号；资产类别编号+部门编号+序号；部门编号+资产类别编号+序号。企业应根据自身核算需要和资产规模确定本企业的编码方案，方案一旦确定，输入资产时系统可以自动按照编码规则给出每项资产编号。

资产增加或资产变动时，可以按照固定资产卡片、附属设备、大修理记录、资产部门转移记录、停启用记录、原值变动情况、清理信息等顺序输入该项资产数据和资料，但只有卡片信息参与计算，其他信息仅用于管理。

3) 固定资产管理系统的日常处理

固定资产管理系统的日常处理主要是完成固定资产的核算和管理，包括固定资产卡片管理、资产增减、资产变动处理、折旧核算、固定资产评估、凭证处理和月末处理。其中固定资产卡片管理和资产增减处理也是系统的输入处理，月末处理与其他系统相同。

(1) 资产变动处理。固定资产在使用过程中，可能会有一些价值或非价值项目的调整，这些称之为资产变动。资产变动必须填制固定资产变动单，如图 11-18 所示是原值增加时的变动单。资产变动主要包括固定资产原值变动、资产在不同部门间转移、资产使用状况变动、资产使用年限调整、折旧方法调整、净残值(率)调整、工作总量调整、累计折旧调整、资产类别调整等。

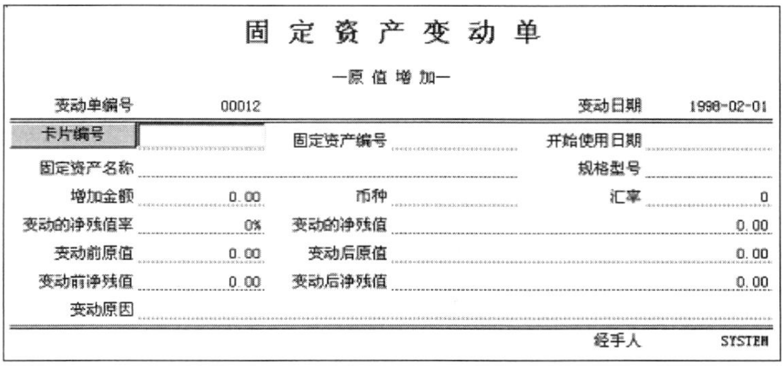

固定资产变动单

—原值增加—

变动单编号	00012			变动日期	1998-02-01
卡片编号		固定资产编号		开始使用日期	
固定资产名称				规格型号	
增加金额	0.00	币种		汇率	0
变动的净残值率	0%	变动的净残值	0.00		
变动前原值	0.00	变动后原值	0.00		
变动前净残值	0.00	变动后净残值	0.00		
变动原因					
				经手人	SYSTEM

图 11-18　原值增加时的固定资产变动单

(2) 折旧核算。系统折旧核算的过程是：每一期间系统根据固定资产卡片登记的资产资料和初始设置中设定的该项资产折旧方法自动计算每项资产的折旧额，并生成折旧清单、折旧分配表；如果用户在初始设置中定义系统计提折旧后立即制单，则此时系统自动根据用户在凭证处理时定义的会计分录和公式及折旧分配表的数据填制转账凭证，将本期的折旧费用自动登账；如果用户在初始设置中定义系统计提折旧后不立即制单，则此时系统根据折旧分配表生成不完整凭证，由用户到凭证处理中处理。

(3) 凭证处理。固定资产管理系统需要制单或修改凭证的业务主要包括：资产增加、资产减少、涉及原值或累计折旧的资产变动、资产评估(涉及原值或累计折旧变化时)和折旧分配。固定资产管理系统的凭证处理功能也包括定义凭证、生成凭证和凭证查询。系统根据用户定义的分录公式制成自动转账凭证，实现与总账系统的数据传递。详情请参阅有关章节。

(4) 固定资产评估。根据业务需要或相关要求，企业在经营活动中需要对部分资产或全部资产进行评估和重估。固定资产评估是资产评估重要的部分，也是固定资产管理系统必须具有的功能。资产评估主要完成以下处理：将评估机构的评估数据手工录入或定义公式录入系统中；根据有关规定手工录入评估结果或根据定义的评估公式生成评估结果。

进行资产评估时应遵循以下步骤。

- 选择要评估的项目。可评估的资产内容包括原值、累计折旧、净值、使用年限、工作总量、净残值率。每次评估的内容可能不一样，因此进行资产评估时，应该根据需要选择可评估项目。
- 选择要评估的资产。由于每次评估的资产项目可能不同，因此在评估前应挑出需要评估的资产。
- 制作评估单。选择了评估项目和评估资产后，必须录入评估结果，系统才能生成评估单。评估单给出了评估资产所评估的项目在评估前和评估后的数据。
- 当评估单中评估后的原值和累计折旧的合计数与评估前的数据不同时，则需要通过凭证处理将变动数据传递到总账子系统。

4) 固定资产管理系统的输出

系统的日常处理结果都是以报表的形式提供给财务人员和资产管理人员的。固定资产管理系统提供的报表可以分为四大类：账簿、折旧表、汇总类表、分析表。此外，企业还可以根据需要利用系统提供的自定义报表工具定义企业需要的其他报表。

(1)账簿。固定资产管理系统的账簿包括固定资产总账、固定资产部门明细账、固定资产类别明细账、单项固定资产明细账和固定资产登记簿。其中，固定资产总账在总账系统存储并管理，可以由固定资产管理系统调用输出，但无法做任何修改。

(2)折旧表。系统进行折旧核算后折旧信息主要反映在折旧清单和折旧分配表中。此外，还可以生成部门折旧计算表、固定资产类别折旧计算明细表等。

折旧清单反映了所有应计提折旧的资产所计提折旧数额的情况，主要包括资产名称、计提原值、月折旧率、单位折旧、月工作量、月折旧额及各资产在12个计提期间的月折旧额、本年累计折旧等信息。

折旧分配表是编制转账凭证，把计提折旧额分配到成本和费用的依据。由于折旧分配可以按部门和资产类别两种方式分配，所以折旧分配表分为部门折旧分配表和类别折旧分配表两种类型，但只能选择一个制作转账凭证。

(3)汇总类表。此类报表主要提供各种条件下的汇总信息，包括固定资产盘盈盘亏报告表、固定资产原值一览表、固定资产统计表、资产评估变动表、资产评估汇总表等。

(4)分析表，包括固定资产使用状况分析表、固定资产部门构成分析表、固定资产类别构成分析表、固定资产价值结构分析表等。这些报表有助于理财人员和企业管理层及时了解掌握企业资产的使用、分布状况和固定资产资金占用情况，为固定资产投资决策提供依据。

习题

1. 简述销售发票与其他应收单的区别。
2. 简述赊销业务处理涉及的主要子系统及子系统间的数据接口。
3. 简述应收款管理子系统初始化包括的内容以及初始化时需要注意的问题。
4. 说明存货核算系统初始化包括哪些内容以及初始化设置时需要注意哪些问题。
5. 试论述哪些存货业务处理需要进行凭证处理，凭证处理的步骤和凭证定义、编制方法。
6. 试分析存货核算的业务处理流程，并画出业务流程图。
7. 简述K/3中应收票据贴现和背书的处理方法。
8. 简述K/3中坏账损失、收回和坏账计提的处理方法。

第 12 章 全面预算管理

本章学习目的：

- 了解预算管理过程的目的和内容
- 理解预算管理与其他业务流程之间的关系
- 理解并掌握预算管理过程的处理流程
- 理解并掌握预算管理包含的主要业务过程
- 掌握预算管理系统的构成和系统的应用流程
- 掌握预算管理系统的使用
- 掌握 Excel 进行预算管理的方法

本章关键词：

预算管理、全面预算管理系统、预算编制、预算系统控制

12.1 全面预算管理概述

企业全面预算管理是对企业内部各部门、各单位的各种财务及非财务资源进行预计、分配、考核、控制的过程，目的是有效地组织和协调企业的生产经营活动，完成既定的经营目标。

12.1.1 预算管理的目的和内容

预算是计划的量化和具体化，把企业计划以定量的方式表现出来就转化为企业预算，它展示了某一特定期间(一般为一年或一个既定的期间，称为预算期)企业全部经营活动的各项指标及其资源配置的定量说明。预算既是决策的具体化，又是控制经营活动的依据。

1. 预算管理的目的

预算是在预测和决策的基础上，围绕企业战略目标，对一定时期内企业资金取得和投放、各项收入和支出、企业经营成果及其分配等资金运动所做的具体安排。企业预算管理就是对从预算编制、审批到预算的执行、评价的整个过程的管理，一般应达到以下几个目的。

(1) 合理有效地配置企业资源。企业预算是在对企业资源整合、优化的基础上形成的，因此通过预算管理可以达到节约交易成本、优化配置资产结构、发挥规模经营效益的目的。

(2) 全面协调企业管理活动。通过预算的制定、执行和监督，保证整个企业内部各部门之间管理协调，达到通过制度运作实现管理的目的。

(3) 调动企业全员积极性。预算管理过程涉及各个部门、每个员工，通过预算管理可以使每个部门和员工有明确的努力目标，从而调动全员积极性。

(4) 实现自我控制和他人控制相结合。预算管理将预算主体和预算单位的行为通过目标与目标执行后的奖惩体系相结合，达到使预算主体自我控制、自我激励的目的。

2. 预算管理的内容

1) 预算的内容

企业全面预算按照涉及的业务活动领域可以分为销售预算、生产预算、财务预算和其他预算四类。销售预算和生产预算又合称为业务预算，用于计划企业的基本经济业务。

(1) 销售预算以企业经营成果为核心，包括销售预算、产品预算、产品销售收入预算、销售费用预算等。

(2) 生产预算包括生产预算、直接材料预算、直接人工预算、制造费用预算、产品成本预算等。

(3) 财务预算是关于资金筹措和资金使用的预算，包括长期的资本预算和短期的现金收支与信贷预算。其中，资本预算反映企业工程建设、对外投资、福利设施等建设方面的投资性活动，包括工程建设预算、长期投资预算和更新改造预算等；短期的现金收支与信贷预算反映了企业现金收支方面的情况，包括现金流入量预算、现金支出预算、债权债务预算等。

(4) 其他预算是在总预算和分预算中未列出的预算项目，主要是基于企业生产经营活动的需要必须单独编制预算的重要项目，比如项目预算。

主要预算之间的关系可以用图 12-1 表示。

2) 预算管理的内容

预算管理是一个过程，它包括预算编制与预算调整、预算执行、预算评价几个环节。预算编制是前瞻性的，属于事前的管理；预算执行是实际活动过程，属于事中的管理；预算评价是对责任中心执行责任预算的结果进行对比分析，找出责任预算执行差异及造成差异的原因，用数据说话，属于事后的管理。预算的数据与业务的数据发生联系，使得事前的计划可以参考历史数据、事中的控制针对具体的业务发生、事后的分析评价基于预算执行的差异。预算管理过程如图 12-2 所示。

(1) 预算编制。编制预算是实现企业全面预算管理的第一步，也是预算管理的难点。企业首先根据具体的业务计划，使用合理的预算方法，按照一定的预算标准，编制出某期间或年度的预算。具体编制时主要采用自下而上、自上而下相结合的方法。企业财务管理部门将董事会或经理办公会审议批准的年度总预算分解成一系列的指标体系，由企业预算委员会逐级下达给各预算执行单位执行。同时，应当将企业财务预算报送主管财政机关备案。

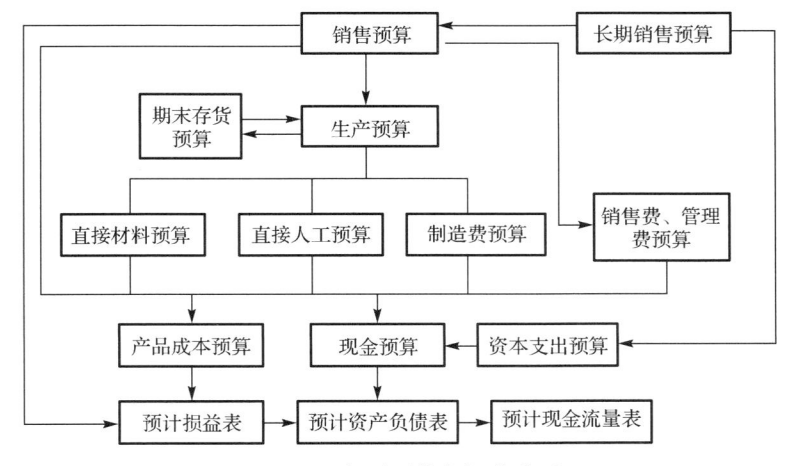

图 12-1　主要预算之间的关系

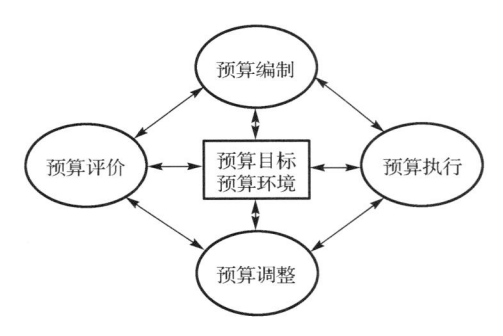

图 12-2　预算管理过程

(2) 预算执行。企业预算一经批复下达，各预算执行单位就必须认真组织实施，将企业预算指标层层分解，从横向和纵向落实到内部各部门、各单位、各环节和各岗位，形成全方位的企业预算执行责任体系。

(3) 预算调整。企业正式下达执行的企业预算，一般不予调整。在企业预算执行单位执行时，由于市场环境、经营条件、政策法规等发生重大变化，致使企业预算的编制基础不成立，或者将导致企业预算执行结果产生重大偏差的，可以调整企业预算。调整后要由预算委员会审核，并提交董事会或经理办公会审议批准。

(4) 预算评价。由企业预算委员会定期召开企业预算执行分析会议，全面掌握企业预算的执行情况，研究、落实解决企业预算执行中存在问题的政策措施，纠正企业预算的执行偏差。在企业预算执行分析过程中，企业财务管理部门及各预算执行单位要充分收集有关财务、业务、市场、技术、政策、法律等方面的信息资料，根据不同情况采用不同的方法，从定量与定性两个层面充分反映预算执行单位的现状、发展趋势及其存在的潜力。

12.1.2 与其他业务之间的关系

由于预算数据本身不直接作为日常核算的数据,所以预算管理业务是相对较为独立的部分。预算管理与其他业务之间的关系可以用图 12-3 简单表示。

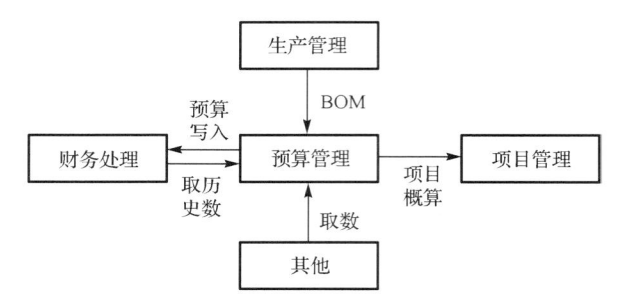

图 12-3 预算管理与其他业务之间的关系

1．与财务处理的关系

预算管理系统与财务的总账处理有紧密的联系。编制预算需要参考的数据主要来源于总账；预算执行中实际运行信息也主要由总账提供,需要从总账中直接取数,然后进行预算分析。预算数据可以从预算系统写入总账,在总账中实现一些对实际业务的事后预算控制。

2．与项目管理的关系

项目管理系统中项目概算的数据,可以直接从预算管理系统编制的全面预算中涉及项目的部分导入,从而实现全面预算管理与专项预算管理一体化。

3．与生产管理的关系

在全面预算中,主营业务收入预算、生产预算、产品明细预算、材料明细预算、材料采购预算,可以按照 BOM 自动展开。

4．与其他系统的关系

预算系统通过取数公式,可以将其他系统的数据取出,从而生成预算报表,进行预算分析。

12.1.3 几种典型业务流程场景

预算管理主要包括预算编制、执行与调整、考核与评价等几个大的业务过程,下面对几个典型的业务处理流程进行分析。

1．预算编制

预算编制是一个需要自下而上或自上而下多次反复的过程。通过这些反复可以使预算既与企业发展战略和长远目标一致,并能够反映这一战略和目标,也能够使预算符合企业实际,使预算真正发挥作用。预算编制流程可以用图 12-4 表示。

流程解析如下。

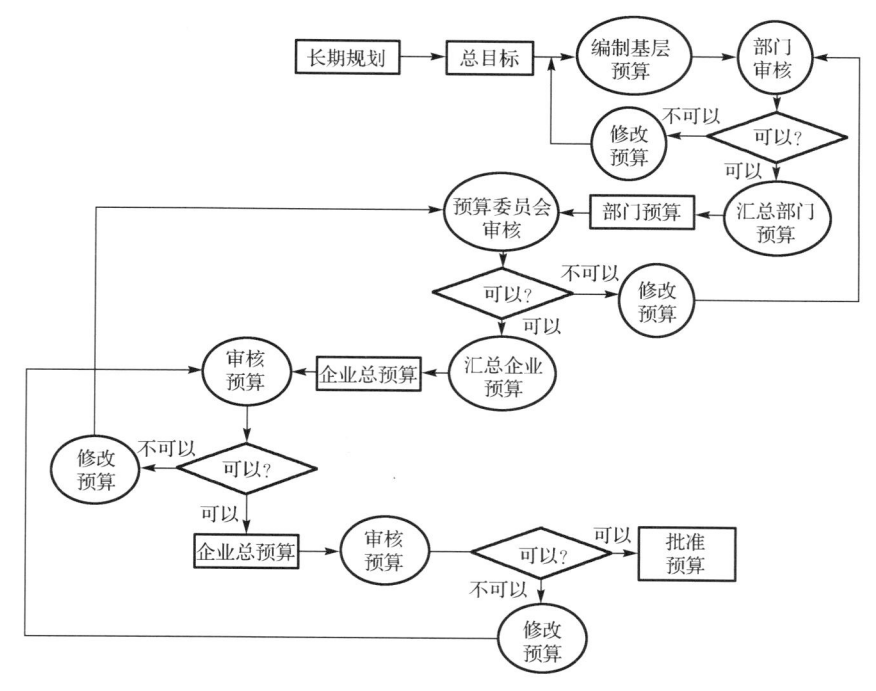

图 12-4　预算编制流程

（1）最高领导机构根据企业发展战略和长期规划，在决策的基础上，利用本量利分析等工具，提出企业一定时期的总目标，并能够确定企业预算编制的政策，由企业预算委员会下达给各预算执行单位。

（2）各预算执行单位按照企业预算委员会下达的企业预算目标和政策，结合自身特点及预测的执行条件，提出详细的本单位企业预算草案，使预算能够较为符合实际。

（3）各部门汇总部门预算草案，并初步协调本部门预算，编制销售、生产、财务等业务预算，上报企业财务管理部门。

（4）企业财务管理部门对各预算执行单位上报的企业预算方案进行审查、汇总，平衡业务预算，提出修改方案。预算委员会在审查、平衡过程中应当进行充分协调，对发现的问题提出初步调整的意见，并反馈给有关预算执行单位予以修正。各部门进行修改直至预算审核通过，再根据部门预算汇总出企业的总预算。

（5）总预算上报管理层，经过审议机构审议通过或者驳回修改预算。

（6）主要预算指标报告给董事会，讨论通过或者驳回修改。

（7）批准后的预算下达给各部门执行。

2．预算控制

预算控制是实现预算管理目标的重要保证，它是预算执行、预算调整、预算考核和评价的综合。图 12-5 对预算控制流程进行了分析。

流程解析如下。

（1）预算进入实施阶段，各独立预算主体的执行部门负责预算执行。各企业及下属管理部门监测预算期预算主体的实际绩效，并与预算进行比较。

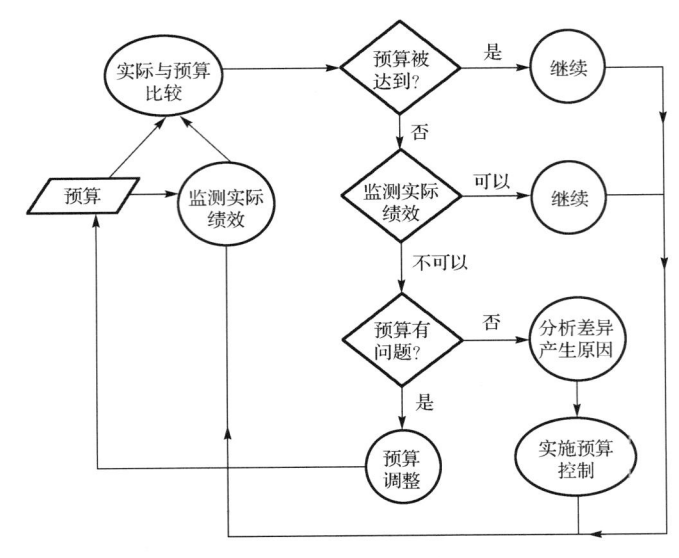

图 12-5 预算控制流程

(2) 如果预算执行出现差异，上层机构应该根据企业的差异确认评价标准，进行有区别的预算分析考核。

(3) 预算制定后还要根据对内外环境，如国家宏观政策、行业发展趋势、竞争对手状况等在内的企业所处的生存环境的监测进行动态调整。

根据差异产生的不同情况及可以接受和容忍的差异范围，采取不同的措施，如调整预算或对执行过程实施控制等。

12.2 预算管理系统分析

预算管理系统提供了预算的编制与预算调整、预算执行和预算评价等涉及预算管理全过程的功能，支持企业从销售预算→生产预算→采购预算→费用预算→投资预算→筹资预算→预计损益表→预计资产负债表→预计现金流量表的全面预算编制过程，并通过预算方案的管理，使企业可以选出最佳预算方案，指导企业运营。

12.2.1 预算管理系统主要功能模块

从预算管理系统的目标出发，预算管理系统主要包括如图 12-6 所示的功能模块。

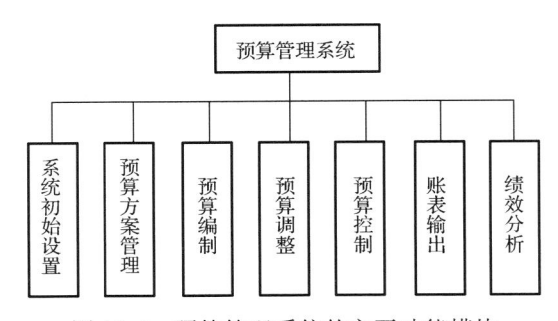

图 12-6 预算管理系统的主要功能模块

1. 系统初始设置

系统的初始设置就是对系统正常运行必要的基础资料、系统参数选项进行设置和管理。正确、全面初始化是成功应用预算管理系统的基础，也是企业预算管理工作的前提。预算管理系统的初始化主要包括基础资料(公共基础资料、预算管理系统基础资料、预算管理相关的其他业务系统基础资料)设置、系统参数设置、用户管理和日志信息管理。企业应该根据自身需要和系统要求进行适当的初始设置。

2. 预算方案管理

预算方案定义了企业预算总括性的计划，如是否进行全面预算、是否进行滚动预算等。根据系统参数中对"主预算"类型的设置，预算方案的编制还要区分不同的类型。在进行具体的预算编制前，必须先制定预算方案，明确编制预算时应遵循的先决条件，包括提供的与该套预算有关的所有信息，然后才能进行责任预算的编制。编制责任预算时要严格遵守预算方案的规定。

3. 预算编制

预算编制是形成企业各种具体预算数据的过程。它是预算管理系统的核心功能，一切的基础定义都是为了预算编制的进行，而预算控制、责任分析等功能也是围绕预算编制实现的。

4. 预算调整

预算编制完成之后，预算成为企业未来一段时期生产经营的共同目标及准则，所以整个预算体系应该是严肃的、严谨的、共同遵守的。当然，随着市场情况的变动、企业自身状况的调整，任何一个企业在实际的预算执行过程中，都有可能出现调整和修正经营目标的情况，这些调整可能是定期的调整，如中期调整；也可能是根据实际需要随时进行的。无论何种情况，在预算开始执行之后，任何对预算数据的调整和修订，都应该是受控制的，要保留调整痕迹并可追溯。预算调整功能可以实现按流程进行预算调整，并提供了相应的控制手段。

5. 预算控制

企业制定预算的目的是指导生产经营活动，使之有序、受控，具体反映在预算管理系统中表现为：打通预算与总账业务的关系，使预算数据可以通过某种流程实现对总账业务在事前、事中、事后的全面控制，实现预算管理的目标。

6. 账表输出

预算编制完成之后生成的预算数据都可以以报表的形式查询和输出。这些报表详尽地反映了各种预算的具体情况。

7. 绩效分析

绩效分析是完成各责任中心经营活动的预算数据与实际数据的对比分析，反映责任中心预算执行情况与预算的差异情况。绩效分析的结果通过绩效报告进行反映。

12.2.2 预算管理系统应用流程

预算管理系统应用流程如图 12-7 所示。

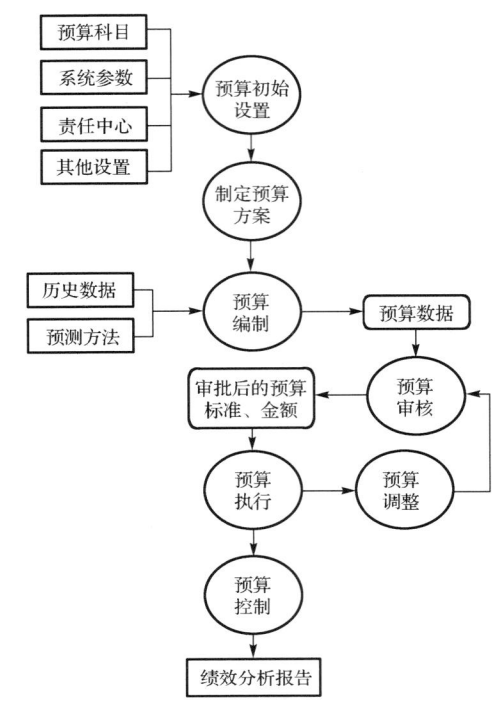

图 12-7 预算管理系统应用流程

12.3 金蝶 K/3 预算管理系统应用

不同的预算管理系统在功能结构上存在一定的差别。下面主要以金蝶 K/3 系统的预算管理系统为基础介绍预算管理系统的应用。

12.3.1 预算管理系统初始化

预算管理的用户管理和日志信息管理与其他系统是一致的，在此不做赘述。

1．预算管理系统的基础资料

预算管理基础资料的定义就是根据企业自身的特点和需要，将企业内部管理、预算管理的制度、标准及范围数据化、具体化。基础资料设置之前应首先明确以下内容。

- 掌握企业管理需要的预算编制类别及手段。
- 掌握会计科目的设置及相关属性。
- 预算管理系统的各项操作分工明确。
- 掌握企业对预算审批的业务流程。
- 明确企业编制预算的约束条件及基础资料设置对预算结果的影响。
- 确保要取数的数据源能够成功连接。

在 K/3 中，选择"系统设置"→"基础资料"→"预算管理"，就可以进行预算管理基础资料的设置。下面介绍预算管理需要定义的主要资料。

1) 预算类别

预算类别是按照企业不同生产经营活动性质对预算科目进行的分类。预算类别是预算管理系统整体架构的基础，同一预算类别可以对应多个预算科目。预算管理系统预算类别包括五大类、十八小类。五大类不允许修改及增加，小类只可以新增，不可以修改。在 K/3 中定义的五大类如下。

(1) 经营预算。经营预算是与未来营业成果直接相关的预算，通常与损益表的计算有关，主要包括销售预算、生产预算、直接材料采购预算、直接人工预算、制造费用预算、销售费用预算、管理费用预算、其他收入及支出预算。经营预算通常用于出具预计损益表。

(2) 财务预算。财务预算是有关企业未来财务状况的预算，包括产品明细预算、材料明细预算、应收款预算、应付款预算、其他流动资产预算、其他流动负债预算、所有者权益预算及其他自定义的财务预算类别。财务预算属于预算资产负债表的内容。

(3) 资本预算。资本预算主要涉及资本性支出，如固定资产的购建、扩建、改建、更新及长期股权、债权投资等，一般包括增加投资预算、投资收回预算、投资收益预算三个部分。资本预算要在投资项目可行性研究基础上编制，以预算期间年、月、季的数据具体反映出投资的时间、规模、收益等情况。

(4) 筹资预算。筹资预算主要涉及长、短期借款和债券预算，不包括股票筹资等涉及所有者权益的筹资业务，一般包括增加筹资预算、偿还筹资预算、筹资费用预算三部分。筹资预算属于资产负债表预算的一部分。

(5) 表外预算。表外预算是对那些用非会计金额表示的预算项目的归类，如职工人数、工时、产量等。

2) 预算科目

预算科目是企业预算管理活动中具体的预算对象或预算项目，它可以是一项费用也可以是某种支出，还可以是投资、基建等项目。图 12-8 是 K/3 预算科目定义界面。

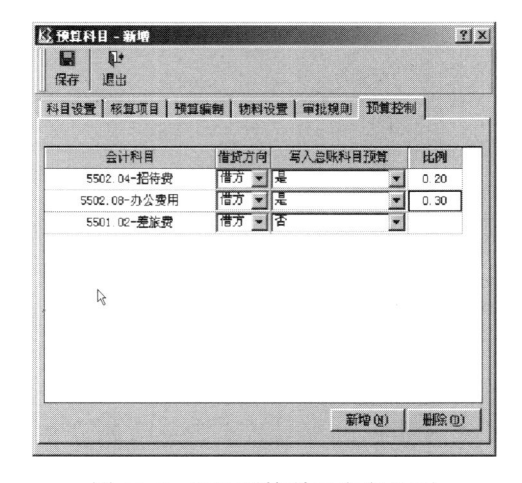

图 12-8　K/3 预算科目定义界面

预算科目是编制预算的基本要素。预算科目与会计科目既有区别也有联系。预算科目是按照预算类别进行分类的。会计科目是按照会计要素分类的。由于预算编制的结果主要通过会计报表，如资产负债表、损益表、现金流量表等表达形式的预算报表反映。因此，预算科目与会计科目一样，也反映了资产、负债、权益及损益之间的会计关系，可以在预算科目和会计科目之间通过"科目类别"与"预算类别"建立起明确的对应关系。

3）责任中心

责任中心的确立是开展责任预算管理的前提和开始。图12-9是K/3设置责任中心界面。设置责任中心就是将某个核算项目类别中的某些核算项目确定为责任中心的数据来源，建立预算管理的组织体系。系统管理中设置的责任中心主要包括成本中心和利润中心两种类型。设置责任中心时需要注意以下几点。

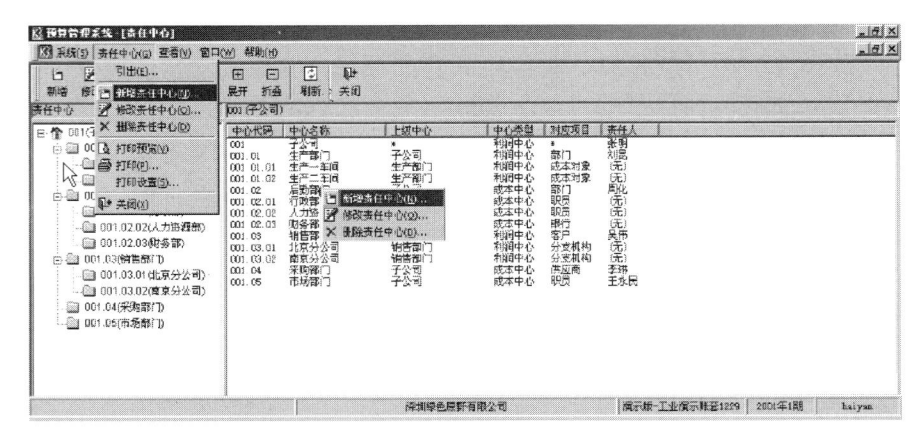

图12-9　K/3设置责任中心界面

（1）如果一级责任中心不带核算项目即为虚拟责任中心，虚拟责任中心的非明细级责任中心也可以不带核算项目，而明细级责任中心必须带核算项目。

（2）如果上级责任中心带核算项目，那么下级责任中心定义时，可以指定其对应上级核算项目，如不指定，则下级责任中心对应的每一个具体核算项目，均与上级责任中心所带所有核算项目形成一一对应的核算项目组合。

（3）上下级责任中心不能带同一个核算项目类别。

4）自定义预算编制模板

自定义预算编制模块提供了用户自定义预算数据录入、审批的功能。自定义预算编制的原理是：系统提供类似报表系统的表格式录入界面，用户可以定义每一个单元格的属性和取数公式。为方便理解和应用，可以将格式定义为企业日常应用的报表格式。自定义预算编制时应该首先自定义预算编制模板，对预算编制报表所需要的"模板名称""报表格式""取数公式"等公用基础信息进行定义。

自定义预算编制模板主要包括自定义预算编制模板的权限控制、自定义预算编制模板的定义、自定义预算编制模板的使用三项内容。其中自定义预算编制模板的权限控制是对用户使用该自定义功能的权限进行定义，如只有被授予"查看"的权限，才能查看所有的自定义预算编制模板；只有被授予"单元格属性"的权限，才能在模板中定义单元格属性；只有被授予"取数公式"的权限，才能在模板中定义单元格取数公式(包括表间取数、表格汇总、业务系统取数)等。

预算编制模板的定义步骤如图 12-10 所示。

5) 预算编制审批流程

预算编制审批流程是进行预算编制数据审批流程定义的平台，定义的内容包括级次、审批人、截止期限等。不定义审批流程则无须审批。定义审批流程时需要注意以下几点。

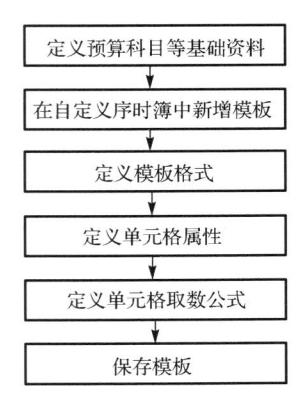

图 12-10　预算编制模板的定义步骤

(1) 审批流程的定义以二级预算类别为单位，如"费用预算"，一旦对费用预算类别定义了审批流程，则所有费用类别下的预算科目均共享此流程。

(2) 预算编制审批流程可以定义多级、多人审批。

(3) "截止期限"是指截止预算方案定义的预算开始之日的天数。

(4) 当定义的审批流程已经开始执行后，即至少第一级审批人已审批后，审批流程就不能再变动。要修改预算编制多级审批流程，必须在该类别预算数据反审批或停止预算编制之后进行。

6) 取数公式和钩稽关系

(1) 取数公式。取数公式定义了预算科目与实际业务系统的数据对应关系。取数包括总账取数(包括科目取数、凭证取数)、预算科目取数、工资系统取数、固定资产系统取数、物流取数(包括采购、销售、仓存)、成本系统取数、存货核算系统取数及其他取数。其中预算科目取数、物流取数为预算管理系统专用取数公式，并可供报表系统调用；总账取数、工资系统取数、其他取数等是调用各业务系统提供的相关函数。取数公式的用途主要有以下几点。

一为预算编制取数。当某预算科目定义的预算编制基准为"上年同期实际"或"上年同期预算"时，需要在"取数公式"模块定义具体的实际或预算数据取值。例如，预算科目定义了取上年实际数据，则在进行预算编制时，系统根据取数公式的定义，直接从相关位置(总账或物流系统)取来业务数据，显示在编制界面的"预算基准数"列，供预算编制参考。

二为责任报告、绩效分析取数。责任分析报表从不同维度分析了预算与实际业务的差异。业务数据需要通过定义取数公式从业务系统自动、实时提取实际业务数据，同预算数据对比，出具分析报表，并可以实时更新取数数据。

三为弹性预算控制。在预算科目定义界面定义该科目为"弹性预算控制"时，可以在当前界面定义具体的弹性预算控制公式。

例如，定义一个预算科目 101，预算编制取数源为取上年实际数据。取数公式定义为 ACCT("501","DF","",0,0,0,"")，其含义是：101 贷方预算金额取会计科目 501 默认年度、默认期间的贷方发生额。

(2) 钩稽关系。钩稽关系也可以称作"预算钩稽关系"，它定义了预算编制中，预算科目与其他预算科目、实际业务的关系，包括总账取数(包括科目取数、凭证取数)、预算科目取数、工资系统取数、固定资产系统取数、物流取数(包括采购、销售、仓存)、成本系统取数、存货核算系统取数及其他取数。其中预算科目取数、物流取数为预算管理系统专用取数公式，并可供报表系统调用；总账取数、工资系统取数、其他取数等是调用各业务系统提供的相关函数。

钩稽关系的定义类似于"取数公式"的定义，但是预算钩稽关系的定义仅用于预算编制，而"取数公式"的定义既可以用于预算编制，也可以用于绩效分析等的取数；同时，预算编制究竟按钩稽关系还是取数公式的定义实现预算数据的取得，是在预算科目定义中确定的。

7) 预警定义

根据用户定义的取数公式，预算管理系统可以通过实时更新实际业务数据，与预算数据根据预定关系进行对比后，出具实时的预算预警信息提示。而上述预定关系即为预警定义的内容。图 12-11 为 K/3 预算科目预警定义界面。

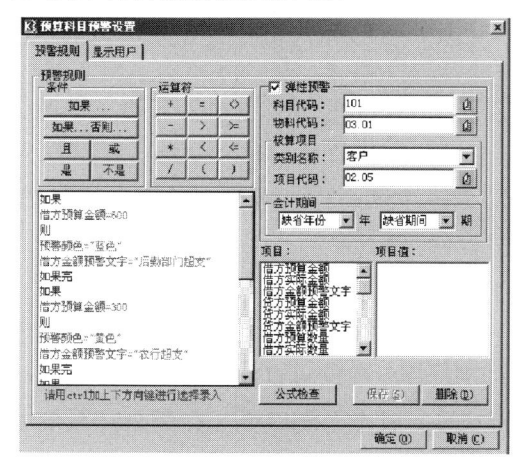

图 12-11　K/3 预算科目预警定义界面

8) 引入、引出功能

引入、引出功能为用户进行预算和实际业务数据及模板的引出、引入提供了平台，一方面实现了不同数据库之间资料和数据的交换及共享；另一方面拓宽了预算数据的来源，丰富了预算编制的手段。引入、引出的格式包括 XML 格式、Excel 格式。导出的内容及说明如表 12-1 所示。导入的内容及说明如表 12-2 所示。

表 12-1　导出的内容及说明

文件类型	导出项目	说明
XML 文件	预算科目	本账套定义的预算科目信息
	责任中心	本账套定义的责任中心信息
	取数公式	本账套定义的取数公式信息
	钩稽关系	本账套定义的钩稽关系信息
	预算编制数据	本指定预算方案对应的预算数据
	实际业务数据	本指定期间的、经取数公式定义，并在绩效报告中进行"提取实际数据"操作提出来的实际业务数据

续表

文件类型	导出项目	说明
Excel 文件	预算编制模板	根据在编制方案、指定预算科目范围，导出预算编制模板，根据预算科目范围，每一明细预算科目为一个 SHEET 页
	业务数据模板	根据在执行方案、指定预算科目范围，导出业务数据模板，根据预算科目范围，每一明细预算科目为一个 SHEET 页

表 12-2　导入的内容及说明

文件类型 导入项目	XML 文件		Excel 文件
	从数据库导入	从文件导入	从文件导入
预算科目	需指定数据库并连接成功；需基础资料对应	指定文件，需基础资料对应	不适用
责任中心			
取数公式			
钩稽关系			
预算数据	需指定数据库并连接成功；需预算科目、基础资料对应	指定文件；需预算科目、基础资料对应	需指定字段对应
业务数据			

除了上述资料外，预算管理系统的基础资料设置还可以自定义预算单据等。

2．系统参数设置

系统参数设置是对一个应用系统具体实现方式的参数选项进行定义。参数设置界面如图 12-12 所示。

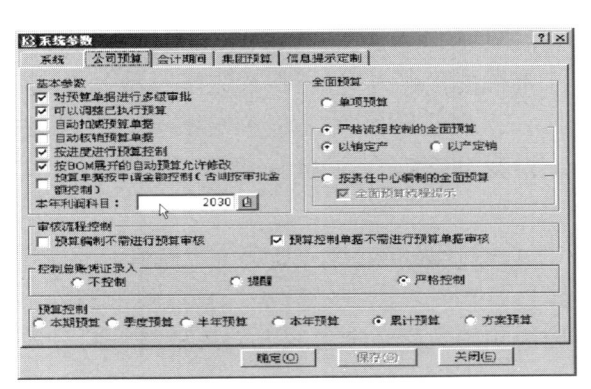

图 12-12　参数设置界面

下面对其中几项进行说明。

(1) 按 BOM 展开的自动预算允许修改。选择该项，根据生产、销售及库存预算数据，按 BOM 结构自动生成的采购预算可以修改；反之，不能修改。

(2) 可以调整已执行预算。只可以调整在执行预算方案的已经执行过的预算数据。例如，某一在执行预算方案的期间为 2004 年 1～12 期，当前是 2004 年 5 期，则选中该参数即可调整该方案 2004 年 1～12 期的所有预算数据，否则只能调整 5～12 期的预算。

(3) 自动扣减预算单据。选中该项，符合预定规则的预算单据可以在总账凭证保存时，自动被扣减，而无须手工扣减。

(4) 自动核销预算单据。选中该项，当审清金额等于审批金额时，预算单据自动被核销掉，而无须手工核销。

(5) 预算单据按申请金额控制(否则按审批金额控制)。选中该参数，则预算单据上的"预算余额"按"预算余额＝预算金额−申请金额"的结果显示；如果不选中，则预算单据上的"预算余额"按"预算余额＝预算金额−审批金额"的结果显示。

(6) 严格流程控制的全面预算，为不需要按责任中心进行预算编制的预算形式。工业账套包括以销定产、以产定销。商业账套包括以销定购、以购定销。

(7) 控制总账凭证录入。不控制是指不控制总账凭证录入。提醒是指如果总账系统要保存的凭证上涉及预算受控会计科目，则在保存时给予是否进行预算控制的提示。严格控制意味着选择该项，即确定对总账业务进行预算控制，反之，不控制。

12.3.2　预算管理系统日常处理

1. 预算方案管理

预算方案对应着一套预算，包括与该套预算有关的所有信息，具体包括方案号、方案名称、预算方式(年预算、月预算、季预算等)、是否滚动预算、方案说明、预算期间、编制人、编制时间等，是对企业确定期间内预算管理的总的计划和安排。预算方案管理包括以下内容。

(1) 对预算方案的新增、修改、删除、查看、浏览、打印等处理。

(2) 预算方案的状态指定。预算方案的状态包括正在编制(系统目前有唯一的可编制的预算方案；一个系统同时只能有一个在编制状态的预算方案)、正在执行(预算已经编制完毕，并且通过了审核、审批的预算方案)、执行完毕三种。

(3) 预算调整数据的确认，即将预算调整模块产生的新的预算数据，汇总到原始预算数据中去，后续的预算控制根据汇总后的数据进行的操作。只有确认后，方案的预算调整数据才会被系统认可。

(4) 预算数据写入总账科目预算的处理。如果在预算科目定义中选择了某个、某些或全部预算科目数据写入总账科目预算，则在进行了预算数据编制之后，再次执行"写入"的操作，这样预算科目对应的预算数据才能被写入对应的总账科目的科目预算表。

2. 预算编制

企业的预算综合反映了企业不同层级、不同单位在预算期间内应实现的目标和完成的任务，而企业不同层级、不同单位的工作必须协调一致地进行，才能保证企业总体目标和任务的实现。编制预算时，数据既可以直接在预算编制数据录入界面进行输入，也可以采用预测模拟工具、取数公式、预算钩稽关系等手段自动从相应的业务系统获取。

一般来说，利用信息系统编制预算时，首先，要按照与总账会计期间一致的时期编制，即无论预算方案定义的是多少跨度(月、季、年、三年、五年)的预算周期，预算均按月编制。其次，预算编制要以明细的预算科目或核算项目(如果该科目定义了核算项目或责任中心)为单位编制，系统会按预算科目及核算项目的级次，自动层层汇总至最高级。预算编制完成后，使用者可以按任意级次的预算科目、责任中心或核算项目查询、分析。

下面以严格流程控制的全面预算的编制为例来说明预算编制的过程。对于严格流程控制的全面预算，首先要在系统参数设置处进行定义。系统按照各个预算类别内在数据关系已经预设了编制流程，因此将会自动提示用户完成预算编制。

1）录入预算数据

录入预算数据，并指定现金流量对应的现金流量项目及损益对应的预算科目。进入如图 12-13 所示的预算编制主界面，单击任一具体预算，就可以进入新的预算项目数据的明细录入界面，即可在该界面录入预算数据，如图 12-14 所示。

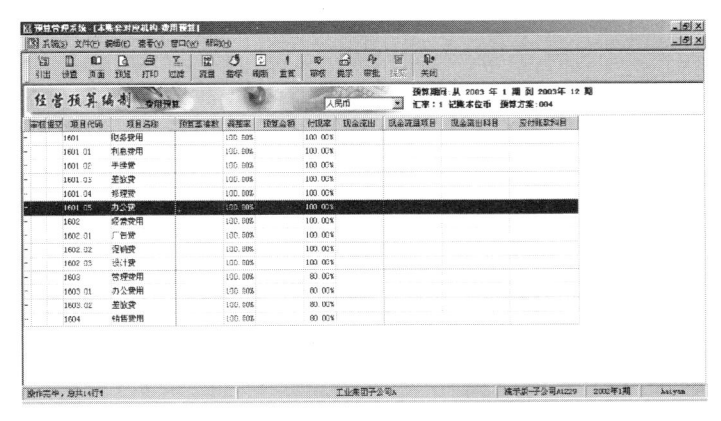

图 12-13　预算编制主界面

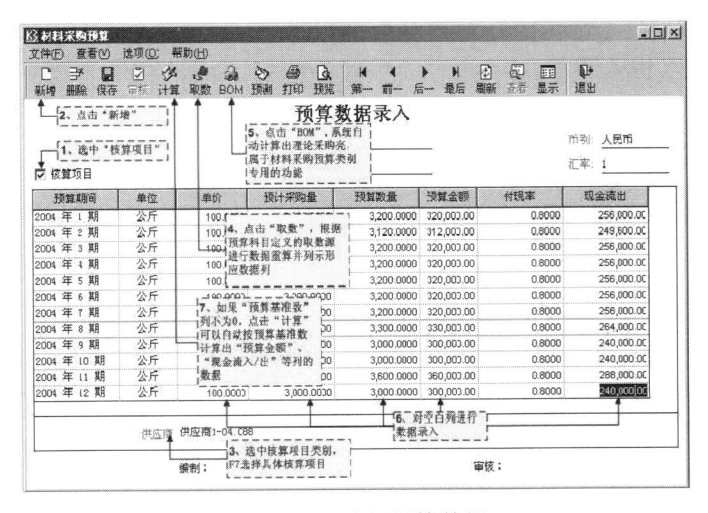

图 12-14　录入预算数据

图 12-14 中几个命令的含义如下。

(1) 计算命令，是指在"预算基准数"不为空时，单击该按钮则系统自动按照公式"预算金额=预算基准数×调整率"计算并填入预算金额。

(2) 取数命令。取数命令的处理分几种情况。

如果该预算科目定义了预算编制基准为"上年同期实际"或"上年同期预算"，则系统分情况做如下处理：如果没有应用引入、引出工具引入过实际数据，也没有在绩效报告中提取过实际数据，那么根据"取数公式"的定义，根据界面上显示的期间自动搜索出上年对应期间的预算数据，取实际业务或预算数据作为预算编制的基准；如果系统曾经引入过实际数据或曾经提取过实际数据，这部分数据就会被存储在数据库对应的数据表中，系统会根据存储的数据表找出对应的实际数据，列示在"预算基准数"列。

如果该预算科目定义了预算编制基准为"钩稽关系"，则"预算金额""预算数量"列会根据"预算钩稽关系"的定义、界面上显示的期间自动搜索出上年对应期间的预算数据并显示。

如果用户定义了预算科目的编制基准为"手工"，则上述"预算基准数"列为空，只能手工录入数据。

(3) 预测命令。系统调出"预测工具"界面，进行预算数据的预测及模拟。

需要说明的是，企业全面预算的编制有以产定销、以销定产两种类型。二者编制的起点是不同的，但数据关联性基本一致。以销定产的起点为主营业务收入预算。以产定销的起点为生产预算。

2) 预算数据提交

提交是将该预算类别中的应收/应付部分数据提交给应收/应付预算类别，将现金流量提交给现金类科目，将收入、支出类预算金额提交给本年利润等，为编制流程中处于下游的预算类别提供参考。

3) 预算数据审核和审批

审核是由被授权的用户对预算编制结果的合法性、合理性进行确认的过程。只有已经审核过的预算才可以进入审批。审核后的预算不能修改，未审核的预算不能执行。审批是由被授权的用户对已经审核过的预算进行审批并签章的过程。

3．预算调整

预算调整的流程、操作界面均与预算编制类似，调整后的预算也需要进行审核和审批。需要说明的是，K/3 系统支持多次调整，进入调整界面后可以看到前面调整的情况，如图 12-15 所示。

图 12-15 调整预算数据

4．预算控制

企业制定预算的目的是指导生产经营活动，使之有序、受控。具体反映在预算管理系统中为：打通预算与总账业务的关系，使预算数据可以通过某种流程实现对总账业务在事前、事中、事后的全面控制，实现预算管理的目标。

预算管理系统中一般通过预算控制单据的形式实现对总账凭证录入环节的预算实时控制。具体实现流程如图 12-16 所示。

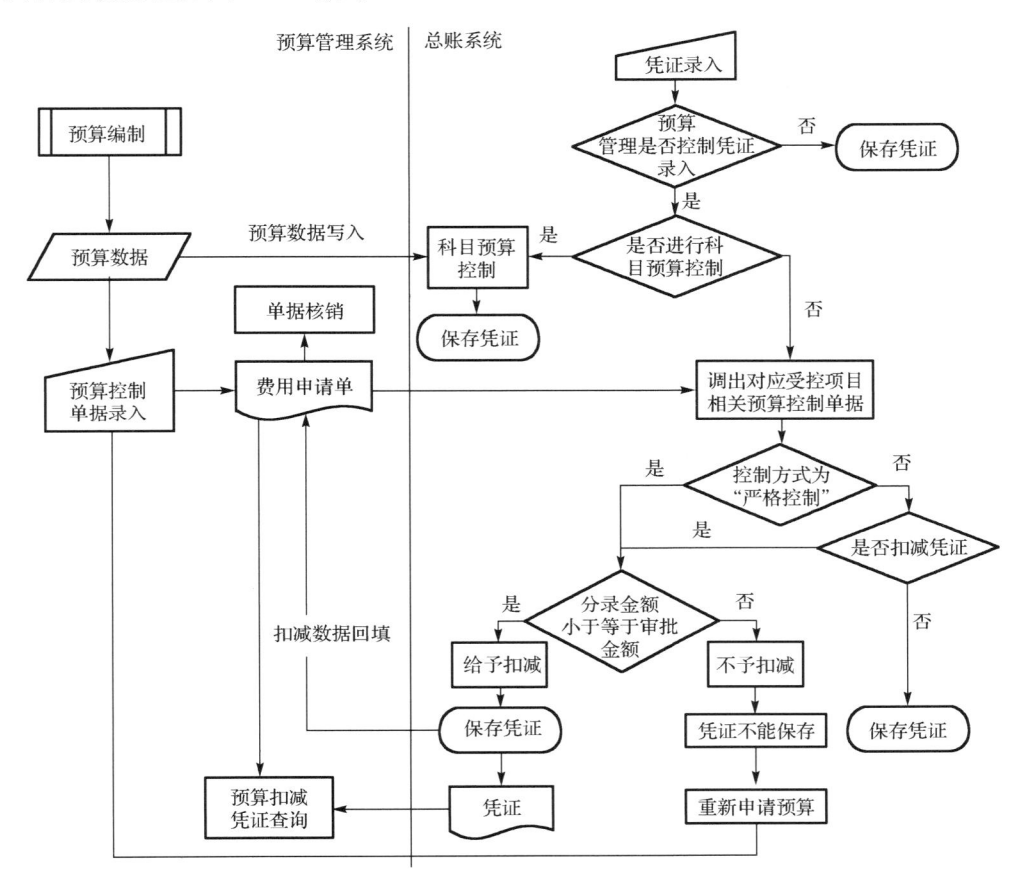

图 12-16　预算控制实现流程

1) 预算控制单据

预算控制单据是建立预算管理系统与总账系统关联的纽带。预算控制单据类似"预算申请"或"预算知会"。在实际业务发生前，首先需要考察该业务的责任人或责任部门的业务预算情况，只有符合预算或者说计划的业务才能发生，而预算控制单据就是用来考察预算情况的业务环节。系统预设了采购申请单、费用申请单、预算申请单三种预算控制单据，分别用于采购业务、费用发生业务及其他受控支出业务的预算申请。其他业务或部门的预算申请可以通过自定义预算单据类型来定义。

2) 预算控制方式

预算控制方式主要有以下两种。

(1)以调用预算控制单据的形式,调用预算数据与实际发生数进行比较、扣减,判断实际发生数是否在被认可预算余额范围之内。

(2)利用预算管理系统写入的科目预算数据,进行了相应的控制后,再决定该凭证能否保存,并将结果传递到预算管理系统进行预算核销并进行相应的查询、分析。

12.3.3 输出证、账、表

1. 预算报表

通过预算报表,用户可以对预算总额、预算余额、核算项目金额等预算数据从不同角度、不同维度进行实时的查询。常用的预算报表主要有下面几种。

(1)预算科目余额表。该表提供了预算科目余额数据。

(2)预算核算项目余额表。该表用于进行预算核算项目余额的分析。

(3)预算核算项目明细表。该表以报表的形式展示出全部核算项目最明细的资料,并且可以从任意角度分析、过滤、实时显示。图12-17是预算核算项目明细表样例。

图12-17 预算核算项目明细表样例

(4)预算核算项目汇总表。预算核算项目汇总表是以报表的形式展示出对明细资料的汇总分析,并且提供了任意角度分析过滤的实时显示。

(5)预算核算项目组合表。预算核算项目组合表是以报表的形式输出不同核算项目进行不同角度组合分析的结果。

(6)预算控制余额表。预算控制余额表是将预算编制数据、实际进行预算控制的数据、实际申请、实际审批、实际发生的数据综合汇总并多角度查询的报表。图12-18是预算控制余额表的样例。

除了上述报表外,还可以根据企业应用实际,自定义更多个性化报表。

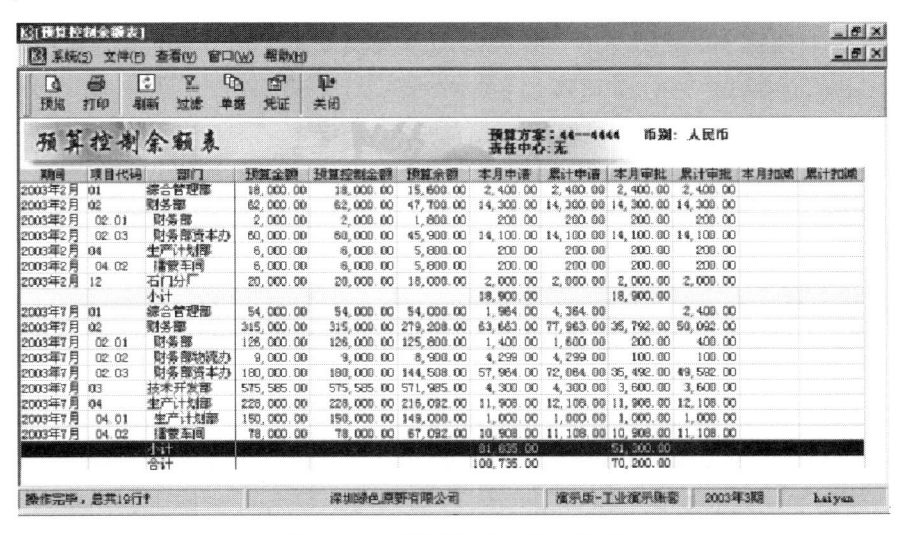

图 12-18 预算控制余额表样例

2. 绩效分析报表

绩效分析是按责任中心查询企业经营活动的各个方面的预算数据与实际数据的对比分析，反映责任中心预算执行情况与预算差异情况，包括标准财务报告、销售预核、生产预算、核算项目的预算执行情况等。主要绩效分析报表有以下几种。

(1) 预算资产负债表。仿照标准财务报表的要求，根据预算数据的编制，自动生成的预算资产负债表。

(2) 预算损益表。仿照标准财务报表的要求，根据预算数据的编制，自动生成的预算损益表。

(3) 预算现金流量表。仿照标准财务报表的要求，根据预算数据的编制，自动生成的预算现金流量表。

(4) 收入预算表。收入预算表样例如图 12-19 所示。它根据经营预算中主营业务收入预算、其他收支预算中的收入类和投资收益类预算科目编制而成，按照主营业务收入预算、其他收入预算、投资收益预算排列，每类再按预算科目的顺序依次排列。

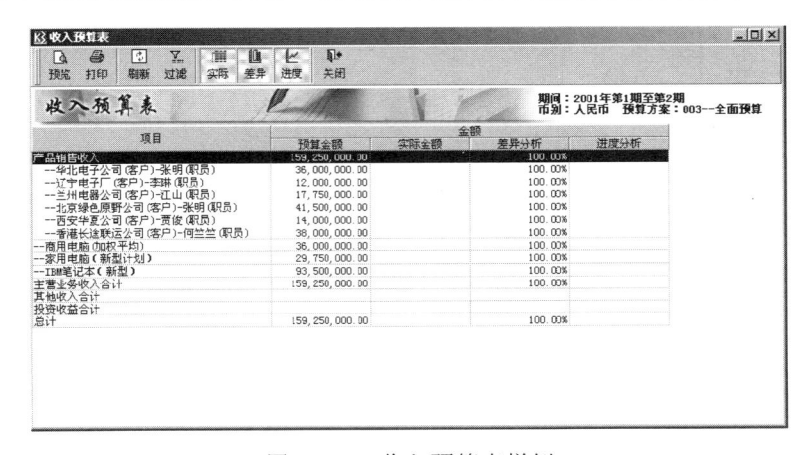

图 12-19 收入预算表样例

(5)费用支出预算表。费用支出预算表根据经营预算中费用预算、其他收支预算中的支出类预算科目编制而成，按费用预算、其他业务支出预算的顺序排列，每类再按科目顺序排列，反映预算期间费用支出预算及执行情况。

(6)应收款预算表。应收款预算表根据财务预算中的应收款预算编制而成。应收款预算表只反映期末余额。

(7)应付款预算表。应付款预算表根据财务预算中的应付款预算编制而成。应付款预算表只反映期末余额。

(8)固定资产变动情况预算表。固定资产变动情况预算表是根据财务预算资本预算类属性定义为"固定资产"相关科目的数据编制而成的，按指定的固定资产科目范围内的固定资产科目依次排列。

(9)投资预算表。投资预算表是根据财务预算的资本预算类的属性为"投资"的相关科目数据编制而成的，按指定投资预算科目范围内投资预算科目依次排列。

(10)生产成本预算表。如果销售成本预算、产品明细预算都带有物料且进行数量金额核算，则可以按照下面的公式倒推算出产品的生产成本。

单位产品生产成本=(产品明细预算期末余额+本期产品销售成本-产品明细预算期初余额)/(产品明细预算期末数量+本期销售数量-产品明细预算期初数量)。

产品生产成本=产品明细预算期末余额+本期产品销售成本-产品明细预算期初余额。

(11)库存材料预算表。库存材料预算表是根据财务预算中的材料明细预算和经营预算中的采购预算编制而成的。

(12)库存产品预算表。库存产品预算表与库存材料预算表的区别在于，一个反映原材料，一个反映产成品，编制方法、预算表格基本相同。库存产品预算表根据财务预算中的产品明细预算和经营预算中的销售成本预算编制而成。

(13)预算执行报告。预算执行报告包括预算执行进度分析和预算执行差异分析，其格式基本相同，只是在相同的数据源基础上，一个提供进度分析，一个提供差异分析。预算执行进度分析=实际发生数/预算数；预算执行差异=(实际发生数-预算数)/预算数。预算执行差异表样例如图12-20所示。

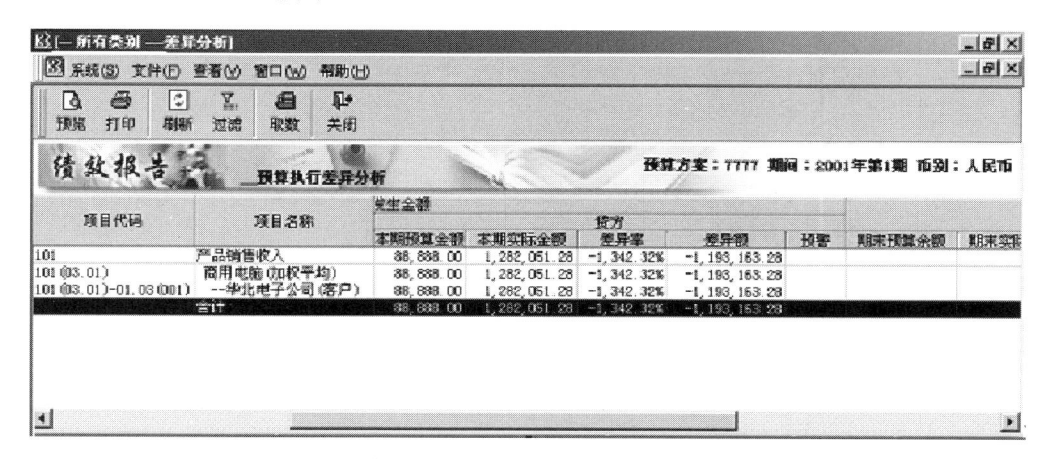

图12-20 预算执行差异表样例

12.4 利用 Excel 编制全面预算

中小企业也可以借助 Excel 工具编制全面预算。下面以销售预算、生产预算为例说明如何在 Excel 中编制预算。

12.4.1 销售预算编制

1. 编制预算的业务数据

恒昌公司计划 2015 年生产销售 BCD-205 型冰箱和 XQG-60 型洗衣机，其中销售 BCD-205 型冰箱 100 000 台，其中一季度和四季度的销售量均为 20 000 台，二季度和三季度的销售量均为 30 000 台，产品售价为 2 100 元/台；销售 XQG-60 型洗衣机 210 000 台，其中一季度销售量 15 000 台，二季度销售量 35 000 台，三季度销售量 40 000 台，四季度销售量 20 000 台，产品售价为 3 050 元/台。每季度销售收到的货款占当季收到货款的 80%，其余部分在下季度收到；2014 年年末应收账款余额为 3 000 000 元。据此编制销售预算。

2. 预算编制步骤与方法

我们按照如下步骤编制销售预算表。

(1) 构建销售预算表的基本框架。可以依据已有的销售预算表或模板来构建基本框架。除了标题、附注说明外，表格的基本框架应该包括项目、单价、四个季度和全年的销售预算等列。其中项目列需要区分产品、合计等，将四个季度和全年的销售量和销售金额区分开。由于销售产品收到现金比销售有一定的滞后，为了统计各季度的销售收入和现金收入，也将这些数据放在表格的下半部分，但结构与前半部分的销售量和金额等的结构有差异，故使用不同的颜色区分开。效果如图 12-21 所示。

E5 =$C$5*D5

恒昌公司销售预算

2015年度 金额单位：元

项目		单价（元）	一季度		二季度		三季度		四季度		全年	
			数量（台）	金额	数量（台）	金额	数量（台）	金额	数量（台）	金额	数量（台）	金额
BCD-205型冰箱		2,100	20,000	42,000,000	30,000	63,000,000	30,000	63,000,000	20,000	42,000,000	100,000	210,000,000
XQG-60型洗衣机		3,050	15,000	45,750,000	35,000	106,750,000	40,000	122,000,000	20,000	61,000,000	110,000	335,500,000
合计			35,000	87,750,000	65,000	169,750,000	70,000	185,000,000	40,000	103,000,000	210,000	545,500,000
预计现金收入	期初应收账款			3,000,000								3,000,000
	一季度销售收入			70,200,000		17,550,000						87,750,000
	二季度销售收入					135,800,000		33,950,000				169,750,000
	三季度销售收入							148,000,000		37,000,000		185,000,000
	四季度销售收入									82,400,000		82,400,000
	现金收入合计			73,200,000		153,350,000		181,950,000		119,400,000		527,900,000

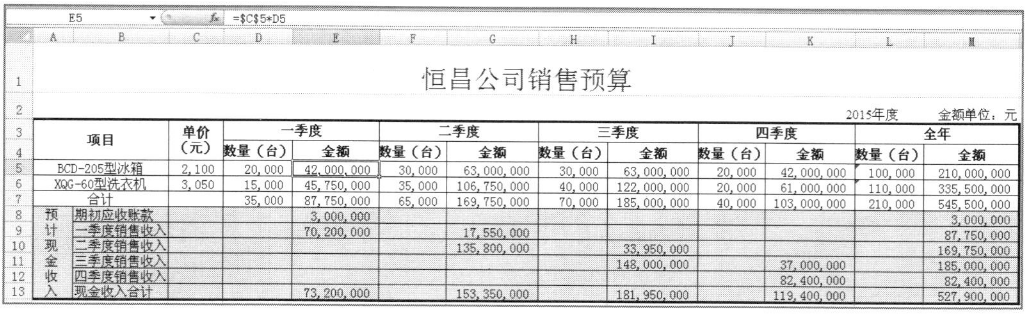

图 12-21 销售预算表示例

(2) 输入固定数据。固定不变的数据使用手工输入。在本例中，产品名 (A5:A6)、单价 (C5:C6)、每季度的销售数量 (D5:D6、F5:F6、H5:H6、J5:J6) 以及期初应收账款 (E8) 等数据需要手工输入。

(3) 输入引用其他单元格的公式。有些单元格的数据需要通过公式或函数引用其他单元格计算出来。在单元格输入公式时，既要考虑公式的准确性，也要考虑灵活性。要准确地使用单元格的相对引用和绝对引用，以便准确地复制公式到其他的单元格。本例中用到的公式如表 12-3 所示。

表 12-3　销售预算表中的公式

单元格	公式	说明
E5	=$C$5*D5	一季度冰箱销售额
E6	=$C$6*D6	一季度洗衣机销售额
D7	=SUM(D5:D6)	一季度销售量合计
E7	=SUM(E5:E6)	一季度销售额合计
G5	=$C$5*F5	二季度冰箱销售额
G6	=$C$6*F6	二季度洗衣机销售额
F7	=SUM(F5:F6)	二季度销售量合计
G7	=SUM(G5:G6)	二季度销售额合计
I5	=$C$5*H5	三季度冰箱销售额
I6	=$C$6*H6	三季度洗衣机销售额
H7	=SUM(H5:H6)	三季度销售量合计
I7	=SUM(I5:I6)	三季度销售额合计
K5	=$C$5*J5	四季度冰箱销售额
K6	=$C$6*J6	四季度洗衣机销售额
J7	=SUM(J5:J6)	四季度销售量合计
K7	=SUM(K5:K6)	四季度销售额合计
L5	=D5+F5+H5+J5	全年冰箱销售量
L6	=D6+F6+H6+J6	全年洗衣机销售量
M5	=$C$5*L5	全年冰箱销售额
M6	=$C$6*L6	全年洗衣机销售额
L7	=SUM(L5:L6)	全年销售量合计
M7	=SUM(M5:M6)	全年销售额合计
E9	=E$7*80%	一季度收到的本季度销售收入
E13	=SUM(E8:E12)	一季度现金收入合计
G9	=E$7*20%	二季度收到的上季度销售收入
G10	=G$7*80%	二季度收到的本季度销售收入
G13	=SUM(G8:G12)	二季度现金收入合计
I10	=G$7*20%	三季度收到的上季度销售收入
I11	=I$7*80%	三季度收到的本季度销售收入
I13	=SUM(I8:I12)	三季度现金收入合计
K11	=I$7*20%	四季度收到的上季度销售收入
K12	=K$7*80%	四季度收到的本季度销售收入
K13	=SUM(K8:K12)	四季度现金收入合计
M8	=E8	本年年初应收款
M9	=E9+G9+I9+K9	一季度收入合计
M10	=E10+G10+I10+K10	二季度收入合计
M11	=E11+G11+I11+K11	三季度收入合计
M12	=E12+G12+I12+K12	四季度收入合计
M13	=E13+G13+I13+K13	全年收入合计

说明：这些公式不一定都要手工输入，有些是可以复制的，比如输入了 E9 的公式后，可复制到 G10、I11、K12；输入了 M9 的公式后，可以复制到 M10:M13。

（4）插入说明和注意事项。为了让使用表格的人明白一些数据的来源和计算方法，可以在表格中添加一些说明。如为了说明 E9、G10、I11、K12 单元格数据的计算方法，可以给这些单元格添加注释。方法如下。

第一，选中单元格如 E9 后，单击"数据"选项卡"数据工具"功能组中的"数据验证"按钮，再选择"数据验证"菜单，显示如图 12-22 所示的对话框。

图 12-22 "数据验证"对话框

第二，选中"选定单元格时显示输入信息"，输入"标题"信息："计算规则"，再输入"输入信息"："每季度销售收到的货款占当季销售额的 80%，其余部分在下季度收到。"，再单击"确定"按钮。

第三，在添加注释后，选中单元格 E9，可显示其数据录得计算方法的说明，效果如图 12-23 所示。

图 12-23 添加注释后的效果

12.4.2 生产预算编制

1．编制预算的业务数据

接上，公司在预算年度内各季度的期末存货量按下一季度销售量的 10%计算，BCD-205

型冰箱年末存货预计为 220 台。XQG-60 型洗衣机年末存货预计为 300 台。2014 年年末 BCD-205 型冰箱存货为 200 台；XQG-60 型洗衣机存货为 250 台。

2．预算编制步骤与方法

按照如下步骤编制生产预算表。

(1) 构建生产预算表的基本框架。可以依据已有的生产预算表或模板来构建基本框架。除了标题、附注说明外，表格的基本框架应该包括项目、四个季度和全年的生产量等列。其中项目列需要区分产品、期初存货量、预计销售量(台)、预计期末存货量和预计生产量等。效果如图 12-24 所示。

C12 =C10+C11-C9

生产预算

2015年度　　金额单位：元

项目		一季度	二季度	三季度	四季度	全年
		数量（台）	数量（台）	数量（台）	数量（台）	数量（台）
BCD-205型冰箱	减：期初存货量	200	3000	3000	2000	200
	预计销售量（台）	20000	30000	30000	20000	100000
	加：预计期末存货量	3000	3000	2000	220	220
	预计生产量	22800	30000	29000	18220	100020
XQG-60型洗衣机	减：期初存货量	250	3500	4000	2000	250
	预计销售量（台）	15000	35000	40000	20000	110000
	加：预计期末存货量	3500	4000	2000	300	300
	预计生产量	18250	35500	38000	18300	110050

图 12-24　生产预算表

(2) 输入固定数据。固定不变的数据使用手工输入。在本例中，产品名(A5:A12)、预算中每个产品需要计算的内容(B5:B12)、一季度的期初存货量(C5、C9)、四季度的预计期末存货量(F7、F11)等数据需要手工输入。

(3) 输入引用其他单元格的公式。有些单元格的数据需要通过公式或函数引用其他单元格计算出来。在单元格输入公式时要准确使用单元格的相对引用和绝对引用，以便准确地复制公式到其他的单元格。表 12-4 列出了一季度和全年各项目的计算公式，二季度、三季度各个项目的计算公式可以参照一季度的公式。

表 12-4　生产预算表中的公式

单元格	公式	说明
C6	=销售预算!D5	一季度冰箱预计销售量(台)
C7	=D$6*10%	一季度冰箱预计期末存货量
C8	=C6+C7–C5	一季度冰箱预计生产量
C10	=销售预算!D6	一季度洗衣机预计销售量(台)
C11	=D$10*10%	一季度洗衣机预计期末存货量
C12	=C10+C11–C9	一季度洗衣机预计生产量
G5	=C5	全年冰箱期初存货量
G6	=C6+D6+E6+F6	全年冰箱预计销售量(台)
G7	=F7	全年冰箱预计期末存货量
G8	=G6+G7–G5	全年冰箱预计生产量
G9	=C9	全年洗衣机期初存货量
G10	=C10+D10+E10+F10	全年洗衣机预计销售量(台)
G11	=F11	全年洗衣机预计期末存货量
G12	=G10+G11–G9	全年洗衣机预计生产量

(4)插入说明和注意事项。为了让使用表格的人明白一些数据的来源和计算方法，可以在表格中添加一些说明。比如为了说明 C6 单元格数据的计算方法，可以给其添加批注。方法如下。

首先，选中 C6 单元格后，单击“审阅”→“新建批注”命令，系统会弹出一个编辑框，其所带的箭头指向单元格 C6。

其次，在该批注编辑框中输入批注的内容，单击工作表其他位置，完成批注的编辑，如图 12-25 所示。

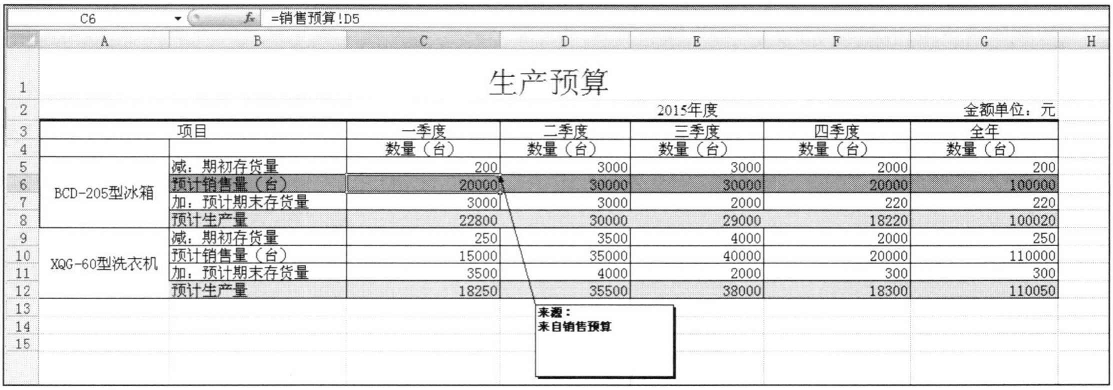

生产预算

2015年度　　金额单位：元

项目		一季度	二季度	三季度	四季度	全年
		数量（台）	数量（台）	数量（台）	数量（台）	数量（台）
BCD-205型冰箱	减：期初存货量	200	3000	3000	2000	200
	预计销售量（台）	20000	30000	30000	20000	100000
	加：预计期末存货量	3000	3000	2000	220	220
	预计生产量	22800	30000	29000	18220	100020
XQG-60型洗衣机	减：期初存货量	250	3500	4000	2000	250
	预计销售量（台）	15000	35000	40000	20000	110000
	加：预计期末存货量	3500	4000	2000	300	300
	预计生产量	18250	35500	38000	18300	110050

图 12-25　添加批注后的效果

习题

1．简述预算管理系统的目标和内容。

2．试分析预算管理的业务处理流程，并画出业务流程图。

3．试分析预算编制流程。

4．试分析预算管理包含的主要业务流程。

5．说明预算管理系统初始化包括的内容。

6．试论述预算管理系统包括哪些日常处理。

7．简述预算管理系统输出处理的内容。

8．讨论辨析题。

背景资料：

Novial Smart 公司采用了信息系统进行企业全面信息管理。该公司从供应商的选择、采购、到货、生产计划、排程、车间领料、生产过程控制，到成品入库、销售、配送等整个业务流程实现了自动化管理。企业的财务处理、会计核算也通过系统集成实现了与业务系统的直接数据交换。

要求：

根据所学的信息化知识及对预算管理系统流程的了解，讨论分析在现代信息技术环境下，预算的控制作用是如何实现的。

9. 实践练习题。

M 公司 2015 年的预算资料如下，请编制 M 公司 2015 年全面预算表。

M 公司销售部门根据预算期销售预测指标、销售单价及收款条件，分品种、月份、销售区域编制销售预算并预计现金收入（下面只列示季度销售数据，并假定企业只生产和销售一种产品）。

公司计划 2015 年销售产品 10 000 台，其中一季度和四季度的销售量均为 2 000 台，二季度和三季度的销售量均为 3 000 台；产品售价为 120 元/台；每季度销售收到的货款占当季收到货款的 80%，其余部分在下季度收到；2014 年年末应收账款余额为 30 000 元。

M 公司在预算年度内各季度的期末存货量按下一季度销售量的 10% 计算，年末存货预计为 220 台。2014 年年末存货为 200 台。

M 公司在预算年度内，各季度的期末存料量预计为下一季度生产需要量的 20%，年末预计存量为 900 片。预计预算期该材料单价为 10 元/片；单位产品材料消耗定额为 2 片/台。每季度的购料款在当季付款的占 60%，其余的在下季度支付。2014 年年末直接材料结存为 820 片。M 公司在预算年度内，定额成本资料为：单位产品工时定额为 5 小时，单位工时的工资率为 6 元。

M 公司生产产品每小时需要变动制造费用 4 元（在间接材料、间接人工、其他变动费用三个项目之间按照 1：1：2 的比例分摊）；固定制造费用中，每季度的折旧费 20 000 元，管理人员工资 4 000 元，保险费 2 566 元，其他固定费用 6 500 元。

M 公司在预算年度内，预计销售费用各项开支数额及计算如下：工资每季均为 30 000 元，业务费、运输费、保管费、包装费每季均为预计销售额的 0.1%，二季度广告费开支 1 440 元。

M 公司在预算年度内，预计管理费用各项开支数额如下：工资 20 000 元，折旧费 5 000 元，办公费 18 000 元，差旅费 10 000 元，物料消耗 5 000 元，无形资产摊销 5 000 元，工会经费 7 000 元，印花税 50 元，其他 950 元。M 公司在预算年度内，预计财务费用各项开支数额如下：利息支出 3 000 元，利息收入 2 800 元，汇兑损失 5 000 元，汇兑收益 3 600 元，手续费 800 元，其他 20 000 元。

M 公司在预算年度内，其他相关资料如下：预计预算期四季度营业外收入为 76 000 元；营业外支出一季度为 7 600 元，二季度为 1 800 元，四季度为 15 600 元。根据资本预算，该公司计划预算期二季度以分期付款方式购入一套设备，价值 81 700 元，该季度付款 55 000 元，三季度付款 16 700 元，其余的四季度支付。

预计各季度支付所得税 21 750 元，销售税金 13 600 元，二、四季度各支付股利 40 000 元。假设该公司需要保留的最低现金余额为 30 000 元。2014 年年末，资产负债表所示货币资金余额为 50 000 元。假设向银行借款的金额要求为 5 000 元的整数倍，年利率 12%。

第 13 章　集团企业财务管理信息化应用

本章学习目的：
- 了解集团企业财务管理信息化的内容和方法
- 了解集团企业战略管理、资金管理、报表合并和全面质量管理系统的目标、功能结构和业务流程
- 理解并部分掌握集团企业战略管理、资金管理、报表合并和全面质量管理系统的处理流程
- 理解并部分掌握集团企业战略管理、资金管理、报表合并和全面质量管理系统的主要业务过程
- 了解金蝶 K/3 ERP 在集团企业中的应用

本章关键词：

集团企业财务管理、战略管理、资金管理、合并报表、全面预算

13.1　集团企业财务管理信息化概述

13.1.1　集团企业概述

在市场经济和世界经济一体化条件下，集团企业的作用日益重要，集团企业已经成为现代工商企业的标志和民族产业实力的象征。毫不夸张地讲，当今国与国之间经济实力的竞争，突出表现为集团企业之间的竞争。但是，纵观我国集团企业的发展，管理水平明显滞后，财务管理方面的问题尤为突出。因此，切实把财务管理摆在重要地位，实施集团企业财务管理信息化，尽快提高我国集团企业的财务管理水平已是当务之急。

1．集团企业概念

美国著名的经济史学家钱德勒在其名作《看得见的手——美国企业的管理革命》一书中，从史学的角度提出了现代工商企业普遍具备的两个显著特点：一是它包含了许多不同的营业单位；二是内部管理由各层级支薪的行政人员进行。现代企业不再是一个单一的经济组织，而是一个由多个营业单位构成的大型实体，这里的多个营业单位可能是内部的各

种分部或是以各种形式形成的子公司，它们共同构成一个以某一核心为主导的集团企业。

本书认为，集团企业是现代企业的高级组织形式之一，是以一个或若干个大型企业为核心，以资产、资本、产品、技术等作为联结纽带，由一批具有共同利益，并在一定程度上受该企业影响的多个企业联合组成的一个稳定的多层次经济组织。

一般认为，目前按照集团企业内部联结纽带划分，集团企业可分为股权型、财团型和契约型等几种类型；按集团企业内部机构设置，集团企业可分为依附型和独立型两种形式。

2. 集团企业的特征

1) 市场结构的垄断性和兼容性

集团企业的产生和市场垄断有着密切的联系。相关企业的联合及多层次的组织结构必然会在一定的经济区域内形成以某个大企业为中心的商品产销网络，表现出市场结构的垄断特征。同时，这样一个联合体进行大规模生产，其结果也会产生垄断。

开展多品种、跨系列、跨行业的多元化经营是现代集团企业的又一特征。兼容性主要表现在现代集团企业产品结构的多元化上。产品结构的兼容性是由组织结构的多层次性来实现的。集团企业拥有庞大的组织结构，因此才能够使集团企业的各成员企业合理分工，进行多样化产品的生产和经营。

2) 企业产权的连锁性和独立性

产权，是法定主体对财产所拥有的各项权能的总和。经济学中把产权分解为所有权、占有权、支配权和使用权四项权能。

理顺企业间的产权关系对于集团企业正常的生产经营来说是至关重要的。我们既要看到集团企业产权的连锁性，这有利于企业间团结协作、优势互补；又要明确企业产权的独立性，这有利于企业自主经营、自负盈亏。

3) 成员企业的趋利性和协同性

集团企业的成员企业都是具有独立法人资格的个体，它们有独立核算、自主经营、自负盈亏的权利和义务，所以说，在"自主经营、自负盈亏"的经营原则指导下，成员企业的趋利性是绝对的。

集团企业的成员企业也表现出相对的协同性。集团企业是作为一个整体组织而存在的，有共同的利益追求和战略目标。为了实现共同目标，客观上也要求成员企业在生产经营活动中协同运作，形成集团企业优势，实现企业的聚集效益，使各成员企业具有协同性的联系纽带，但如何加强企业间的协同是研究集团企业的关键所在。

4) 组织管理的开放性和层控性

集团企业内各成员企业无论从法律角度还是从市场角度看，其地位都是平等的，它们具有法律规定的一切管理、经营权利，即使核心企业对下属企业具有经营管理的特权，每个成员企业的管理仍是自主的、自立的。这就使成员企业在瞬息万变的市场竞争中及时、灵活、有效地处理各项生产、经营事务成为可能，同时有利于培养成员企业的独立竞争意识和市场风险意识。成员企业高效、合理的管理是集团企业运作的秩序性和凝聚性的基础。

集团企业既不是法人，也不是公司，而是一个独特的组合体。对于集团企业的管理只能采用行使投票权、行使否决权、撤资、股票交易等方式实施,组织管理格局呈现开放性、兼容性和民主性等特征。

集团企业组织管理在呈现出一定开放性的同时还表现出相对的层控性。集团企业的组织结构是多层次的"金字塔"结构,成员企业以核心企业对其控股量的大小形成一个相对的等级组织。

3. 集团企业管理模式

管理模式是指一系列连接并规范企业的所有者、董事会、经营者、员工及其他利益相关者彼此间权、责、利关系的制度安排模式。集团企业管理模式包括产权制度、管理体制、组织结构以及董事会、监事会、经营者权责等内容。

1) 产权制度

产权制度是集团企业管理模式中的一个重要内容,因为产权的明晰程度与企业中的各种权利密切相关。对于以现代企业所有制形式组成的企业,其产权关系中的两大主要类型是出资人财产所有权与法人财产所有权。明晰产权制度的终极目标是有效地行使权力和进行资产的优化组合,从而最大限度地获取利益。

2) 管理体制

管理体制不仅涉及各成员企业的切身利益,而且也关系到集团企业总部在各成员企业中权威的确立和发挥的程度。集团企业管理体制问题都集中在"集权"和"分权",以及权力集中与分散程度的选择上。

管理体制在本质上就是在集权和分权之间进行"度"的决策。所谓集权,并不是集团总部把所有的权力一手独揽,进行一手遮天式的管理。所谓分权,并不是集团总部把所有的权力一律下放到各成员企业。事实上,这里的集权和分权都只是一个相对的概念。就本质而言,集权和分权的差别并不在于"权"的集中或分散,而在于"权"的范畴的界定和层次的划分。

集权和分权策略的选择受企业所处的发展阶段和内部控制的需要的影响。

综观国内外大型集团企业的管理体制,绝对集权或者绝对分权的集团企业是不存在的,集团企业都选择集权和分权相互糅合的模式,这是由集权制和分权制的优势与特点所决定的。

3) 组织结构

组织结构也称组织模式,是指公司内部执行领导任务和管理职能的各组成部分及各组成部分之间的相互关系。目前,集团企业采用的组织模式主要有直线职能制、事业部制和控股经营制三种。

4) 董事会、监事会、经营者权责

应该明确划分董事会、监事会、经营者三方的权利和责任,做到权责清晰。

13.1.2 集团企业财务管理

集团企业财务管理是整个集团企业管理的一个组成部分,是根据财经法规制度,按照财务管理的科学原则,组织集团企业的财务活动、处理财务关系,且以价值管理为主要形式的一项经济管理活动。

集团企业的财务活动可以分为四个层次，即母公司层、子公司层、关联公司层和协作公司层。其中母公司层、子公司层的财务活动是集团企业财务管理的主要内容。虽然集团企业财务管理并没有改变财务管理的本质，但集团企业财务管理的内容更为复杂，财务控制的难度明显增加。集团企业财务管理的主要内容如图 13-1 所示。

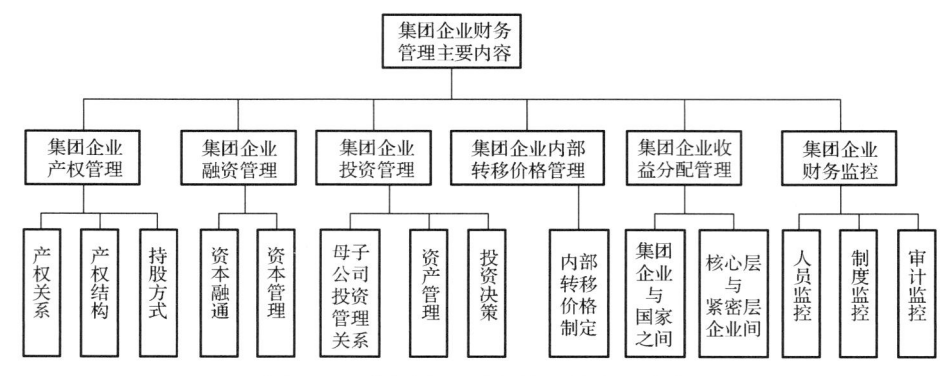

图 13-1 集团企业财务管理的主要内容

1. 集团企业产权管理

1）产权关系

母子公司关系是集团企业财务管理的核心。从内部产权关系看，母公司通过产权关系，依法对子公司的经营活动进行控制和监督，保障其投入资本的安全性，并依股东权益获取收益，从而促使子公司经营目标与母公司总体战略目标保持一致。

2）产权结构

产权结构的设置要充分考虑母子公司的关系。母公司从经营战略和发展规划出发，依据集团企业的产业布局，将其所持有的有形资产、无形资产、债权资产分别投资于各子公司，并依法落实其法人财产权和经营自主权，形成以产权为纽带的母子公司关系，通过产权关系的约束控制，间接实施管理。子公司获得投资资产的实际占有权后，成为具有独立承担民事责任能力的有限责任公司或股份有限公司，独立从事经营活动，实现母公司的资产经营目标。母公司在确定产权结构时，应积极引导子公司寻求多元化的投资，建立多元化的产权结构。

3）持股方式

不同的集团企业要选择不同的持股方式，如垂直持股、交叉持股等。

2. 集团企业融资管理

融资就是资本互助互济、互惠互利、相互支持、共谋发展。集团企业的融资不仅是必要的，也是可行的。集团企业的融资有外部资本融通、内部资本融通和产融结合化三种基本方式。集团企业应做好资金的统一管理、全过程管理和重点管理。

3. 集团企业投资管理

(1) 母子公司投资管理关系。母公司对投入子公司的资产具有收益权和处分权，依据其股权大小行使所有权职能。子公司是股东投入资产的实际占有者，具有资产占有权和使用权，并以其全部资产对公司债务承担有限责任。因此，在资产管理关系上，虽然母公司对资产具有约束力，但不能直接实施控制；子公司在占有资产、独立经营的基础上，也不能脱离母公司的产权约束，实现绝对的独立。所以母子之间资产关系的协调是实现双方利益的前提。

(2) 资产管理。

(3) 投资决策。集团企业的投资决策要从选择投资机会、引导投资方向、控制投资规模、审定投资项目四个方面把握。

4．集团企业内部转移价格管理

内部转移价格是指集团企业内部各成员企业转让中间产品时所采用的价格。内部转移价格管理的核心是内部转移价格的制定。内部转移价格的制定应坚持集团企业整体利益高于成员企业利益的基本原则，做到公平合理。

5．集团企业收益分配管理

集团企业收益分配涉及两个主要层面：一是集团企业与国家之间的利益分配，这种分配体现了国家和集团之间的财政分配关系；二是集团企业核心层和紧密层之间的利益划分，这是集团企业利益分配的核心内容。集团企业要建立以母子公司为中心的利益分配体系。

6．集团企业财务监控

(1) 人员监控。集团企业可通过对子公司财务人员的管理，来影响子公司的财务活动。为此有必要对内部财务人员的管理体制进行改革，实行财务人员的垂直管理。具体做法包括集中管理和双重管理两种。

(2) 制度监控。集团企业应结合集团企业经营管理和自主理财的需要，补充制定集团企业内部财务与会计管理制度，用以规范集团企业内部各层次企业的财务管理工作。

(3) 审计监控。集团企业运用内部审计手段，强化集团企业内部的财务监督。集团企业的审计监控要做好健全审计机构、明确审计重点、改进审计方法等工作。

集团企业的组建一直采用优化企业资源、提高企业经营效益的手段和方式，然而我国企业重组行为存在企业重组主体错位、企业重组目的和动机低下、企业重组客体多为困境企业、偏重外部重组而忽视内部重组、企业重组中定价混乱、企业重组整合受到忽视等问题，使我国集团企业的财务管理也存在许多问题，并且这些问题有许多解决的角度和方法。信息化不能解决集团企业财务管理的所有问题，但是它以无与伦比的优越性成为提高企业财务管理水平、规避企业财务风险的"定海神针"。

13.1.3 集团企业财务管理信息化

1．集团企业财务管理信息化的概念

集团企业财务管理信息化的概念有广义和狭义之分，本书主要讲述集团企业财务管理信息化狭义的概念。

集团企业财务管理信息化是指以电子计算机为主体的当代电子信息技术在集团企业财务管理中的应用。集团企业财务管理部门依据现代财务管理理论，应用现代信息技术，整合集团企业的战略管理、资金管理、全面预算、报表合并等管理流程，及时、准确地向集团企业各层管理者提供充分和相关的信息支持，通过加工和利用财务管理信息，实现对集团企业财务活动的计划、控制、分析和评价，满足集团企业财务管理总体水平的提升。

2. 集团企业财务管理信息化的作用

集团企业财务管理信息化的作用表现在如下几个方面。

(1) 提高集团企业财务管理数据处理的时效性和准确性。

(2) 提高集团企业财务管理的水平和质量，减轻集团企业财务管理有关人员进行资金管理、战略管理、全面预算、报表合并等工作的劳动强度。

(3) 提高集团企业财务管理和控制的作用，使集团企业财务管理由事后的分析、管理，转向事前预测、计划，事中控制、监督，事后分析、评价的一种全新的管理和控制模式，以增加集团企业财务管理信息的使用价值，提高集团企业财务管理的控制和决策水平。

(4) 推动集团企业财务管理方式、理论的创新和观念的更新，促进集团企业财务管理工作进一步发展。

3. 集团企业财务管理信息化的内容

集团企业财务管理信息化是一项涉及面很广的活动，包括信息技术、集团企业财务管理业务管理、集团企业财务管理信息系统等。归纳起来，集团企业财务管理信息化的主要工作内容如下。

(1) 应用信息技术，建设、管理和维护集团企业财务管理信息系统。

(2) 加强集团企业财务管理信息资源的综合开发和利用，支持集团企业财务管理工作的开展。

(3) 变革手工、部门级、企业级财务管理模式和业务流程，实现集团企业财务管理各处理流程的集成和整合。

(4) 加强集团企业财务管理信息化的人才队伍建设。

在集团企业财务管理信息化的主要内容中，支持集团企业财务管理是集团企业财务管理信息化的基础和核心。集团企业主要的财务管理工作从横向看有资金管理、预算管理、合并报表等方面。集团企业涉及的财务管理横向范围，如图13-2所示。

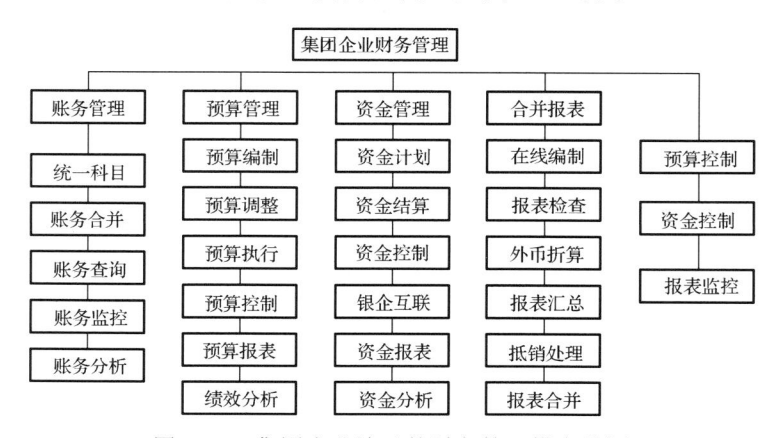

图13-2 集团企业涉及的财务管理横向范围

集团企业主要的财务管理工作从纵向看有集团企业财务总部、子公司财务总部、子公司核算部门等层次。集团企业涉及的财务管理纵向范围，如图 13-3 所示。

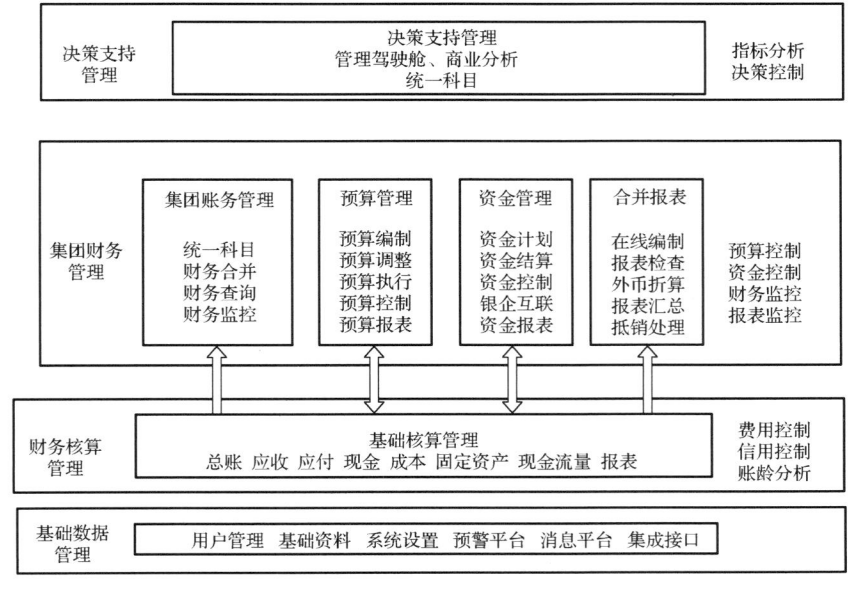

图 13-3　集团企业涉及的财务管理纵向范围

4．集团企业财务管理信息化的方法

1）树立集团企业绩效管理的核心思想

集团企业财务管理信息化应以企业绩效管理（Business Performance Management）为核心思想，在传统财务管理基础上，提供一套衡量集团企业绩效的工具和方法，全面分析集团业务，完善管理绩效目标，帮助集团企业建立快速、持续和健康成长的集团企业财务管理体系。集团企业财务管理以绩效管理为核心，其示意图如图 13-4 所示。

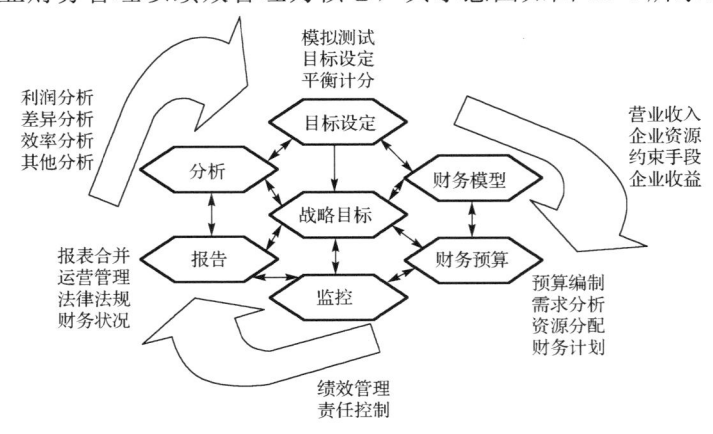

图 13-4　集团企业财务管理示意图

2）建立集团企业财务管理信息化的应用架构

集团企业财务管理信息化应当面向集团企业财务管理人员，对集团的财务进行全面管

277

理，在满足财务基础核算的基础上，实现集团层面的账务集中管理、全面预算管理、资金管理、财务报告的全面统一，帮助企业财务管理从会计核算型向经营决策型转变，最终实现企业价值最大化。

3）建立严格、规范、统一的财务核算体系

集团企业内各成员企业往往是跨地域甚至是跨国经营的，如何满足既在业务处理现场提供系统的及时响应，又在集团总部可实时获取信息，是任何一个集团企业在开展信息化时必须要解决或者是努力解决的问题。建立严格、规范、统一、符合会计准则要求的财务核算体系成为集团企业财务管理的基础。典型ERP集团企业财务管理核算体系示意图如图13-5所示。

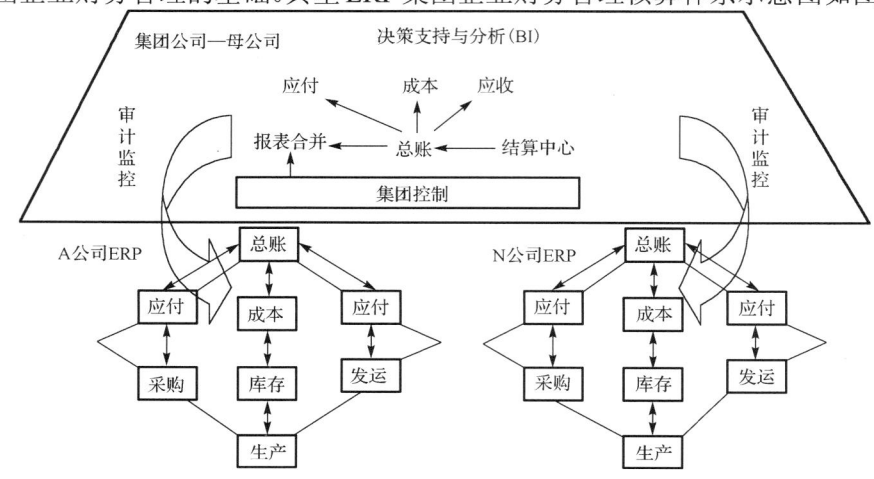

图13-5 典型ERP集团企业财务管理核算体系示意图

4）建立账务集中管理平台

集团企业财务管理信息化要求集团企业建立账务集中管理平台，要充分考虑集团企业内部管理的复杂性，对其财务管理的集权分权程度加以权衡，统一下属企业的账务制度，完成集团账务数据的合并。图13-6所示的是一个典型ERP集团企业的账务集中解决方案。

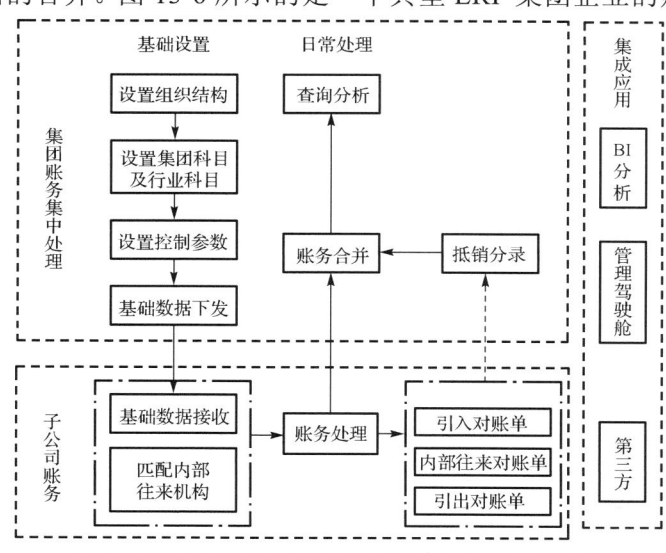

图13-6 典型ERP集团企业的账务集中解决方案

5) 实施全面预算管理

全面预算管理是集团企业进行内部资源配置和流程优化、提升效率的有效管理手段。集团企业要建立标准的全面预算指标体系和控制体系，同时借助新会计准则的实施，完善自身的内部控制、业务流程，合理配置资源，全面提升集团企业绩效。典型集团企业预算管理体系示意图如图 13-7 所示。

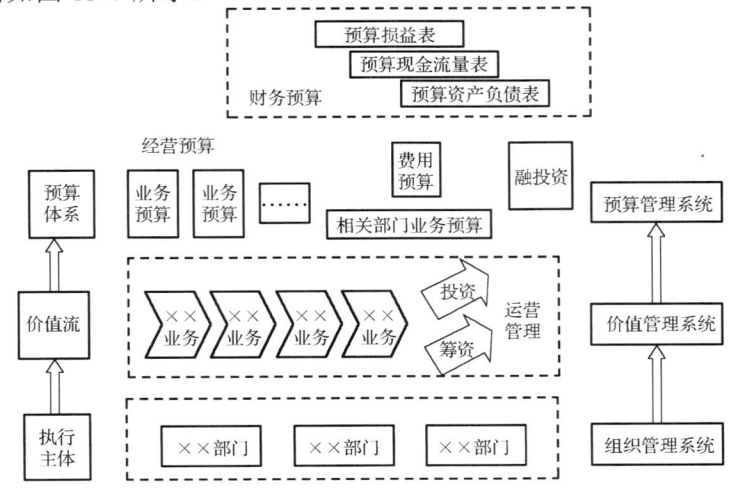

图 13-7　典型集团企业预算管理体系示意图

6) 建立资金管理解决方案，支持多种资金管理模式

现金流是企业的血液，"现金至尊"是现代集团企业财务管理的基本理念。集团企业的资金管理方案，要支持资金管理账户分散、收支两条线和账户集中三种模式，建立资金集中管理平台，加强对下属企业资金业务的监控，合理调剂集团企业资金，满足新企业会计准则对信息收集及披露的要求，有效控制风险，提高集团资金利用效率，做到统筹调控，提升集团企业总体效益。

7) 建立集中的报表平台

集团企业中不同角色需要提供不同需求的信息，如图 13-8 所示。

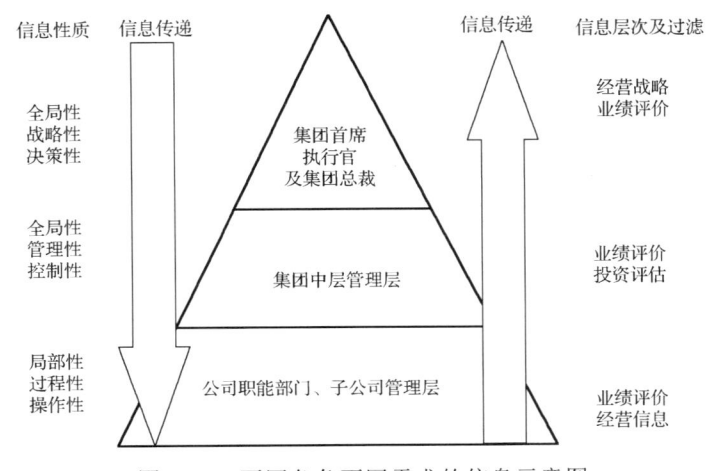

图 13-8　不同角色不同需求的信息示意图

在集团企业财务管理中，及时准确地提供对业务类型、资本结构、组织架构等不同分类的数据的要求，是集团企业财务管理的基本要求。集团企业总部要实时监控，总揽全局。集团企业要建立集中的报表平台，以便获取来自财务、生产、库存、销售、采购、人力资源等各个部门的数据，编制符合会计准则的报告。

8) 制定、实施决策支持方案

当前集团企业普遍存在的问题是：大量的财务业务数据随时间和业务的发展呈几何级膨胀，集团企业的决策者如何充分利用现有的数据来指导企业决策和发掘企业的竞争优势，以便运筹帷幄，决策千里呢？集团企业要制定、实施决策支持方案，充分利用数据仓库技术，获取来自财务、供应链、人力资源等的系统数据，按设定的规则，从海量数据中抽取有价值的数据。集团企业决策支持解决方案示意图如图 13-9 所示。

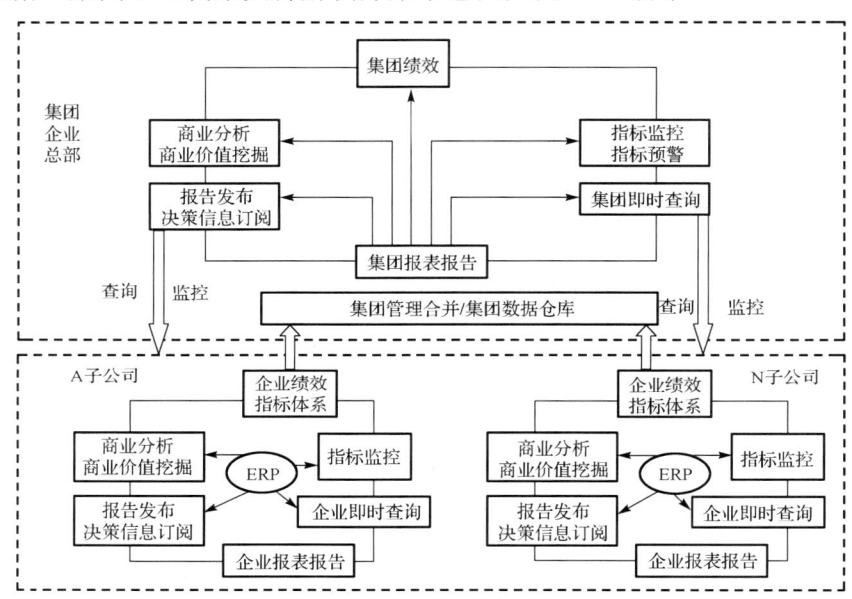

图 13-9 集团企业决策支持解决方案示意图

13.2 集团企业财务战略

13.2.1 集团企业财务战略概述

1. 战略与战略管理

1) 战略

"战略"一词源于军事领域，是指对战争全局的筹划和指导。随着人类社会的发展，"战略"的概念被逐步引入社会、经济、政治等各个领域。就企业经营而言，战略是企业为求得长期生存和不断发展而进行的长远性、总体性筹划，它包括企业所确定的一定时期的经营目标及实现这一目标的基本途径和手段。战略具有全局性、长远性、纲领性、抗争性和稳定性等特征。

2) 战略管理

企业管理大体上可分为对内突出效率的生产管理和对外注重效益的经营管理。目前，战略管理已成为企业管理的重点和核心。近年来，随着我国社会主义市场经济体制改革的进一步深化，企业面临着更为复杂、多变的环境和激烈、无情竞争的严峻考验。企业要立于不败之地，并求得持续稳定的发展，必须进行战略管理。

战略管理是指对企业的经营目标、发展方向、业务范围和资源配置等全局性、重大性、长远性问题的谋划和决策，以及实施这些谋划和决策的动态过程。战略管理不仅对企业涉及全局的重大问题具有决定性的意义，而且对企业局部问题和日常管理也具有牵动、指导和规范的作用。战略管理就是战略规划、战略实施、战略控制、战略修订四步程序不断循环的活动过程；或者说，战略管理就是对战略进行组织、计划、控制与反馈，达到预期目标的过程。

2. 集团企业财务战略

1) 财务战略

财务战略是战略理论在企业财务管理方面的应用与延伸，其具有一般战略的某些共性，又有其本身的特殊性。财务战略的特殊性在于它的特殊对象——资金流动。

企业拥有一定数量的资金，是其进行生产经营活动的必要条件，而且企业的资金还处于不断的运动之中。因此，企业战略关注的焦点应该是企业资金的流动，特别是在环境多变的情况下，如何从整体上长期实现企业资金均衡有效的流动。

财务战略被定义为：为谋求企业资金均衡有效的流动，实现企业战略，增强企业竞争优势，在分析企业内外环境因素对资金流动影响的基础上，对企业资金进行全局性、长期性和创造性的谋划，并确定其执行过程。

2) 集团企业财务战略的定义

集团企业财务战略的制定必须着眼于整个集团企业的整体利益，而不能仅考虑集团控股公司或者是某些子公司的利益。集团企业财务战略就是母公司通过对资金的筹措和运用的安排，为协调或平衡集团母子公司之间资金的合理有效流动而进行的全局性和长期性的谋划。

第一，集团企业财务战略关注的焦点，是整个集团资金的流动，而不仅仅是集团控股公司或者某个子公司的资金流动。

第二，集团企业财务战略的目标，是谋求整个集团资金均衡有效的流动和为实现集团总体战略服务。

第三，集团企业财务战略的制定，必须考虑环境因素的影响。由于集团企业的内部和外部环境较一般企业更为复杂，其在制定财务战略时必然面临更多需要考虑的环境因素。

3. 集团企业财务战略的地位和作用

企业的战略体系是多层次的，以战略涉及的组织层次为依据，可分为总体战略、经营战略和职能战略这三个层次：总体战略涉及组织的整体决策；经营战略关心整体内的某个单位；而职能战略关心的是企业的不同职能如何为其他各级战略服务。

集团企业财务战略属于职能战略，处于集团企业战略层次的第三层。集团企业的总体战略和财务战略并不是相互平行、相互独立的关系，而是总体战略居于主导地位，对财务战略具有指导作用，财务战略必须服务于总体战略。

在公司的战略体系中，财务战略对总体战略和其他战略起到支持与促进作用，因为每一个战略的实施都离不开资金的积蓄和投入。财务战略在公司的发展中处于重要的地位，它是公司贯彻经营方针和实现经营战略的基本保证，决定着公司财务资源配置的取向和效率，为公司财务管理提供了基本框架。同时，财务战略还是公司重大决策的主要内容。

4．集团企业财务战略的内容

1) 资金筹措战略

集团企业资金筹措战略是指根据集团母子公司内外环境的状况和趋势，对集团企业资金筹措的目标、结构、渠道和方式等进行长期与系统的规划，旨在加强集团整个战略的实施，为增强集团的长期竞争力提供可靠的资金保证，并不断提高集团的筹资效益。集团企业资金筹措战略主要解决资金筹措的目标、规模、结构、渠道和方式问题。

2) 资金投放战略

集团企业资金投放是指为获得未来的经济利益和竞争优势而把筹到的资金投入一定的事业或经营活动中的行为。集团企业投资战略就是在公司经营战略的指导下，依据集团母子公司内外环境状况及其趋势对资金投放所进行的整体性和长远性谋划，是集团企业战略体系中的一个重要组成部分。投资战略对于全部资金及其他资源的运用具有指导性和方向性特点，是一项全方位的工作。从横向角度说，它包含了企业全部经济活动；从纵向角度说，它既注重企业资金当前的运用，又注重将来对资金的合理配置。

集团企业对全资子公司和控股子公司的重大投资项目拥有决策权，对重大项目论证、资本金筹措和投放、债务偿还等承担重要责任。集团企业在投资决策时，要在服从集团经营战略的前提下重点分析项目的风险和收益，充分分析货币的时间价值，以财富最大化为目标来决定项目的取舍。在计算项目现金流量时应适当考虑集团整体现金流量的增量而不仅仅是项目本身的现金流量，只有这样，决策才会有利于集团的整体利益。如果单纯考虑决策项目本身的现金流量，则有可能导致所决策的项目虽有好效益，却对集团整体效益不利。

3) 利益分配战略

集团企业利益分配战略是指合理运用集团企业的财务分配功能，适当集中子公司的收益。集团企业子公司的出资人对全资子公司和控股子公司的收益有完全的分配决策权。集团企业应根据自身发展战略和子公司在集团中的地位、作用及发展状况，确定各全资和控股子公司有完善的收益分配政策。对于已确定要大力发展的子公司，其收益可少集中一些或根本不集中；对于要限制或控制发展的子公司，其收益应集中多一些。

13.2.2 集团企业财务战略系统分析

1．集团企业财务战略实施策略

集团企业财务战略实施策略也可以理解为财务战略的基本定位在不同发展阶段的具体

化。财务战略是与特定集团企业的发展阶段相对应的,没有永恒不变的和永远适用的财务战略,但对于特定发展阶段的集团企业,其财务状况又具有相同之处。

1) 初创期集团企业财务战略实施策略

初创期的集团企业往往面临着很大的经营风险,这些经营风险决定了集团企业面临的是相对不利的财务环境。主要特征表现为:集团企业的产品产量规模不是很大,规模效益还没有完全发挥;集团企业没有规模优势,市场对其产品缺乏认识与了解;集团企业的未来发展没有完整的规划,战略管理处于较低的层次;集团企业的核心能力还没有完全培育成熟,核心产品不能为集团提供大量的现金流;集团企业没有自己固定的管理模式,探索适合自身发展特点的管理模式是摆在集团企业面前的首要问题;在存在大规模扩张时,面临着融资环境相对不利的问题。

鉴于以上财务特征,客观上要求集团企业采取规范的一体化财务战略。另外,从经营风险和财务风险的互逆关系看,较高的经营风险宜以较低的财务风险与之相配合,从而在财务战略上保持稳定。初创期集团企业财务战略管理的特征表现为稳定与一体化,即在稳定与一体化之间找到最佳的结合点。

初创期集团企业可以将下列内容作为财务战略实施的着眼点。

(1) 严格贯彻集团企业的财务战略意图。战略意图作为集团企业的战略规划和战略目标的具体化,在正常情况下,是与企业发展处境和发展水平紧密结合的,因此,它具有较强的科学性和合理性。集团企业总部或母公司应当让股东和投资者、各阶层成员企业及其管理者甚至普通员工都充分认同集团财务战略意图,并达成共识,变强制执行为各级各部门自愿行动。

(2) 制订科学的财务战略阶段实施计划。
- 资本支出计划。在集团战略发展规划的基础上,确定近期与未来三年的资本支出项目计划。
- 融资规划。针对资本支出规划确定集团的融资规划,包括何时融资、融资方式选择及融资额度大小的确定等问题。
- 股利政策规划。慎重对待股利发放。集团企业及其成员企业的发展离不开内部积累,唯有积累才能保持后劲和实力,因此不主张实施较高的现金性股利政策。

(3) 财务管理以生产与研发为依据,财务管理人员配合生产与研发部门开展工作,发挥对经营的支持、参谋与协助作用,力图保证生产导向与市场导向等战略重点的落实。

2) 发展期集团企业财务战略实施策略

当集团企业步入发展期时,其产品的定位与市场渗透程度都大大提高,但是集团企业仍然面临较大的经营风险和财务压力,这也是发展期集团企业的主要财务特征。这就要求处于该阶段的集团企业采取稳固发展型的财务战略。

发展期是集团企业生命力最旺盛的时期,也是危机四伏的时期。因此,强化财务战略的实施并保持有效的监控对处于发展期的集团企业来讲至关重要。发展期集团企业财务战略应从以下几个方面考虑。

(1) 科学合理地规划集团发展速度。集团企业的发展速度应该基于其销售增长率和融资能力来制定，并着重考虑这两个因素中的瓶颈因素，只有在相关瓶颈因素得到加强的基础上，集团企业的发展速度才可能提高。

(2)采取积极主动的融资策略。在发展期，市场对于集团企业比较看好，预期值较高，虽然集团企业所面临的财务问题大部分仍集中在资金短缺上，但是，弥补资金短缺的市场机会在这一时期会更多，手段和方法也显得更为灵活，各种金融工具也可以被充分利用。由于市场看好集团企业，因此，集团企业的发展空间较大，融资渠道和方法较多，成本也会更低。

(3)沉着冷静地规划投资项目。融资的目的是投资，而投资从立项、审批到落实，都要在战略上做出充分的考虑。

(4)加强商业信用管理工作。商业信用管理在这一时期尤显重要。

3)成熟期集团企业财务战略实施策略

处于成熟期的集团企业，其市场份额较大，在市场中的地位相对稳固，已经形成了适合自身发展的经营管理模式，这时市场风险也相对较低。成熟期集团企业的财务特征包括成本管理成为突出问题、现金资本来源充足、财务运作讲求技巧、市场期望值较高等。与经营风险和财务特征相对应，此阶段的财务战略主要有激进型的筹资战略、确保核心竞争能力基础上的多样性投资战略、较高的现金股利分配政策。

成熟期集团企业财务战略在实施过程中的首要问题是提高管理者的忧患意识。在此基础上，重点解决以下问题。

(1)完善集团治理结构，强化对管理者的激励和约束机制。成熟期集团企业要从机制上提供风险与收益相对等、激励与约束兼容的管理制度，以此强化管理者对集团企业的管理。成熟期集团企业的战略实施和战略管理，首先不是针对战略本身，而是针对实施战略的人，即战略制定和实施者；而好的制度和治理结构，能够在很大程度上解决管理者的行为问题，从而使管理者的目标和集团企业的目标相吻合。

(2)强化成本控制，保持成本领先优势。集团企业要想获得市场份额，取得赢利，在市场价格一定的条件下，只能借助于内部成本管理来实现赢利目的。因此在这一阶段，财务管理比任何时期、任何阶段都重要。内部成本管理主要强调目标成本管理法，即在价格一定的情况下，根据投资额及目标利润要求，来倒推出成本目标，并分级、分岗位落实到人。

(3)健全内部管理制度，规避财务风险。财务杠杆利用率较高，财务风险也较大。处于成熟期的集团企业虽然抵御风险的能力较强，但并不是说它就不存在财务失败的可能性。因此，集团企业不应为了利用财务杠杆而利用财务杠杆，更不能在条件不成熟的状态下利用财务杠杆。如何杜绝上述可能的行为发生，最重要的在于健全内部管理，特别是完善财务战略实施的审批制度。

4)调整期集团企业财务战略实施策略

当原有的产业或者市场领域进入衰退期或夕阳阶段，集团企业的经营战略需要做较大调整，并通过新产品开发与新产业进入而步入调整期。

调整期集团企业的财务战略是防御型的，在具体操作上可以概括为"攻防结合，进退并举"，一般步骤是先退后进，或者边退边进，因此财务上既要考虑扩张和发展，又要考虑调整与缩减。调整期财务战略重点解决以下问题。

(1) 强化财务集权，从制度上保证战略的实施。这是集中财务资源，从制度上确保对财务资源的集中控制与调配的基础。

(2) 改善与加强对现金流量的管理。其方法是削减费用或者改善集团企业总部的现金流量，将资本投入更需要资金的新的行业或领域中去；调整股权结构，出售部分股权和部分资产(财务放弃战略)；对不能出售但其存续有损于集团现金流的分部或子公司，主动实施财务清算战略，终止其业务经营，以避免产生更大的财务损失。

(3) 全面评估新进领域的财务可行性，提出或解决实施过程中的财务问题。每一个新领域的进入不是一帆风顺的，即使对那些经过严格的可行性论证的行业，也会由于各种不可预测的事件而对集团企业的财务状况产生影响。集团企业必须加强其自身的财务应变能力。

2．集团企业财务战略管理系统目标

集团企业财务战略管理系统要达到以下目标。

(1) 利用分析工具判断集团企业目前所处的发展阶段，并据以制定有关的筹资、投资和利益分配战略。

(2) 利用分析工具和一定的方法，分析母子公司环境状况，并据以确定集团企业资金筹措的目标、结构、渠道和方式。

(3) 充分分析、预测集团内外理财环境，确定资金筹措资本结构范围。

(4) 分析集团企业的生产规模、投资数量，确定资金筹措规模。

(5) 进行重大投资项目的制定、上报和分析，评价项目的风险和收益，充分分析货币的时间价值，以财富最大化为目标，确定项目的可行性，并排序进行取舍。

(6) 根据有关的法律规定，结合集团企业的实际情况，制定集团企业的收益分配计划和股利政策。

(7) 进行各种必要的报表分析和在线分析。

3．集团企业财务战略管理功能结构图

从集团企业财务战略管理系统的目标出发，集团企业财务战略管理系统主要包括的功能模块，如图13-10所示。

1) 系统初始设置

系统初始设置是系统正常运行必要的参数选项。正确并全面初始化是成功应用集团企业战略管理系统的基础，也是集团企业战略管理工作的前提。集团企业财务战略管理系统的初始设置主要包括基础资料(公共基础资料、战略管理系统基础资料和战略管理相关的其他业务系统基础资料)、系统参数设置、用户权限管理和日志信息管理。企业应该根据自身需要和系统要求进行适当的初始设置。

2) 资金筹措战略管理

资金筹措战略管理是集团企业财务战略管理系统的核心功能之一。系统利用分析工具判断集团企业目前所处的发展阶段，并据以制定有关的筹资战略；系统分析母子公司环境状况，并确定集团企业资金筹措的目标、结构、渠道和方式；充分分析、预测集团内外理财环境，计算集团企业的资金成本，确定资金筹措资本结构范围；分析集团企业的生产规模、投资数量，确定资金筹措规模。

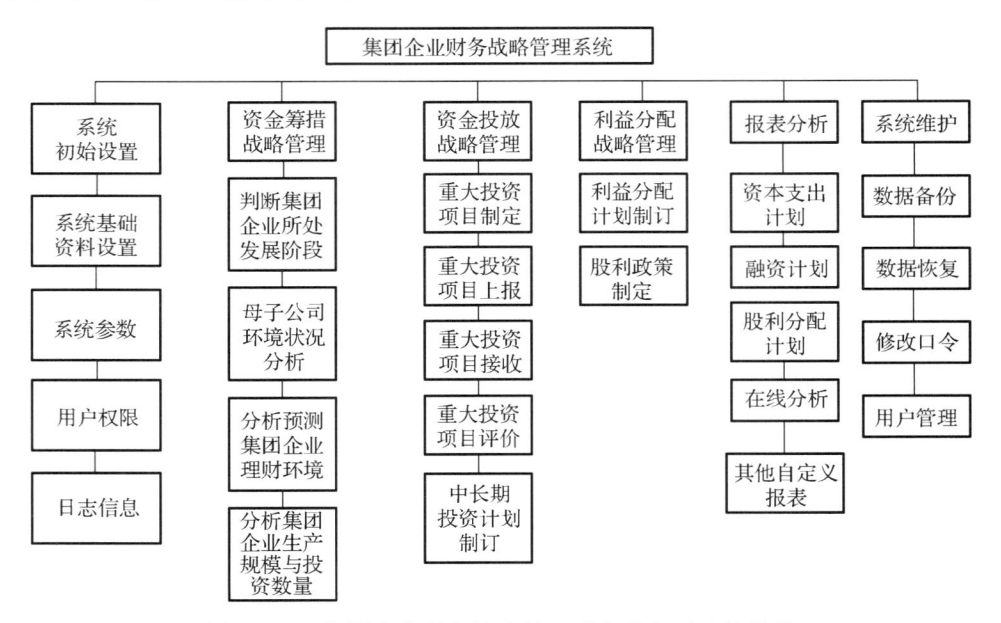

图 13-10　集团企业财务战略管理系统的主要功能模块

3）资金投放战略管理

资金投放战略管理是集团企业财务战略管理系统的核心功能之一。系统主要进行重大投资项目制定、上报和分析，评价项目的风险和收益，充分分析货币的时间价值，以财富最大化为目标，确定项目的可行性，并按优先排序，进行项目取舍。

4）利益分配战略管理

资金投放战略管理是集团企业财务战略管理系统的核心功能之一，系统主要根据相关法律规定，结合集团企业的实际情况，制定集团企业的收益分配计划和股利政策。

5）报表分析

报表分析功能主要进行融资计划、资本支出计划、股利分配计划和股利政策等报表的分析和有关项目的在线分析。

6）系统维护

系统维护是为了保证系统正常运行所必需的维护和管理功能，主要包括数据备份、数据恢复、用户管理、修改口令等功能。

4．集团企业战略管理实施应用流程

集团企业战略管理是集团企业最重要的管理。图 13-11 所示的是通过分析确认的集团企业战略管理实施应用流程图。

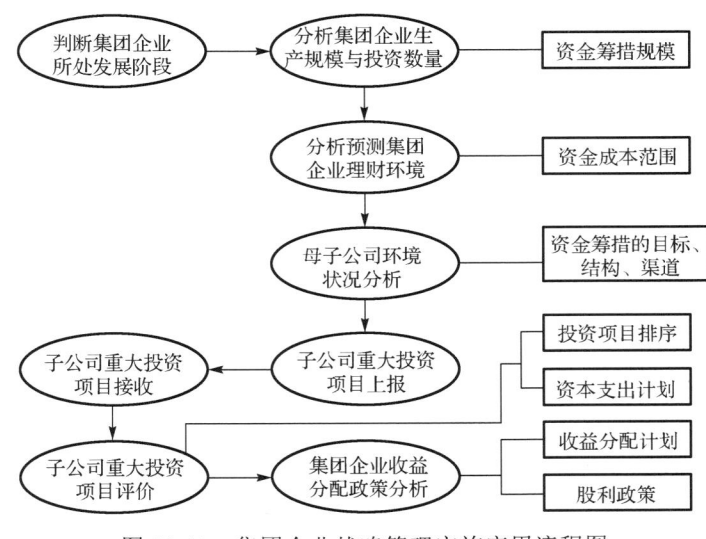

图 13-11　集团企业战略管理实施应用流程图

13.3　集团企业资金管理

13.3.1　集团企业资金管理概述

1．集团企业资金管理的重要性

集团企业为了实现自身健康发展，必须要根据自己的实际情况，规划资金管理的集权程度，通过合理的管理模式，释放沉淀资金，减少企业运营风险，使资金管理高效有序、动态平衡。集团企业资金管理信息化系统能够帮助企业提升企业运营效率，提高企业偿债能力，实时控制资金流向。

2．集团企业资金管理存在的主要问题

目前，我国集团企业资金管理在筹资投资、资金调剂、资金监控及资金信息等环节的现状和问题，如表 13-1 所示。

表 13-1　资金管理各环节的现状和问题一览表

环节	现状	问题
筹资投资	子公司的筹资、投资决策不规范	存在重大的财务风险
资金调剂	子公司间交易时资金体外循环，财务费用大	资金闲散，不能发挥整体效应
	子公司的资金紧张和资金冗余现象并存	集团整体资金利用效率低
资金监控	不能有效监控子公司支付资金的合理性	可能发生违规付款行为
资金信息	不能迅速掌握集团整体资金的存量、流量、流向	家底不清、资金管理薄弱

3．集团企业资金管理对策

现代经济史的发展告诉我们，集团企业的财务与资金管理趋于高度集中是历史的必然。集团企业资金管理应当采取以下对策。

(1) 统一账户，监控资金，防止违规。
(2) 统一调剂，保障重点项目资金。
(3) 统一内部结算，减少资金体外循环。
(4) 统一对外结算，掌握资金流量和流向。
(5) 统一筹资，增强整体信用度，降低筹资成本。
(6) 统一投资，降低财务风险。
(7) 核算资金占有成本，提高资金使用效率。

13.3.2 集团企业资金管理系统分析

1. 集团企业资金管理总体架构

集团企业资金管理应该打破传统的分散管理模式，运用现代计算机软件技术，借助软件平台，实现基于资金统一监控、面向集团资金管理的全过程，全面支持资金计划、资金支付控制、内部资金调控、动态资金分析报告的规范化管理体系。

集团企业资金管理应达到的目标如下。
(1) 能够迅速掌握集团资金的存量、流量、流向。
(2) 能够有效监控集团资金使用情况。
(3) 杜绝资金体外循环，降低财务费用，加快资金周转。
(4) 规范集团的筹资和投资行为。
(5) 合理调节集团整体资金，满足重点项目的资金。
(6) 提高集团整体资金使用效率。

按照总体架构应完成的目标，可以如图 13-12 所示规划集团企业资金管理总体架构。其功能如下。

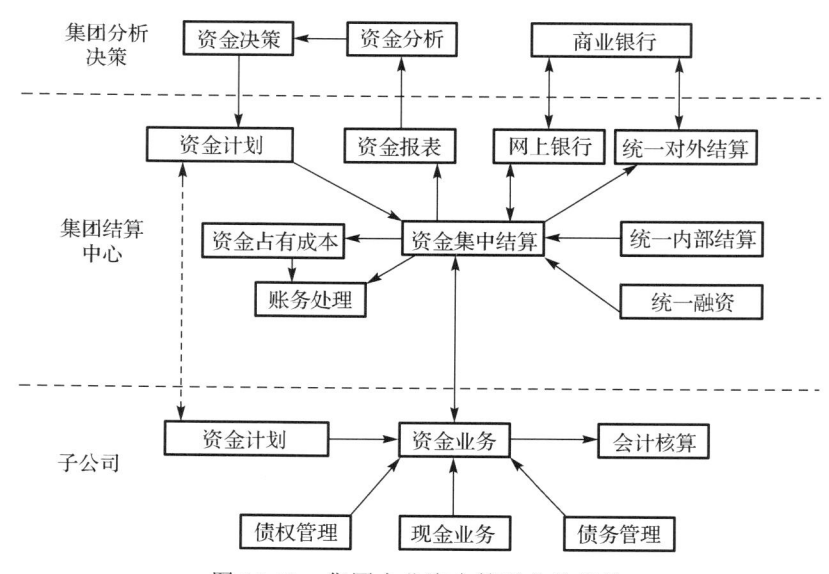

图 13-12 集团企业资金管理总体架构

(1) 资金预算管理。从资金预算的编制、审批、汇总、执行到控制，完整体现资金的预算管理，有效整合集团企业资源，提高资金使用效率。

(2) 资金计划审批。有效实现对具体资金收付项目的计划，按职责权限与流程进行审批管理，防范不规范的资金使用行为。

(3) 资金结算。集团企业内部成员企业通过内部网络即时完成，加快资金流转速度，节约集团内部结算手续费用。外部结算由结算中心统一进行，实现资金流转全程监控，杜绝资金浪费。

(4) 存贷款管理。提供账户管理、贷款管理、信贷与委贷管理、定期与活期存款管理，各种利息计算操作简便，全面满足客户对内、对外存贷款管理的多种需求，实行集团内部投融资，提高集团资金使用效率。

(5) 票据管理。支持票据备查、贴现、兑付全程管理。

(6) 担保管理。提供集团成员企业的对内、对外担保管理，有效防范担保风险。

(7) 预警提示。对到期业务全面提示，有效防范资金风险。

(8) 资金管理与会计核算一体化。无论管理机构还是存贷机构，其资金收支的业务与日常会计核算同步处理；确保资金核算信息准确及时。

(9) 资金管理与物流紧密集成。自下而上或自上而下的流程全线贯通，实现物流到资金流的一次处理，信息共享。

(10) 资金报表与资金分析。提供各种时间跨度和内容形式的资金报表，支持对资金链运行状况的多角度分析。

(11) 与网上银行集成，实现银企互联。银行业务处理系统化，实现银行账户统管和资金的集团集中支付。

2．集团企业资金集中管理模式

集团企业资金集中管理模式必须依据企业战略发展方向和市场变化的要求及时调整。集团企业资金管理模式是实现集团企业战略发展的重要保证。集团企业发展到一定规模，生产所需资金量快速增大时，就必须有一个专业的组织来统筹管理资金的运用，这时就出现了结算中心或财务公司这样的与集团企业财务部相对应的职能部门来承担这项工作。

集团企业要根据自己的实际情况，明确资金管理的集权和分权程度，使集团企业资金聚而不死、分而不散、高效有序、动态平衡。集团企业资金管理有统收统支模式、拨付备用金模式、结算中心模式、内部银行模式、财务公司模式等几种集中管理模式。

1）统收统支模式

统收统支模式是指企业的一切资金收入和支出都集中在集团企业总部管理部门，各分公司、子公司均不单独在外部商业银行设立账号，资金的使用权、决策权和融资权高度集中。在完全的统收统支模式下，资金的收付都完全委托集团企业结算中心进行。结算中心负责大量工作，极易形成支付瓶颈。统收统支模式如图13-13所示。

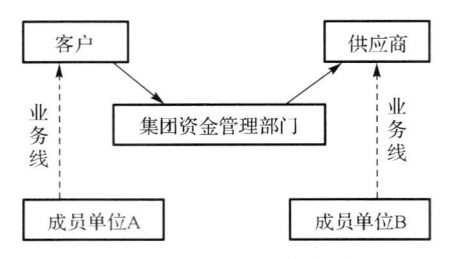

图 13-13　统收统支模式

2）拨付备用金模式

拨付备用金模式是总部按照一定期限给成员企业一定额度的现金，供其备用。成员企业对拨付的备用金行使决策权。拨付备用金模式如图 13-14 所示。

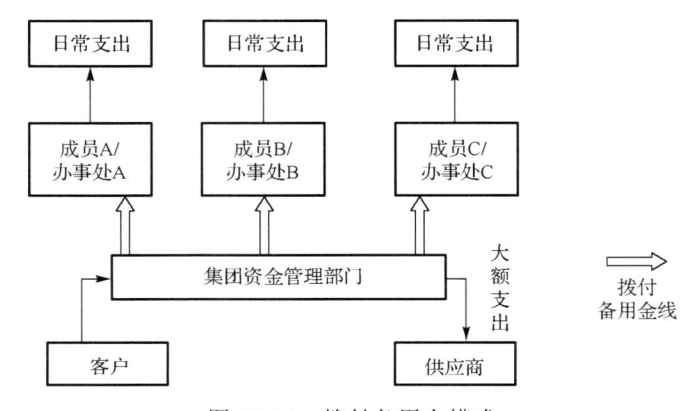

图 13-14　拨付备用金模式

3）内部银行模式

内部银行模式是集团将银企关系引入集团管理中，加强集团内部结算处理，母子公司是借贷关系。内部银行模式如图 13-15 所示。

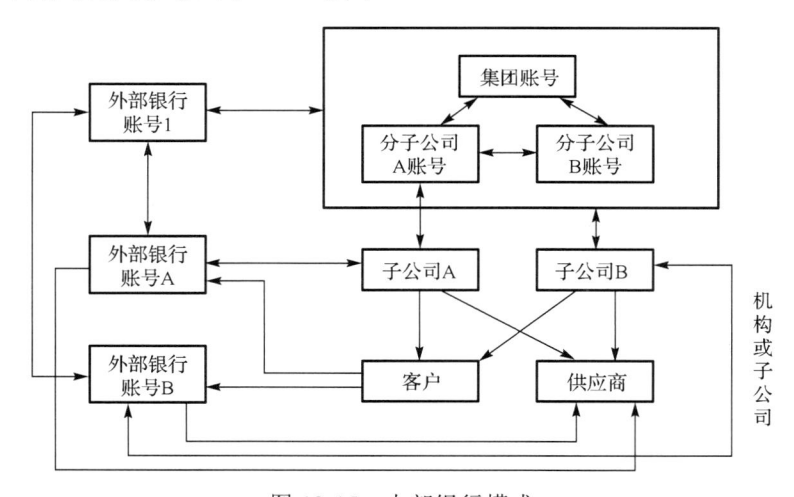

图 13-15　内部银行模式

4) 结算中心模式

结算中心模式是集团统一拨付并监管成员企业的现金支出、收入，统一对外筹资，并办理结算。结算中心模式如图 13-16 所示。

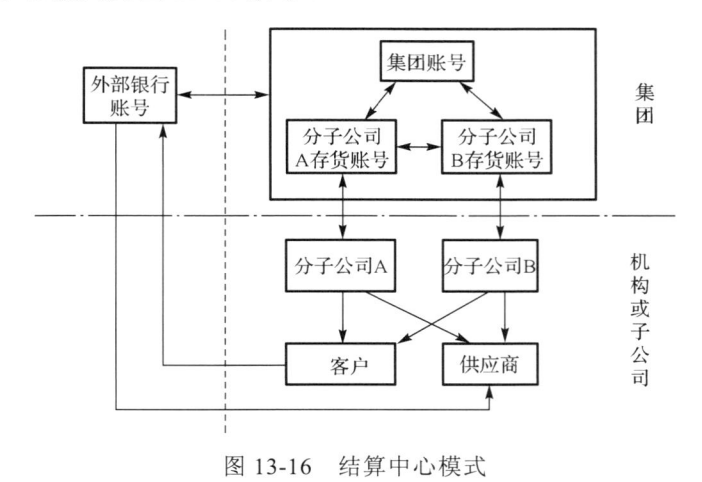

图 13-16 结算中心模式

(5) 财务公司模式

财务公司模式下，财务公司承担集团企业资金筹措、投资、资金供应等职能，财务公司是具有法人资格的非银行金融机构，成员企业具有相对独立的财权。该模式如图 13-17 所示。

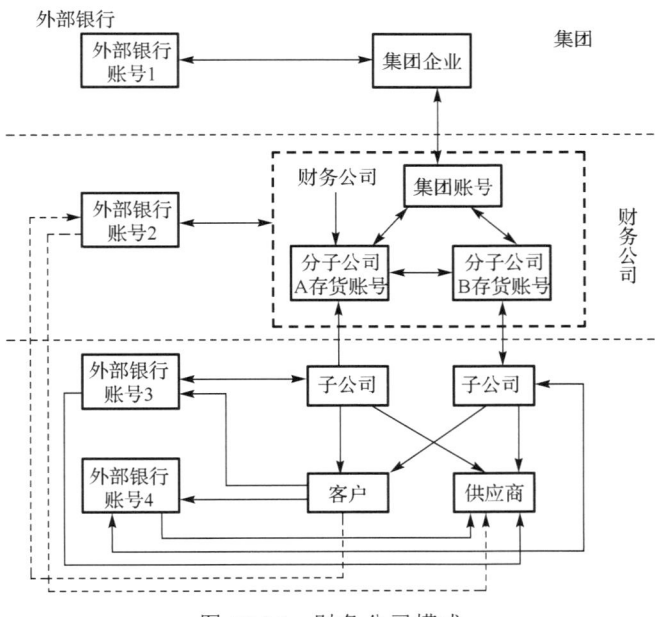

图 13-17 财务公司模式

6) 账户分散模式

账户分散模式可以实时掌握、了解集团资金的流量、流向和存量，通过集团管理措施，在一定程度上对集团资金的使用进行监控。账户分散模式如图 13-18 所示。

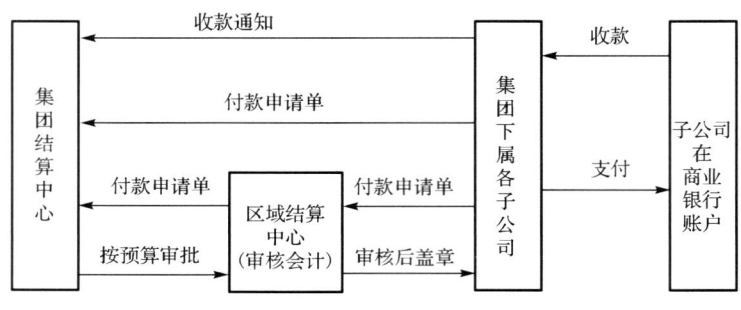

图 13-18 账户分散模式

7) 账户集中模式

账户集中模式可以实时掌握集团资金的流量、流向、存量，通过银企互联，完全对集团资金的使用进行监督，并对集团资金的使用进行完全控制。账户集中模式如图 13-19 所示。

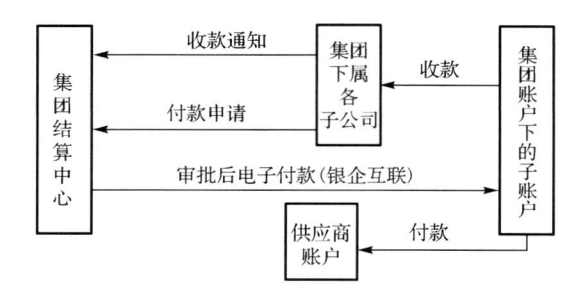

图 13-19 账户集中模式

8) 收支两条线模式

收支两条线模式，可以实时掌握集团资金的流量、流向、存量，监控子公司的资金使用。收支两条线模式如图 13-20 所示。

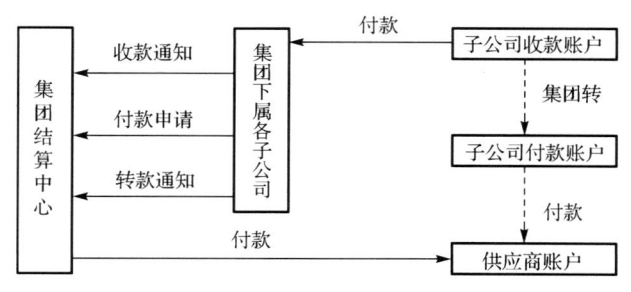

图 13-20 收支两条线模式

3. 集团企业资金集中结算应用流程

集团企业资金集中结算应用流程如图 13-21 所示。

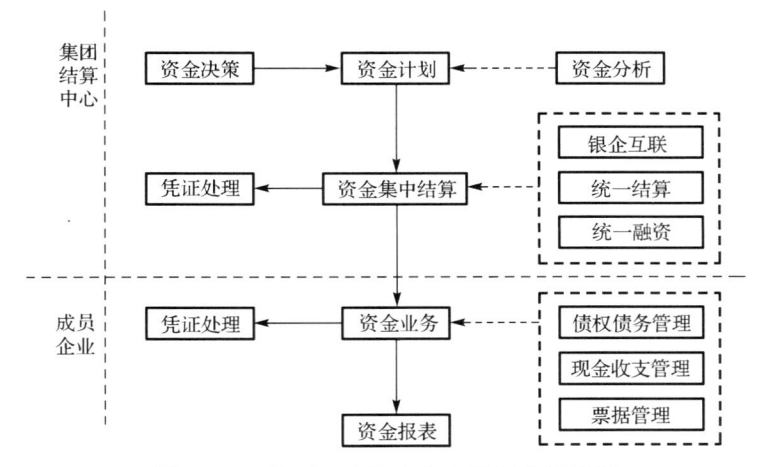

图 13-21　集团企业资金集中结算应用流程

13.3.3　金蝶 K/3 集团企业资金管理系统应用

以金蝶 K/3 银企互联(V1.0)为例，说明金蝶 K/3 集团企业资金管理系统的应用。

1．金蝶 K/3 银企互联(V1.0)概述

为了满足集团企业高端客户对网上银行提出的个性化需求，进一步推进网上银行业务向纵深发展，银行推出了网上银行银企互联(或称银企直联)模式。这种新的网上银行业务模式通过企业金蝶 K/3 系统与银行网上银行系统的有机互联，整合银企双方的系统资源，从而带给企业安全、简易、实时、个性化的网上银行服务。

金蝶 K/3 银企互联具有账务信息银企同步、实现个性化服务、操作简易、提高效率、安全放心等特点。

2．应用结构

金蝶 K/3 银企互联应用结构如图 13-22 所示。

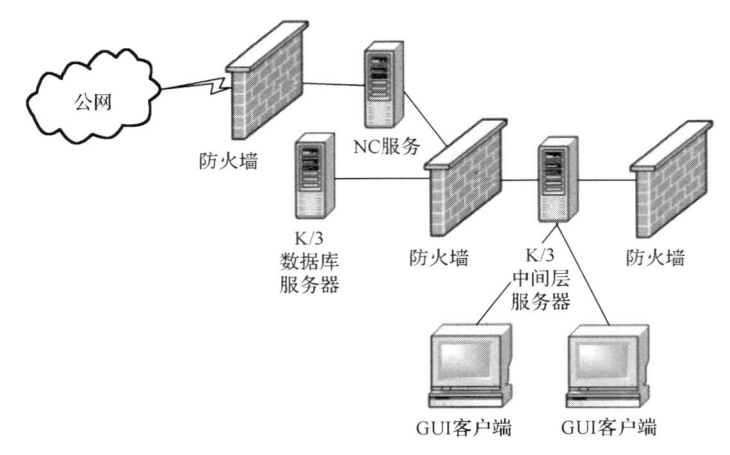

图 13-22　金蝶 K/3 银企互联应用结构

3. 金蝶 K/3 银企互联应用流程

(1)金蝶 K/3 银企互联应用流程如图 13-23 所示。

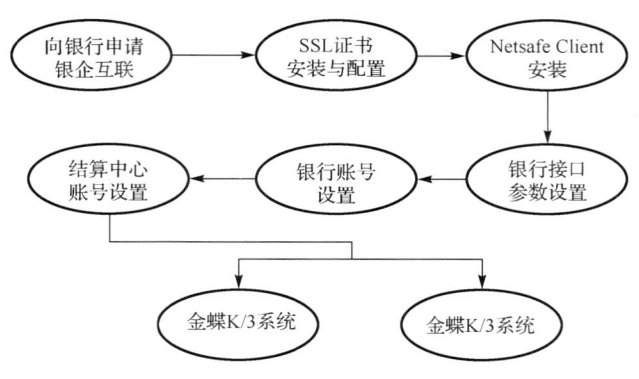

13-23　金蝶 K/3 银企互联应用流程

(2)金蝶 K/3 银企互联付款流程如图 13-24 所示。

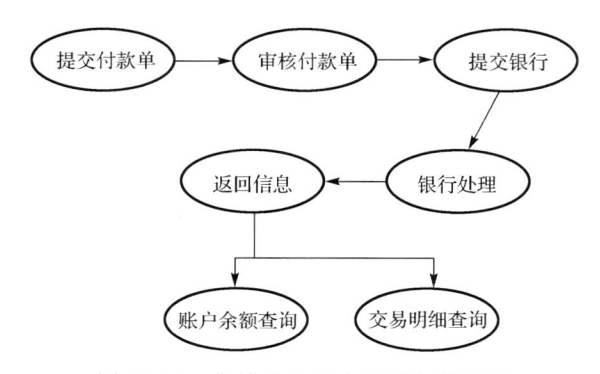

图 13-24　金蝶 K/3 银企互联付款流程

流程其他部分及详细说明由于篇幅问题不再赘述。

13.4　集团企业合并报表

13.4.1　合并报表概述

1. 集团企业合并报表的含义

集团企业合并报表是以具有控制关系的母公司、子公司组成的企业集团为会计主体，以组成集团企业的母公司和纳入合并范围的子公司的个别会计报表为基础，由集团企业控股公司于会计年度终了时编制的，用以综合反映集团整体财务状况、经营成果和现金流量变动情况的报表。合并报表主要包括合并资产负债表、合并利润表及利润分配表、合并现金流量表等。合并报表的编制者是集团控股公司。

与独立报表相比较，集团企业合并报表具有以下特征。

(1)合并财务报表反映的内容是集团企业整体的财务状况、经营成果和现金流量。其反映的对象是由若干个具有控制关系的法人组成的会计主体,是经济意义上的会计主体,而不是法律意义上的会计主体。

(2) 合并财务报表由集团企业中对其他企业拥有控制权的集团母公司编制。

(3) 合并财务报表的编制具有其独特的方法,它以母公司和子公司单独编制的财务报表为基础,通过编制抵销分录将集团企业内部的会计事项对独立报表的影响予以抵销,然后确定合并报表各项目的数额。它不需要单独设置一套账簿,也不需要改动母公司和子公司的账簿数额。

2. 集团企业编制合并报表的意义

(1) 母公司通过分析合并报表来评价过去合并行为的效果。合并报表是以纳入合并范围的母子公司的独立报表为基础而编制出来的,它反映的是集团已发生的事项。母公司通过编制和分析合并报表才能评价其过去的行为对集团企业财务的影响。

(2) 母公司通过分析合并报表来衡量现在整个集团的财务状况、经营成果和现金流转,并通过与预算合并报表进行比较,分析发现其中存在的问题,查找可能存在的问题,及时纠正不利因素的不良影响。这是母公司分析利用合并报表的关键,只有现在发现了问题,才能在现在和将来解决问题。

(3) 母公司通过分析合并报表来预测集团企业的未来走向和发展趋势。母公司必须站在战略的高度思索集团企业的未来发展,合并报表为这种思索提供了不可缺少的信息。

3. 集团企业合并报表编制的理论和方法

1) 集团企业合并报表编制的基本理论

在合并报表的发展过程中,形成了所有权理论、主体理论和母公司理论等不同的合并理论。母公司理论是以法定控制为基础的,控制权通常是以持有多数股份和表决权而取得的,但也可以通过使一家公司处于另一家公司的法定支配下的控制协议来实现。母公司理论强调母公司或控股公司的股东利益。母公司理论是所有权理论和主体理论的折中,它继承了这两种理论的优点,同时也克服了这两种理论的缺陷,使它的可操作性大幅度提高。因此,这一理论得以广泛应用。

2) 集团企业合并报表编制的基本方法

在合并会计报表的形成和发展中,形成了三种合并报表的方法,即购买法、权益结合法和比例合并法。购买法和权益结合法主要针对有控制关系的集团企业合并报表的编制,比例合并法针对有控制及共同控制关系的集团企业合并报表的编制。

(1) 购买法。当控股公司用现金、票据、其他资金按协商确定的收买价格或以发行债券、优先股甚至一部分普通股的方式收买被控股公司的股份并达到一定规模,从而取得其控制权时,其会计处理方法应当采用购买法。购买法采用和购置资产相同的原则,即成本原则,母公司按它支出的总成本来记录所购买的子公司的权益。

首先,在股权取得日以后,对集团内各成员公司每一年度编制的财务报表,都需要进行合并,并且依然要对在收买时形成的有形资产的增减值及商誉进行摊销,从而影响合并收益。其次,将应由少数股东享有的收益,以"少数股东应享收益"作为合并收益的抵减项目反映在合并收益表中。再次，作为单一的会计主体，应当消除集团内各成员企业之间所发生的交易，并消除反映母子公司之间控制关系的项目。最后，编制工作底稿，并在此基础上编制合并报表。

(2) 权益结合法。当母公司完全用自己的普通股去交换对方几乎全部的普通股，以实现双方股权的集合时，其会计处理方法采用权益结合法。

在权益结合法下，母公司集合子公司股权时，应以所集合的股权的账面价值作为对子公司投资的计价基础；双方股份的交换，在会计记录中将以子公司普通股的价值作为基准，因此可能会出现资本溢价或资本折价；子公司的留存收益也将按母公司集合的股权比例转作母公司的留存收益。

(3) 比例合并法。比例合并法是一种会计报告方法，即投资公司按投资比例将被投资公司的资产、负债、收益和费用与投资公司财务报表中的类似项目逐步合并。

比例合并法是所有权理论的产物，它可以解决隶属于两个或两个以上公司合并报表的编制问题。采用比例合并法编制合并报表，其程序并不复杂，仍然是通过工作底稿将投资公司和被投资公司之间的控股和被控股关系及公司间的交易按比例进行消除，并将被投资公司的资产、负债、收入和费用按比例计入合并报表，只是在合并报表上不会出现"少数股东权益"和"少数股东应享收益"项目。在实务中，比例合并法主要用于对合营企业投资的处理。

4．我国集团企业合并报表编制的理论定位

在新企业会计准则发布以前，我国集团企业合并报表编制的理论依据是1995年财政部颁布实施的《合并会计报表暂行规定》，从此暂行规定所规范的内容和方法上看，我国合并报表的理论定位非常宽广，包括所有权理论、主体理论和母公司理论。从整体上看，当前的合并报表理论侧重的是母公司理论和所有权理论。

13.4.2 合并报表系统分析

1．集团企业合并报表系统的目标

合并报表的编制与分析是集团企业总部(母公司)财务管理的重点之一。集团企业合并报表系统要达到以下目标。

(1) 系统操作方便，简单易用。

(2) 操作界面易于理解。

(3) 有灵活的自定义功能，适应不同单位对报表格式、内容的要求，允许用户自定义所需的报表，并可对已有的报表格式进行修改，方便用户对合并报表的使用。

(4) 可以同时建立多个合并数据。

(5) 合并报表系统可以完成一般的报表汇总、合并等工作，而且还能自动接收、审核有关数据，允许用户灵活设置合并周期(如一个集团可以同时建立按月、季、半年、年四个口径合并数据)，并能辅助用户进行报表分析。

(6) 合并报表系统通过模板文件的上发下收、子公司数据的审核、报表钩稽关系的校验等工作，不仅使得合并报表的政策在子公司内部得以实现，而且确保了各种数据的安全性、准确性、合理性和科学性。

2. 集团企业合并报表系统的功能模块

根据集团企业合并报表系统的目标，经过分析，合并报表系统的主要功能模块，如图 13-25 所示。

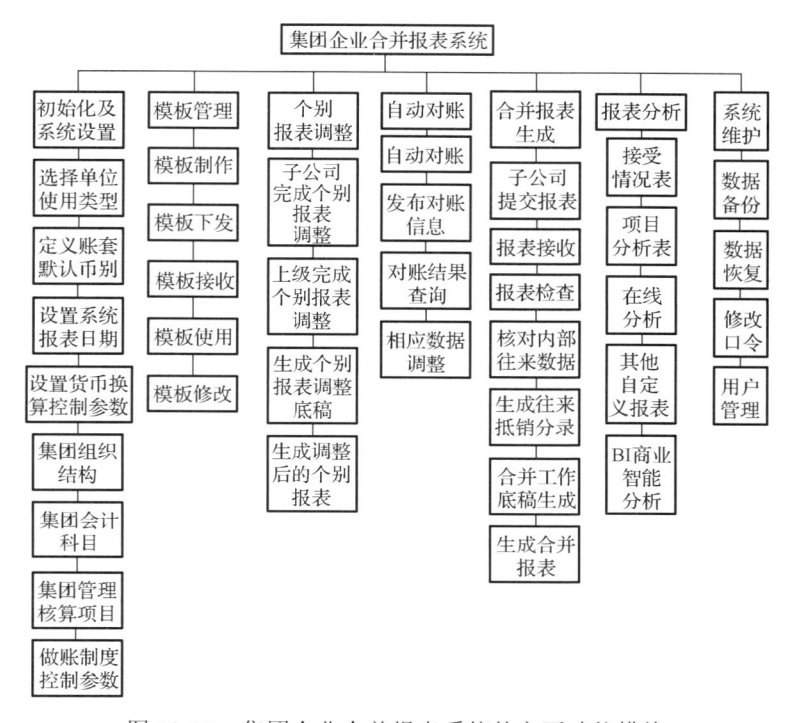

图 13-25 集团企业合并报表系统的主要功能模块

1) 初始化及系统设置

合并报表系统的初始化主要是选择单位使用类型，定义账套默认币别，设置系统报表日期、货币换算的控制参数与其他基础信息，如组织结构、币别、报表、核算项目、报表格式和钩稽关系等。

为确定参与合并报表的范围及各单位所在级次，需定义整个集团企业的组织机构及其级次代码，确定哪些单位只需要参与汇总，并不需要进行合并；确定集团内部合并单位的最大范围，在每次自动生成抵销分录、合并报表之前，可以在最大范围内选择其中的一部分单位进行合并，产生合并报表；还需定义单位编码、单位名称、是否合并、所属行业等单位的信息结构。

集团企业合并报表系统一般都提供"任务管理"功能，即把各种报表汇集成不同任务，并且可以将任务分配给不同的单位进行填报，这样可以在一个系统中构建不同的统计或合并报表体系；可以把报表放在不同的目录下，以便于管理；可以提供任务的增加、删除、修改、分配、舍位平衡等。合并报表模块中的"用户管理"可以定制用户的身份及对数据和功能的访问能力。基于单位的用户管理，用户是属于某一单位的用户，即该用户只可以访问本单位和下级单位的数据。同样，集团企业管理总部可以进行增加、修改、删除、授权用户等操作。

集团企业管理总部需在合并报表模块中统一定义报表模板及其填录项目，设置报表项目内部计算公式。合并报表模板系统提供了设置抵销项目及其抵销关系功能，包括定义借贷方项目名称，定义每一个项目取数公式的抵销分录，使用户根据定义的抵销关系，通过自动对账功能自动生成符合设定要求的抵销分录。抵销关系的每一个项目都可以定义取数公式，从不同的数据源提取需要的数据，并且可以进行指标间的四则运算。合并报表模块中预设了常用的抵销分录项目，如果不能满足母公司的需求，则母公司可以增加多个自定义的抵销分录项目。

2) 模板管理

集团企业管理总部或子集团管理分部已制作的报表模板，可以发放到集团所属各个子公司。各个子公司根据接收的模板制作上报报表，收到母公司的下发合并报表格式和抵销分录项目后录入数据，通过规定上报方式上报集团公司管理总部，为合并或者汇总提供数据源。合并报表系统管理报表模板有两种方式，即集中式和文件式。

合并报表提供的合并报表标准模板，用户可以直接套用。如果报表不完全符合用户的需要，用户可以对报表进行任意修改。系统提供报表格式定义功能，包括各种单元属性、数字格式、表格线、字形字体、颜色等，用户还可以增加新的报表项目。除了使用合并报表模块系统提供的报表模板，用户还可以增加多个自定义的合并报表，报表格式由用户自由定义。

集团企业管理总部收集了合并报表所需要的个别报表后，有时需要在模板中对所收集的个别报表进行调整、汇总抵销分录，然后在合并报表模块中依据有关的数据和合并报表范围生成合并报表，在生成合并报表的同时，系统自动生成合并工作底稿。

3) 个别报表调整

个别报表调整过程可以由各子公司自己完成，也可以由其上级单位代替下级单位逐个完成。根据个别报表调整凭证，可以输出个别报表调整凭证汇总表。个别报表调整凭证汇总表，是按单位将用户手工录入的调整凭证的项目汇总，为生成个别报表调整底稿中的调整数据做准备。通过调整分录和个别报表生成个别报表调整底稿及调整后的个别报表，其中调整后的个别报表参与集团企业的报表合并。

4) 自动对账

自动对账是集团内部的每类内部交易事项的数据两两进行核对，确定交易事实的过程。系统在初始设置时定义的每一条抵销关系，是一种定义了借贷方项目名称、每一个项目的取数公式的抵销分录。自动对账根据选择的对账单位，同时根据定义的抵销关系，将内部交易数据进行核对，为自动生成抵销分录提供数据，并保证自动生成的抵销分录是一张借贷平衡的凭证。集团企业的每一级（层）次的合并者对账结束后，需利用系统将对账信息发布给下属单位，以便下级单位查询对账结果，了解各自与其他单位的对账情况，必要时进行相应的数据调整。经过自动对账，根据定义的抵销关系和确定的合并范围自动生成抵销分录，系统可以根据各公司的报表和抵销数据自动计算"合并价差""少数股东权益""少数股东损益"等抵销分录数据。

对于无法自动生成的抵销分录，合并报表系统提供手工录入的方式，用户通过调用常用抵销分录模板，可以快速地填制抵销凭证。

5) 合并报表生成

通过上述数据处理，合并报表所需要的个别报表、个别报表调整表、抵销分录等数据已在系统中生成。集团企业管理总部只需在合并报表生成模块中单击生成合并报表，系统就会自动依据有关的数据和合并报表范围生成合并报表；母公司在执行合并时，可以在定义的所有报表中选择要合并的报表，还可以在所有子公司内选择参加本次合并的子公司。

在生成合并报表的同时，系统自动生成合并工作底稿，对自动生成的合并报表及工作底稿系统还提供了查询、打印、导出 Excel 方式等功能。集团企业管理总部可以查询任意会计期的各类数据，可以查询合并报表及其工作底稿，也可以查询本次合并的抵销分录凭证。对于合并报表和个别会计报表，可以制作各种类型的分析图表，包括直方图、圆饼图、折线图等。

6) 报表分析

合并报表系统还可以提供一些报表分析功能，提供自定义报表及项目分析表。集团企业管理总部可根据自身管理的需要制作相应的管理报表，如接受情况表、项目分析表、其他自定义报表等。

7) 系统维护

系统维护是保证系统正常运行所必需的维护和管理功能，主要包括数据备份、数据恢复、用户管理、修改口令等。

3. 集团企业合并报表系统的应用流程

集团企业合并报表系统的应用流程如图 13-26 所示。

1) 基础资料维护

基础资料保证报表顺利合并。相比其他系统，合并报表系统的基础资料较独立。它主要包括建立参与集团合并的公司清单、股权关系，建立汇率体系，录入用于报表合并的币别/汇率、报表项目、取数类型，根据集团管理的需要设置多种合并方案，并设置报表模板和常用的调整分录和抵销分录的模板，以及设置用于检查报表数据正确性的钩稽关系。

这些数据将是集团报表正确合并的基础，在初始化的时候要结合集团企业的管理要求对其进行设置，并在日常根据集团业务的变动进行相应调整。

2) 数据采集

合并报表工作需要母公司与各子公司的协同运作，母公司财务人员要在合并报表服务器端完成基础资料数据的建立。在每月合并报表工作开始后，即可通知子公司开始报表的编制工作。子公司通过合并报表客户端工具，按照母公司制定好的报表模板，编制本公司的个别报表。个别报表与内部交易数据可以直接取自 ERP 系统，也可以手工输入。所有的报表通过报表检查后即可正式保存到母公司集中的服务器上。

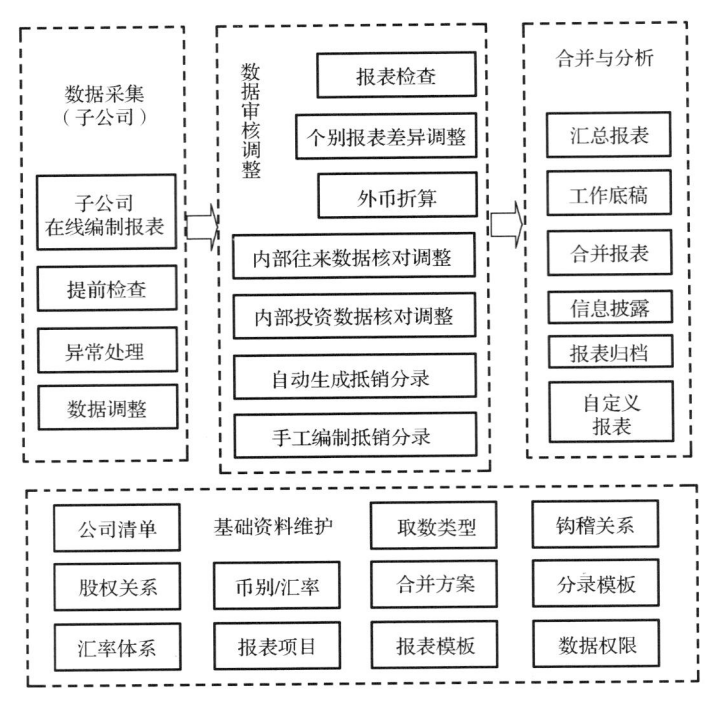

图 13-26　集团企业合并报表系统的应用流程

3) 数据审核调整

子公司完成个别报表后，母公司即可进行查看，并进行审核，然后进行报表数据的调整，比如按母公司会计制度，对子公司的相关数据进行调整等，这些调整可以通过"调整分录"来处理。

同时，如果是跨国公司或需要进行分账制核算的集团，还需要对子公司上报的外币报表进行折算。

对集团内的内部关联事项进行抵销调整，也是完成报表合并过程中极为重要的工作。系统将根据收集到的内部业务数据，进行数据的核对，然后由系统自动生成抵销分录。用户还可以根据需要，手工录入抵销分录。

4) 合并与分析

完成了报表的调整后，报表的汇总、合并工作基本上就已完成了，"汇总报表""工作底稿""合并报表"是为了给客户展示和查询报表数据用的。

完全模拟手工状态下的工作底稿，可以将多个公司的数据同时展示出来，同时列示出集团内抵销调整的数据，最终得到母公司的合并报表数据。完成工作底稿，合并报表就可以自动产生了，在"合并报表"中进行查询即可。

为了对历史报表数据进行保护，防止用户随意修改报表时间，重算或修改原有的报表，影响报表数据的准确性，合并报表系统提供了"报表归档"管理功能。

除按集团报表模板编制出各类汇总、合并报表外，用户还可以通过"自定义报表"灵活编制出集团所需的个性化报表，用于对数据的进一步分析。

13.4.3 金蝶 K/3 集团企业合并报表系统应用

1. 金蝶 K/3 集团企业合并报表系统概述

金蝶 K/3 ERP 合并报表系统是为集团企业的财务管理人员设计的，系统提供了基础数据维护、数据采集、报表审核调整、合并与分析等功能，帮助各类集团企业建立起基于组织架构的财务与管理报告平台，实现集团内各级公司管理信息的快速收集，同时通过对内部交易事项的调整和自动抵销，完成集团合并报表、汇总报表的编制，保证集团企业报告能及时、真实和准确地反映集团整体运营状况，以便准确衡量各公司的业绩和绩效。该系统既可独立运行，又可与资金管理、预算管理、管理驾驶舱等其他管理系统结合使用，提供更完整、全面的集团财务管理解决方案。

2. 金蝶 K/3 集团企业合并报表系统主要功能

(1) 集团报表数据集中存放管理。
(2) 合并方案管理。
(3) 动态统计表功能。
(4) 自动快报功能。
(5) 多种报前检查功能。
(6) 外币报表折算。
(7) 报表数据调整。
(8) 报表信息披露管理。
(9) 内部关联业务的自动核对与抵销。
(10) 报表编制工作流程管理。

3. 金蝶 K/3 集团企业合并报表系统主要业务流程

金蝶 K/3 集团企业报表合并系统的主要业务流程如图 13-27 所示。

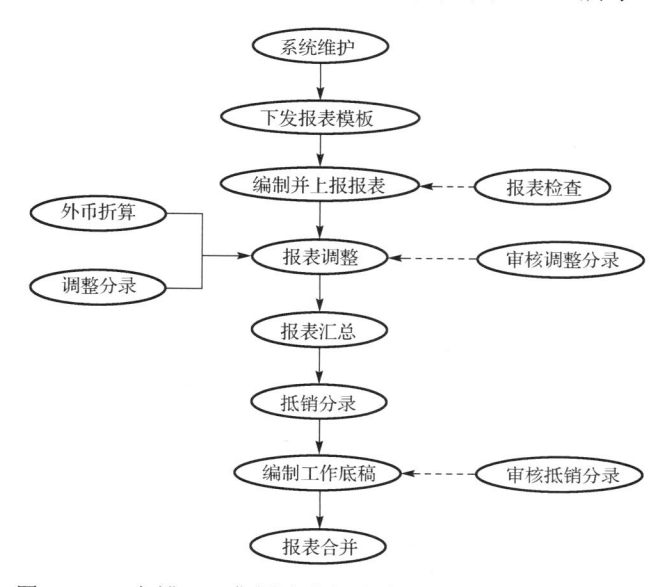

图 13-27 金蝶 K/3 集团企业报表合并系统的主要业务流程

4. 金蝶 K/3 合并报表系统的操作

1）金蝶 K/3 集团企业合并报表系统界面（如图 13-28 所示）

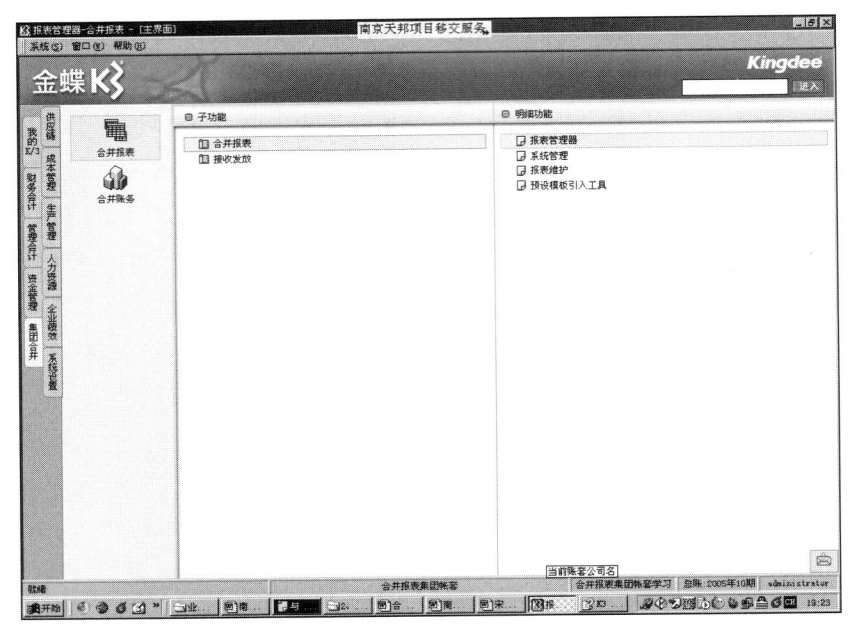

图 13-28　金蝶 K/3 集团企业合并报表系统界面

2）系统设置流程

在进行报表合并前，首先要进行合并报表的系统设置。系统设置的主要流程如图 13-29 所示。

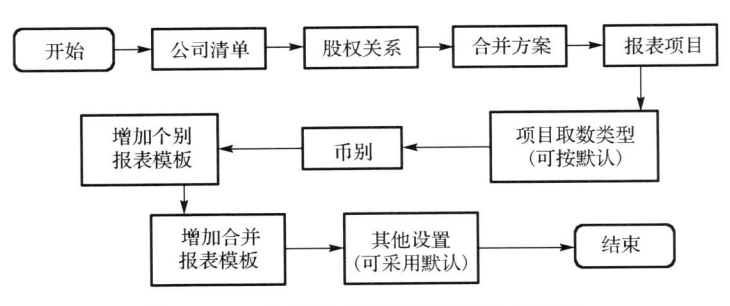

图 13-29　合并报表系统设置的主要流程

在金蝶 K/3 主控台中，选择"集团合并"→"合并报表"→"系统管理"选项，可以进入合并报表"系统管理"界面。图 13-30 为展开的"系统管理"节点图。

3）集团企业总部合并报表的操作

集团企业总部合并报表的操作流程如图 13-31 所示。

在金蝶 K/3 主控台中，选择"集团合并"→"合并报表"→"报表管理器"选项，弹出"设置报表期间"界面，选择需要进行合并的方案及月份，单击"确定"按钮，进入"合并报表—[主控台]"界面，如图 13-32 所示。

第13章 集团企业财务管理信息化应用

图 13-30 "系统管理"节点展开图

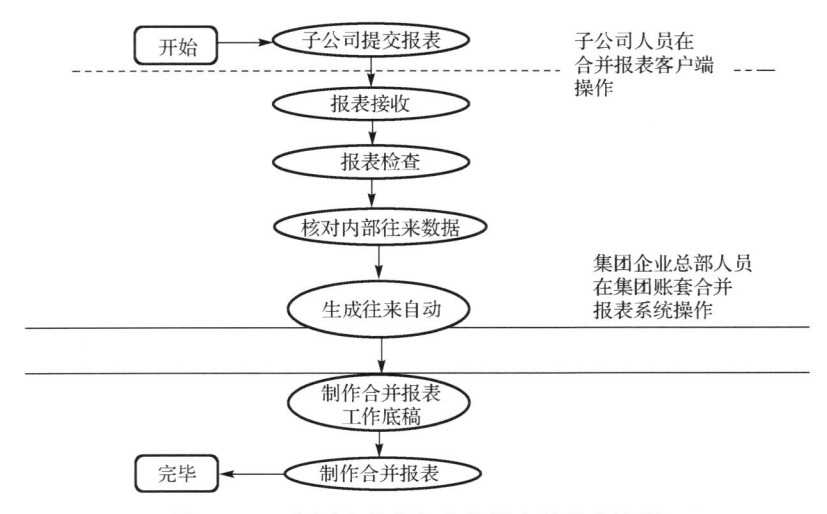

图 13-31 集团企业总部合并报表的操作流程

303

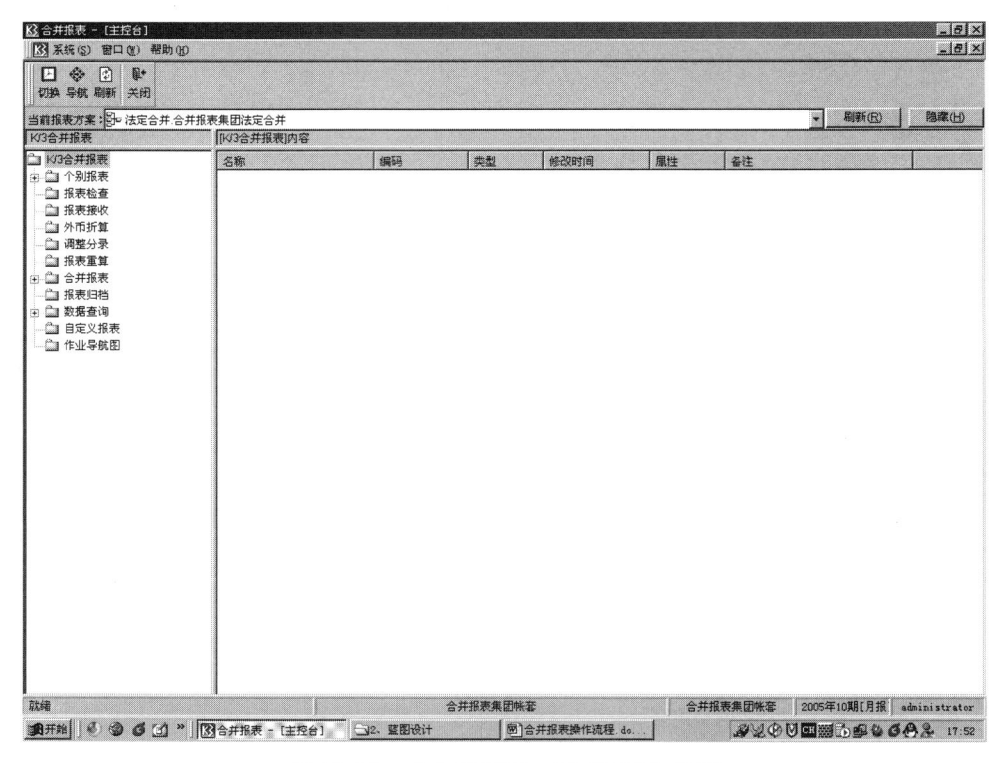

图 13-32 "合并报表—[主控台]"界面

4)子公司合并报表客户端操作

作为合并报表系统的客户端用户，子公司可以选择"文件"→"程序"→"金蝶 K/3"→"客户端部件"→"合并报表客户端"命令，登录合并报表客户端操作。

第一次使用合并报表客户端时，需要进行以下设置：进入合并报表客户端后，应首先设定需要远程登录的服务器，选择"文件"→"远程设置"命令，在弹出的"远程服务器设定"界面中编辑服务器的配置。设置内容如图 13-33 所示。

子公司合并报表的主要流程如图 13-34 所示。

图 13-33 "远程服务器设定"界面

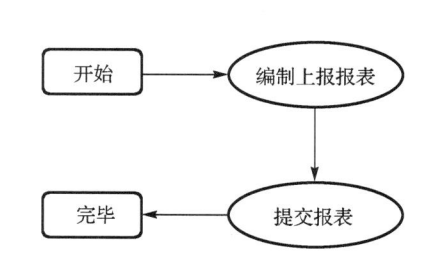

图 13-34 子公司合并报表的主要流程

13.5 集团企业全面预算管理

13.5.1 集团企业全面预算管理概述

全面预算管理是集团企业发挥财务控制职能的有效手段。全面预算的制定要以实现集团企业财务管理的目标为前提，根据集团企业的发展战略规划生产经营活动，并通过计划的形式，具体系统地反映出集团企业为达到经营目标所拥有的经济资源的配置情况。集团企业可以根据子公司的组织结构、经营规模及公司成本控制的特征进行全面预算控制。

集团企业全面预算管理沟通了集团企业战略与经营活动的关系，使集团企业的战略意图得以具体贯彻，长短期预算计划得以衔接。集团企业经营战略是其经营的总括方针，应该体现在长期预算中，而短期预算作为一种行动的安排，可以使日常的经营活动和集团企业的战略部署得以沟通，形成能良好循环的预算系统，如图13-35所示。

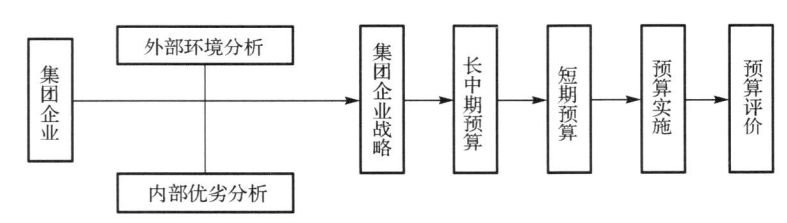

图13-35 集团企业预算系统

1. 集团企业全面预算管理的特征

1）集团企业全面预算是公司治理结构下的预算管理

全面预算管理体现了财务控制权在集团企业范围内的配置，是股东大会、董事会和经理层共同治理下的预算管理。根据公司治理结构，一般都将决策控制权赋予股东大会和董事会，而将决策管理权赋予公司管理层。

2）集团企业全面预算是集团企业内部全面参与的预算管理

用现代企业理论解释，集团企业的本质是"利益相关者缔结的更为复杂的契约"。集团企业在追求价值最大化的同时，必须注意满足利益相关者的利益。只有集团企业所属企业全面参与，才能真正将各种责、权、利指标落实到集团企业的各个层次，从而将预算管理真正落到实处。

3）集团企业全面预算是全过程监控的预算管理

对于"全过程"可以从两个方面理解：一方面，预算管理贯穿于从原材料供应到最终消费者，涉及整个价值链的全部业务流程的始终。集团企业全面预算管理以现金流量为主线，涉及营业活动、投资活动、筹资活动。另一方面，预算管理是涵盖了预测、试算、平衡、执行、调整、分析、评价、奖惩等环节的完整管理过程。因此，建立完整的预算管理体系是实现集团企业管理职能的必要手段。

4) 集团企业全面预算是全方位业绩评价的预算管理

全方位的业绩评价即综合的业绩评价。将全面预算管理与卡普兰和诺顿发明的平衡计分卡相结合，可以从财务维度、顾客维度、内部业务流程、学习与成长四个方面全面评价企业的经营业绩。

总之，集团企业全面预算管理通过全面参与、全过程监控、全方位业绩评价，成为一种全新的管理控制系统。它有效地整合企业的财务资源，实现集团企业的目标。

2．集团企业全面预算管理模式

1) 集团企业管理模式

集团企业管理模式和集团企业全面预算管理模式有着密切的关系。以总部与分部间的管理关系为依据，将集团企业分为战略规划型(集权型)、财务控制型(分权型)和战略控制型(折中型)三种不同的模式。图13-36描述了这三种模式的特征。

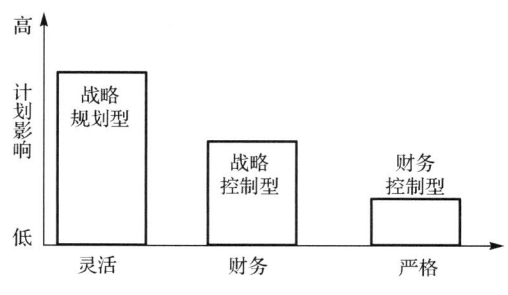

图13-36　集团企业三种管理模式的特征

2) 集团企业全面预算管理模式

与集团企业管理模式相对应，集团企业全面预算管理模式可分为集权型预算管理模式、分权型预算管理模式和折中型预算管理模式三种不同的模式。

财务控制型集团企业——分权型预算管理模式。在该模式中，子公司享有较大的决策权，母公司保持对子公司经营的直接监督和考核。

战略规划型集团企业——集权型预算管理模式。在该模式中，子公司所有重大决策，包括生产、经营、财务或人事权等方面都集中在集团企业总部。

战略控制型集团企业——折中型预算管理模式。这种模式主要表现为：总部作为战略筹划者，根据市场环境与集团战略，采取自上而下的方式提出总部战略预算目标；各子公司采取自下而上的方式编制各自的预算，最后由总部审批下达；预算的重点是资本预算和重点业务预算；总部负责对各子公司预算执行情况进行评估和考核。

3．集团企业全面预算管理的框架

为了发挥全面预算管理在集团企业整合中的作用，可以将国外成功的经验和我国实践相结合，构建集团企业全面预算管理框架。一个完整的全面预算管理系统一般包括8个模块。其中，8个模块是指编制、执行、计量、分析、报告、奖惩、鉴证和技术支持，它们构成了标准预算管理系统的静态描述。

全面预算管理是一个管理控制系统。首先，根据愿景目标制定预算。其次，执行预算，为保证执行过程符合预算规定的目标，必须对预算执行的进度或者结果进行计量。最后，将实际与预算比较，对差异进行分析，对于可以接受的差异继续执行预算；对于不可以接受的差异，如果预算编制准确，确认差异产生的原因，矫正差异后继续执行预算，如果是预算编制不准确所致，则修订预算后继续执行预算。如此往复，构成一个标准预算管理控制系统的动态循环，如图 13-37 所示。

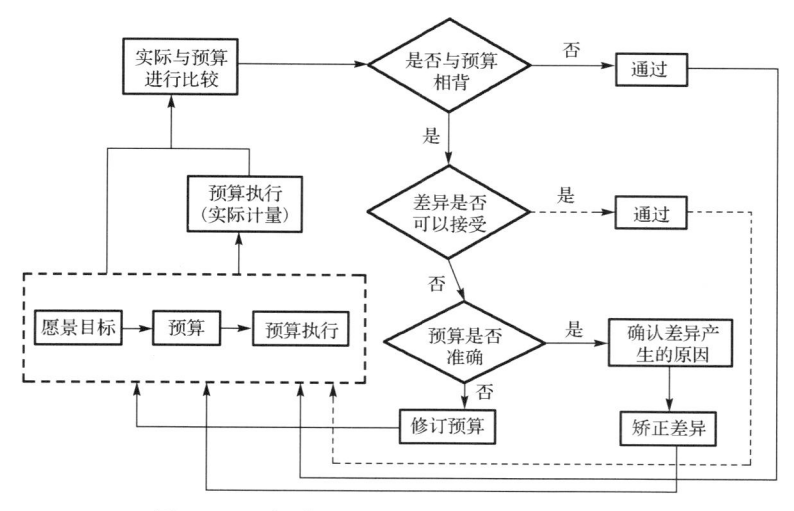

图 13-37 标准预算管理控制系统的动态循环

13.5.2 集团企业全面预算管理系统分析

1．集团企业全面预算管理系统的目标

集团企业全面预算管理系统是 ERP 系统的重要组成部分，它针对各类集团企业，是集团用户数据上传、下发及查询分析的工具和平台。子公司用户必须同时选用集团企业的基础数据平台，实现集团企业总部与子公司之间的集团预算模板，预算指标、预算审批信息的下发，接收子公司预算上报，集团预算汇总查询、分析的功能。

2．集团企业全面预算管理系统的功能模块

集团企业全面预算管理系统的主要功能模块如图 13-38 所示。

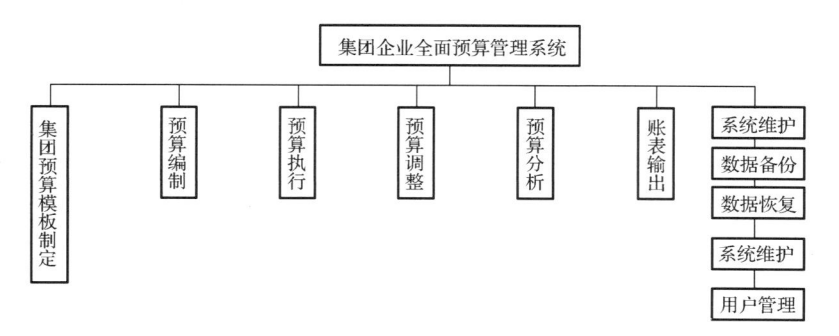

图 13-38 集团企业全面预算管理系统的主要功能模块

现择其主要功能说明如下。

1）集团预算模板制定

制定集团预算模板是集团企业预算编制的前提。集团预算模板是一个较虚拟的概念，是集团预算基础设置的统称。集团预算基础设置包括预算控制参数、行业预算科目、预算方案、自定义预算编制模板、预算指标、审批信息、组织机构、系统参数及集团统管或普通核算项目的设置。

2）预算编制

预算编制包括集团基础资料设置（包括设置组织机构、集团预算科目、系统参数等），定义预算方案（集团制订统一的方案，供成员企业使用），预算资料下发（主要是指预算科目、统管的核算项目、预算方案、币别等资料的下发），系统设置（包括预算管理系统设置和其他系统设置），编制、审核、审批预算（指子公司编制预算并审核审批），集团审核审批（指集团对子公司的预算进行审核审批），预算下发（指集团将审批的信息下发给子公司），预算执行（指子公司进入预算执行状态）。

3）预算执行

预算执行模块将预算方案设置为执行状态——停止预算编制，启动预算执行。系统中只有一个预算方案为执行状态。预算执行模块包括以下功能：将预算写入总账——将预算数据写入总账对应的科目中，通过总账在凭证录入环节对预算实现结果的控制；填写预算申请——通过预算申请单申请预算；预算申请单审批——相关领导审批预算；会计做账——财务人员录入凭证，在严格控制的情况下，凭证保存时按实际发生额扣减预算单据申请的预算额度；单据核销——将预算申请单据核销，释放或扣减预算单据剩余的预算额度；控制查询——汇总查询所有或个别预算单据的情况。

4）预算调整

根据业务实际需求申请预算调整，有关人员审核审批调整数据，审批后的数据写入预算方案，使调整数据发挥作用。

3. 集团企业全面预算管理系统的应用流程

根据预算起点的不同，集团企业全面预算管理包括以下两种模式：起点在集团企业总部预算模式和起点在子公司预算模式。起点在集团企业总部预算模式，即集团企业总部下发模板并把指标下达给子公司，子公司细化后上报集团企业总部，待集团企业总部审批后执行。起点在子公司预算模式，即集团企业总部下发模板，子公司编制预算并上报，集团企业总部审批后执行。

将集团企业全面预算管理应用包括的操作和流程进行归纳和提炼，形成图 13-39。起点在集团企业总部预算模式反映在流程图中，若为起点在子公司预算模式则省略步骤二。

流程解析如下。

1）预算模板的制定

集团预算模板作为集团企业预算编制的基础，起到统一集团企业预算编制及汇总口径的作用。

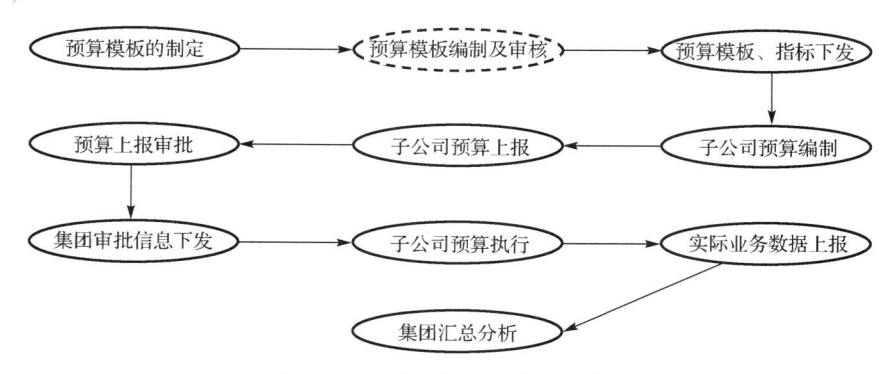

图 13-39　集团企业预算编制流程

2）预算指标编制及审核

集团预算模板制定后，就可以根据该模板进行集团预算的编制。对于起点在集团企业总部预算模式来讲，就是根据模板的定义进行集团企业预算指标的编制。

3）预算模板、指标下发

将制定的集团模板和编制的集团预算指标发给子公司，进行预算细化和编制。

该模块引出的模板数据与预算管理相关的信息包括以下几点。

(1) 行业预算科目，是集团所属各独立核算单位根据所处的行业特征，在实际预算管理时所采用的预算科目体系。

(2) 审批信息，即集团对下属组织机构上报预算编制数据的审批信息（包括预算审批金额和签署的审批批注）。

(3) 预算方案，即集团企业总部定义的预算方案。在集团企业中，集团企业总部与子公司对预算数据的交换和统一，具体体现为预算方案的统一。

(4) 预算控制。系统控制参数为集团企业预算编制最基本的参数，在下发模板中预算信息的任一项目时，系统都默认要同时下发系统控制参数。系统控制参数也可单独下发，所下发的系统控制参数存放在所发机构预算管理系统的系统参数中。

(5) 预算指标，即区分不同组织机构的预算指标数据。预算指标可以重复下发，下发为覆盖式。

(6) 自定义预算模板，即集团企业总部定义的自定义预算编制模板，下发给子公司后，子公司可以根据集团下发的模板进行格式修改，定义自己的审批数据列，但不能删除编制数据及集团审批金额和审批批注列。然后子公司以集团下发的模板进行自定义预算报表的新增，完成预算数据的编制后，将自定义预算报表上报集团进行审批。自定义预算编制模板可以重复下发，下发为覆盖式。

(7) 预算调整审批，即集团对下属组织机构上报的预算调整数据的审批信息。

4）子公司预算编制

对集团应用模式下的子公司而言，预算的编制是要参考集团企业总部预算指标进行的。与单一用户的不同之处在于：此时子公司进行预算编制，可以参考集团预算指标，反映在具体编制过程中，子公司可以在预算录入时查看集团预算指标。

5)子公司预算上报(或集团预算接收)

根据集团企业总部预算指标,子公司完成预算细化编制后,就可以将预算数据上报集团企业总部批准。在集中式的应用模式下,集团也可以直接从子公司的账套中进行数据抽取的操作。预算数据的接收内容包括"预算数据""实际业务数据""自定义预算报表"和"预算调整数据"。

子公司预算上报分为集中式和文件式两种。

(1)集中式,即集团账套通过集团基础数据平台的"集团预算接收"模块登录子公司账套,直接抓取子公司的预算数据。

(2)文件式,即子公司通过集团基础数据平台的"实际业务数据上报"模块,将预算数据引出保存为某种格式的文件,用系统外的手段传递给集团,再引入集团账套中。

6)预算上报审批

通过集中式或文件式的预算接收,集团账套收取到子公司的预算编制信息后,开始进行审批。

7)集团审批信息下发

集团企业总部完成子公司上报预算的审批后,将审批信息(包括集团审批信息和审批批注)下发给子公司。子公司可以查看集团的审批意见并根据集团审批意见修改预算编制数据。集团模板发放审批信息支持文件式和集中式两种方式。

8)集团审批信息查询

审批信息(包括集团审批信息和审批批注)下发给子公司后,子公司可以查看集团的审批意见。

9)子公司预算执行

子公司根据集团审批意见修改预算编制数据。

10)实际业务数据上报

子公司预算开始执行后,按预算科目取数公式的设置将实际业务数据提取到预算管理系统中来,并与预算科目一一对应。子公司随时可以上报实际业务数据,集团也可以随时主动接收子公司的实际业务数据。

11)集团汇总分析

集团可以对上述数据进行任意角度的汇总分析,分析手段包括在预算管理系统中提供的若干固定格式的分析报表,如预算执行进度分析表、预算执行差异分析表、核算项目预算执行情况表等,还可以通过报表系统定义个性化的分析报表。

4. 集团企业全面预算和单一企业预算的区别

1)使用上的不同

单一企业(用户)只有一个类型为子公司的账套,预算管理业务流程只在一个账套内进行。集团企业应用涉及多个账套之间的数据传递、控制等。

集团企业全面预算管理应用模式包括一个类型为集团公司的账套及若干不同行业的子公司账套。在这种应用模式下，所有子公司账套的业务流程与单一企业（用户）应用类似。集团企业账套本身的流程也与单一企业（用户）应用类似，最大差异在于集团企业账套与子公司账套之间存在着数据传递与控制流程。

其实集团企业的账套没有具体的预算业务，它是用来实现整个集团企业的基础资料统一管理和预算数据汇总、审批、下发的一个平台。集团本部的预算业务，如预算编制、预算单据申请等，需要用单独的子公司账套来处理。

2）流程上的差异

集团企业预算流程大体上为：集团企业预算模板制定→下发子公司→子公司预算分解编制→预算上报集团企业总部→集团企业总部审批并下发→子公司执行预算→实际业务上报集团企业总部→集团企业总部及子公司不同形式的预算分析、责任考核。

集团企业预算的应用流程与单一企业（用户）的流程不同，准确地说，集团企业预算的应用流程大于单一企业（用户）预算流程，或者说单一企业（用户）预算流程是整个集团企业预算流程的一部分。

具体流程上的差异是，集团模板已经制定、集团预算指标已经编制后，下一步就是将两者发给子公司，进行预算细化、预算编制。子公司预算的编制要参考集团企业总部预算指标进行。与单一企业（用户）的不同之处在于，此时子公司如果进行预算编制，可以参考集团预算指标，反映在具体编制过程中，子公司可以在预算录入时查看集团预算指标，如图13-40所示。

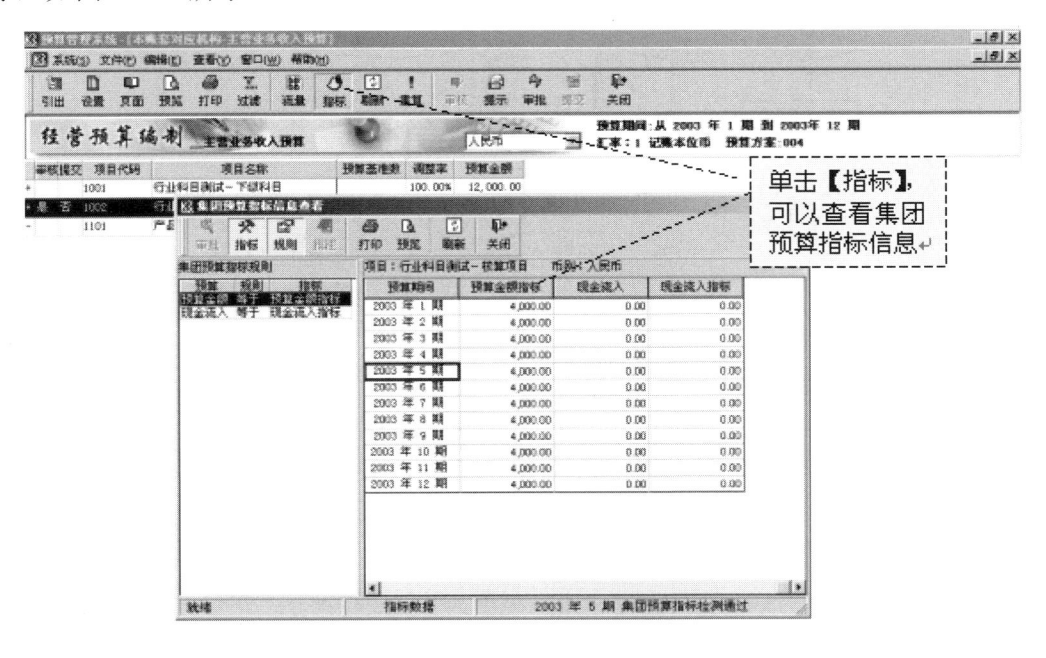

图13-40 子公司查看集团预算指标的界面

3) 集团企业预算管理应用中的特殊处理

集团企业预算管理应用中有一些特殊处理，主要内容包括集团自定义预算编制、不同行业的集团预算管理、集团预算指标及审批信息的调整及修订、集团预算的执行等。

13.5.3　金蝶 K/3 集团企业全面预算管理系统应用

金蝶 K/3 V10.3 预算管理系统是金蝶 K/3 ERP 系统的重要组成部分。预算管理系统全面支持集团级应用。作为集团用户数据上传、下发及查询分析的工具和平台，集团应用的用户可以选用金蝶 K/3 集团基础数据平台，实现集团与子公司之间的集团预算模板、预算指标、预算审批等信息的下发、预算上报、集团预算汇总查询、分析的功能。

金蝶 K/3 集团企业全面预算管理系统主要包括全面预算管理体系、自定义预算编制模板、自定义预算审批流程、预算控制的例外事件管理等功能。

1. 金蝶 K/3 集团企业全面预算管理系统总体流程

金蝶 K/3 集团企业全面预算管理系统总体流程如图 13-41 所示。

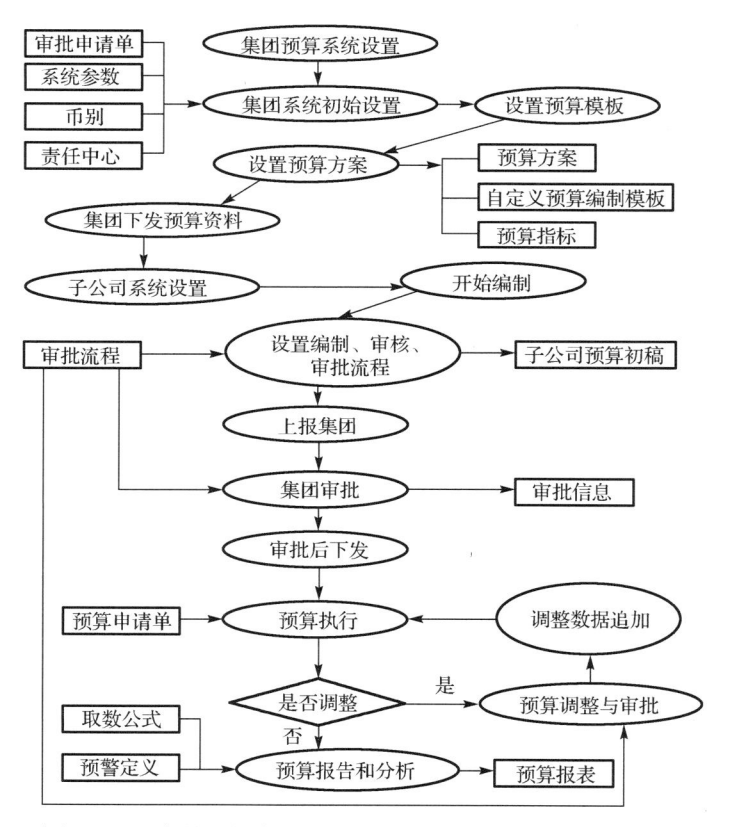

图 13-41　金蝶 K/3 集团企业全面预算管理系统的总体流程

2. 金蝶 K/3 集团企业全面预算管理系统预算编制流程

集团企业预算编制流程如图 13-42 所示。

在集团企业总部的统一管理和控制下，各成员企业（含集团本部）编制预算并进行审核审批。在集团应用的条件下，预算通常在集团企业总部的统一安排下进行。各成员单位编制预算，再审核审批，然后报集团企业总部审核审批(或备案)。该预算系统的适用范围比较广，适用于多种业务模式。

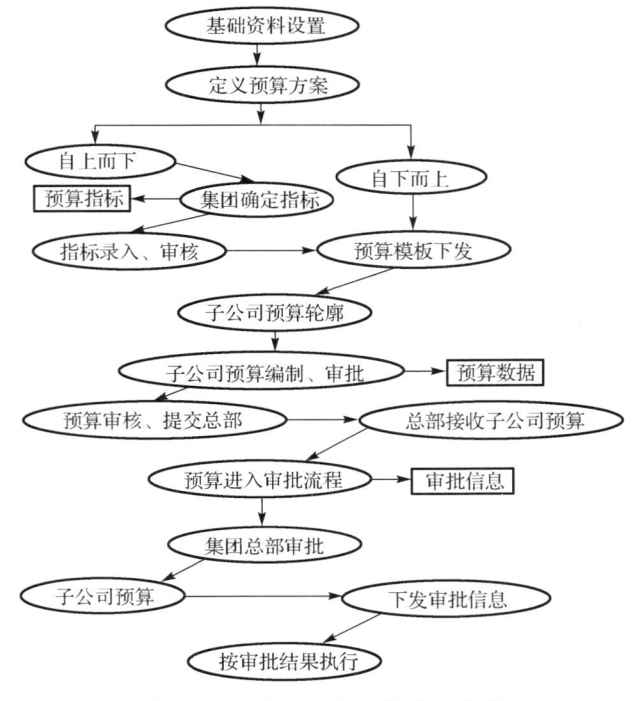

图 13-42　集团企业预算编制流程

3．预算执行流程

金蝶 K/3 集团企业全面预算管理系统预算执行流程如图 13-43 所示。

预算数据审批通过后，根据预算对相应的管理和业务环节进行控制。预算数据最终确定后，通过预算执行，使预算数据对业务环节起控制作用。因为生产和销售环节具有不可控性，收入环节、生产成本、采购的预算是不受控制的，只能对费用起到控制作用。预算控制适用于任何类型的企业，如单一企业、集团企业。预算控制有严格控制、不控制、警告等多种模式，可以通过预算系统进行控制。在这种情况下，既可以通过预算申请单申请预算额度，实现预算的过程控制；也可以将数据写入总账，实现对结果的控制。

4．预算调整流程

金蝶 K/3 集团企业全面预算管理系统预算调整流程如图 13-44 所示。

本功能负责对正在执行中的预算调减或调增。由于市场、法律等企业环境的变化或对某些业务的预计偏差，原来编制的预算和实际预算需求有一定的差异，企业需要将预算进行调整。预算的调整有调减和调增两种。所有类型的预算，如收入、成本、费用等预算都可以进行调整。

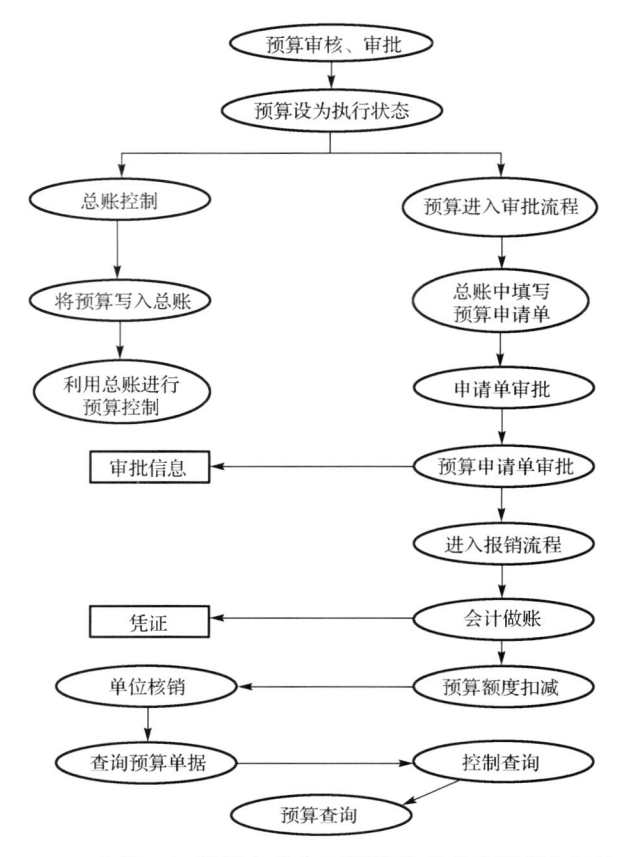

图 13-43　金蝶 K/3 集团企业全面预算管理系统预算执行流程

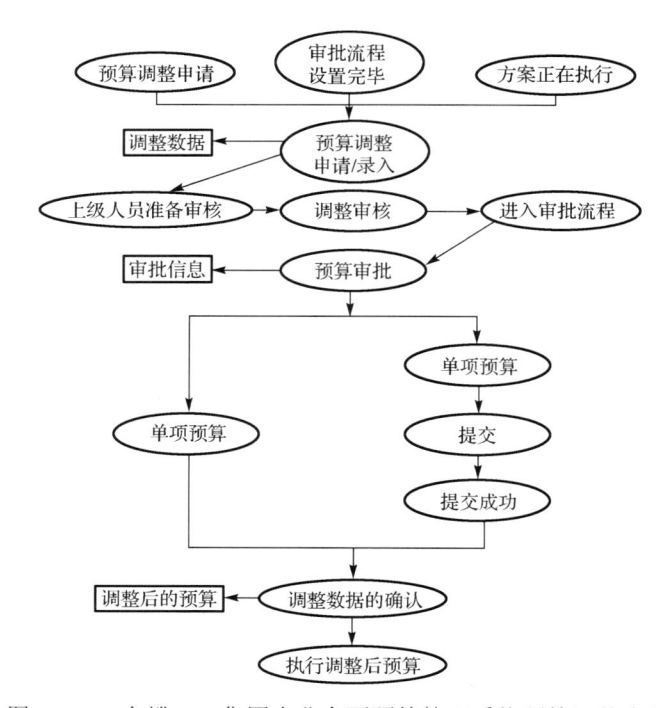

图 13-44　金蝶 K/3 集团企业全面预算管理系统预算调整流程

5．预算分析流程

预算分析流程如图 13-45 所示。

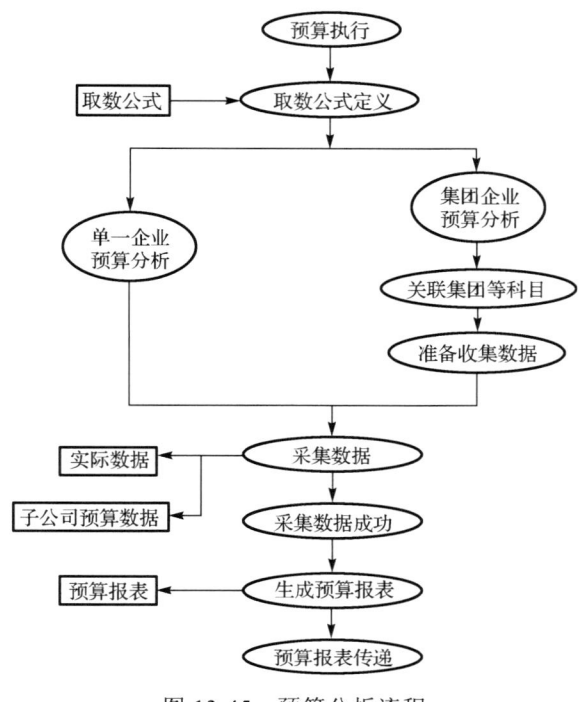

图 13-45　预算分析流程

预算分析功能主要负责提交预算报表，分析预算执行情况。预算使用部门和管理部门需要了解预算的执行进度、执行差异，以分析各责任中心的绩效或进行预算方面的经营决策。

习题

1．简述集团企业财务管理信息化的内容和方法。

2．简述集团企业战略管理、资金管理、合并报表和全面质量管理系统的目标及主要内容。

3．分析集团企业战略管理、资金管理、合并报表和全面质量管理系统的功能结构，并画出各系统的功能结构图。

4．分析集团企业战略管理、资金管理、合并报表和全面质量管理系统的业务处理流程，并画出业务流程图。

5．试分析金蝶 K/3 集团企业资金管理、合并报表和全面质量管理系统的操作流程。

6．试分析全面预算管理包含的主要业务流程。